MARK VANHOENACKER

HIMMEL HOCH

VON DER FASZINATION, IN DER LUFT ZU REISEN

Aus dem Englischen
von Nele Junghanns

Carl Hanser Verlag

Die Originalausgabe erschien 2015
unter dem Titel *Skyfaring. A Journey with a Pilot*
bei Chatto & Windus, London.

1 2 3 4 5   20 19 18 17 16

ISBN 978-3-446-24733-8
Copyright © Mark Vanhoenacker 2015
Alle Rechte der deutschen Ausgabe:
© Carl Hanser Verlag München 2016
Satz: Satz für Satz, Wangen im Allgäu
Druck und Bindung: CPI books GmbH, Leck
Printed in Germany

MIX
Papier aus verantwortungs-
vollen Quellen
FSC® C083411

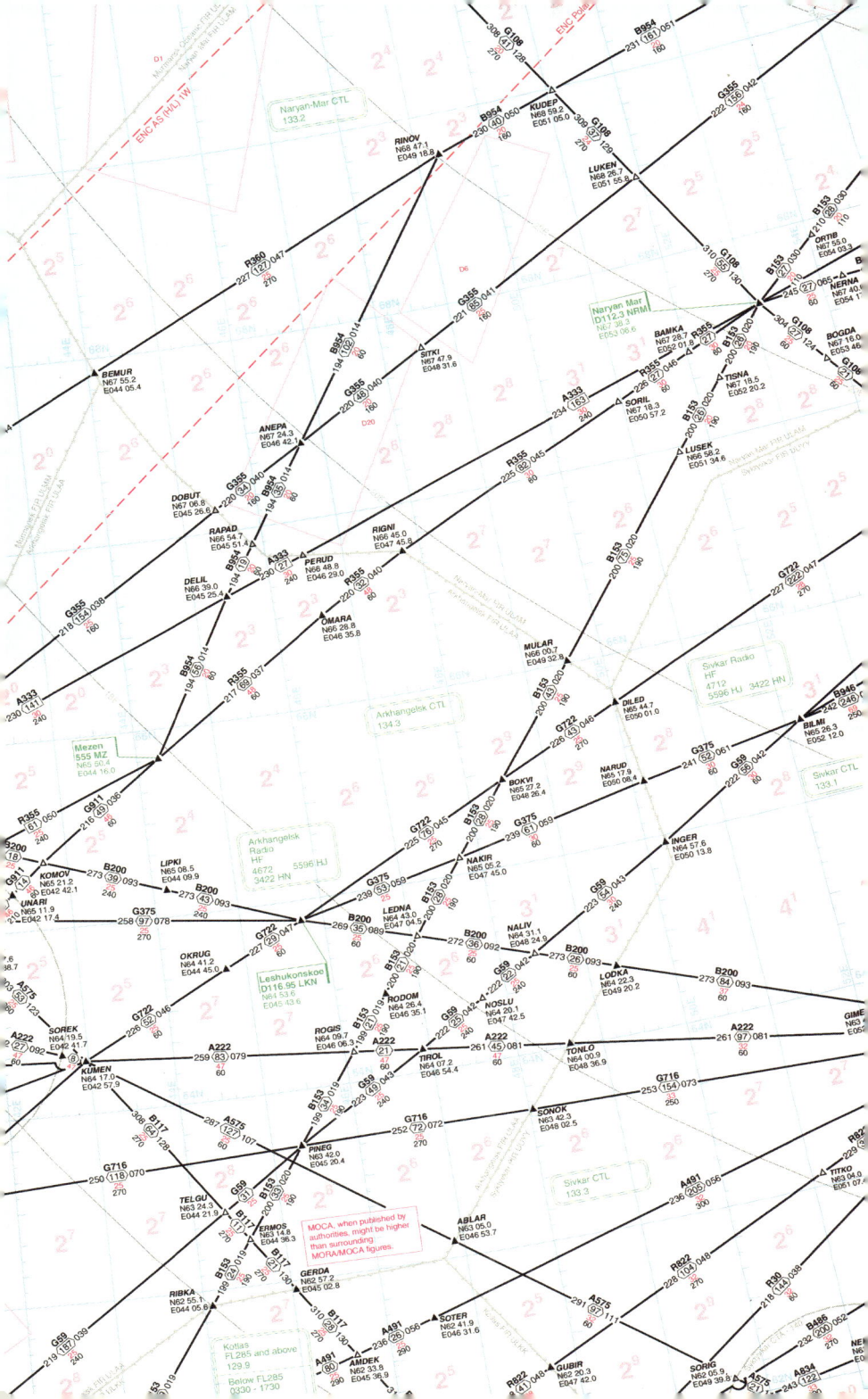

… Hier wie überall sonst auch
herrscht dasselbe zeitalter. In den städten und lehmsiedlungen
hat das licht nie etwas von epochen gewußt. Am rostigen hafen
von Port of Spain verblassen helle vorstädte zu worten –
Maraval, Diego Martin – autobahnen lang wie ein reuiges gebet
und kirchtürme so hoch daß man weder ihre glocken hört
noch die schrillen rufe von einem weißgekalkten minarett
in einem der grünen dörfer. Im herabgleiten hallt das fenster
über seiten von erde wider, die zuckerrohrfelder zu stanzen gesetzt.
Eine wolke reiher huscht über die ockergelbe marsch, ein quodlibet
von substantiven die sich mühelos auf ihren zweigen niederlassen.
Es findet zu schnell seinen platz im regal, dieses gefühl von heimat –
das rohr rauscht auf den flügel zu, ein zaun; eine welt die noch still steht, jetzt
wo die ausrollenden reifen wieder und wieder am herz rütteln.

MITTSOMMER, DEREK WALCOTT

INHALT

ANMERKUNG DES AUTORS

Ab und an habe ich mit mir gerungen, welche Einheiten und Fachbegriffe ich in diesem Buch verwenden sollte, da die Luftfahrt selbst, obwohl ansonsten so globalisiert, hier nicht immer konsistent ist. Flughöhen und Flugflächen werden zum Beispiel fast – aber eben nur fast – überall auf der Welt in Fuß angegeben, egal ob die Menschen am Boden sich des metrischen Systems bedienen oder nicht. Winde werden für gewöhnlich in Knoten gemessen, aber manchmal auch in Metern pro Sekunde. Die Sichtweite wird mancherorts typischerweise in Kilometern angegeben, anderenorts in britischen Landmeilen – und nicht etwa in Seemeilen. Obwohl Kilogramm und metrische Tonne Masseneinheiten sind, habe ich mich auf sie als Gewichtseinheiten bezogen, eine kleine Nachlässigkeit des Alltags, die nicht nur unsere Unterhaltungen im Cockpit widerspiegelt, sondern auch das Kleingedruckte in unseren technischen Handbüchern.

Wenn Sie ein Lieblingsfoto haben, das Sie von Ihrem Fensterplatz aus geschossen haben, schicken Sie es mir doch über meine Website »skyfaring.com«. Ich würde es gerne sehen.

LONDON
OKTOBER 2014

ABHEBEN

ICH WACHE AUF in einem kleinen, fensterlosen Raum, einem Raum, in dem es so dunkel ist, als befände ich mich unter der Wasserlinie eines Schiffs. Mein Kopf ruht nahe der Wand. Durch die Wand dringt ein stetiges Brausen, als würden zahllose Teilchen vorbeigleiten, wie Wasser in einem Fluss, das einen Stein rund schleift, nur schneller und geschmeidiger, als durchteile das Schiff sein Medium berührungslos.

Ich bin allein. Ich stecke in einem blauen Schlafsack und trage einen blauen Pyjama, den ich an einem Weihnachtsmorgen vor etlichen Jahren und Tausende Meilen von hier entfernt aus dem Geschenkpapier gewickelt habe. Ein sanftes Schwanken erfasst den Raum, ein schlingernder Rhythmus. Die Wand des Raums ist gebogen, über dem schmalen Bett wölbt sie sich empor. Es ist der Rumpf einer 747.

Wenn jemand, den ich gerade bei einem Dinner oder auf einer Party kennengelernt habe, erfährt, dass ich Pilot bin, stellt er oder sie mir oft Fragen zu meiner Arbeit. Typischerweise beziehen sich diese Fragen auf einen technischen Aspekt von Flugzeugen oder einen Anblick, ein Geräusch, die mein Gesprächspartner auf einem seiner letzten Flüge wahrgenommen hat. Manchmal werde ich gefragt, wohin ich fliege und welche dieser Städte ich am meisten liebe.

Drei Fragen kehren immer wieder, und ihre Formulierung variiert kaum. Ob das Fliegen etwas ist, was ich schon immer tun wollte? Ob ich »da oben« je etwas zu Gesicht bekommen habe, was ich nicht erklären kann? Und ob ich mich an meinen ersten Flug erinnere? Ich mag diese Fragen. Sie scheinen, völlig unberührt, aus einer Zeit überdauert zu haben, bevor das Fliegen zur alltäglichen Routine wurde. Sie lassen erahnen: Selbst in der heutigen Zeit, in der viele von uns regelmäßig einen Ort auf der Welt verlassen, um das Blau des Himmels zu einem anderen zu durchqueren, haben wir uns noch lange nicht in dem Maße an das Fliegen gewöhnt, wie wir glauben. Diese Fragen erinnern mich daran, dass, obwohl Flugzeuge uns viel von unserer früheren Empfindsamkeit geraubt haben, ein tief in uns verborgener Teil unserer Fantasie immer noch in dem früheren Reich verweilt und aufblüht, zwischen uralten, ja sogar primitiven Vorstellungen von Entfernung, Ort, Migration und dem Himmel.

Wie jede große Liebe, ist das Fliegen eine Befreiung und eine Heim-kehr zugleich. Tania Blixen schrieb in *Jenseits von Afrika*: »In der Luft wird man in die Herrlichkeit der Dreidimensionalität aufgenommen und nach der Verbannung und den Träumen unzähliger Menschenalter wirft sich das Herz dem Raum in die Arme.« Zu Beginn der Luftfahrt, lohnte es sich schon allein, sie um ihrer selbst willen zu betrachten, wie es heute noch viele Kinder bei ihren ersten Begegnungen mit ihr tun.

Viele von meinen Freunden, die Piloten sind, beschreiben Flugzeuge als das Erste, was sie an der Welt liebten. Als Kind baute ich Modellflug-zeuge zusammen und hängte sie in meinem Zimmer unter die Decke, die von Sternen übersät war, die im Dunkeln leuchteten. Irgendwann war mein Himmel am Tag genauso belebt wie der über Heathrow, und nachts verdeckten die dunklen Umrisse der Flieger die Sternbilder in meinem Zimmer. Auf jede der gelegentlichen Flugreisen mit der Familie freute ich mich geradezu unbändig, was selten viel mit dem Reiseziel zu tun hatte. In Disney World fieberte ich die meiste Zeit auf den Augen-blick hin, wenn wir endlich wieder an Bord des magischen Schiffes ge-hen würden, das uns dorthin gebracht hatte.

Fast alle meine naturwissenschaftlichen Schulprojekte waren Varian-ten eines Flugthemas. Ich bastelte einen Heißluftballon aus Papier und geschmirgelte Flügel aus Balsaholz, die aufgeregt im Luftstrom eines Föns hüpften, so simpel, als ließe man nicht Luft, sondern elektrischen Strom über sie fließen. Mein erster Telefonanruf von jemand anderem als einem Freund oder Verwandten kam, als ich dreizehn war. Lächelnd reichte meine Mom mir den Hörer und sagte, ein Vizepräsident von Boeing wolle mich sprechen. Er hatte meinen Brief erhalten, in dem ich um ein Videoband einer 747 im Flug bat, um es im Rahmen eines Wis-senschaftsprojekts über dieses Flugzeug zu zeigen. Er half mir gerne und wollte lediglich wissen, ob meine 747 im VHS- oder Betamax-Format fliegen sollte.

In meiner Familie bin ich der einzige Pilot. Trotzdem habe ich das Gefühl, dass Flugzeuge und das Fliegen zumindest in meiner Vorstel-lung nie weit von zu Hause entfernt waren. Mein Vater begeisterte sich sehr für Flugzeuge – was wohl damit zusammenhing, dass er bei dem

Teil des Zweiten Weltkriegs, der am Himmel über der westflämischen Heimat seiner Kindheit stattfand, einen Platz in der ersten Reihe hatte. So lernte er die Formen und Motorengeräusche der Flugzeuge kennen. »Die Tausenden von Flugzeugen am Himmel waren eine zu harte Konkurrenz für meine Schulbücher«, schrieb er später. In den 1950er Jahren verließ er Belgien, um als Missionar in Belgisch-Kongo zu arbeiten, wo er zum ersten Mal mit einem kleinen Flugzeug flog. Dann schipperte er nach Brasilien, wo er in den 1960ern Abonnent der Zeitschrift *Aviation Week* war, was vermutlich nicht auf viele Priester zutraf. Schließlich flog er nach Amerika, wo er meine Mutter kennenlernte, besuchte die Wirtschaftsschule und arbeitete als Leiter im psychiatrischen Dienst. Seine alten Notizen und Dias wimmelten vor Flugzeugen.

Meine Mutter, die unter dem beschaulicheren Himmel des ländlichen Pennsylvania geboren wurde, arbeitete als Sprachtherapeutin und hegte kein besonderes Interesse an der Fliegerei. Dennoch war nach meinem Empfinden sie es, die meine Faszination für die weniger greifbaren Freuden des Fliegens am besten verstand: die gute alte Romantik aller Reisen, die sie mir und meinem Bruder in Form von Geschichten wie *Klein Stuart* und *Der Hobbit* näherbrachte, aber auch einen Sinn für das, was wir von oben oder aus der Ferne sehen – das Geschenk, das Ziel, zu dem das Fliegen nicht einen entfernten Ort macht, sondern unser Zuhause. Ihr liebstes Kirchenlied war »For the Beauty of the Earth«, wir einigten uns darauf, dass dieser Titel es zumindest verdient hätte, ihn in Flugzeugen auf die Innenseite der Sonnenblenden zu drucken.

Mein Bruder ist kein Pilot. Seine Liebe gilt nicht Fliegern, sondern Fahrrädern. Sein Keller ist voller halbfertiger Drahtesel, die er für mich oder einen dankbaren Freund entwirft und aus sorgfältig ausgesuchten Teilen zusammenschraubt. Wenn es um seine Fahrradrahmen geht, ist er genauso vom Prinzip der Leichtigkeit besessen wie jeder Flugzeugingenieur. Ich glaube, er baut und repariert Fahrräder sogar lieber als mit ihnen zu fahren.

Wenn ich meinen Bruder an einem seiner Werke auf zwei Rädern arbeiten sehe, oder feststelle, dass er an seinem Computer etwas über Fahrräder liest, während ich neben ihm auf der Couch sitze und etwas über Flugzeuge lese, muss ich manchmal daran denken, dass die Brüder Wright Fahrradmechaniker waren und ihre Flugkünste mit Rädern begannen, ein Erbe, das einem plötzlich klar wird, wenn man ihre frühen Flugzeuge noch einmal betrachtet. Wenn ich mir Bilder von solchen Flugmaschinen ansehe, denke ich, dass ich als Allererstes auf die Fertigkeiten meines Bruders zurückgreifen würde, wenn ich so etwas zusammenbauen müsste – trotz dieser Sache damals, als ich ihn bei unseren Eltern angeschwärzt hatte, weil er seinen häuslichen Pflichten nicht nachgegangen war, und er aus Rache kleine Feuerwerkskörper an eins meiner Flugzeuge geklebt, sie gezündet und in letzter Sekunde das Modell aus einem der oberen Fenster in hohem Bogen über den Garten hinter dem Haus geworfen hatte.

Als Teenager nahm ich ein paar Flugstunden. Ich stellte mir vor, dass ich vielleicht eines Tages hobbymäßig kleine Flugzeuge fliegen würde, vormittags an den Wochenenden, neben irgendeinem anderen Beruf. Aber ich erinnere mich nicht an einen eindeutigen Wunsch, Linienpilot zu werden. Niemand legte mir in der Schule diese Laufbahn nahe. In unserer Nachbarschaft gab es keine Piloten. Ich weiß nicht, ob es in unserer Kleinstadt in Westmassachusetts, die ein ganzes Stück von jedem größeren Flughafen entfernt war, überhaupt Berufspiloten gab. Mein Dad war ein typisches Beispiel für jemanden, der jede Gelegenheit genoss, mit Flugzeugen in Berührung zu kommen, sich jedoch dagegen entschieden hatte, sie zum Inhalt seines Berufslebens zu machen. Der Hauptgrund aber, warum ich nicht schon früher beschlossen hatte, Pilot zu werden, war vermutlich die Überzeugung, dass ein so heftiger Wunsch niemals wahr werden könne, quasi schon per definitionem.

Auf der Highschool gab ich meinen Verdienst für das Austragen von Zeitungen und diverse Jobs in Restaurants für Sommer-Austauschprogramme in Japan und Mexiko aus. Nach der Highschool blieb ich in Neuengland, um das College zu besuchen, studierte aber auch in Belgien und kehrte auf diese Weise kurzerhand die Reise um, die mein Vater einst gemacht hatte. Nach dem College ging ich nach Großbritannien, um Afrikanische Geschichte zu studieren und dort und, wie ich hoffte, in Kenia zu leben. Als mir endlich klar wurde, dass ich Pilot werden wollte, verließ ich diesen Studiengang. Um mein Studentendarlehen zurückzuzahlen und das Geld anzusparen, das ich wohl für die Flugausbildung benötigte, nahm ich eine Stelle in Boston in dem Bereich an, bei dem ich meiner Meinung nach am meisten fliegen musste – Unternehmensberatung.

Gewiss wollte ich während der Highschool Japan und Mexiko besuchen und Japanisch und Spanisch lernen. Aber was mich eigentlich an solchen Abenteuern reizte, war die Größenordnung der erforderlichen Flugreisen. Was mich in erster Linie zu Ferien- und Studienaufenthalten in fernen Ländern bewogen hat, war die Möglichkeit zu fliegen. Sie trieb mich dazu, die buchstäblich hochfliegendste Laufbahn einzuschlagen, die in der ganzen Berufswelt zu finden war, und schließlich – weil mich keine dieser Maßnahmen oft genug in die Luft brachte – zur Karriere als Pilot.

Als ich bereit war, mit der Flugausbildung zu beginnen, beschloss ich, wieder nach Großbritannien zurückzukehren. Viele Aspekte der historischen Beziehung dieses Landes zur Fliegerei sagten mir sehr zu, seine tief verankerte Tradition der Flugverbindungen mit der ganzen Welt und die Tatsache, dass selbst einige der kürzesten Flüge von Großbritannien aus zu Orten führen, die so ganz anders waren. Und nicht zuletzt gefiel mir die Vorstellung, in der Nähe der guten Freunde zu leben, die ich während meines Aufbaustudiums dort gefunden hatte.

Mit neunundzwanzig begann ich, berufsmäßig zu fliegen. Zunächst flog ich die Linienflugzeuge der Airbus-A320-Reihe, eine Familie von schlanken Düsenjets, die auf Kurz- und Mittelstreckenflügen in ganz Europa genutzt werden. Wenn ich um vier Uhr früh in der morgendlichen Dunkelheit von Helsinki, Warschau oder Bukarest wachgeklingelt wurde, in einem Hotelzimmer, dessen Grundriss und Aufteilung ich in den Stunden, seit ich das Licht ausgeknipst hatte, bereits wieder vergessen hatte, gab es manchmal diesen kurzen Moment, da ich mich noch im Halbschlaf fragte, ob ich bloß geträumt hatte, dass ich Pilot geworden bin. Dann rief ich mir ins Gedächtnis, dass ein Tag vor mir lag, an dem ich kreuz und quer durch die Lüfte über Europa düsen würde, und war dann fast so aufgeregt, als wäre es mein erster. Mittlerweile fliege ich eine größere Maschine, die Boeing 747. Auf längeren Flügen haben wir zusätzliche Piloten an Bord, damit jeder von uns die gesetzlich vorgeschriebenen Pausen machen kann – eine Zeit zum Schlafen und vielleicht auch zum Träumen, während sich unter der Tragfläche gleichmäßig Kasachstan, Brasilien oder die Sahara dahinwälzen.

Vielfliegern ist vielleicht die Erfahrung des Jetlag in den ersten Stunden oder Tagen einer Reise vertraut oder ein Hotelweckruf, der sie mitten aus nächtlichen Reisen zurückpfeift, die sie ansonsten vergessen hätten. Piloten werden oft zu ungewöhnlichen Zeitpunkten ihrer Schlafzyklen geweckt, und vielleicht bilden ja auch die Anonymität und beinahe vollkommene Dunkelheit der Pilotenkabine die perfekte Projektionsfläche für die Fantasie. Aus welchem Grund auch immer: Heute hängt Arbeitengehen für mich mit Träumen zusammen oder zumindest mit Träumen, an die ich mich nur erinnere, weil ich mich in der Luft befinde.

Ein Klingeln ertönt in der dunklen Schlafkoje der 747. Meine Pause ist zu Ende. Ich taste nach dem Schalter, der einen blassgelben Lichtstrahl aufleuchten lässt. Ich wechsele vom Pyjama in meine Uniform, die seit etwa 2000 Meilen an einem Plastikhaken hing. Ich öffne die Tür, die von der Kabine ins Cockpit führt. Selbst wenn ich weiß, was mich erwartet – was, je nach Jahreszeit, Route, Uhrzeit und Ort, oft gar nicht so einfach ist –, bin ich jedes Mal perplex über die Helligkeit. Das Cockpit außerhalb der Kabine ist durchflutet von richtungslosem Tageslicht, das so rein und überwältigend ist, so anders als die Dunkelheit, in der ich es vor ein paar Stunden zurückgelassen habe, so anders als die Finsternis der Schlafkoje, dass es wie eine völlig neue Sinneswahrnehmung erscheint.

Während meine Augen sich daran gewöhnen, blicke ich nach vorne durch die Cockpitfenster. In diesem Moment ist es eher das Licht selbst als das, worauf es fällt, was die Erde im Wesentlichen ausmacht. Das Licht fällt auf das Japanische Meer und, fern am Horizont dieses Gewässers, auf die schneebedeckten Gipfel der Inselnation, der wir uns nähern. Das Blau des Meeres ist ebenso vollkommen wie der Himmel, der sich darin spiegelt. Es ist, als sänken wir allmählich über der Oberfläche eines blauen Sterns hinab, als müsste jedes andere Blau durch dieses abgenutzt oder geschwächt werden.

Während ich mich durch das Cockpit nach vorn zu meinem Stuhl auf der rechten Seite bewege, denke ich kurz an meine Reise nach Japan zurück, die ich als Teenager unternommen habe, vor etwa zwei Jahrzehnten, und an die Stadt, die dieses Flugzeug erst gestern verlassen hat, obwohl »gestern« nicht ganz das richtige Wort ist für das, was einer Nacht vorausging, die diese Bezeichnung kaum verdient, so schnell war sie aufgrund unserer hohen Breitengrade und der Geschwindigkeit, mit der wir gen Osten rasen, wieder vorbei. Ich erinnere mich an einen ganz gewöhnlichen Morgen in der Stadt. Nachmittags fuhr ich zum Flughafen. Jetzt ist dieser Tag in die Vergangenheit entschwunden, und die Stadt, London, liegt weit hinter der Krümmung des Planeten.

Beim Anschnallen denke ich daran, wie wir gestern die Triebwerke gestartet haben. Wie sich plötzlich eine verheißungsvolle Stille über das Cockpit legte, als der Luftstrom für die Klimaanlage umgelenkt wurde, wie sich die gewaltigen Techno-Blütenblätter der Fans allein durch Luft zu drehen begannen, sich drehten und drehten, immer schneller, bis Kerosin und Feuer hinzukamen und jedes einzelne Triebwerk mit einem tiefen Grollen zum Leben erwachte, das sich zu einem weichen und unmissverständlichen Dröhnen auswuchs – die Signatur eines der vollkommensten Hilfsmittel unseres Zeitalters zur Veredelung und Lenkung physischer Kraft.

Aus rechtlicher Sicht beginnt eine Reise, sobald sich »ein Flugzeug aus eigener Kraft zum Zwecke des Flugs in Bewegung setzt«. Ich erinnere mich, wie sich das Flugzeug vor uns zu diesem Zweck in Bewegung setzte und in den Londoner Regen abhob. Als es in Position rollte, stießen seine Triebwerke einen Wind aus, der sichtbar die nasse Startbahn kräuselte, und es sah aus wie die Zeitrafferaufnahme der windgepeitschten Oberfläche eines Teiches. Als »take-off thrust set« – der Schubhebel also auf Startposition – war, schleuderten die Triebwerke dieses Wasser in riesigen nachtgrauen Böen empor, neue Wolken, die kurzzeitig himmelwärts geworfen wurden.

Ich erinnere mich an unsere eigene Startstrecke, ein Erlebnis, das auch durch die Wiederholung nie getrübt wurde: der sich entrollende Teppich aus Leitlichtern, die uns sagen:»Hier«, die Stimme des Fluglotsen, die uns sagt:»Jetzt« und das Gefühl der ersten Sekunden, wenn die Triebwerke ihre vorgesehene Leistung erreicht haben und wir beginnen vorwärtszurollen, eine merkwürdige Art von Autofahrt auf einer ebenso merkwürdigen Landstraße. Aber mit zunehmender Geschwindigkeit rückt der Übergang näher, das Bewusstsein, dass die Räder immer unwichtiger werden und die Mechanismen, die mit der Luft arbeiten – die »Steuerflächen« an den Flügeln und das Heck – immer wichtiger. Über die Steuerung spüren wir deutlich, wie das Flugzeug in der Luft zum Leben erwacht, und mit jeder Sekunde wird der Kontakt des Jets zum Boden nebensächlicher für das Lenken seiner Bewegungen. Gestern flogen wir auf der Erde, lange bevor wir sie verließen.

Bei jedem Start gibt es eine Geschwindigkeit, die»V1« genannt wird. Bevor sie erreicht ist, ist die Startbahn vor uns noch lang genug, um den Start abzubrechen. Danach womöglich nicht mehr. Da wir also zum Abheben gezwungen waren, fuhren wir noch eine Weile auf dem Boden entlang, um an Geschwindigkeit zu gewinnen. Lange Sekunden nach V1 erreichte der Jet seine nächste Geschwindigkeitsmarke, und der Kapitän rief:»Rotate«. Als die Lichter der Startbahn bereits abwechselnd rot und weiß blinkten, um ihr nahendes Ende anzuzeigen, und die Energieflüsse der vier Triebwerke, zusammengenommen fast eine Viertelmillion Pfund Schubkraft, über die Startbahn hinter uns stoben, hob ich die Nase an.

Und als wären wir bloß aus einer Hauseinfahrt gekommen, bog ich rechts ab Richtung Tokio.

London lag nun auf meiner Seite des Cockpits. Die Stadt wurde erst größer und dann kleiner. Von oben, immer noch im Steigflug, erlebt man, wie sich eine Stadt in ihren eigenen Stadtplan verwandelt, wie ein Ort vor den eigenen Augen zu einem Ganzen wird und sich die Vorstellung einer Stadt mit dem Bild der Stadt selbst von einem Flugzeug aus so vollkommen überlagern kann, dass man nicht zwischen beiden unterscheiden kann. Dem Londoner Fluss, der in früheren Zeiten die Schiffe von ihren Docks in die Welt leitete, folgten wir bis zur Nordsee. Dann drehte sich das Meer, Dänemark, Schweden und Finnland glitten unter uns vorbei, und die Nacht brach herein – die über Russland begann und auch zu Ende ging. Und jetzt befinde ich mich im Blau des neuen Tages, nordwestlich von Japan, und warte darauf, dass, ebenso simpel wie der Morgen, die Stadt Tokio vor mir aufgeht.

Ich mache es mir in meinem schaffellbespannten Sitz und meiner außergewöhnlichen Position über dem Planeten bequem. Ich blinzele in die Sonne, überprüfe den Abstand meiner Hände und Füße zur Steuerung, setze ein Headset auf und rücke das Mikrofon zurecht. Ich sage meinen Kollegen guten Morgen, mit einem Hauch von Ironie, denn Fernstreckenpiloten wissen, dass ich auf einer Reise mit derart zerstückeltem Tageslicht einen Moment brauche, um sicher zu sein, wo gerade Morgen ist und für wen – für mich, die Passagiere oder den Ort unter uns auf der Erde, vielleicht auch für unseren Zielort. Ich bitte um eine Tasse Tee. Meine Kollegen bringen mich auf den neuesten Stand über die Stunden meiner Abwesenheit, ich werfe einen Blick auf die Computer und die Kraftstoffanzeigen. Unentwegt zeigen kleine grüne Ziffern unsere voraussichtliche Landezeit in Tokio an, etwa in einer Stunde. Sie wird in Greenwich-Zeit angegeben. In Greenwich ist noch gestern. Eine andere Anzeige gibt die verbleibenden Seemeilen des Flugs an, etwa alle zehn Sekunden schrumpft die Zahl um eine Meile. Ein Countdown zu der größten Stadt, die je existiert hat.

Gelegentlich werde ich gefragt, ob ich es nicht langweilig finde, so viele Stunden im Cockpit zu verbringen. Tatsächlich habe ich mich noch nie gelangweilt. Manchmal war ich müde, und oft habe ich mir gewünscht, ich würde nach Hause fliegen, anstatt mich mit der größtmöglichen Geschwindigkeit von dort zu entfernen. Aber ich konnte mir nie eine angenehmere Art von Berufsleben vorstellen oder dass es da unten irgendeine andere Zeit gäbe, für die ich meine Stunden in der Luft eintauschen würde.

Die meisten Piloten lieben ihren Beruf und wollten ihn ergreifen, seit sie denken können. Viele haben ihre Ausbildung begonnen, sobald es ging, häufig beim Militär. Aber als ich mit meiner Ausbildung in Großbritannien anfing, war ich überrascht, wie viele meiner Kameraden dort einen ganz anderen Weg hinter sich hatten – es gab Medizinstudenten, Pharmazeuten und Ingenieure, die, wie ich, beschlossen hatten, zu ihrer ersten Liebe zurückzukehren. Dass ich erst später zu diesem Beruf gelangte, brachte mich zum Nachdenken, warum viele meiner Kollegen und auch ich von einer fast schon vergessenen Idee, die wir alle als Kinder gemeinsam hatten, nun wieder so stark angezogen wurden.

Manche Piloten genießen das Hand-Auge-Zusammenspiel, mit dem die Bewegung in drei Dimensionen einhergeht, insbesondere die Herausforderungen, die zu Beginn und am Ende jedes Flugs geballt auftreten. Andere haben von Natur aus eine Vorliebe für Maschinen, und der Flugzeugbau als Königsdisziplin der Ingenieurskunst lässt Autos, Schiffe und Motorräder im Kontinuum unserer strahlenden Schöpfungen weit hinter sich.

Viele Piloten spricht vermutlich vor allem die Freiheit des Fliegens an. Ein Jet ist für eine bestimmte Anzahl von Meilen und Stunden losgelöst von der Welt, körperlich weit weg und abgeschieden. Eine solche Einsamkeit gibt es auf der Welt so gut wie gar nicht mehr, und daher fühlt sich das Fliegen zunehmend altmodisch an – was paradox ist, denn im Cockpit könnten wir kaum von mehr Technologie umgeben sein. Neben dieser Freiheit erhält man die Gelegenheit, die Städte der Welt bestens kennenzulernen und so viel von dem Land, dem Wasser und der Luft zu sehen, die dazwischenliegen.

Und außerdem haben viele von uns die fortwährende Sehnsucht nach Höhe gemeinsam. Höhen üben eine Anziehungskraft aus. Sie ziehen uns förmlich nach oben. Erhöhung ist und bleibt einfach, eine Primzahl, ein Element des Periodensystems. »Höher, Orville, höher!«, rief der Vater der Brüder Wright, als er im Alter von einundachtzig Jahren seinen ersten Flug unternahm. Wir bauen Wolkenkratzer und besuchen ihre Aussichtsplattformen. Im Hotel fragen wir nach einem der oberen Stockwerke. Mit einer Mischung aus Liebe und verdutztem Wiedererkennen betrachten wir Luftaufnahmen von unseren Häusern, unseren Städten, unserem Planeten. Wir besteigen Berge und versuchen, unser Butterbrot bis zum Gipfel aufzusparen. An meinem ersten Morgen in einer neuen Stadt gehe ich oft als Erstes zu einem Aussichtspunkt auf einem hohen

Gebäude, wo ich hin und wieder Reisende von meinem Flug wiedererkenne.

Die Anziehungskraft von Höhen lässt sich vielleicht nur durch die Evolution erklären. Hier sehen wir das große Ganze, haben die Übersicht, die Gesamtschau, den Ausblick auf die Lage der Dinge und das, was sich unserer Höhle oder unserem Schloss nähert. Der griechische Geograf Strabon bestieg die Akropolis von Korinth allein wegen des Ausblicks auf die Stadt. Als mein Vater seine Stelle als Missionar in einem Armenviertel der brasilianischen Metropole Salvador antrat, war seine erste Amtshandlung, einen Piloten anzuheuern, damit er die noch nicht kartografisch erfasste Gegend und ihre formlosen, größtenteils unbenannten Straßen fotografieren konnte. Nach seinem Tod, viele Jahre später, kam meinem Bruder und mir das Gerücht zu Ohren, dass an seinem Einsatzort eine Straße nach ihm benannt worden sei, nachdem er Brasilien verlassen hatte. Auf einem Laptop studierten wir einen Plan der Stadt und fanden die Rua Padre José Henrique – die Vater-Joseph-Henry-Straße. Aus einer Entfernung von vier Jahrzehnten und Tausenden von Meilen zoomten wir uns heran und gedachten seines ersten Flugs über diese Stadt.

Aber ich glaube, unsere Liebe zur Höhe kann nicht ausschließlich durch ihren vielfachen praktischen Nutzen erklärt werden. In so vielen Bereichen suchen wir nach Beweisen für Verbindungen, für Teile, die ein Ganzes bilden. In Musik, Comedy und Wissenschaft sprechen wir auf die Enthüllung von Beziehungen an, die wir nicht auf den ersten Blick erkannt haben oder von denen wir nicht gedacht hätten, dass sie so bereichernd seien. Das Fliegen ist das kartografische, planetarische Äquivalent eines Songs, den Ihr Lieblingssänger gecovert hat, oder des ersten Zusammentreffens mit einem Verwandten, dessen Gesichtszüge oder Eigenarten Ihnen bereits vertraut sind. Wir kennen den Song, aber nicht so. Wir sind diesem Menschen noch nie begegnet, und doch waren wir einander nie fremd. Flugzeuge lassen uns auf die Muster von Straßen, Wäldern, Vororten, Schulen und Flüssen hinabblicken. Die gewöhnlichen Dinge, die wir zu kennen glaubten, erscheinen uns neu oder schöner, und die sichtbaren Beziehungen zwischen ihnen auf der Erde deuten, vor allem nachts, auf den ewigen Kreislauf von mehr oder weniger allem hin.

Von Zeit zu Zeit habe ich Kathedralen in fernen Städten besucht, in denen es Labyrinthe gibt, verworrene, in den Stein eingelegte Wege, denen man ringsherum, vor und zurück folgen kann. Die Friedlichkeit dieser Labyrinthe verblüffte mich, die Absicht, den eigenen Weg sehen zu können, und der Kontrast, den ein solches Geschenk zu der wenig entspannenden Erfahrung darstellt, durch ein Labyrinth – oder auch nur die Gänge eines Supermarktes – zu irren, in dem man das Ganze nicht sehen kann.

Noch heute verlassen viele Reisende ihr Zuhause nicht nur, um neue Orte zu sehen, sondern auch, um den Ort, den sie verlassen haben, im Ganzen zu sehen, von unterschiedlichen Arten der Entfernung aus – kulturell, physisch, sprachlich –, die das Reisen ihnen eröffnet. Tatsächlich verbinde ich die Faszination dieser Perspektive mit den erfahrensten Reisenden. Hin und wieder fliege ich in eine Stadt, in der ein Mitglied unseres Bordpersonals lebt oder geboren wurde, und immer will er oder sie zum Start oder zur Landung unbedingt zu uns ins Cockpit kommen, um zuzusehen, wie der geliebte Ort, obwohl er keine Mysterien mehr birgt, allmählich aus den Cockpitfenstern verschwindet oder sie nach und nach ausfüllt.

Ich liebe das Fliegen aus all diesen Gründen. Aber was für mich die Freude an Linienflugzeugen ausmacht, ist die Besonderheit ihrer Bewegung über die Welt. Wenn ich über den Boden durch den Wald renne, wirken die Äste nah, laut und schnell. Ich bin das, was sich bewegt. Über Stock und Stein folge ich dem Weg, nie kommen meine Füße zweimal im selben Winkel auf. Ich könnte jederzeit stehenbleiben und berühren, was ich will. Im Kontrast dazu zeigen Filme von der Erde, die vom Orbit aus gemacht wurden, eine völlig andere Art der Bewegung: eine gleichmäßige, gewichtige und vollkommene Drehbewegung, eine gebieterische Stabilität, eigentlich das Letzte, was man aus einer so unermesslichen Höhe und bei dieser Geschwindigkeit erwarten würde.

Ein Passagierflugzeug bewegt sich nicht in diesen Extremen. Im Lauf eines jeden Fluges deckt es jedoch einen Großteil dazwischen ab. Ich fliege gerne, weil ich gerne die Welt vorüberziehen sehe. Nach dem Start sehen wir die Welt wie aus einem Kleinflugzeug. Aus der Höhe der mittleren Stunden eines Flugs, nehmen wir dann natürlich weniger Details wahr, aber wir sehen eine größere Fläche der Welt auf einmal, als uns je bestimmt war. Und in einer schmerzhaft imposanten Umkehrung unserer Sinne, dreht sich der Ort am bedächtigsten im Reiseflug, wenn wir am höchsten und schnellsten sind. Die Verbindungen dort unten ergeben für mich am meisten Sinn aus dieser abstrahierenden, scheinbar langsamen Bewegung über ihnen. Man könnte sagen, die Verbindungen werden automatisch gezogen, wie eine Straße, ein Fluss oder Gleise zwischen zwei Städten verlaufen und eine Landschaft oder Wolkenlandschaft mit der Leichtigkeit der Zeilen auf einer Buchseite in eine andere fließt. Auch sie bauen sich mit der Zeit auf, so wie sich die Dimensionen einer Stadt, eines Landes oder Meeres aus der Summe der Minuten oder Stunden ergeben, die so ein Ort braucht, um vor dem geistigen Auge vorbeizuziehen.

Dann gehen wir hinunter. Nähern uns einem weiteren Ort. Während unserer Rückkehr beschleunigt sich die Welt wieder. Kurz vor der Landung, wenn das Flugzeug am langsamsten ist, wirkt sie am schnellsten. Die Räder rasen beim Start, doch im Flug stehen sie still, und beim Aufsetzen werden sie von der Erde wieder beschleunigt. Diese Berührung verwandelt die Fluggeschwindigkeit in die Geschwindigkeit der Räder, und diese wird von den Bremsen in die Hitze der Heimkehr, des Ziels einer Reise, verwandelt, das vom Wind davongetragen wird.

Eine gewisse Sehnsucht ist natürlich mit jeder Fortbewegungsart verbunden. Jeder Reisende will oder muss per definitionem irgendwo anders hin. Gegenstand der Sehnsucht kann der Ort sein, den man gerade verlassen hat. Oder ein Wald, eine Kathedrale, eine Wüste, über die man gelesen hat oder die man sich seit seiner Kindheit ausmalt. Ein Ort, wo man schon immer leben wollte oder den man in jungen Jahren gut kannte. Aber das Fliegen, das uns über so große Entfernungen zu dem, was wir lieben, hin- oder von ihm wegträgt, verkörpert dieses Sehnen am unmittelbarsten. Der Raum, durch den sich das Flugzeug bewegt, ist so fremd. Menschen können darin nicht atmen. Wir können nicht einfach rechts ranfahren, den Motor abstellen und uns die Beine vertreten. Wir können nicht darin schwimmen oder uns am Beckenrand festhalten. Die Widrigkeiten des Himmels trennen die Reise scharf von den Zeiten und Orten, die an ihren beiden Enden liegen. Wenn Reisende sich zwischen Punkten auf dem Globus bewegen, deren Kultur, Sprache und Geschichte so unterschiedlich sind – London, Tokio –, kann die imaginäre Entfernung ebenso gewaltig sein wie die physische Lücke in der Luft dazwischen. Wie die Lieblingsmusik, fühlt sich diese geistige Distanz teils wie etwas Äußeres an und teils wie etwas Eigenes. Und so hoch über der Welt, wo uns mehr vom Himmel und dem Planeten offensteht, als irgendeine Spezies zu sehen berechtigt ist, finden wir Raum für Introspektion, wo wir als Letztes danach gesucht hätten. Als ich mit dreizehn meinen ersten tragbaren Kassettenrecorder mit Kopfhörern bekam und begann, mir meine Musik selbst auszusuchen, fragte ich meinen Bruder, ob Piloten beim Fliegen Musik hören dürften. Er antwortete, er sei sich nicht sicher, aber er glaube nicht. Er hatte recht. Aber als Passagiere werden uns allen diese immer seltener werdenden Stunden zuteil, in denen wir nirgendwohin müssen und nichts zu tun haben, Stunden, in denen wir mit unseren Gedanken, unserer Musik und dem vorbeiziehenden Bild unserer Reisen allein sind.

Dann blinzeln wir und sehen plötzlich wieder die Erde, über die wir fliegen. Vom Fensterplatz aus wechselt unser Fokus so übergangslos zwischen dem Persönlichen und dem Planeten hin und her, dass diese Bewegung auf eine neue Art der Anmut hinzudeuten scheint, die wir lediglich im Himmel erreichen. Wie wir uns auch immer das Heilige vorstellen, selten werden unsere simpelsten Fragen – in welcher Beziehung der Einzelne zur Masse steht, wie die Zeit der Entfernung gleicht, wie die Gegenwart auf der Vergangenheit ruht, so leicht wie unsere Lichter Nacht für Nacht auf der verdunkelten Sphäre – so deutlich eingerahmt wie von dem ovalen Fenster eines Flugzeugs. Wir blicken hindurch, auf schneebedeckte Gebirgszüge im letzten Rot des Tages oder die leuchtenden Handlinien der Städte bei Nacht, und wir erkennen, dass das Fenster ein Spiegel ist, vorübergehend über die Welt erhoben.

Der Weg ist natürlich nicht unbedingt das Ziel. Nicht mal für Piloten. Trotzdem haben wir Glück, in einem Zeitalter zu leben, in dem vielen von uns auf unseren emsigen Wegen, wohin sie auch immer führen, diese Stunden im Land der Höhe geschenkt werden, wo uns Leichtigkeit verliehen und die Größe unseres Zuhauses eröffnet wird und einige unserer ältesten Wörter neuen Sinn erhalten: »Reise«, »Straße«, »Flügel«, »Wasser«, »Erde«, »Luft«, »Himmel«, »Stadt« und »Nacht«. Manchmal sehen wir aus dem Flugzeug nach oben, und für einen Moment wird unser Blick von den Sternen am blauen Firmament gefesselt. Aber meistens blicken wir nach unten, gebannt von der plötzlichen Anziehungskraft dessen, was wir verlassen haben, und von Gedanken an die Wiedervereinigung, die wie die Wolken über die halbhelle Welt treiben.

ORT

ICH BIN DREIZEHN. Es ist später Winter und immer noch bitterkalt. Mein Dad und ich sind von zu Hause im Süden von Massachusetts nach New York City gefahren. Am Kennedy Airport parken wir oben auf dem Pan Am Terminal. Wir sind hier, um einen Cousin von mir abzuholen, der uns für ein paar Monate besuchen kommt. Weil wir zu früh sind oder vielleicht auch sein Flug Verspätung hat, bleiben wir eine Weile unter dem grauen Himmel stehen und sehen zu, wie die Flugzeuge von fernen Startbahnen aufsteigen oder unter uns zu den Gates rollen.

Im Hin und Her der Passagiermaschinen sehe ich, wie sich ein Flugzeug aus Saudi-Arabien dem Terminal nähert. Zwar bin ich schon in Flugzeuge vernarrt, seit ich klein war, aber dieses bringt mich auf neue Art zum Staunen, über die Säbel und die Palme auf der Heckflosse und den Namen an der Seite des Jets.

Ich weiß nicht, ob es am Tag liegt, an meinem Alter oder dem plötzlichen, neuen Begreifen, dass sich der Cousin, der mir heute Abend zu Hause beim Essen gegenübersitzen wird, immer noch irgendwo da oben in den Wolken befindet, aber aus irgendeinem Grund fasziniert mich der Anblick dieses Flugzeugs. Vor ein paar Stunden machte der Flieger wahrscheinlich mit Mann und Maus Tankstopp in Europa, und noch ein paar Stunden davor war er noch in *Arabien*. Als ich heute Morgen in meinem Zimmer aufgewacht bin, als ich in der Küche meine Cornflakes gelöffelt und meinen Orangensaft getrunken habe, als wir ins Auto gestiegen sind, hatte dieser Flieger bereits eine stundenlange Reise hinter sich, die für ihn in seiner Welt ebenso Routine ist wie mein Weg zur Schule in meiner. Und nun sehen mein Vater und ich zu, wie er eine der letzten seiner vielen Kurven dieses Tages über der Erde beschreibt. Das Flugzeug parkt – wie meine Eltern, wenn sie vom Supermarkt zurückkommen, und mir wird klar, dass auch ein Pilot am Ende einer Reise von einem Land wie Arabien in eine Stadt wie New York einparkt.

Die Türen und Frachträume sind noch versiegelt. Mir kommt der Gedanke, dass im Inneren der Maschine eine Essenz des Tages eingeschlossen sein könnte, den sie hinter sich gelassen hat, an einem Ort mit einem der wohlklingenden Namen, die ich auf dem Globus in meinem Zimmer gelesen habe – Dschidda, Dhahran oder vielleicht Riad. Ich versuche, mir Saudi-Arabien vorzustellen, wobei ich auf mein begrenztes Verständnis von Wüsten zurückgreife, das sich hauptsächlich aus dem Sahara-Sand in *Der kleine Prinz* zusammensetzt. Die Passagiere dieser Maschine sind so weit geflogen, haben von ihrem Fenster aus den Atlantik gesehen, der an die verschneiten Küsten von Kanada oder Neuengland drängt. Und zur gleichen Zeit sind mein Dad und ich eine vereiste alte Schnellstraße durch den ländlichen Teil des Staates New York gefahren, eine Straße, die einen niemals mit Arabien verbinden könnte, abgesehen von der Tatsache, dass sie zu einem Flughafen und zu einem Flugzeug wie diesem führt.

Die physikalische Leistung von Flugzeugen – dass sie uns in die Luft heben, uns das Fliegen ermöglichen – macht noch lange nicht ihren ganzen Zauber aus. Der Ort dreht sich vor dem Flugzeug mit perfekter Gleichmäßigkeit. Er taucht in der Luft auf als unsere neue, hauchdünne Geografie des Himmels, zieht hinter Wolken oder in der modernen Fiktion der Flugrechner ungesehen dahin, so rasch wie im Vorbeigehen aufgeschnappte Gesprächsfetzen, ohne dass einem überhaupt klar wird, um welche Sprache es sich handelt. Dann bringt uns plötzlich ein Paar Flügel, die zauberhafteste unserer Schöpfungen, zu einem neuen Tag, an einen neuen Ort und zu einem so vollständigen Stillstand, dass wir durch die entsiegelte Tür treten und loslaufen können.

Ich befinde mich im Cockpit einer 747 über den winterlich-weißen Rocky Mountains, die sich unter mir bis zum Horizont erstrecken. Die Welt ist zweigeteilt in das Blau oberhalb der Linie und den Schnee darunter. Ich mache eine Bemerkung darüber, wie die Gipfel ihre Schatten auf das Land werfen. Der Kapitän erklärt mir, dass der Uhrzeigersinn nur deswegen rechtsherum verläuft, weil sich in dieser Richtung die Zeit, der Schatten auf einer Sonnenuhr auf der Nordhalbkugel bewegt. Eine Fluglotsin teilt uns über Funk mit, dass sich ein anderes Flugzeug in unserer Nähe befindet, »von Ihnen aus gesehen im Moment auf zwei Uhr«, damit wir wissen, in welcher Richtung wir das Blau absuchen müssen. Dann gibt sie unsere Position durch, wie sie für das andere Flugzeug erscheint: von ihm aus gesehen auf »zehn Uhr«. Der Flieger, der für uns anfangs auf zwei Uhr war, bewegt sich nach drei Uhr, dann fünf Uhr, und dann ist er hinter uns, und wir verlieren ihn aus den Augen. Diese Stundenpositionen greifen ineinander wie Zahnräder.

Jetlag rührt von unserer schnellen Bewegung zwischen den Zeitzonen her, über die Linien hinweg, die wir auf der Erde gezogen haben, die Licht mit Zeit gleichsetzen und Zeit mit Geografie. Und doch lässt sich unser Ortssinn ebenso leicht durcheinanderbringen wie der Tagesrhythmus unseres Körpers. Weil sich Jetlag nur auf eine zeitliche Verwirrung bezieht, auf eine in Stunden gemessene Differenz, nenne ich dieses andere Gefühl *Placelag*: das imaginäre Hinterherhinken, das durch die Ortsverschiebungen unseres Jet-Zeitalters über jede denkbare Entfernung entsteht; durch die Unfähigkeit unseres tief verankerten, uralten Ortssinns, mit unseren Flugzeugen Schritt zu halten. Um *Placelag* zu bekommen, braucht man keine Zeitzone zu überschreiten. Man braucht nicht einmal ein Flugzeug. Es kam vor, dass ich im Wald war, um dort zu wandern oder ein Picknick zu machen, und dann später am selben Tag in eine Stadt zurückgekehrt bin. Und inmitten all der Autos, dem Lärm, den Klötzen aus Beton und Glas frage ich mich dann, wie es sein kann, dass ich heute Morgen noch im Wald spazieren gegangen bin. Ich weiß, erst heute Morgen war ich an einem anderen Ort, aber es fühlt sich an, als wäre es bereits eine Woche her.

Wir sind dafür gemacht, uns langsam über die Welt zu bewegen und alles auf dem Weg im Blick zu haben. Es ergibt durchaus Sinn, dass eine Reise durch die Zeit und eine Veränderung der Umgebung sich einen Rhythmus teilen und folglich Orte, die weiter entfernt sind oder sich stärker unterscheiden, natürlich auch weiter in der Vergangenheit zu liegen scheinen. Die Unterschiede zwischen einem Wald und einer Stadt sind so gewaltig, dass sich die Reise wie ein chronologischer Sprung dazwischenschiebt, eine Art Zeithügel.

Das gilt für alle Reisen, und je stärker der Kontrast zwischen unserem Zuhause und dem anderen Ort, umso ausgeprägter das Gefühl, als hätte der Ausflug in der fernen Vergangenheit stattgefunden. Diese Gleichung wird durch das Flugzeug bis an die Grenzen des Vorstellbaren getrieben, denn es nimmt uns auf Reisen mit, die kaum jemand von uns mit anderen Verkehrsmitteln unternommen hätte, an Orte, die sich von unserer Heimat so sehr unterscheiden, wie es auf diesem Planeten nur möglich ist, über viele andere Orte hinweg, die wir bestenfalls indirekt kennenlernen, wenn überhaupt.

Manchmal denke ich, dass bestimmte Städte sich so sehr in Empfinden, Kultur und Geschichte unterscheiden – Washington und Rio, Tokio und Salt Lake City –, dass sie eigentlich niemals durch einen Non-Stop-Flug verbunden sein dürften, dass eine solche Reise, um dem Abstand zwischen ihnen gerecht zu werden, in mehrere Etappen unterteilt sein sollte und dass die gedankliche Distanz womöglich besser wahrgenommen würde, wenn solche Flüge zehn Wochen und nicht zehn Stunden dauern würden. Aber egal, welches Städtepaar der Flieger miteinander verbindet, fast jede Flugreise kann einem zu schnell erscheinen. Wir tun so, als wäre es normal, dass London, der Ort, wo wir waren, der Ort, der uns in jeder Hinsicht umgab, sich in Luanda oder Los Angeles verwandelt hat, als hätten nicht wir uns bewegt, sondern als wäre vielmehr der Ort um uns herumgeflossen, denn schließlich könnte sich niemand so schnell bewegen. Ich höre »Heijira« von Joni Mitchell und fühle mich »porous with travel fever«, durchlässig für das moderne Fließen der Orte.

Wenn wir nicht viel von der Erde dazwischen sehen – weil wir als Passagier die meiste Zeit des Weges schlafen oder nicht am Fenster sitzen –, dann kann eine Reise über eine so weite Strecke den Eindruck erwecken, nur einen Augenblick zu dauern, und die Flugzeugtür wie der Verschluss einer Kamera wirken.

Es ist richtig, dass sich unsere ersten Stunden in einer anderen Stadt falsch anfühlen, oder zumindest verwirrend auf eine Art, die wir nicht näher erklären können. Wir sind nicht für die Geschwindigkeit gebaut, ganz bestimmt nicht für diese. Wenn wir die Welt durchqueren, kann ein primitiver Teil unseres Gehirns nicht begreifen, was da stattgefunden hat. Rational kann ich mir zwar sagen: »Ich bin von zu Hause nach Hongkong geflogen. Das hier ist eindeutig Hongkong: die Zielschilder vorne an den Bussen, die Massen von Fußgängern, die Wasserfläche im Hafen, wo die Lichter unzähliger Boote über die wogenden, verschwommenen Spiegelbilder der Wolkenkratzer rasen.« Ich weiß auch, dass ich vor einem oder zwei Tagen noch zu Hause war. Ich habe Alltagserinnerungen, sogar Quittungen, um es zu beweisen. Aber genau wie zwischen zwei unterschiedlichen Zeiträumen meiner eigenen Vergangenheit, stelle ich selbst die Verbindung zwischen diesen völlig unterschiedlichen Orten dar, zwischen denen 6000 Meilen Kontinent liegen. Irgendwo im Unterbewusstsein meines primitiven Hirns bin *ich* die offensichtlichste Antwort darauf, was diese beiden durch eine unvorstellbare Entfernung und doch nur durch einige Stunden getrennten Orte gemeinsam haben. Und das ergibt überhaupt keinen Sinn.

Wenn *Placelag* ein anerkannter Begriff wäre, könnte man sich Folgendes vorstellen: Ich gehe eine Straße in Tokio entlang, und ein Lieferwagen fährt vorbei, von dem aus lauthals politische Ankündigungen einer Kommunalwahl gemacht werden; oder ich stehe in einem Lebensmittelgeschäft in São Paulo vor einem Dutzend Früchte, von denen ich weder weiß, wie sie heißen, noch, wie man sie isst; oder in Lagos öffnet der Himmel seine Schleusen, und ein Regen geht hernieder, wie ich ihn in Massachusetts niemals erleben würde; und dann zwinkere ich meiner Begleitung zu, die wissend nickt und lächelt, und sage:»Ich habe *Placelag*.«

Piloten, Kabinenpersonal und Geschäftsleuten, die häufig unterwegs sind, ist die Erfahrung des *Placelag* vielleicht geläufiger als die des Jetlag. Wir bleiben eigentlich nie lange genug, um uns an die Ortszeit zu gewöhnen – uns zu»akklimatisieren«(wie es im Fachjargon der Pausenregelungen für Piloten so schön heißt) –, bevor die Zeit gekommen ist, sich wieder auf den Heimweg zu machen. Ich stelle meine Uhr oder mein Handy nie auf die Ortszeit um. Viele Piloten finden es einfacher, sich bei so kurzen Aufenthalten nach den Essens- und Schlafenszeiten ihrer heimischen Zeitzone zu richten, selbst wenn sie so weit weg sind, dass dies eine komplette Umkehrung von Tag und Nacht bedeutet und sie drei Tage in einer Stadt verbringen, ohne je bei Tageslicht unterwegs zu sein.

Anders als Jetlag, kann sich *Placelag* mit verstreichender Zeit verschlimmern. Ein Großteil unserer Erinnerungen bezieht sich auf den jüngsten Zeitraum unseres Lebens von Minuten, Tagen oder einer Woche. Und so füllt sich unser Geist in den ersten Tagen in einer fremden

Stadt zunehmend mit den Missverhältnissen eines neuen Ortes, selbst wenn unser Körper anfängt, sich an die neue Zeitzone zu gewöhnen, und verdrängt die Gegenwart und Unmittelbarkeit unseres nun fernen Zuhauses. Die Welt wird stündlich fremder.

Reisende kennen vermutlich die Erfahrung, spätabends in einer Stadt anzukommen: Man ist müde und weiß nicht recht, wohin, und macht sich ein bestimmtes Bild von der Stadt. Und wenn man dann am nächsten Morgen in einem Hotel aufwacht, den Vorhang beiseitezieht, um das Licht und das Leben von draußen hereinzulassen, hat man das Gefühl, noch einmal neu – oder überhaupt zum ersten Mal – anzukommen, als wäre das alles vergangene Nacht gar nicht passiert. Mein erster Flug nach Delhi fand im Januar statt, und auf dem Flughafen und der Hauptstadt selbst lag jener dicke Nebel, für den sie berühmt ist. Es war vielleicht drei Uhr morgens, als unser Bus das Terminal verließ. Schon bald wurden die Straßen enger und führten durch Wohngegenden. Überrascht stellte ich fest, dass es in Delhi in jener Nacht wesentlich kälter war als in London und der graue Staub auf den Straßen in den nächtlichen Nebelschwaden fast wie Schnee aussah. In meiner Erinnerung verlief die Fahrt in völliger Stille, alles, was mir durch den Kopf ging, war, dass wir uns heimlich nach Delhi stahlen, Fremde der Stadt, was Zeit und Ort betraf.

Viele Passagiere haben genug Zeit, sich an diesem neuen Ort letztendlich auszuwechseln, wie der Schatten einer Zeichentrickfigur, der kurzzeitig von seinem Besitzer getrennt und später wieder mit ihm vereint wird. Aber ehe es so weit ist, ist die Besatzung ihres Flugs mit ziemlicher Sicherheit schon wieder dorthin zurückgekehrt, wo sie herkam. Wahrscheinlich sind wir bis dahin sogar schon wieder in eine weitere Stadt geflogen. Ausgerüstet mit Augenbinden und Ohrenstöpseln und weitgehend frei von Terminen in der Ortszeit einer jeden Stadt, die wir besuchen, haben wir mehr Kontrolle darüber, wie viel Jetlag wir erleben, als die meisten Reisenden. Aber *Placelag* ist unvermeidlich und fast schon ein Dauerzustand in unserem Leben.

Wenn ich einen freien Vormittag habe, gehe ich häufig zum Hauptbahnhof einer Stadt. Ob neu oder alt, in Peking oder in Zürich, Bahnhöfe sind oft Meisterwerke der Architektur, und es gibt dort immer Cafés, in denen man mit einem Buch verweilen kann. Ich lese auch gern die Anzeigen auf den Abfahrtstafeln mit den Namen vieler kleiner Städte, von denen ich noch nie gehört habe oder nicht wusste, dass sie so nah sind, dass man sie mit dem Zug erreichen kann. Aber manchmal glaube ich, der wahre Grund, warum ich gerne in diesen Bahnhöfen sitze oder herumlaufe, liegt darin, dass sie das Dazwischen verkörpern. Ein belebter, fremder Bahnhof sieht genauso aus, wie ich mich fühle. Am akutesten ist *Placelag*, wenn wir spätabends eine fremde Stadt verlassen. In unserem Hotel steigen wir in einen Bus und fahren zum Flughafen, vorbei an Autos oder anderen Bussen voller Arbeiter auf ihrem späten Nachhauseweg und mit Einkaufstüten mit Zutaten für das Abendessen. Vielleicht hören sie Musik oder lauschen einem Nachrichtensprecher, der mit nüchterner Stimme die Topmeldungen des Abends aus einer Welt vorliest, die für mich genauso gut ein anderer Planet sein könnte. Jeder, den ich hier auf der Straße sehe, wird heute Nacht in seinem eigenen Bett schlafen, während ich Fluginstrumente überwache und über Pakistan, dem Tschad oder Grönland eine Tasse Tee trinke. Hin und wieder erfahre ich auf solchen Busfahrten ein klärendes Aufrütteln, was meinen derzeitigen Ort betrifft, Schübe der Wahrheit über eine Stadt oder einen Tag, die nur Fremde wahrnehmen können, den privilegierten Blick des Außenseiters. Aber oft spüre ich, dass ich die Stadt bereits verlassen habe oder niemals dort war.

Später, nach ein paar Stunden Flug, denke ich vielleicht noch mal an das Personal, das wir in Johannesburg, Kuwait, Seattle oder Tokio zurückgelassen haben, an die, die »am Boden arbeiten«, wie wir sagen, und an die Welt, in die sie nach getanem Tages- oder Nachtwerk zurückkehren, wenn sie sich vom Flugzeug ebenso sauber gelöst haben wie der Tankwagen vom Flügel. Ich frage mich, wie spät es jetzt in ihrer Stadt sein mag und ob es dort schon dunkel ist. Ich versuche mir vorzustellen, was sie wohl essen oder über ihren Tag sagen und wie ihr Zuhause, in das sie jetzt heimgekehrt sind, aussieht – indisch, japanisch oder amerikanisch, und jedes Zuhause selbst ein eigenes Land.

Obwohl *Placelag* mehr zum Pilotenleben gehört als Jetlag, besitzt er gewisse Analogien zur Zeit. Wenn ich ein altes Schwarz-Weiß-Foto betrachte, muss ich mir ins Gedächtnis rufen, dass die Welt in Farbe war, als es gemacht wurde, oder dass der festgehaltene Moment sich für die Menschen darauf ebenso sehr wie die Gegenwart anfühlte wie für mich der Moment, in dem ich mir das Foto nun ansehe. *Placelag* ist das räumliche Äquivalent zu diesem zeitlichen Phänomen; eine Verlagerung, die nur die Geschwindigkeit von Flugzeugen aus jenen Momenten der Gegenwart heraufbeschwören kann, die nicht chronologisch in die Vergangenheit hinein verlaufen, sondern horizontal über den Ort, über die Geografie der Erde. Es ist unsere Erfahrung einer Tatsache, die zu begreifen uns bei all unserer Entwicklung nie leichtfallen wird: dass die ganze Welt, jeder Ort gleichzeitig fortbesteht.

An einem Winterabend flog ich als Passagier nach New York. Der Flieger war so gut wie leer. Ich saß auf einem Mittelsitz, aber die Fenster waren größer als bei den meisten Flugzeugen, und wenn ich mich aufrecht hinsetzte, hatte ich freie Sicht auf die hinter den schimmernden Ellipsen der Fensterscheiben vorbeiziehende Stadt. Die Fernsehbildschirme für die Passagiere waren zur Seite gedreht, zu den Fenstern und in die Welt hinaus gerichtet.

Als wir zur Landung ansetzten, liefen die Fernseher immer noch, ohne dass jemand sie beachtete. Wenn ich aus den Fenstern blickte, sah ich, wie die Fernsehbilder teilweise ins Flugzeug zurückgeworfen wurden. Ein Comedian in einem Stand-up-Club, irgendwo und irgendwann anders, wurde in die Nacht projiziert. Sein helles, bewegtes Abbild, sein stumm lachendes Publikum glitten über die Lichter der Stadt, die sich vorbeidrehten. Ein Stück weiter schwebte eine flimmernde afrikanische Savanne aus einem anderen Fernseher durch den Himmel. Löwen warfen mit unhörbarem Gebrüll die Häupter zur Seite und streiften durch ihr unerwartetes nächtliches Herrschaftsgebiet.

Mir fiel die denkwürdige Bezeichnung eines päpstlichen Segens ein: *Urbi et Orbi* – der Stadt und dem Erdkreis. Hier sehen wir den Ort deutlicher denn je. Hier sehen wir eine Stadt als ein wunderbares Geschenk, das sich unter uns in Gestalt ihres eigenen, elektrisierten Näherrückens zusammensetzt. Und doch werden Orte durchkreuzt von anderen Orten, unvertäut und reibungslos in der von Flugzeugen geschaffenen Welt.

»Zwölf Stunden, seit zwölf langen Stunden bin ich nun schon ein Reisender unter freiem Himmel«, schrieb Wordsworth. Zwölf Stunden sind in einer 747 eine angemessene Weglänge unter dem Blau des Himmels oder den Sternen. Tokio–Chicago, Frankfurt–Rio de Janeiro, Johannesburg–Hongkong.

Ich suche immer noch verzweifelt nach einer Möglichkeit, die Größenordnung dieser Reisen für den Menschen zu ermessen. Diese Aufgabe wird nicht einfacher, sondern schwerer, je mehr ich fliege. Manchmal komme ich nach einem langen Flug in meinem Hotelzimmer an, schließe die Augen und werde überwältigt von der Stille, weil ich seit Tausenden von Meilen zum ersten Mal allein bin. Und ich weiß nicht, wie viele Gesichter ich gesehen habe, seit mein Tag begann, seit die Sonne aufging, in welcher Stadt auch immer ich morgens aufgewacht bin. Ich bin sicher, dass ich an den meisten Tagen mehr Menschen sehe als viele meiner Vorfahren in ihrem ganzen Leben. Ich denke daran, wie die, denen ich begegnet bin, durch die Stunden in Flugzeugen wieder zerstreut wurden, wie die einfachste Definition einer Gemeinschaft, etwa durch das Teilen eines Raums, auseinandergenommen wurde, während das Flugzeug neue Formen der Wiedervereinigung von wahrhaft planetarischen Ausmaßen möglich gemacht hat. Wenn die Nacht hereinbricht, werden viele der Menschen, die ich auf dem Flughafen oder an Bord meiner Maschine gesehen habe, in andere Flugzeuge gestiegen oder schon zu Hause sein oder in einem Hotelzimmer wie meinem. Manche mögen gerade die letzten Meilen auf einer schmalen Landstraße zurücklegen zu einem von der Welt, die ich kenne, in jeder Hinsicht entlegenen Ort, wo ihre Reise endet, oder in diesem Moment der Person von ihrer Reise erzählen, die zu sehen sie so weit gereist sind.

Manchmal, wenn ich versuche, mir die Dimensionen des modernen Fliegens vor Augen zu führen, denke ich an die Luft. Nicht einfach nur an das Volumen oder die Tiefe der Luft, durch die wir uns bewegen, oder Wordsworths freien Himmel, sondern vielmehr das Gegenteil davon. Es liegt eine gewisse Ironie darin, dass die sogenannte Luftfahrt, die uns durch einen so großen Teil der Luft der Welt befördert, so rigoros von jedem direkten physikalischen Kontakt mit ebendieser abgeschnitten ist. Das ist vermutlich der gravierendste Unterschied zwischen Flügen damals in offenen Cockpits und dem Fliegen heute. Wer weiß, wie sich Teleportation anfühlen würde? Sobald es jemand herausfindet, sehe ich mich wahrscheinlich nach einem Job in diesem Bereich um. Aber ich glaube, ansatzweise haben wir schon eine Vorstellung davon, und zwar durch die für uns aufbereiteten, klimatisierten Gehäuse und Röhren, die uns an fast jeden Ort auf dem Planeten bringen können.

Nach einem Flug erwache ich aus einem langen Nickerchen in einem Hotelzimmer in irgendeiner asiatischen Metropole. Einen Moment muss ich überlegen, welche. Der Name fällt mir gerade noch ein, bevor ich aufgestanden und zum Fenster gegangen bin. Ich ziehe den Vorhang zurück und sehe einen Hafen voll bewegter Lichter, eine maritime Szene, die so belebt ist, dass es sich ebenso gut um eine längst vergangene Zeit handeln könnte. Mein Blick hebt sich, und ehe ich ihn den Flugzeugen zuwende, die über dieser Wasserlandschaft herabsinken, bleibt er an den majestätischen Wolkenkratzern hängen, hinter gleißenden Logos und Schildern, die kaum kleiner sind als die Fassaden der Gebäude. Ich dusche, ziehe mich an und spaziere hinaus in diesen energiegeladenen Abend, inmitten all der Lichter, all der Arbeiter, die nach Hause oder zu einer Verabredung mit Freunden eilen. Ich blicke hinauf, wo sich die oberen Stockwerke der Hochhäuser in einem sternenlosen Dunstschleier verlieren, und es gelingt mir nicht auszurechnen, wie viele Stunden und Meilen es her ist, seit ich das letzte Mal draußen unter freiem Himmel war.

Ich schliddere über die Meilen und Stunden und stolpere über die Fäden, die nicht abgetrennt werden können, aus denen sich meine diversen *Lags* zusammensetzen. Ich erinnere mich an einen frühmorgendlichen Start im dunklen London, einen zu Fuß zurückgelegten Weg zur U-Bahnstation, einen – im doppelten Wortsinn – *unbedachten* letzten Moment unmittelbaren Himmels über dem Kopf, in dem ich keine Sekunde innegehalten oder einen Abschied auch nur in Betracht gezogen habe. Dann ein Zug zu einem anderen Zug, der mich in die Tiefen des Flughafens brachte, ein Gang durch das Terminal, ein weiterer unterirdischer Zug, eine überdachte Fluggastbrücke zu einem Flieger mit dem Ziel Hongkong, ein Bus von der überdachten Flughafenstation bis unter die ausladende Markise unseres Hotels, automatische Türen, Reihen glänzender Aufzüge, in denen Musik spielt, an den Wänden Werbung für die Jazz-Lounge unter dem Dach, mein Zimmer und Schlafen. Eine Reise, so bedeutungsschwer, wie wir sie auf der Erde nur unternehmen können, und doch nicht eine Meile oder ein Moment davon unter freiem Himmel.

Die Leichtigkeit, mit der wir heutzutage die Welt durchqueren, würde frühere Generationen sicherlich schockieren. Aber ebenso überrascht wären unsere Vorfahren wohl, dass es möglich ist, eine solche Reise zu unternehmen, ohne den Himmel zu sehen oder zumindest ohne dass sich zwischen ihm und uns ununterbrochen Glas befindet. Und gerade der Teil in der »Luft« ist oft der abgeschlossenste solcher Reisen. Ich kann in einer Stadt ein Terminal betreten, eine Reihe Anschlussflüge nehmen und mich in nicht unerheblichem Maße vom Wind durch die Welt tragen lassen. Ich kann unterwegs einkaufen gehen, schlafen und essen und doch von keinem Ort je einen Lufthauch abbekommen.

Oft versuche ich, in den Hotelzimmern, in denen ich schlafe, ein Fenster zu öffnen. In vielen Hotels ist das unmöglich. Der Begriff »gebaute Umwelt« bezieht sich eigentlich auf die Gesamtheit von Menschen geschaffener Objekte wie Straßen, Parks und Gebäude. Doch eine Teilmenge davon, der gläserne Kokon der Abschottung moderner Reisen – insbesondere das globale Gebäude versiegelten Komforts, das Flugreisende sich vermeintlich wünschen –, hätte diesen Namen durchaus verdient.

Die Vervollkommnung der gebauten Umwelt, der gebaute Himmel, wird oft als Maßstab für die Qualität eines Flughafens angesetzt oder sogar für den Entwicklungsstand eines Landes. Die wenigsten Fluggäste steigen gern in eine Maschine, die abseits vom Terminal steht, was bedeuten könnte, bei Wind und Wetter auf einer Treppe warten zu müssen. Mit wachsender Entwicklung und Ausdehnung eines Flughafens werden Fluggastbrücken ergänzt – der Begriff »Luftbrücke« dürfte in den Ohren des zunehmend abgeschotteten modernen Reisenden vielleicht etwas ironisch klingen. Ihre glänzende Anwesenheit wird, wie die Luftfahrt selbst, als Zeichen des Fortschritts angesehen.

Das Ausmaß der umbauten Luft – die Atmosphäre der Luftfahrt – zeigt sich am deutlichsten, wenn sie zusammenbricht.

Selbst wenn das Flugzeug durch eine Fluggastbrücke mit dem Terminal verbunden ist, kann dieses Siegel ungenügd sein, und dort, wo das Ende des klimakontrollierten Schlauchs an das Flugzeug grenzt, kommt es zu kleinen Luftstößen der Hitze von Dallas, der Feuchtigkeit Brüssels oder der Kälte Moskaus. Diese Luft fühlt sich anders an und riecht anders als die klimatisierte Umgebung. Sie kommt mir vor wie ein Regelverstoß, aber auch wie das himmlische Geschenk eines Ortes – ein plötzlicher Schub *Placelag* vielleicht, aber auch der erste Atemhauch dessen, was ihn letztendlich heilen wird. Honolulu, mit einem zwar überdachten, aber an der Seite offenen Terminal, bildet eine seltene Ausnahme in der Welt großer Flughäfen. Als ich es zum ersten Mal zu Fuß durchquerte, war ich sprachlos, nicht weil es Bände über das Wetter auf Hawaii spricht, sondern über das außergewöhnliche Gefühl, wie der natürliche Duft der Außenluft durch das sterile Reich der globalen Luftfahrt wehte.

Der eingeschlossene Luftraum der Welt, das »Atmen sogenannter Luft«, wie der Dichter W. S. Merwin das Warten in der Atmosphäre des Flughafens beschrieb, ist zwar traurig, eine Auslöschung des Ortes, ein moderner Exzess der Abschottung und des Komforts, hat aber den Vorteil, dass dadurch die Ankunft in der echten Luft einer Stadt wesentlich lebhafter wird. Wenn ich von einer Stadt in die andere segeln würde, wochenlang den Elementen ausgesetzt, würde ich vielleicht nicht bemerken, wie extrem die Luftunterschiede zwischen den beiden Orten sind.

Bei Flügen in bestimmte indische Städte ist mir der einzigartige und gehaltvolle, leicht rauchige Geruch aufgefallen und lieb geworden, der, wie ich mir sagen ließ, durch das Verbrennen von Biomasse und Kuhdung entsteht. Er muss durch bestimmte Höhen aufsteigen oder sich dort sammeln. Oft kann ich ihn nachts im Cockpit riechen, in den letzten Minuten, bevor wir landen. Das muss eine besonders schöne Erfahrung sein, wenn man aus einer dieser Städte stammt und lange fort war, eine unverwechselbare physikalische Eigenschaft der Luft, die fast symmetrisch mit den Lichtern der Heimat zurückkehrt.

Ich bin zwar nicht in Boston aufgewachsen, aber diese Stadt spielt in meinem Leben eine große Rolle. Dorthin kam mein Vater, nachdem er Brasilien verlassen hatte, und dort begegnete er meiner Mutter. Ich habe mehrere Jahre dort gewohnt, während meiner Tätigkeit in der Wirtschaft. Als ich nach Boston zog, wies meine Mom mich darauf hin, dass meine Wohnung nur ein paar Blocks von dem Haus entfernt war, in dem sie drei Jahrzehnte zuvor zu leben beschlossen hatte, und es von dort aus wiederum nur wenige Blocks nach Back Bay waren, wo mein Vater gewohnt hatte. Wenn ich heute nach Boston fliege, kann ich oft das Meer riechen, sobald ich aus dem Flughafengebäude trete. Mitunter rieche ich die Stadt sogar schon, bevor ich das Flugzeug verlasse, vor allem im Winter, wenn die Schneeluft sich mit dem Salz vermischt und es keinen Zweifel geben kann, wo ich mich befinde. Der Duft Bostons ist zwar nicht ganz der Duft meiner Heimat, aber nach einem Flug von 3000 Meilen in die Stadt, in der meine Eltern einander begegnet sind, ist es besser als nichts.

Die Gerüche von Städten sind so verschiedenartig, dass es befremdlich ist, wenn sie gelegentlich nicht zu unseren Erinnerungen passen. Nach einem Flug nach Ostasien landete ich einmal mitten in der drückendsten Sommerhitze in New York. Am Flughafen nahm ich ein Taxi, und als ich das Fenster herunterließ, kam mir ein Schwall der Nachtluft entgegen, die feuchtschwere Schwüle einer aufgeheizten Stadt, die sich am Abend kaum abkühlen würde. Hätte ich mit verbundenen Augen raten müssen, wo ich war, hätte ich auf Singapur oder Bangkok getippt, irgendeine Stadt an einem warmen Meer mit einem Hafenviertel, übersät von Neonlichtern und Verkaufsständen unter freiem Himmel, dazwischen kleine Abendlokale gedrängt, ein Ort, auf den niemals auch nur eine einzige Schneeflocke fallen würde.

Die abenteuerlustigeren unter den Reisenden haben vermutlich auch schon die Erfahrung gemacht, von einem strahlenden Flughafentempel aus Stahl, Glas und Marmor zum Flugplatz eines kleineren, ärmeren Landes zu fliegen, wo es keine Fluggastbrücken und vielleicht nur eine Handvoll Flüge am Tag gibt und Personal angerannt kommt, während das Flugzeug noch auf dem Rollfeld parkt. Sobald sich die Tür öffnet, verspüren Sie einen Windzug, der neue Gerüche zu Ihnen trägt, und Sie wissen sofort, das ist ein anderer Ort. Er ist nicht nur etwas Besonderes, weil sich die Luft von Ihrer gewohnten unterscheidet, sondern auch, weil die Luft nicht umbaut ist und Sie die Treppe hinuntersteigen – eine Erinnerung daran, dass wir nicht *in* einem Ort ankommen, sondern *auf* ihm.

Wenn diese Art, eine Reise zu beenden und ein Flugzeug zu verlassen, einen gewissen Zauber hat, dann liegt das daran, dass sie für viele von uns ungewöhnlich ist und im Allgemeinen an Orten vorkommt, wo es heiß ist. Die wenigsten wünschen sich eine solche Erfahrung, wenn sie bei Dunkelheit und Graupel nach Hause fliegen. Trotzdem sind solche Momente der Wärme eine Gelegenheit, sich das Wort »Landung« auf der Zunge zergehen zu lassen und sich alte Filmaufnahmen von der Ankunft einer Königsfamilie ins Gedächtnis zu rufen oder der Beatles, wie sie selbst an einem kalten Februartag aus dem Flugzeug namens *Jet Clipper Defiance* steigen. Die Füße berühren den Boden, ob bei wolkenverhangenem Himmel oder strahlendem Sonnenschein; eine Gewichtigkeit der Ankunft, die sowohl auf der Luft als auch auf der Erde beruht.

Ich bin gerade in Tripolis gelandet. Wir bleiben nicht über Nacht hier. Ein solcher Flug ist, hier überlappt sich die Terminologie von Flugpersonal mit der von Tolkien, als *there-and-back* bekannt. Wir haben die Maschine geparkt, die Passagiere sind ausgestiegen, und das Reinigungspersonal ist an Bord gegangen. Dank einem Rückenwind sind wir früh angekommen und haben daher noch ein bisschen Freizeit, bevor wir mit den Vorbereitungen für unseren Rückflug beginnen müssen.

Ich schlendere zum Terminal. Mag sein, dass Flughäfen zunehmend homogen und globalisiert sind, aber wer diesen Prozess für abgeschlossen hält, möge mal Tripolis Airport meinetwegen mit Pittsburgh vergleichen. Ich laufe an den libyschen Familien und westlichen Ölarbeitern vorbei, die sich vielleicht schon darauf freuen, nach dem Start ihr erstes Bier seit Monaten zu trinken. Ich steuere auf die lieblos dekorierte Cafeteria zu, um mir einen Imbiss zu besorgen, den ich hier lieben gelernt habe: eine leckere Art von Spinattasche. Ich stöbere in dem kleinen

Laden mit Regalen voller Bücher von Muammar al-Gaddafi und einer Handvoll Postkarten des prächtigen alten Tripolis, die Palmen an den Alleen ausgeblichen, die Adressseite verfärbt und etwas klamm.

Schließlich kehre ich zum Flugzeug zurück und gehe zum hinteren Ende, wo eine grobe Metalltreppe – natürlich eine »Lufttreppe« – vor einer geöffneten Tür positioniert ist. Im Schatten des Hecks setze ich mich darauf und sehe dem einen oder anderen Jet bei der Landung zu, von Fluglinien und aus Städten, deren Namen mir nichts sagen. Es ist heiß, und da die Passagiere mich vom Terminal aus nicht sehen können, nehme ich die Krawatte ab. Ich esse meine libysche Teigtasche und dann ein Brot, das ich mir heute Morgen in London gemacht habe.

Rollfelder am Flughafen haben natürlich jeweils ihren eigenen Geruch, aber hier herrscht zudem noch eine verräterisch dunstige Brise, eine Mischung aus Hitze, dem nahen Ozean und dem goldenen Staub, der sich auf allem niederlässt und den ich mir beim Aufstehen von der Hose klopfen muss. Schon bald ist es Zeit, Libyen wieder zu verlassen und zurückzufliegen in die gewohnte Luft, über das Mittelmeer, Korsika, die Alpen und Paris, und dann in den Himmel über England hinabzusinken.

Über der Tower Bridge drehen wir ein. Nicht lange danach spaziere ich unter dem Himmel, aus dem ich angeschwebt kam, unter den Lichtern der Flugzeuge, die in den nächsten Stunden wie ein Uhrwerk weiterlaufen werden, in ein Restaurant in South Bank, um mich mit Freunden zu treffen. Sie fragen mich, wie mein Tag war. Gut, sage ich. Er war gut. Interessanter Ort?, fragen sie, allerdings halb im Scherz. Kein Ort, den ich nenne, könnte sie noch überraschen. Beim Essen schweife ich mit meinen Gedanken immer wieder ab. Wie kann es sein, frage ich mich, dass ich heute nach Afrika und zurück geflogen bin? Blinzelnd blicke ich in die Runde und im überfüllten Restaurant umher, auf die klirrenden Gläser und die dunkle Holzverkleidung. Und ich erinnere mich, wie an einen Traum, an das blaue Meer aus Luft über dem Mittelmeer, die Glut eines ganz normalen Nachmittags in Tripolis und meine Mittagspause auf der Lufttreppe im Schatten des Fliegers, den wir nach Libyen und zurück gebracht haben.

Die Geografie ist eine Möglichkeit, die Welt einzuteilen – Linien zwischen politischen Entitäten, Pro-Kopf-Einkommen oder Niederschlagsraten zu ziehen. So lassen sich am besten die Oberfläche unseres kugelförmigen Zuhauses und die oft verstörend physikalischen Eigenschaften unserer Zivilisation darauf erhellen. Das Flugwesen schreibt seine eigene Geografie und besinnt sich gleichzeitig auf ältere, so wie jeder, der in der Luft arbeitet oder reist.

Es gibt Orte, in die ich schon geflogen bin, und Orte, in die ich noch nicht geflogen bin. Das ist eine mögliche Unterteilung des Planeten, von der ich nichts ahnte, ehe ich Pilot wurde, und sie bedeutet nicht etwa weniger, sondern immer mehr, je mehr man reist. Auf der Weltkarte eines Langstreckenpiloten leuchten manche Städte hell vor häufiger und jüngster Erfahrung, andere weniger, und einige sind komplett dunkel. Ein relativer Neuling als Pilot, sind diese Punkte auf meiner Karte noch dünner gesät als bei den meisten meiner Kollegen. Es kommt immer noch ein-, zweimal im Jahr vor, dass ich einen Flughafen anfliege, an dem ich noch nie war, weil die Route oder der Flughafen selbst neu ist oder die Route von einem anderen Flugzeug auf die 747 verlegt wurde. Schon Tage vor einem solchen Flug sehe ich mir die Karten des Flughafens und anderer in der Nähe an oder die Flugdokumente, die für einen früheren Flug dorthin vorbereitet wurden. Wenn wir uns vor einem Flug mit unseren Kollegen und Kolleginnen treffen, fragt der Kapitän üblicherweise: Waren Sie in letzter Zeit dort? Oder: Waren Sie schon mal dort? Über unsere Karten tauschen wir uns aus.

Neben meinen persönlichen Grenzen zwischen den Orten, wo ich schon einmal war und wo ich noch nicht war, ist die fundamentalste Unterteilung der Welt vielleicht gar nicht so offensichtlich: etwa, ob man sich über Land oder über Wasser befindet, in den Wolken oder unter klarem Himmel, im Hellen oder im Dunkeln. Die vielleicht simpelste Zweiteilung des Himmels besteht zwischen den Regionen der Welt, die vom Radar abgedeckt sind, und denen, die das nicht sind. Auf unseren Karten sind peinlich genau jene Vorfelder oder Pisten auf bestimmten Flughäfen markiert, die von den Fluglotsen im Tower nicht direkt gesehen werden können. Auf ähnliche Weise ist die ganze Welt in Regionen mit oder ohne Radarabdeckung aufgeteilt. Ein überraschend großer Teil der Welt verfügt nicht über einen zivilen Radar. Es gibt keinen über den Meeren, sobald man die Küste weit hinter sich lässt, über Grönland, großen Teilen Afrikas und nicht unwesentlichen Bereichen von Kanada und Australien. Fliege ich innerhalb eines bestimmten Abstands zu einem Radarstandort oder einer Radaranlage – *radar head* lautet der Fachbegriff, der manchmal für den rotierenden Teil benutzt wird –, können die Fluglotsen mein Flugzeug in einem direkten Sinn »beobachten«. Wo es keinen Radar gibt, ist das nicht möglich, und wir müssen unsere Positionen über diverse, zunehmend komplizierte elektronische Instrumente übermitteln oder ihnen über Funk unsere Zeit und Höhe für verschiedene Positionen durchgeben, einen *position report*, den sie uns dann sorgfältig gegenlesen müssen, um sicherzugehen, dass sie alles korrekt verstanden haben.

Dieses Gefühl, beobachtet zu werden – oder nicht –, teilt die Welt. Außerhalb der Reichweite des Radars fühlt man sich nicht, als befände man sich mit seinem Handy in einem Funkloch, denn wir haben weiterhin Kontakt zu den Fluglotsen. Es ist also nicht so, als würde man mit dem Auto in einen Tunnel fahren und das GPS-Signal verlieren, denn Piloten wissen immer, wo sie sind. Der Unterschied ist auch nicht mit Situationen vergleichbar, in denen man sich unwohl fühlt, weil man beobachtet wird, denn Piloten ist es lieber, von Fluglotsen beobachtet zu werden. Wenn die Fluglotsen uns mitteilen, dass wir auf ihrem Radar identifiziert wurden, macht sich Erleichterung breit und das Gefühl, dass nun eine weniger isolierte Etappe der Reise beginnt oder wir uns ihrem Ende nähern.

Eine weitere Unterteilung der Welt, ein Himmelreich für sich, stellen Berge dar, die eine bestimmte Höhe überschreiten. Die Höhe, oberhalb derer wir Sauerstoffmasken tragen müssen, falls der Druck in der Kabine abfällt, beträgt 10 000 Fuß, und so bildet diese grobe Kontur, die sich aus Gipfeln und einem kleinen Sicherheitsspielraum zusammensetzt, als wäre der Meeresspiegel um etwa zwei Meilen gestiegen, vielleicht die Weltkarte, die ein Pilot am problemlosesten aus dem Kopf zeichnen könnte. Diese verbleibende Welt besteht hauptsächlich aus zwei einzelnen, gewaltigen Bändern. Das Herz der Karte bildet ein langes und breites Stück Eurasiens, von Spanien über die Alpen, den Balkan, dann von der Türkei grob ostwärts Richtung China und Japan, über das Hochland von Staaten wie Iran, Afghanistan, Indien und die Mongolei. Ein weiterer langer Streifen der auf unseren Karten rot markierten Mindesthöhen verläuft in einer fast ununterbrochenen Linie die westliche Seite Nord- und Südamerikas entlang, von Alaska bis hinunter durch die Anden, vom Nordpolarmeer zum Südpolarmeer. Auf dieser Höhenkarte der Welt existieren die USA östlich des Mississippi gar nicht. Riesige Teile von Afrika, Brasilien, Russland und Kanada sind ebenfalls nicht vorhanden, genauso wie der gesamte australische Kontinent. Eine ähnliche, aber umgekehrte Leere legt sich über die Gipfel des Himalaya. 1933, nur drei Jahrzehnte nach dem ersten Flug in Kitty Hawk, wurde die Spitze des Mount Everest von einem Flugzeug »überflogen«, wenn auch einer der Fotografen an Bord aufgrund des Sauerstoffmangels ohnmächtig wurde. Heute gibt es über einem Großteil des Himalaya nur wenige Routen – nicht, weil Linienflugzeuge nicht selbst den Mount Everest mit Leichtigkeit überfliegen könnten, sondern weil das Gelände darunter ihre Möglichkeiten, im Falle von technischen Problemen herunterzugehen, erheblich einschränkt. Aus diesem Grund ziehen viele Piloten das Überfliegen der höchsten Berge des Planeten so selten wie möglich in Betracht.

Noch auf andere Weisen ist die Luft der Welt aufgeteilt. Wir können nicht einfach irgendwohin fliegen. Riesige Gebiete des Luftraums stehen nur eingeschränkt zur Verfügung, häufig für das Militär, während viele kleine Bereiche gesperrt sind, weil sie über lärmempfindlichen Gegenden liegen – einem Stadtzentrum etwa oder dem Palast eines Sultans. Diese beschränkten Luftraumblöcke sind auf unseren Karten nicht durch Namen, sondern durch Kombinationen aus Buchstaben und Zahlen gekennzeichnet. Aber einer, in der Nähe von Mumbai, ist als *Tower of Silence*, Turm der Stille, bekannt. In der Stadt gibt es ein Gebäude, auf dem Mitglieder der Parsengemeinde die Leichname ihrer Verstorbenen zurücklassen, wo sie von Geiern gefressen werden, ein Ritual, das anderswo als »Himmelsbestattung« bezeichnet wird. Das Gebiet und sein

Name sind auf unseren Karten rot markiert. Manche Bereiche, über die keine Düsenjets fliegen dürfen, haben eine Obergrenze und enden ab einer gewissen Höhe, der *Tower of Silence* jedoch reicht unendlich weit nach oben.

Natürlich gibt es auf der Welt auch wichtige sozioökonomische Grenzen, die Linienflugzeuge überfliegen, als existierten sie gar nicht. Selbst in armen Ländern gelten in der Regel die international vereinheitlichten Luftverkehrsregeln, und es gibt Kontrolldienste. Wir können uns den Himmel als eine Art durchgehenden Raum denken, eine isolierte Kuppel über der Erde und um sie herum, und dort gelten diese Normen, ungeachtet der Verhältnisse auf dem Boden darunter. Ein Flugzeug durchfliegt dieses wohlgeordnete Reich, über Städte und Länder hinweg, in denen wir mit einem kranken Passagier an Bord ungern landen würden, Orte mit einer medizinischer Versorgung, für die wir ebenso gut im Ozean landen könnten. Und dann lassen wir uns aus dieser Welt da oben durch ähnlich regulierte Korridore herab zu unserem Ziel, wo eine lange Liste von Standards festgelegt wurde – von der Tauglichkeit des verfügbaren Trinkwassers bis hin zu diversen sicherheitsbezogenen Flughafenbestimmungen. Ein Passagierflug in bestimmte Städte verlässt London stets mit Wasser nicht nur für den Hin-, sondern auch für den Rückweg an Bord – manchmal führt es sogar Kraftstoff und Lebensmittel für Hin- und Rückflug mit sich.

Wenn man aus dem Süden nach Kapstadt fliegt und der Wind aus Norden kommt, führt der Landeanflug an zwei Townships vorbei, die Hunderttausende von Menschen beherbergen: Khayelitsha, ein Xhosa-Name, dessen Übersetzung – Neue Heimat – fast ebenso schön ist, und Mitchells Plain. Wenn ich als Passagier dorthin geflogen bin und ich Zeit hatte, mich dort umzusehen, wurde ich von der Macht von Geburt und Herkunft schon optisch überwältigt, vom Bild der Ungleichheit, das durch die glänzenden Flügel entsteht, die von irgendwo weit her das Gebiet über diesen Siedlungen durchqueren, und die Freiheit, die internationale Reisende genießen, über den Morgen von einer halben Million Menschen herabzusinken, von denen manche schon mal geflogen sind, andere es eines Tages tun werden, aber viele wahrscheinlich niemals.

Wenn ich über Hokkaido, das ländliche Österreich oder Oklahoma City fliege, frage ich mich manchmal, wer dort unten gerade hochblickt und die von der untergehenden Sonne erleuchteten Kondensstreifen sieht. Ich spüre das auch, wenn ich am Boden bin und, auf der anderen Seite dieser Szene, zu einem Flugzeug emporblicke, als wäre ich wieder ein Kind, das sich staunend fragt, wie es da oben sein muss, manchmal erinnere ich mich auch an meinen ersten Flug. Doch es gibt viele Orte, an denen es diese Blickwechsel noch nicht gibt; Orte, über die sich das Flugzeug frei hinwegbewegt, wo der Ort schwer ist wie Blei.

Das Eigenartigste am Leben eines Piloten ist vielleicht gar nicht, dass wir in der Luft arbeiten, sondern, dass unsere Welt am Boden so gewaltig ist – das Reich der Orte, die wir gut kennen und mit anderen Orten verbinden, die Welt, die für ein Kind mit den Räumen zu Hause beginnt und sich dann auf den Garten und die nähere Umgebung ausdehnt. Der Beruf lehrt ein geradezu planetarisches Empfinden, eine Geografie im Kopf, die Staaten und Kontinente mit derselben Leichtigkeit umrundet, wie man einem Pfad durch einen vertrauten Wald folgt.

Als Kind wird man von anderen an verschiedene Orte mitgenommen. Als ich erwachsen wurde und Auto fahren lernte, fuhr ich schließlich selbst zu vielen dieser Orte: Kleinstädte, Seen oder Staatswälder in Neuengland, wo ich als Kind mit meiner Familie zelten oder wandern war. Ich erkannte, dass diese Schauplätze, obwohl ich mich gut an sie erinnerte, frei in meinem Gedächtnis geschwebt hatten, losgelöst von der tatsächlichen Geografie. Ich hatte keine Ahnung, wo sie auf einer Landkarte oder der Erde lagen, welche Route ich zu einem oder zwischen zweien davon nehmen musste oder wie lange die Fahrt dauern mochte. Erst als ich selbst hinfuhr, begann sich die Wolke, die sie bildeten, zu ordnen und deren Teile, wie man so schön sagt, wie ein Puzzle zusammenzufügen. Mir wurde zum Beispiel klar, dass ein See in eine ganz andere Richtung wies, als ich gedacht hatte, und so nah an einem anderen Ort lag, mit dem ich ihn nie in Verbindung gebracht hätte.

Als ich fliegen lernte, sortierten sich die Ortsvorstellungen der physischen Welt um mich herum auf einer absolut planetarischen Ebene neu. Nicht nur die wenigen Städte, in die ich als Kind geflogen war, tauchten plötzlich im Fenster auf, sondern alles, was ich von der Luft aus sah und identifizieren konnte – all die Städte, Berge und Ozeane, von denen ich gehört oder gelesen und geträumt hatte, sie eines Tages zu besuchen.

Dieses Gefühl einer formalen Kenntnis von Orten, die sich auf der Erde arrangieren und miteinander verbinden, ähnelt wahrscheinlich der Art, wie sich der Körper in den Köpfen von Medizinstudenten verändert, wenn sie zum ersten Mal lernen, wie die Organe und Knochen, deren Namen sie schon immer kannten, im dreidimensionalen Raum wirklich liegen und wie sie mit anderen Gewebearten verbunden sind, von denen sie vor dem Medizinstudium noch nichts wussten. Als ich zum ersten Mal nach Athen flog, fielen mir in unseren Papieren ein paar Ziffern auf, die ein Gebiet erhöhten Geländes, nicht weitab von unserer Route, markierten. Als wir uns diesem Bereich näherten, rückte ein verschneiter Gipfel ins Blickfeld. Was ist das für ein Berg, fragte ich den Kapitän. Der sah mich an, als hätte ich etwas Merkwürdiges gesagt, und entgegnete dann: Mark, das ist der Olymp.

Auf dem Weg nach Europa fliege ich über Arabien. Vor uns sehe ich Akaba, die Lichter des Sinai. Dann die Stadt Suez, wo die Lichter der Schiffe wie Blutkörperchen in einer Animation des Kreislaufsystems der Erde durch den Kanal strömen, dann das Leuchten des Nils, ein Lichtring, der das Gewässer umfließt, eine Klamm, die sich bis nach Kairo schlängelt, das Auge nach Alexandria lenkt und sich an der Küste sammelt; und rechts davon Israel, das so wundervoll auf dem Wasser schimmert, dass ich, wüsste ich nicht, auf welche Küste ich da hinabblicke, schwören könnte, es handele sich um Los Angeles. Jenseits davon liegt der Libanon, wo ich auch in dieser Nacht nach dem faszinierenden Schatten der biblischen Stadt Tyros suche, »die da liegt vorn am Meer«. Die nächsten Lichter gehören zu Schiffen, und dann folgen das erleuchtete Netz von Kreta und die Stadt Iraklio. Von all diesen Orten hatte ich bloß eine vage Vorstellung, bis ich sie in ihrer natürlichen Anordnung unter mir dahinwandern sah.

Ein paar Stunden später befinde ich mich über Deutschland und blicke auf einen leuchtenden Binnensee hinab. Ich erinnere mich an meine kindliche Faszination vom Weltatlas meiner Eltern, in dem die am dichtesten bevölkerten Gebiete deutlich markiert waren, sodass London, Los Angeles oder Tokio von hellroten Flecken umgeben waren. Auch im Nordwesten Deutschlands gab es einen solchen großen roten Bereich, und wegen seiner Größe und Entfernung von jeder großen deutschen Stadt, von der ich gehört hatte, etwa Frankfurt oder München, war ich überzeugt, dass es sich um einen Druckfehler handelte. Ich fragte meinen Dad, und er nannte mir den Namen dieser Region, der mir heute noch gefällt, vielleicht, weil ich mich an seine Aussprache erinnere, die ich selbst nie richtig hinbekomme: *the Ruhr* – das Ruhrgebiet. Er sagte, es sei das bevölkerungsreichste Gebiet Deutschlands, obwohl mir selbst die Namen der größten Städte nichts sagen würden, aus denen es sich zusammensetzt: Dortmund, Essen, Duisburg. Nachts ist das Ruhrgebiet vom Himmel aus bestens zu sehen, eine Ausdehnung von Lichtern, ebenso deutlich wie die farblichen Markierungen im Atlas meiner Kindheit.

Bevor ich Pilot wurde, hatte ich – entgegen dem, was mir beigebracht worden war – die naive Vorstellung, dass die meisten Menschen in einer Welt lebten, die in etwa der glich, in der ich aufwuchs: Kleinstädte, Wälder, Felder, vier Jahreszeiten, Hügel in einem wiederkehrenden, vertrauten Muster, den Bezug zu einer ein paar Stunden entfernten Küste und die vage Anziehungskraft einer größeren Metropole in ähnlicher Entfernung. Heute begreife ich auf eine unmittelbare und visuelle Art, was ich in der Schule gelernt habe, dass sich die Menschheit nämlich in einem begrenzten Abschnitt niedrigerer Breitengrade der nördlichen und bestimmten Längengraden der östlichen Hemisphäre konzentriert, ebenso, dass wir uns im Zeitalter der Städte befinden, wo – nicht nur in Ballungszentren wie Mumbai, Peking und São Paulo, die die urbane Welt beherrschen, sondern auch in Kleinstädten – erstmals die Mehrheit der Menschen lebt.

Eine wichtige Information, die Piloten vor dem Start erhalten, ist der Schwerpunkt des Flugzeugs. Er hängt von Gewicht und Verteilung von Passagieren, Ladung und Kraftstoff in der Maschine ab. Die Methoden,

den Schwerpunkt der Menschheit zu lokalisieren, variieren, aber mehrere Berechnungen, verorten den geografischen Mittelpunkt der Weltbevölkerung weit im Norden Indiens oder in der Nähe. Oft fliege ich nicht sehr weit südlich davon entlang, entweder auf dem Weg nach Delhi oder daran vorbei nach Südostasien. Ich stelle mir eine Zielscheibe aus konzentrischen Kreisen vor, die in diesem Schwerpunkt beginnt und allmählich ausläuft, wobei jede Welle letztendlich mehr und mehr von der Bevölkerung des Planeten mit sich nimmt, und werde daran erinnert, dass ich, wie fast jeder, den ich kenne, aus der Provinz komme, aus der Peripherie, wenn man die Karte nach individuellen Leben gewichtet. Wenn ich mich zwischen New York und London bewege, vergesse ich leicht, dass diese Städte nur in einem ökonomischen Sinn viel mehr sind als äußere Sterne in der Galaxie der menschlichen Geografie, und dass der Ort, wo ich selbst meinen Mittelpunkt hatte – das ländliche Neuengland –, auf fast lächerliche Weise unerheblich ist, nicht einmal eine Fußnote in dem Lehrbuch wert, das ein Besucher von einem anderen Planeten über die Geografie unserer Spezies vielleicht schreiben würde. Bevor ich Pilot wurde, hätte ich die Frage, wie die Welt für die meisten Menschen aussieht, völlig falsch beantwortet.

Eine andere Frage ist die nach dem typischen Aussehen der Erdoberfläche. Wenn jemand sie mir gestellt hätte, bevor ich Pilot wurde, hätte sich meine Antwort unweigerlich und ziemlich provinziell darauf beschränkt, was ich an den Orten, wo ich gelebt hatte oder in die ich gereist war, von der Erde gesehen hatte – sanft geschwungene Hügel, kleine Ortschaften zwischen Großstädten. Heute würde ich diese Frage anders beantworten. Ich würde sagen, dass die Welt überwiegend unbewohnt aussieht.

Der Großteil der Erdoberfläche besteht natürlich aus Wasser, und der Löwenanteil dessen, den kein Wasser bedeckt, ist sehr spärlich besiedelt – sei es, weil es zu heiß, zu kalt, zu trocken oder zu hoch ist. Wir vergessen das, wenn wir es überhaupt je gelernt haben, weil wir es nie mit eigenen Augen sehen – es sei denn, natürlich, wir schauen aus dem Fenster auf die riesigen, beinahe leeren Regionen, von denen die Flugzeuge Zeugnis ablegen, indem sie uns über sie hinwegtragen, Orte des Dazwischen, die charakteristische Gesichtszüge unseres Planeten darstellen, die wir sonst kaum wahrnehmen würden. Der Anteil der Erdoberfläche, wo ein Mensch unbekleidet vierundzwanzig Stunden überleben könnte, beträgt schätzungsweise 15 Prozent. Diese Rechnung ist nicht ganz einfach – sie hängt unter anderem von Jahreszeit und Wetter ab – aber vom Cockpit einer Langstreckenmaschine aus betrachtet, ist eine solche Zahl nicht überraschend.

Am gravierendsten ist der Schock einer beinahe leeren Welt auf Routen, die uns weit in den Norden führen, wo sich ein auffallend großer Teil der leersten Landfläche des Planeten verbirgt. Über Kanada und Russland, den beiden größten Ländern der Welt, sieht man mehrere Flugstunden lang fast ausschließlich Schnee und Eis oder deren kurze jahreszeitliche Abwesenheit, dort, in Taiga, Wald und Tundra lebt so gut wie niemand. Die Gesamtbevölkerung Kanadas ist kleiner als die von Tokios größerem Umkreis, und fast alle Kanadier konzentrieren sich in einem schmalen Streifen entlang der südlichen Grenze ihres Landes. Sibirien allein ist größer als die gesamten Vereinigten Staaten, sogar größer als Kanada, hat aber weniger Einwohner als Spanien. Nordostgrönland verfügt über eine Fläche, die mit der Größe von Japan und Frankreich zusammen vergleichbar ist, und eine Bevölkerung von gerade einmal 40 Menschen. Viele heiße Gegenden zeigen sich ähnlich menschenleer. Wenn wir sie nicht so oft überfliegen wie Langstreckenpiloten, vergessen wir, dass die Sahara nur wenig kleiner ist als die USA. Dann gibt es noch die riesigen, kaum bewohnten Teile Australiens, einem Kontinent, der in etwa so breit ist wie die Vereinigten Staaten (wie es Postkarten, auf denen sich die Umrisse beider Länder überlappen, so schön deutlich machen). Und dann wären da noch die Kalahari und Arabien.

Ich will damit nicht behaupten, dass diese leer wirkenden Teile der Welt nie gestört worden wären – fast alle davon wurden es, nicht zuletzt durch den Klimawandel, zu dem die Flugzeuge, die uns über solche Orte tragen, zunehmend beitragen – oder dass unsere beiläufigen Beobachtungen aus der Luft nicht zu nützlichen Einschätzungen unseres Einflusses auf die Umwelt führen könnten. Nur ein Spezialist kann zum Beispiel auf eine braune Herbstlandschaft Kanadas oder Finnlands hinabblicken und sagen, wo an diesem Datum vor hundert Jahren wahrscheinlich Schnee gefallen wäre. Aber wenn Sie je durch eine sehr ländliche Gegend oder ein Naturschutzgebiet gewandert oder gefahren sind und sich die vielen niedrigeren Gipfel genauer angesehen haben, die einen bekannten Berg umgeben, und spekuliert haben, ob sie jemals erklommen wurden, geschweige denn, einen Namen erhalten haben, dann entspricht das genau dem Gefühl, das mich oft überkommt, wenn ich vom Fensterplatz eines Langstreckenfliegers hinausblicke. Ganz im Gegensatz dazu, was wir über unseren negativen Einfluss auf die Welt wissen, ist es von oben oft so verstörend leicht, sich vorzustellen, dass wir die Ersten sind, die auf die Erde blicken und eine seichte Stelle suchen, wo wir mit unserem Schiff anlegen können.

Der Autor J. G. Ballard schrieb, dass in seinen fiktionalen Industriepark »Eden-Olympia« Höflichkeit und Gemeinwesen »hineinkonstruiert« worden seien, genauso wie die »Mathematik, Ästhetik und eine ganze geopolitische Weltsicht in den Parthenon und die Boeing 747«. Wer häufig fliegt, übernimmt vielleicht wie selbstverständlich die Wahrnehmung des Planeten als ein Objekt von überschaubarer Größe, die durch die 747 verstärkt wird.

Mittlerweile vermesse ich Länder in Flugzeit. Algerien war eine echte Überraschung, als ich anfing, über Afrika zu fliegen. Von Norden nach Süden ist es fast ein Zwei-Stunden-Land. Ich erfahre also jetzt am eigenen Leib, was ich früher noch nicht wusste, nämlich, dass es der größte Staat Afrikas ist. Auch Norwegen hat mich überrascht. Routen nach Japan präsentieren uns dieses Land von einem Ende zum anderen. Im Norden eines Kontinents gelegen, in dem es von eher kleinen Staaten nur so wimmelt, ist es ein volles Zwei-Stunden-Land. Frankreich bildet in dem Winkel, in dem ich es am häufigsten überquere, ein Land von etwa einer Stunde, ebenso wie die Staaten Texas und Montana. Belgien ist bei ordentlichem Rückenwind ein Fünfzehn-Minuten-Land, Russland dagegen auf vielen Strecken ein Sieben-Stunden-Land, obwohl man es sich am besten als tages- oder nachtlanges Land vorstellen kann.

Oft fliege ich über das winzige, windumtoste Helgoland, eine Insel in der deutschen Nordseebucht. Dort gibt es ein wichtiges Funkfeuer, das viele Piloten kennen werden. Großbritannien hat Helgoland einst gegen Deutschlands Sansibar vor der afrikanischen Ostküste getauscht. Ebenso lässig können Piloten Städte, Länder und Kontinente tauschen. Ich gebe einer Kollegin vielleicht ein Johannisburg am Montag gegen ihr Los Angeles am Dienstag, oder Lagos im Tausch gegen Kuwait. Manche Besatzungsmitglieder stellen fest, dass ihre innere Uhr eine Zeitrichtung einer anderen vorzieht, sie fliegen also lieber nach Osten oder lieber nach Westen und fragen daher einen Kollegen, der in die entgegengesetzte Richtung fliegt, ob er tauschen möchte. Ich mag Westen im Allgemeinen lieber als Osten, obwohl ich immer wieder über mich selbst staune, wenn ich über Himmelsrichtungen rede, als ginge es um Cornflakes-Marken.

Es kann vorkommen, dass ich mit einem Flugbegleiter in einem belgischen Restaurant in Peking zu Abend esse und er mich fragt, ob ich dieses oder jenes Thai-Restaurant in San Francisco kenne oder ein neues Café in Johannesburg, von dem er bei seinem letzten Flug nach Sydney gehört hat. Länder verschwimmen, Städte verschmelzen. Flugpersonal im Zeitalter der Städte erlebt die Welt zwar nicht ganz so beiläufig wie die eigenen vier Wände, doch als nicht viel mehr als verschiedene Viertel der Metropole Erde. Jemand fragt mich, ob ich ein gutes Lokal zum Frühstücken in Shanghai empfehlen kann. Ich denke kurz nach, weiß aber keins. Es dauert einen Moment, bis mir einfällt, dass ich noch nie in Shanghai war.

Als Gegenpol zu den diversen *Lags* und der gelegentlichen Einsamkeit meines Berufs genieße ich die Möglichkeit, Kontakte zu pflegen, die ansonsten unmöglich gewesen wären. Viele Freunde von der Highschool und vom College sehe ich nur regelmäßig, weil ich Pilot bin und zu den fernen Orten fliegen kann, wo sie jetzt leben. Als ich noch Kurzstreckenflüge innerhalb Europas flog, konnte ich beinahe beliebig oft Verwandte in Belgien und Schweden besuchen. Es war, als wäre ein Schalter betätigt und ganze Zweige des Familienstammbaums wieder erleuchtet worden. In der Stockholmer Gegend war ich so häufig und ganz nebenbei unterwegs, dass es mir zunehmend merkwürdig vorkam, kein

Schwedisch zu sprechen, was mir früher überhaupt nicht in den Sinn gekommen wäre.

Viele Jahre bin ich auch mindestens einmal im Monat nach Paris geflogen. Eines Nachmittags ging ich ins Musée Rodin, und als ich die rue de Varenne entlanglief, fiel mir plötzlich ein, dass in dieser Gegend meine Mutter gewohnt hatte, als sie für ein Jahr in Paris studiert hatte. Sie hatte mir gegenüber genau diesen Straßennamen erwähnt, vielleicht in ihrer Geschichte, wie wildfremde Franzosen, die ihren Akzent gehört hatten, sich an dem Tag, an dem Präsident Kennedy erschossen worden war, um sie geschart und ihr ihr Beileid ausgesprochen hatten. Ich rief sie in Massachusetts an und störte sie beim Frühstück. Ja, sagte sie mit einem Lächeln, das ich hören konnte, obwohl ihre Stimme in die Erinnerung abzudriften schien. Sie hatte tatsächlich in der rue de Varenne gewohnt. Ich machte viele Fotos von der Straße und ihrem Haus von damals aus verschiedenen Blickwinkeln und schickte sie ihr.

Als Kind hatte ich einen Brieffreund in Australien, eine Freundschaft, die von dem dünnen Papier von Luftpostbriefen zusammengehalten wurde, bis zu jener Nacht, zweieinhalb Jahrzehnte nach unserem ersten Brief, als ich selbst damit beauftragt wurde, die Luftpost nach Australien zu befördern. Meine Kollegen und ich flogen von Singapur über Indonesien, dann über das gesamte Outback nach Sydney, wo ich nach einer ordentlichen Mütze Schlaf und einem riesigen Becher Kaffee in einer Kneipe auf der Promenade unterhalb des Opera House meinen Brieffreund zum allerersten Mal traf. Australien wird sich für mich niemals nah anfühlen. Aber in jenem Monat war es in meinem Dienstplan aufgetaucht, in Form der kleingedruckten Großbuchstaben des üblichen, einfachen Flughafencodes, SYD, und der weite Bogen einer transozeanischen Kindheitsfreundschaft hatte sich geschlossen, die genau aus dem Grund entstanden war, weil die Chancen, dass ich selbst jemals eine solche Entfernung zurücklegen würde, gegen Null tendierten.

Das Bewusstsein eines Piloten, dass die ganze Welt möglich ist, ist am präsentesten, wenn er Bereitschaftsdienst hat. Teilweise finden diese Bereitschaftsdienste an einem Flughafen statt, aber häufig werden sie zu Hause absolviert, wo wir telefonisch erreichbar sein müssen und in der

Lage, innerhalb einer bestimmten Zeit zum Flughafen zu gelangen. Wenn ein anderer Pilot nicht zur Arbeit erscheinen kann – wegen Krankheit, Problemen mit der Kinderbetreuung oder einer Reifenpanne –, wird ein Bereitschaftspilot gerufen. Wenn ich dann am Flughafen ankomme, sind die Passagiere manchmal bereits an Bord, die Maschine ist aufgetankt und beladen, und Mitarbeiter stehen an der letzten offenen Tür des Flugzeugs und winken mit einer diagonalen Bewegung, die sowohl als Begrüßung dient, als auch die Richtung anzeigt, in die ich weiterlaufen soll, durch die Flugzeugtür, die sich schließt, sobald ich sie passiere.

Wenn ich Bereitschaft habe, ist meine Tasche ständig gepackt, und zwischen den Uniformhemden befinden sich Winterhandschuhe und eine Badehose. Eine Tasche für alle Länder und alle Jahreszeiten. Ich bin zu Hause beim Putzen, im Supermarkt oder beim Joggen im Park, wenn mein Telefon klingelt und eine Stimme mir sagt, dass ich nach Bangkok, Boston oder Bangalore fliege. Ich kehre nach Hause zurück, schnappe mir meine Tasche und fliege hin.

Bisweilen denke ich, je breiter jemand die Welt erleben will, desto mehr würde er es genießen, Pilot zu sein, selbst wenn das Fliegen nicht seine erste Liebe ist. Alfred de Musset schrieb in einem Victor Hugo gewidmeten Sonett, dass man in dieser »niederen Welt« viele Dinge lieben sollte, um am Ende zu wissen, was man am meisten liebe. Er führt einige Dinge auf, die wir lieben könnten, darunter das Meer und das Blau des Himmels, und wenige Piloten würden dem widersprechen. Aber ein Pilot könnte die »niedere Welt« auch wörtlicher nehmen. Wenn man sich für das Motorradfahren, Stadtplanung, Oper oder Kitesurfen, Wandern oder für Sprachen interessiert, öffnet sich einem die ganze Welt dieser Hobbys, zumindest auf Langstreckenflügen, zwischen denen man einen kompletten freien Tag hat, selbst wenn man es schafft, nach der Ankunft und vor dem Abflug einen halben Tag zu schlafen. In vielen Städten – etwa Bangkok, Mexiko City und Tokio – bieten Kochschulen Schnellkurse an, die bei Piloten und Kabinenpersonal beliebt sind. Eine Gelegenheit, uns mit den Gaumenfreuden eines neuen Ortes vertraut zu machen und das Kochen nachzuholen, das uns ein Leben in Hotels und Restaurants oft vorenthält. Es kommt vor, dass alle Teilnehmer eines solchen Kurses Mitarbeiter einer Fluggesellschaft sind, und alle teilen sich ein paar Stunden und einen Tisch an einem fernen Ort. Viele unserer Freizeitaktivitäten finden in der Natur statt. Ich bin schon mit Piloten geflogen, die überall, wo sie hinkommen, die botanischen Gärten erkunden oder die Zeitsprünge sinnvoll ausnutzen, indem sie früh aufstehen und Sonnenaufgänge fotografieren. Wenn man sich für die Tierwelt interessiert, hat man die Möglichkeit, Pandas, Elefanten, Tiger oder Wale in ihrem natürlichen Lebensraum zu sehen, Vögel in einer Jahreszeit auf dem einem und später auf einem anderen Kontinent zu beobachten oder ihren Zug zu überfliegen, um sie an ihrem Ziel zu erwarten. Vielleicht liest man ein Buch über die größten Bäume der Welt, und ein paar Jahre später hat man tatsächlich schon unter einigen von ihnen gestanden.

Ich will die vielen Herausforderungen des Berufs nicht kleinreden – die Ausbildungskosten, die die meisten neuen Piloten mit Darlehen von hypothekarischen Ausmaßen belasten. Die Tage, Nächte und Feiertage, so weit von Familie und Freunden entfernt. Der launenhafte Dienstplan, der es so schwierig macht, regelmäßigen Verpflichtungen gegenüber Nachbarn, Sportvereinen oder Ehrenämtern nachzukommen. Das wiederkehrende Ritual halbjährlicher, mehrtägiger Prüfungen im Simulator. Die körperlichen Strapazen von Nachtschichten, Zeitzonenwechseln und anderen schlafrhythmischen Turbulenzen ohne festes Muster. Und das Wissen, dass unsere Lebensgrundlage mit einem einzigen Stirnrunzeln des Arztes bei der wiederkehrenden medizinischen Untersuchung dahin sein kann. Das Fliegen ist Arbeit in jedem Sinn des Wortes. (»Zweck des Fliegens«, mahnt der Vater der Möwe Jonathan, »ist, dass man etwas zu Essen hat.«) Aber es gibt wohl wenige Berufe, deren kleine Nebenbelohnungen so vielseitig sind – so weitreichend wie die ganze Welt – und so frei vom Einzelnen bestimmt werden können.

Eins meiner eigenen Interessen, wenn ich bei der Arbeit bin – *downroute*, wie es so schön heißt –, ist das Wandern, was sowohl gegen *Placelag* als auch gegen Jetlag zu helfen scheint, auch wenn ich nicht weiß, ob dieser Effekt mit der körperlichen Bewegung zusammenhängt oder mit der simplen Tätigkeit, einen Fuß vor den anderen auf die Erde zu setzen.

Ich gehe in einem Park in Südafrika spazieren. Es ist heiß und staubig, und ich bin mit einigen Flugbegleitern und den Piloten hier. Die Erde ist rot und der Himmel blau. Wir sind schläfrig, aber die Sonne und das Gespräch halten uns wach. Als wir London gestern Nacht verlassen haben, hat es schon fast gefroren. Ein wolkenverhangener Tag im Spätherbst, und vor dem Start liefen an allen Triebwerken die Vereisungsschutzanlagen. Über Botswana dämmerte der Morgen, und als wir vor ein paar Stunden gemeinsam nach Johannesburg hinabsanken, sahen wir dieses Land unter uns: Diese Farbe, geglättet bis zur perfekten Abstraktion, setzte sich fort bis zum Horizont, und dann ging an diesem Frühlingsmorgen in Südafrika die Sonne auf. Jetzt laufe ich auf dem Land, über das wir geflogen sind. Mit jedem meiner Schritte, der auf diesem Boden auftritt, wird eine kleine purpurne Bö emporgeweht. Ein Kollege zeigt auf einen Baum. Das Nest eines Webervogels hängt von einem Ast herunter. Er erzählt mir, dass die Vögel nach ihrer Fertigkeit benannt wurden, genau diese Nester zu bauen.

Vier Tage später stehe ich verschlafen zu Hause vor meiner Spüle. Das Wasser läuft über die Sohlen meiner Turnschuhe und spült den hell leuchtenden afrikanischen Staub über den Edelstahl. Ich muss es mir bewusst sagen, es praktisch laut aussprechen: »Das ist das Rot der Erde unter dem südafrikanischen Baum, von dem Morgen, als ich das Nest des Webervogels gesehen habe.«

Ich denke an den Begriff »Erde«, sowohl im Sinne des Bodens als auch des Planeten. Diese Erde hätte beim besten Willen nicht damit rechnen können, diesem Wasser hier zu begegnen. Menschen gewöhnen sich schnell an bestimmte Aspekte aller möglichen Jobs. Ich bemühe mich, mir ins Gedächtnis zu rufen, dass das eine ungewöhnliche Erfahrung der Welt ist – dort auf der Erde gestanden zu haben, dann dort und dann dort, um mich plötzlich allein an einem ganz normalen Nachmittag hier wiederzufinden und sie mir in aller Seelenruhe von den Schuhen zu waschen.

DEN WEG FINDEN

1904, ZU EINER ZEIT, als die meisten Männer Taschenuhren trugen, bat der großartige brasilianische Flieger Alberto Santos-Dumont Louis Cartier, ihm eine Armbanduhr anzufertigen, damit er beim Fliegen immer die genaue Uhrzeit wisse, ohne eine Hand von der Flugzeugsteuerung nehmen zu müssen.

Heute muss ich bei der Arbeit eine Uhr tragen – sei sie nun digital oder analog – und vor dem Abflug ihre Genauigkeit überprüfen. Das gesamte Flugwesen spielt sich in einer einzigen Zeitzone ab, die wahlweise UTC (Universal Time Coordinated), GMT (Greenwich Mean Time) oder Zulu genannt wird, das ist der letzte Name in einem Alphabet militärischer Abkürzungen für Zeitzonen. In dieser Zeitzone werden alle Zeitpläne verfasst, und es ist die einzige Zeit, die die Flugzeugcomputer kennen und anzeigen. Wenn ich in diese Bordcomputer etwas eingebe, unterscheide ich die Zeit »1400 Uhr« von der Höhe 1400 Fuß, indem ich an erstere ein »Z« für Zulu anhänge. Mein monatlicher Dienstplan ist in GMT gedruckt. Wenn ein Flughafen die Zeiten einer vorübergehend gesperrten Piste herausgibt oder Tag und Uhrzeit einer erwarteten Gewitterfront, wird das alles in unserer globalen Zeit angegeben. Oft unterscheidet sich nicht nur die Uhrzeit, sondern auch das Abflugdatum der Besatzung von dem der Passagiere auf demselben Flug. Ihr Abflug am Montagabend von San Francisco findet für mich und alle anderen Mitarbeiter an Bord am Dienstagmorgen statt.

Auch die Sprache ist vereinheitlicht. Egal, bei welcher Fluggesellschaft, egal, welcher Nationalität, Piloten sprechen Englisch. Außerdem verbindet uns der technische Jargon des Flugwesens. Vielleicht werde ich nie einem Piloten einer 747 begegnen, der aus China oder Deutschland kommt, aber falls doch, könnte ich mich mit ihm auf Englisch über meine Arbeit unterhalten. Die Beschriftungen im Cockpit sind auf Englisch. Wenn das Flugzeug selbst mit uns spricht, dann auf Englisch.

Fluglotsen weltweit sind des Englischen mächtig, doch eine Reihe »englischer« Begriffe sind so flugspezifisch, dass die wenigsten Nichtpiloten oder -lotsen deren Bedeutungsunterschiede verstehen würden. In bestimmten Ländern sprechen Fluglotsen mit einheimischen Linienpiloten in ihrer Sprache, und solche Piloten fühlen sich dort mehr zu

Hause. Aber im belebtesten Luftraum der Welt bleiben Fluglotsen überwiegend gewissenhaft beim Englischen. Kaum je ist die Tatsache der Globalisierung für mich offenkundiger, als wenn ich zum Beispiel über einem deutschen Flughafen ankomme und deutsche Fluglotsen mit deutschen Piloten nicht auf Deutsch sprechen.

Das Fliegen, das man im Allgemeinen mit dem Abbauen von Unterschieden verbindet, mit einem Einreißen der Grenzen zwischen Orten, Zeiten und Sprachen, hat auch zur Schaffung neuer geografischer Räume geführt – einer neuen Welt, hoch über der alten, die noch nicht vollständig erschlossen ist.

Der Himmel ist unterteilt in administrative Bereiche des Luftraums. Diese Unterteilungen liegen nicht immer auf der Hand. Es gibt verschiedene, sich häufig überlappende Arten davon, und der Name einer Region auf einer Karte ist nicht immer derselbe, über den sich die Lotsen und Funker identifizieren, mit denen wir dort zu tun haben. Die Himmelsregionen können in etwa einem Ort auf der Erde entsprechen, von dem man schon gehört hat, aber auch kleiner oder viel größer sein. Solche, die Küstenregionen abdecken, schießen vielleicht weit über ihr Ufer hinaus, über schwindelerregende Ausdehnungen auf offener See, bis sie auf eine Region treffen, die sich von einem anderen Kontinent her ausbreitet. So begegnen sich diese beiden Luftschwaden an der Luftmauer zwischen ihnen; eine Küstenlinie, die lediglich auf eine andere Luftküstenlinie stößt. Viele dieser Gebiete treffen sich an den Polen, dort, wo viele Stücke einer Lufttorte an einem Punkt zusammenlaufen.

Zwar passen sie nicht unbedingt zu den Orten am Boden, aber auch diese Regionen haben Grenzen. Ihre Namen haben Geschichte. Es sind die Staaten des Himmels.

Ganz Japan liegt innerhalb einer Region. Ihr Name lautet nicht Japan, sondern *Fukuoka*. Trotzdem sprechen wir innerhalb dieses auf der Karte verzeichneten Himmelslandes mit Lotsen, die sich alternativ mit *Sapporo Control* oder *Tokio Control* melden. Amerikas Luftregionen sehen aus wie die Vereinigten Staaten, wenn sich ihre Zahl durch irgendeinen gnadenlosen Krieg oder den Beschluss eines Komitees enorm verringert hätte. *Salt Lake City* (abgekürzt zu *Salt Lake*, wie in »*contact now Salt Lake, on frequency 135.775*«) deckt Teile von neun Staaten ab, von Südnevada, nach Norden über den Großen Salzsee und Salt Lake City selbst, bis hin zur kanadischen Grenze, die es zwischen den Himmelsstaaten Seattle und Minneapolis erreicht. *Southern Illinois* gehört nicht etwa zu *Chicago*. Es ist aufgeteilt zwischen den Herrschaftsgebieten von *Kansas City, Indianapolis* (manchmal auch *Indy Center* genannt) und *Memphis*. Es gibt eine Region namens *New York*, aber der größte Teil des Staates New York liegt in *Boston*, das auch ganz Neuengland einschließt.

Im Gegensatz zu Amerikas zusammengesetzten Himmelsstaaten haben viele kleine europäische Länder ihre eigenen Grenzen beibehalten. So zum Beispiel die Schweiz, ihr Luftreich heißt *Switzerland*, aber die Lotsen melden sich mit *Swiss* oder *Swiss Radar*. »Swiss, good evening«, sage ich dann vielleicht, gefolgt von meinem Rufzeichen. Die Region ist so klein, und Flugzeuge sind so schnell, dass ein Jet sie innerhalb von Minuten durchqueren kann. Griechische Fluglotsen melden sich mit *Athens Control*, aber ihr Himmelreich ist auf Karten als *Hellas* – Griechenland – eingetragen. Auf den belebten Strecken entlang der Adriaküste hält sich ein Flugzeug vielleicht nur für Minuten in einem Land des Himmels auf, das als *Beograd* – Belgrad – bekannt ist. Der Fluglotse dort begrüßt uns, um uns quasi augenblicklich in die nächste Scherbe des ehemaligen Jugoslawiens zu entlassen.

Der als *Maastricht* bekannte Luftraum bildet einen vielversprechenden Kontrast zu einem derart fragmentierten Himmel. *Maastricht* ist das Erbe und die Verkörperung eines großen, frühen Traums europäischer Integration, der heute manchmal als *Single European Sky* bezeichnet wird. *Maastricht*, das bei den meisten europäischen Piloten vielleicht bekannteste Stück Luft, deckt den höheren Luftraum Belgiens, der Niederlande, Luxemburgs, Nordwestdeutschlands und bestimmter Regionen in der Nähe ab, ein komplettes und friedliches Herrschaftsgebiet, das sich über einige der blutigsten historischen Grenzen des Kontinents erstreckt. Ich war schon in dem Maastricht am Boden, aber wenn Sie den Namen mir gegenüber erwähnten, würde ich nicht an die holländische Stadt, das irdische Maastricht, denken, sondern an das himmlische

Maastricht, diesen unsichtbaren Luftblock, der auf der fragmentierten Geschichte der nordwestlichen Ecke des Kontinents ruht. Das Maastricht des Himmels ist nicht Belgien oder Luxemburg oder die Niederlande, doch sein kaltes, luftiges Polyeder, scharf abgegrenzt und so bedeutungslos wie in Stücke geschnittene Luft, deckt das alles ab – ein neues Land mit einem unwahrscheinlichen Namen über Europa. Manchmal passen die Luftregionen zu keinem mir bekannten Ort auf der Erde. Dann bilden die Silben eine Art luftiger Poesie, einen Trommelrhythmus ferner Himmelreiche jenseits des nächsten Falzes in der Karte: *Turkmenabat* und seine Schwester *Turkmenbashi, Vientiane, Wuhan* und *Kota Kinabalu, Petropavlovsk-Kamchatsky, Norilsk* und *Poliarny.* Oder die Namen erinnern an Legenden, von denen man am wenigsten erwartet hätte, dass sie zu solcher Prominenz im modernen Himmel aufsteigen: *Arkhangelsk* und *Dushanbe.* Und *Samarkand,* das Land, über das Marco Polo und Ibn Battuta geschrieben haben und das von Alexander dem Großen und Dschingis Khan erobert wurde.

Wenn ich auf so fern klingende Namen stoße, wüsste ich immer zu gern, wie *Maastricht* meinetwegen für einen usbekischen oder chinesischen Piloten klingen mag, dessen merkwürdige Schreibweise, das doppelte *a* und das *cht* im Widerspruch zu jahrelangem Englischunterricht stehen und einen so ungewöhnlichen Laut bilden, der nur von einem seltsamen Ort stammen kann, einer Stadt im Inneren eines kleinen und altehrwürdigen Seefahrerlandes. Oder ob sich ein holländischer Ortsname für jemanden auf der anderen Seite der Welt vielmehr lautlich kaum vom Englischen unterscheidet. Von dieser linguistischen Wahrheit können sich solche Piloten vom Himmel aus überzeugen, wo die Niederlande und Südostengland nur wenige grammatische Regeln und größere Trockenlegungsprojekte auseinanderzuliegen scheinen. Die Frage, wie ferne Ortsnamen klingen, kommt in ihrer reinsten Form im Himmel auf, wo Piloten von überall unterwegs sind.

Andere Namen von Regionen sind uns Piloten schon vertraut, bevor wir irgendwohin fliegen. London, Delhi, Bangkok: Weltstädte unter ihren gleichnamigen Ländern in der Luft. In diese Gebiete zu fliegen ist fast, als würden wir uns in die luftige Einflusssphäre der Stadt begeben, der gravitative Verweis auf die Metropole, als wären wir von ihrem gedanklichen – und nachts oft tatsächlichem – Lichtschein gefangen genommen. Die Größe, die im Namen einer gigantischen Stadt liegt, wird noch gesteigert, wenn amerikanische Fluglotsen dem Namen einer Region gelegentlich das Wort *Center* hinzufügen, dem vielleicht noch ein *The* vorausgeht wie ein edler Beiname, gleich der Ausdrucksweise eines Monarchen. »*Contact now The New York Center*«, hat einen gewissen Klang, wenn im Moment der Entgegennahme einer solchen Anweisung die Nacht von der Lichterwolke erfüllt ist, die von ebendieser Stadt aufsteigt.

Ein Himmelreich vor Westafrika heißt *Roberts*. Als ich das zum ersten Mal sah, musste ich an Robert FitzRoy denken, den Meteorologen und Kapitän auf Darwins Schiff HMS *Beagle*, weil ein Gebiet des BBC-Seewetterberichts, FitzRoy, nach ihm benannt ist. Diese Gebiete bilden analoge Seeländer, deren weiß gekrönte Bedingungen wir von oben beobachten können und mit deren Namen ich auf meinen ersten Airbus-Flügen vertraut wurde, als ich lange vor dem Morgengrauen zu Hause aufbrechen musste und im Auto Kaffee trank und Radio hörte, während ich durch die fast leeren, nass-schwarzen Londoner Straßen nach Heathrow fuhr. Die Luftregion *Roberts* verdankt ihren Namen dem ersten Präsidenten Liberias, Joseph Jenkins Roberts, der in Amerika geboren wurde und mit zwanzig nach Liberia übersiedelte. Ein beeindruckendes Stück Himmel über Afrika wird für immer seinen Namen tragen.

London ist in Großbritannien ein Substantiv, doch die Region nördlich davon ist ein Adjektiv: *Scottish*. »*Contact now Scottish*«, sagt ein Londoner Lotse zum Abschied zu den Piloten einer Maschine, die Richtung Norden unterwegs ist. Zu einem Flieger Richtung Süden indessen, sagt ein schottischer Lotse: »*Call London*«, und es ist schwer, nicht an die Kennung des BBC World Service zu denken: »*This is London*« oder »*This is London calling*«, die Stimmen, die sich einst diese Luft teilten.

Viele Regionen tragen hochtrabende Namen mit einem Bezug zu einem Gewässer. Über Südamerika liegt *Amazonica*. Mir gefällt es, wenn mir ein Fluglotse sagt, »*contact now Rhein*«, und ich den Fluss unter mir sehen kann. Viele Regionen umfassen riesige Schwaden Luftraums über

Ozeanen, was sich in ihren Namen widerspiegelt. Es gibt *Atlantico*, das ein großes Stück Himmel im Mittel- und Südatlantik abzäunt. Die Namen *Achorage Oceanic* und *Achorage Arctic* erstrecken sich über stürmische, grau-weiße Meeresgebiete. Es könnten ebenso gut die Namen von Schiffen sein. Ein mächtiger Teil des offenen Pazifiks ist auf Karten unter dem Luftnamen *Oakland Oceanic* verzeichnet, obwohl Piloten mit Funkern sprechen, die sich mit *San Francisco* melden – eine buchtüberschreitende Rivalität, die auf einen Großteil des Pazifiks ausgewalzt wird. Doch *Oakland* ist der Name des Himmels, ein ozeanüberspannendes Luftreich, dessen Ausmaß die Stadtbewohner ebenso überraschen würde wie die Grenzen ihrer himmlischen Stadt mit *Manila, Ujung Pandang, Auckland* und *Tahiti*.

Ein Luftraum über Nordzypern wird von zwei Gebieten beansprucht, daher unterhalten wir uns mit zwei Lotsen auf zwei verschiedenen Funkgeräten. Ein schmaler Luftraumsplitter vor Norwegen liegt in gar keinem Land des Himmels. Dieser Niemandshimmel spaltet Norwegens *Bodø* und Russlands *Murmansk* wie eine Messerklinge, als hätte er sich nach der ersten Kartierung des Himmels wie eine Blase gebildet oder in einer Luftversion der Entstehung neuer Inseln aus Vulkanen im Meer. Noch ein namenloses Himmelreich liegt im Pazifik, westlich der Galapagosinseln, nördlich des Luftlandes *Isla da Pascua* – dem der Osterinsel. Solche Leerstellen erwartet man nicht im Reich der Flieger, das eher mit der Beseitigung der letzten Mysterien des Ortes auf der Welt in Verbindung gebracht wird.

In Afrika meldet sich die Region *Brazzaville* mit *Brazza*. Die Qualität der Funkübertragung ist hier nicht immer gut, und oft wird es zweimal hintereinander laut gesagt. Wenn Sie zu einem Langstreckenpiloten laut und deutlich »*Brazza, Brazza!*« sagen, wird er vielleicht mit einem Lächeln auf den Lippen an die Abendstunden unter äquatorialafrikanischen Sternen zurückdenken. Zwei Himmelsschwestern Westafrikas tragen vielleicht die elegantesten Namen: *Dakar Terrestre*, das jenseits der Küste in *Dakar Oceanique* übergeht. Hier ist Dakar, sein Erdenhimmel und sein Meereshimmel.

Die Grenzgebiete, wo Piloten von einer Gruppe von Fluglotsen zu einer anderen wechseln, besitzen eine gewisse Erhabenheit. Hier wird der Flug von einem Ortsnamen zum nächsten und immer so fort durch die Welt »weitergereicht«. Oft entlässt uns eine Region bereits ein paar Meilen vor der tatsächlichen Grenze in das Herrschaftsgebiet einer anderen. »*Call now Jeddah*«, sagt der Lotse zu uns, »Sie sind entlassen.«

Ein Pilot kann ein geradezu zärtliches Bewusstsein dafür entwickeln, dass die Welt gewissermaßen mit Satzzeichen und Sternchen versehen ist und sich aus den Namen kleiner Orte zusammensetzt, an die regelmäßig zu denken, so gut wie niemand einen Grund hat – außer Piloten. Viele Wegmarken sind besonders herausgehoben, weil sie ein Funkfeuer beherbergen. Dabei denkt man unwillkürlich an ältere Leuchtfeuer, die, wie Leuchttürme, angezündet wurden, um die Navigation zu erleichtern oder Warnungen zu übermitteln, etwa die Neuigkeit, dass die spanische Armada gesichtet wurde, oder auch um Ereignisse wie Krönungen und Jubiläen zu feiern. In den 1920er Jahren eröffneten von New York bis San Francisco Hunderte häufig hoch auf Berggipfeln gelegene Leuchtfeuer feierlich die ersten transkontinentalen Luftpostflüge. In diesen Lichtspuren durchs ganze Land fand sich nicht nur die Idee der Eisenbahnstrecken wieder, sondern auch die des Pony-Express, da Piloten und Flugzeuge unterwegs wechselten. Die Briefe gingen also auf eine quasi ununterbrochene Reise von einer Küste zur anderen. Die Rede war sogar von einem *lighted airway*, einem beleuchteten Luftweg über den Atlantik für Luftschiffe. Heute liegen, besonders im Westen der Vereinigten Staaten, einige der Funkfeuer, die moderne Linienflugzeuge nutzen, genau an den Stellen, an denen einst jene ersten Leuchtfeuer standen.

Piloten können ein Funkfeuer manuell anpeilen und so Entfernung und Lage zu ihm bestimmen, eine grundlegende, althergebrachte Methode zur Überprüfung der Position. Aber ein modernes Flugzeug sucht im Hintergrund fortwährend nach ihnen, wie ein Autofahrer ununterbrochen nach Orientierungspunkten und Straßenschildern sucht, wenn er sich in einer Stadt nicht auskennt. Funkfeuer haben nur eine gewisse Reichweite, und wenn das Flugzeug eines findet, flackern seine Codes auf unseren Bildschirmen auf. Auf diese Weise lernen wir mit der Zeit die Namen vieler Funkfeuer der Welt kennen.

Nahe der Spitze von Cape Cod steht auf der Ozeanseite ein Funkfeuer, das für Strandspaziergänger eine Kuriosität darstellt und sich passenderweise seinen Namen mit Marconi teilt, dem italienischen Ingenieur, der als Vater des Funks bekannt ist. Solche Funkfeuer und das Flugzeug kommunizieren miteinander, wie amerikanische Kinder, die im Schwimmbad Marco Polo spielen. Anhand des zeitlichen Abstands zwischen seinem »Marco!«-Ruf und der Antwort »Polo!« des Funkfeuers berechnet das Flugzeug die Entfernung zwischen ihnen.

In den entlegeneren Gegenden der Welt fallen Funkfeuer und Flughäfen häufig zusammen. Das Funkfeuer ist da, weil der Flughafen da ist. Wenn es um einen solchen Ort herum sonst nichts gibt, was irgendwie mit dem Luftverkehr zu tun hat, wird er durch seine Isolation zu einer ungeahnten himmlischen Prominenz erhoben. In Grönland gibt es den Flughafen mit dem Namen Aasiaat. Er liegt an einer Bucht, die ich gerne irgendwann besuchen würde, weil sie einen wunderbaren Namen trägt, den außer Atlasschmökerern und Langstreckenpiloten so gut wie niemand kennen dürfte: Disko Bay. Vielen kleinen Orten weit im Norden Kanadas gelingt es, eiskaltes Wasser wärmer klingen zu lassen, als es je werden kann – Pond Inlet, Sandy Bay, Hall Beach und Coral Harbor.

Es gibt Flughäfen, etwa den von Churchill in Kanada, die die einzige brauchbare Start- und Landebahn über viele Meilen in alle Richtungen besitzen. Die meiste Zeit weiß wie Papier, wird Churchill regelmäßig von Eisbären besucht. Es liegt an der Hudson Bay, wo Hudson und sein Sohn bei einer Meuterei gezwungen wurden, ihr Schiff zu verlassen, nachdem es aus dem Eis befreit worden war, das es den langen Winter hindurch bewegungsunfähig gemacht hatte.

Ebenfalls in Kanada ist der Ort namens Gjoa Haven in unseren Karten verzeichnet, der von Amundsen, der dort auf der Suche nach dem magnetischen Nordpol war, nach seinem Schiff Gjøa benannt wurde. Allgemein kann man sagen: Je näher man dem magnetischen Pol kommt, umso verrückter spielt ein gewöhnlicher Kompass, als würde man sich einem ängstlichen, eingesperrten Tier nähern. Gjoa Haven erscheint auf unseren Karten in der Nähe der gepunkteten Linien, die formal den Bereich der Kompass-Unzuverlässigkeit anzeigen, der nicht mehr weit von dem der Kompass-Unbrauchbarkeit entfernt ist, weitere unerwartete Unterteilungen des modernen Himmels und der Welt. Manche Funkfeuer liegen an Orten, die zwar berühmt, aber geografisch nebensächlich sind. Man würde nicht erwarten, dass sie auf Flugkarten derart unabhängig von ihrer historischen Bedeutung hervorgehoben werden. *Point Reyes* ist der Name eines Leuchtturms an der nordkalifornischen Küste. Ein Funkfeuer in seiner Nähe, bekannt unter demselben Namen, kommt bei einer Ankunft in San Francisco ins Spiel. In Indien überfliegen wir vielleicht das Funkfeuer von Delhi, und wie für so viele Reisende da unten auf dem Weg zum Taj Mahal ist unser nächster Stopp Agra. Die Insel Robben Island vor Kapstadt, auf der Nelson Mandela inhaftiert war, war auch im siebzehnten Jahrhundert schon ein Gefängnis. Sie beherbergt ebenfalls ein Funkfeuer mit demselben Namen, das auf Schaubildern des Flughafens von Kapstadt auftaucht und einen Teil eines häufig verwendeten Anflugmusters darstellt.

Ich habe eine kanadische Freundin aus einem kleinen Ort im Landesinneren von British Columbia. Als ich sie das erste Mal fragte, wo sie herkommt, schüttelte sie lachend den Kopf und sagte, das würde ich nicht kennen, es sei ein winziger Ort, wo die Schule erst ausfalle, wenn die Temperatur unter minus 40 Grad Celsius liege. Aber als sie den Namen dieses kleinen Kaffs, Williams Lake, nannte, war ich es, der lächelte und sagte: Klar kenne ich Williams Lake, ich werfe alle paar Monate einen Blick darauf. Es gibt dort ein Navigationsfeuer. Wenn ich sie sehe und kürzlich darüber geflogen bin, erzähle ich ihr, ob es bewölkt war oder ich ihren Heimatort zwischen den Rockies und der Coast Range dösen sehen konnte.

In der japanischen Präfektur Ibaraki gibt es eine Stadt von etwa 20 000 Einwohnern namens Daigo. Ihren Wasserfall kennen auswärtige Piloten vermutlich nicht, aber vielleicht ihr Funkfeuer. Hehlingen heißt ein Dorf in Deutschland und ein Funkfeuer auf einem nahe gelegenen Feld, ein Name, der mehr oder weniger ständig im Himmel zwischen Hannover und Berlin herumspukt, in einer Vielfalt von Sprachfärbungen, so breit wie die Welt. Es gibt die Funkfeuer *Split Crow* in der Nähe von Hailifax in Nova Scotia und *Old Crow* in Yukon. Es gibt das *Rome* von Südost-Oregon und *Norway House*, das viele Flugstunden von jeder Besiedelung Norwegens entfernt liegt. Es gibt *Muddy Mountain* und *Uranium City, Crazy Woman* und *Vulcan*. Andere Funkfeuer tragen wesentlich wohlklingendere Namen. In Schottland überfliege ich gelegentlich *Machrihanish*, ein Küstendorf, von wo aus in den ersten Tagen des Funkverkehrs eine Nachricht in meinen Heimatstaat Massachusetts gesendet wurde. Das Funkfeuer wird im Cockpit als MAC angezeigt und von Piloten wie mir, die im Gespräch mit einem Lotsen mit schottischem Akzent gar nicht erst versuchen, den vollen Namen auszusprechen, als *Mike Alpha Charlie* ausbuchstabiert.

In Nordchina, in den ockerfarbenen Erhebungen der Wüste Gobi, nicht weit von der Grenze zur Mongolei oder der Eisenbahnstrecke, die die beiden Länder verbindet, steht das Funkfeuer *Eren*. In Nordmittelpakistan, am Westufer des Indus, liegen die Stadt und das Funkfeuer mit dem Namen *Dera Ismail Khan*. In Algerien gibt es *Bordj Omar Driss*, das die Kennung BOD trägt, die ein Lotse für einen Piloten, der dieses algerische Städtchen mit einer Einwohnerzahl von um die 6000 nicht bei seinem eigentlichen Namen kennt, als *Bravo Oscar Delta* ausbuchstabiert. Russland hat viele hübsche Funkfeuernamen: Ich mag *Maksimkin Yar* und *Novy Vasyugan*. Mein Favorit ist *Naryan-Mar*, eine Küstenstadt mit etwa 20 000 Einwohnern und willkommener Meilenpfosten jenseits des nördlichen Polarkreises.

Ein Flugzeug navigiert entlang einer Route durch den Himmel, die sich aus Funkfeuern und Wegpunkten zusammensetzt. Wegpunkte werden anhand geografischer Koordinaten oder ihrer Lage und Entfernung zu einem Funkfeuer definiert und durch einen Namen in der typischen Form eines Wortes aus fünf Großbuchstaben – EVUKI, JETSA, SABER. Die Idee dahinter ist, dass diese für Fluglotsen und Piloten, ungeachtet ihrer Muttersprache, aussprechbar und eindeutig sind. Die Weltkarten der Piloten und auch der Flugrechner, sind in die Moleküle dieser Wegpunkte zerlegt. Es sind die kleinsten Krümel der Geografie der Luft und gewissermaßen die einzige Einheit dieser Art, die nach dem Verlassen der Startbahn eine Rolle spielt. Sie sind die hörbare Ortswährung des Himmels.

Vom Flugzeug aus kann selbst eine moderne Schnellstraße so langsam und altmodisch aussehen wie ein altertümlicher Reitweg. Der Flieger gleitet wie Augen über die Buchseite, wie ein Finger über eine Landkarte, über alles hinweg, um das die Straße und die Autofahrer darauf einen Bogen machen müssen – Städte, Berge, Seen – Merkmale, die so niedrig sind, dass sie von oben beinahe eben wirken. Auch wenn Wegpunkte unsichtbar sind, erinnern sie uns doch daran, dass Piloten durch den Himmel zwar nicht annähernd so gebunden sind wie Autofahrer durch Straßen, unser Weg aber auch nicht immer so frei ist, wie es scheint.

Das heißt aber nicht, dass ein Wegpunkt ein Ort wie jeder andere ist. Auch wenn sie sich oft zu Luftstraßen aneinanderreihen, dürfen wir uns häufig zwischen zwei weiter voneinander entfernten Wegpunkten bewegen, ohne die dazwischenliegenden zu überfliegen, als würde ein Autofahrer die Straße verlassen, um durch einen Tunnel geradewegs unter Hügeln und Wäldern hindurchzufahren und ein Stück weiter wieder auf die Straße zu treffen. Auch ist ein Wegpunkt, trotz seiner ausnehmenden Genauigkeit, keineswegs ein einziger Ort. Er existiert auf allen Höhen gleichzeitig. Es ist möglich, dass mehrere Flugzeuge denselben Wegpunkt gleichzeitig auf unterschiedlichen Höhen durchfliegen und die Navigationscomputer für jedes Flugzeug dieselbe Position anzeigen. Ein Wegpunkt ist wie die Adresse eines Hochhauses ohne Angabe des Stockwerks. Die Reisegeschwindigkeit eines Flugzeugs bringt es außerdem mit sich, dass wir oft gar nicht in die Nähe eines Wegpunktes auf unserem Flugplan kommen, weil wir schon ein ganzes Stück vor dem Wegpunkt abdrehen müssen, wenn wir nicht jenseits davon über die Route hinausschießen wollen. Um bei starkem Rückenwind eine scharfe Kurve zu nehmen, müssen wir eventuell schon fünf Meilen vor dem Wegpunkt abwenden. Stellen Sie sich mal vor, Sie würden bei Ihrem Auto so lange vor einer Abzweigung das Lenkrad einschlagen!

Wegpunkte unterliegen einem Rhythmus, der in etwa der menschlichen Geografie darunter entspricht. Touristen aus Nordamerika, die durch westeuropäische Städte reisen, haben womöglich das Gefühl, dass es dort alle nasenlang historisch bedeutsame Plätze gibt, und auch im Himmel über Europa stoßen wir zum Teil minütlich auf einen Wegpunkt. Über offener See hingegen oder Gegenden wie Nordkanada fliegen wir zwischen den Wegpunkten vielleicht fünfundvierzig Minuten oder länger, Hunderte und Aberhunderte von Meilen. Der Takt, in dem Wegpunkte durchflogen werden, entspricht auch grob dem Arbeitsaufkommen im Cockpit. Die meisten Wegpunkte werden in den ersten und letzten Minuten eines Flugs passiert, wenn das Flugzeug viele Wendungen vollführen muss, um sich von der Startbahn auf seine Route zu bewegen und ganz am Ende wieder umgekehrt.

Auf den Routen, die sie am häufigsten fliegen, lernen Piloten und Pilotinnen viele individuell getaufte Punkte kennen. Manche, etwa die sehr bekannten Zu- und Ausgangspunkte für Atlantiküberquerungen, vermitteln fast das Gefühl einer Tür oder eines Tors – denke ich etwa an LIMRI oder MALOT vor der irischen Küste, denke ich an die Flugphase, in der sie kommen, den Beginn oder das Ende einer Ozeanüberquerung. Es ist ein ähnliches Gefühl, wie es der Name einer Brücke hervorruft, die Sie nur dann überqueren, wenn Sie in eine bestimmte Stadt fahren oder sie verlassen. Radiomoderatoren erwähnen sie beiläufig in den Verkehrsnachrichten, und Sie wissen, sie sprechen zu denen, die die Stadt verlassen oder dorthin zurückkehren wollen.

Die Namen vieler Wegpunkte sind willkürlich gewählt; ein Beispiel für eine der ersten Lektionen der Linguistik, dass es viel mehr mögliche – buchstabier- und aussprechbare – Wörter als tatsächlich existierende gibt. Luftraumplanern steht ein automatisiertes Programm zur Verfügung, um genau solche Namen zu generieren und sicherzustellen, dass identische Namen sich nicht geografisch nah sind. Viele andere Namen sind jedoch nicht rein zufällig. Sie stellen vielleicht die letzte Bastion auf der Erde dar, in der bedeutungsvolle Ortsnamen über eine Geografie verstreut sind, die den Namensgebern neu ist, eine Welt, die, in diesem Fall, für jeden neu ist.

Viele Namen dieser neuen Geografie des Himmels greifen das nautische Erbe der Luftfahrt und das Wasser darunter auf. In der Nähe von Perth, Australien, liegen die Wegpunkte FLEET, ANCOR, BRIGG, SAILS, KEELS, WAVES. Südlich von Neufundland, in der Nachbarschaft der historischen Grand Banks, gibt es den Wegpunkt BANCS. Weiter nördlich entlang der kanadischen Küste liegen SCROD und PRAWN. Manchmal existieren mehrere Wegpunkte mit demselben Namen, und wenn wir einen davon in einen Flugrechner eingeben, fragt er uns, zu welchem dieser homonymen, weit auseinanderliegenden Orte wir navigieren wollen. Es gibt fünf SHARK-Wegpunkte – einer östlich von Sydney, die anderen vor den Inseln Jersey, Maui, Taiwan und Trinidad.

In der Nähe der Isle of Man liegt KELLY, in Anspielung auf einen alten Music-Hall-Song mit dem Titel *Kelly from the Isle of Man*. Vor Englands Kanalküste gibt es DRAKE – nach Sir Francis – und HARDY – nach Sir Thomas, der alte Freund, zu dem Lord Nelson, als er an Deck seines Flaggschiffes im Sterben lag, »Kiss me, Hardy« und »God bless you Hardy« gesagt haben soll. Auf Himmelskarten der Tasmanischen See sind die Dreiecke, die die Wegpunkte markieren, welche wie Noten auf ihren Linien hängen und einen Bogen Richtung Neuseeland beschreiben, mit WALTZ, INGMA und TILDA bezeichnet, eine Anspielung auf die inoffizielle australische Hymne *Waltzing Matilda*, während sich viele tausend Meilen westlich davon eine lyrische Folge über Hunderte von Meilen von Norden nach Süden über den Indischen Ozean vor Westaustralien erstreckt, die mit WONSA, JOLLY, SWAGY, GAMBS, BUIYA, BYLLA und BONGS beginnt – *Once a jolly swagman camped by a billabong…*

Das europäische Festland verfügt über weniger Wegpunkte mit lokalen Themen, zumindest weniger, die einem englischen Muttersprachler etwas sagen würden. Allerdings schwebt vor der holländischen Küste ein TULIP, und über das dortige SASKI lassen sich auch leicht Vermutungen anstellen, denn die Frau von Rembrandt hieß Saskia. ROTEN über Deutschland mag für einen englischsprachigen Piloten bedeutungslos klingen, wenn es auch ein aussprechbares Wort ist, ein deutscher hingegen hört vielleicht die Glocken der mittelalterlichen Stadt Rothenburg ob der Tauber läuten. Überfliegt man die Grenze zwischen Österreich und Deutschland, trifft man auf eine Reihe von Wegpunktnamen, die unbeholfene Sätze bilden. NIGEB – DENED – IRBIR ist eine freie Variation des deutschen »Nie gebt denen ihr Bier« [den Piloten?]. Im Himmel nahe Stuttgart gibt es VATER und UNSER (»der du bist im Himmel«, wie das Gebet unseres Herrn weitergeht). Nordöstlich von Nürnberg, nahe der deutsch-tschechischen Grenze gibt es ARMUT und VEMUT – »Wehmut«, ein schönes, altes deutsches Wort. Nahe der Grenze zwischen Indien und Pakistan liegt der Wegpunkt TIGER. Ein anderer TIGER bildet einen Teil eines Anflugmusters für London, als hätte man ihn aus dem früheren britischen Reich entwendet, so fehl am Platz wie ein Tier, das man von einem warmen Ort in einen Zoo in einer kalten Stadt verpflanzt hat. Auf Flügen von Singapur nach London überfliege ich mitunter beide TIGER in derselben Nacht.

Mehr als die meisten anderen Himmelskartografen haben sich die Amerikaner bemüht, die lokalen Farben in den Himmel des Landes zu malen. Der Sonoma County Airport in Kalifornien trägt den Beinamen Charles M. Schulz. Nicht weit davon entfernt liegt der Wegpunkt SNUPY. In der Nähe von Kansas City gibt es die kulinarischen Wegpunkte BARBQ, SPICY, SMOKE, RIBBS und BRSKT. Nahe Detroit liegt PISTN, was sicherlich für das Basketballteam steht, in dessen Namen sich das industrielle Erbe der Stadt widerspiegelt. Außerdem existieren im Himmel um Detroit MOTWN und WONDR (Stevie wurde in Michigan geboren) und EMINN, möglicherweise nach dem Rapper. Auf Houston bei SSLAM folgt ein paar Meilen weiter DUUNK (nicht zu verwechseln mit DUNKK bei Boston, möglicherweise eine Anspielung auf eine gewisse Donut-Kette, deren Wiege in Massachusetts stand). Im Himmel um Houston folgen noch ROKIT, wegen des Raumfahrterbes der Stadt, und TQELA, WORUM, CRVZA (Bier), CARNE (Fleisch), QUESO (Käse) stehen für die grenzüberschreitenden kulinarischen Traditionen der Stadt, in deren Genuss die eintreffenden Passagiere schon bald kommen werden.

Ein besonders kompliziertes Sternbild hat Boston von sich auf das Firmament über Neuengland gezaubert: PLGRM für die Pilgervergangenheit der Region, CHWDH, LBSTA und CLAWW, die für ihre Spezialitäten, die Chowder-Suppe, den Hummer und seine Schere, stehen, GLOWB und HRALD decken die großen Zeitungen der Stadt ab, während SSOXS, FENWY, BAWLL, STRKK und OUTTT den Leidensweg des Baseballteams der Stadt nachvollziehen. Selbst die für die Region typische Sprechweise scheint mit WIKID, gefolgt von PAHTI, verzeichnet zu sein. Es gibt einen NIMOY-Wegpunkt – Leonard war in Boston geboren. LYHTT schwebt über der Hafeninsel, auf der der Leuchtturm Boston Light steht, der 1783 als Ersatz für den Turm von 1716 errichtet wurde, dem der zwölfjährige Benjamin Franklin ein Denkmal in Form einer Ballade setzte. Diesen Leuchtturm, den ersten in den späteren Vereinigten Staaten und einzigen, in dem es noch einen Leuchtturmwärter gibt, können Passagiere, die den LYHTT-Wegpunkt durchfliegen, sehen, während sie auf die Stadt niedersinken, über die er wacht.

St. Louis verfügt über die nahen Wegpunkte ANNII und LENXX, aus Gründen, die mir keine Luftaufsichtsstelle erklären konnte. Vielleicht war dort schlicht und ergreifend ein Flugleiter Eurythmics-Fan. Weniger schleierhaft ist der Ursprung anderer Wegpunkte bei St. Louis – AARCH ist zum Beispiel eine Anspielung auf den Gateway Arch, den wolkenkratzerhohen Torbogen. Mark Twain starb sieben Jahre nach dem ersten Flug von Kitty Hawk. Der Flussschiffpilot ist selbst nie geflogen. Aber in *Tom Sawyers abenteuerliche Ballonfahrt* kommt ein »schöner großer Ballon«, ausgestattet mit »Flügeln und Rotoren und allem Möglichem« vor, und in einem Brief schrieb Twain 1869: »das gewaltige Problem der Navigation in der Luft« sei ein Thema, das »bei jedem den Puls in die Höhe jagen muss« – genug Gründe, die dafür sprechen, dass er sich über den Gedanken eines Ortes im Himmel namens TWAIN gefreut hätte, der über Hannibal, dem Heimatort seiner Kindheit am Mississippi, liegt.

Als Abfolge von Orten wie Funkfeuer oder Wegpunkte wird eine Route selbst zu einer Art Ort. In der japanischen Sprache gibt es viele Zähloder Zähleinheitswörter, um konzeptuell ähnlich geartete Gegenstände zu beziffern. Das Englische oder Deutsche, darauf werden Japanischlehrer ihre Schüler vermutlich hinweisen, verfügt nur über wenige dazu analoge Wörter. Zum Beispiel sagen wir drei Scheiben Brot oder zwei Blatt Papier,»Scheibe« und»Blatt« sind also unsere Zählwörter für Brot und Papier.»Scheibe« ist für uns ein Formbegriff, und wir wenden ihn auf viele flache, meist runde Gegenstände an – Wurstscheibe, Zielscheibe. Das eigene Lieblingszählwort sorgt regelmäßig für Gesprächsstoff unter ausländischen Japanischschülern. Ich mochte immer 本,»hon« – vielleicht weil es auch das»hon« in 日本, Nihon oder auch Nippon, ist, also Japan, das Ziel meines Sommeraustauschs und einiger meiner unvergesslichsten späteren Reisen, erst als Unternehmensberater und dann als Pilot. 本 wird als Zählwort für längliche, zylindrische Gegenstände wie Bleistifte, Filme, Straßen und Flüsse verwendet. Mit 本 kann man auch Flugrouten zählen. Oder Kondensstreifen.

Die exakte Route, die ein Flugzeug zwischen zwei Städten fliegt, ändert sich häufig. Luftstraßen sind vorveröffentlichte Listen von Wegpunkten und Navigationsfeuern, die stetig die ungestörten und unbekannten Felder, Wälder und Flüsse darunter überqueren. Bei der Auswahl der verschiedenen Luftstraßen, die zwei Städte miteinander verbinden können, berücksichtigen Luftraumplaner und Piloten Wind, Luftraumschließungen, Überlastung und Navigationsgebühren, die Länder erheben, wenn man sie überfliegt. Wege überkreuzen sich, und an solchen Wegkreuzungen vollführt ein Flugplan oft einen Sprung, um einen günstigen Wind auszunutzen. Andere Routen, wie die über den Nordatlantik, werden von Luftverkehrsbehörden jeden Tag neu entworfen, um aus Rückenwinden das meiste rauszuholen oder von Gegenwinden am wenigsten beeinträchtigt zu werden. In manchen Teilen der Welt gibt es wenige oder gar keine formalen Luftwege, geschweige denn täglich nach dem Wind aufgestellte Routenpläne. In einem Land mit einem derart offenen Himmel steht es den Luftraumplanern frei, jeden Tag anhand grober Punkte aus Breiten- und Längengraden ihre eigene Route zusammenzustellen – digitale Fiktionen im Äther, über die die breiten, im Sonnenlicht gleißenden Tragflächen einer 747 hoch am Himmel gleiten werden, wenn der Planer längst nach Hause gegangen ist, zu Abend gegessen und das Licht ausgemacht hat.

Oft wird der historische und kulturelle Nachklang von der technischen Präzision der Routen kaum verhüllt. Die täglichen Routen über den Nordatlantik werden typischerweise *the tracks* – die Schienen – genannt, zugleich eine allgemeine Bezeichnung für den breiten, stark beflogenen Gürtel aus Routen zwischen Europa und Nordamerika und ein täglicher Refrain auf die Bahnen – von Entdeckungen, Imperien, Sprachen, Handel und Kultur –, die so tiefschürfend wie eh und je über dieses Wasser verlaufen. Über Afrika findet der Hauptverkehrsfluss traditionell in der Nord-Süd-Richtung statt, doch während des islamischen Haddsch kommt es vorübergehend zu einem starken Ost-West-Verkehr, der Nordafrika Richtung Mekka überquert, eine Hochkonjunktur in der Luft, die den historischen Strom des Islam selbst widerspiegelt. Jedes Jahr werden Piloten, die Nordafrika in der Zeit des Haddsch überfliegen, spezielle Karten und Hinweise mitgegeben.

Vor nicht allzu langer Zeit sind wir von der gedruckten auf elektronische Karten umgestiegen, die auf Tablet-Computern gespeichert sind. Die Papierkarten, die wir bis vor kurzem benutzten, fallen zwar mehr und mehr in technologische Ungnade, sind aber interessanter, weil ihre Gestalter nicht alles auf ihnen unterbringen konnten. Auch konnten Piloten nicht einfach verschiedene Informationsebenen auf Wunsch anzeigen oder verbergen lassen. Die erforderliche Auswahl durch den Kartografen sagt viel über die Geografie des Himmels aus. Die Papierkarten stellen Flughäfen dar, aber nicht die Städte, zu denen sie gehören. Sie zeigen weder Straßen noch die irdischen Grenzen von Provinzen oder Staaten. Berge bleiben namenlos und existieren auf diesen Karten nicht als Gipfel oder Konturen, sondern als allgemeine Höhen für ein Gebiet. Nicht einmal die Namen und Grenzen von Ländern sind besonders hervorgehoben. Die offensichtlichsten Merkmale auf diesen Papierkarten sind komplexe Netze aus dunklen Linien, Routen, die Wegpunkte miteinander verbinden, die Autobahnen der Welt der Lüfte.

Sogar der Zuschnitt des Papiers folgt den Routen, die ihrerseits der Geschichte folgen. Die meisten gewöhnlichen Karten – zum Beispiel in einem typischen Atlas – sind Rechtecke, die scheinbar direkt von der Erde abgehoben wurden. Norden ist in etwa oben auf der Karte, Süden unten. Die rechteckigen Papierkarten der Flugstrecken sind dagegen oft anders angeordnet. In ihrem unkonventionellen Aufbau erkennen wir die tiefgehenden Achsen von Imperien, Migration und der gesamten menschlichen Geografie ebenso deutlich wie die Archäologen, die zu den frühesten Nutzern von Flugzeugen gehörten, um von Menschenhand gemachte Muster auf der Erde wahrzunehmen. Die Papierkarten, denen ein Pilot von Europa nach Hongkong folgen würde, sind zum Beispiel nicht nach Norden ausgerichtet. Stattdessen sind sie nach den langen, großen Bogen zugeschnitten, die grob die typischen Routen zwischen Europa und China beschreiben, sodass der linke Rand des rechteckigen Blattes nach Nordwesten zeigt und der rechte nach Südosten. Eine Reihe von Karten Mittel- und Nordkanadas verläuft in einer ähnlichen, aber stärker geneigten Ausrichtung, die nur im Kontext der Luftverbindungen zwischen dem östlichen Nordamerika und Ostasien Sinn ergibt.

Oftmals tragen Routen ein persönliches Gewicht. Vielflieger über dem Nordatlantik werden zum Beispiel ein intuitives Gefühl dafür haben, was genau das Flugzeug miteinander verbindet. Diese kulturelle und historische Brücke wird durch jede ihrer eigenen Reisen reflektiert und erneuert. Als ich das erste Mal über Australien flog, von Singapur nach Sydney, landeten wir an der Nordwestküste in der Nähe von Broome. Dann folgten wir einer Reihe langer Luftwege, die einen Bogen über den Kontinent Richtung Südosten spannten. Die fernen Lichter von Alice Springs erinnerten mich daran, dass ich diesen Namen zum ersten Mal in einer Hardy-Boys-Geschichte gelesen hatte, die zum Teil von der Aufdeckung lebte, dass dieser erlauschte Name sich auf einen Ort und nicht auf eine Person bezog.

Während wir das Outback überquerten, musste ich unwillkürlich an *Traumpfade* denken – nicht nur die der Route im Computer, sondern diejenigen jedes einzelnen an Bord, der sich vielleicht die Linie durch die Welt zwischen den beiden Städten vorstellte, unsere ganz individuellen geistigen und physischen Geografien. Den Passagieren wird die Route auf einer bewegten Karte oder *moving map* auf dem Kabinenbildschirm angezeigt. Aber auch in ihrem Kopf existiert eine Route, ein Verständnis, wie zwei bestimmte Städte sich unterscheiden, warum sie von der einen in die andere fliegen und was dazwischen steht oder schwebt. Die meisten Australier an Bord in jener Nacht hatten sicherlich ein tieferes Gefühl für die Route als jeder ausländische Pilot, der zum ersten Mal über das Land flog.

Routen werden Piloten mit der Zeit vertraut, und Landschaften, Luftareale oder Funkfeuer hinter sich zu lassen verleiht Reisen zwischen zwei Städten einen einzigartigen Rhythmus. Piloten eignen sich ein hintergründiges Gespür für die Abfolge einer Route an, wie wenn man nach dem Ende eines Songs auf der Lieblingsplaylist schon weiß, welcher als Nächstes kommt, oder wie man intuitiv und beinahe unbewusst eine Reihe von markanten Punkten abfährt, die einen zum Haus eines Freundes, von dort zum Supermarkt und wieder nach Hause führen. Ebenso geordnet und absehbar wie die Reihenfolge der Ortschaften auf einer Autofahrt, gekennzeichnet durch Begrüßungsschilder am Straßenrand, kommen und gehen die Himmelsregionen. So messen wir unser Vorankommen nordöstlich von Houston etwa im Rhythmus der Himmelreiche *Houston, Fort Worth, Memphis, Indianapolis, Cleveland*. Auf einem Flug von Arabien Richtung Nordosten nach Europa durchquert man *Jeddah, Cairo, Hellas* und *Tirana*.

Wenn ich von London nach Los Angeles fliege, kommt natürlich als Erstes England, das man schon fast durchflogen hat, bis eine schwere 747 ihre Reisehöhe erreicht. Dann folgen die großen schottischen Städte Edinburgh und Glasgow, die immer auf unserem Computer erscheinen, aber aufgrund ihres typischen Wetters selten im Fenster. Dann kommt Stornoway auf den Äußeren Hebriden, und das Funkfeuer dort zu überfliegen fühlt sich an wie ein Land's End der Lüfte, die Himmelsspitze von Großbritannien – und wenn ich dann das Wasser sehen kann, erinnert mich das manchmal an eins meiner Lieblingslieder von Karine Polwart, in dem sie das Meer vor Schottland mit einem wogenden Gerstenfeld vergleicht: *»the waves swell like a barley field that's ready to lay down«*. Darauf folgen vielleicht die Färöer-Inseln, obwohl nicht jede Route an ihnen vorbeiführt und sie sich noch zurückhaltender, wolkenverschleierter geben als Schottland. Ich habe sie erst wenige Male gesehen.

Als Nächstes erscheinen als digitalisierte Dellen Islands Berge und Gletscher auf dem Bildschirm und gelegentlich in Weiß vor dem Fenster. Dann Meer und je nach Jahreszeit vielleicht Nacht, selbst so weit nördlich, und dann Grönland, häufig glasklar. Nach Grönland folgt stundenlang Weiß über Kanada, eine Wildnis, die schließlich in Felder, Straßen und andere sinnvolle oder vertraute Strukturen aufbricht. Die amerikanische Grenze können wir nicht sehen, dafür umso besser die *Interstate 90*, die Fernstraße, die zwischen Seattle und Boston geradewegs über den Kontinent verläuft.

Wenn ich mich, aus Nordosten kommend, Los Angeles nähere, folgen dann die Rocky Mountains, von Straßen gemaserte Wüsten und noch mehr Gebirge, bevor einen dahinter die Stadt am Meer erwartet. Komme ich dagegen aus dem Norden, fliege ich die Landmarken von Amerikas schneebefeuertem Ring bekannter Vulkane ab: Mount Baker, Mount Rainier, Mount Hood, den hellblauen Krater von Crater Lake, und schon bald die verschneiten, autonomen Hänge des Mount Shasta, Amerikas Fuji, der den Himmel Nordkaliforniens dominiert.

Solche geografischen Meilensteine finden sich im Flugzeug wieder und sogar in den profanen Notwendigkeiten – wie Schlafen und Essen – eines Pilotenlebens. Die Zeiteinteilung unserer rotierenden Pausen bringt es mit sich, dass Wechsel meist etwa über denselben Teilen der Erde stattfinden. Auf vielen Routen zwischen London und dem westlichen Nordamerika entsprechen beispielsweise die Berge Grönlands ungefähr dem ersten Wechsel, und so verbinde ich die Berge, wenn ich mich ihnen aus dem Osten nähere, damit, die Steuerung zu verlassen und mich in die Schlafkabine zu begeben. Umgekehrt erwartet den eingewechselten Piloten vor den Cockpitfenstern der Anblick der weißen Gipfel, die sich aus dem blauen Meer erheben. Selbst beim Essen findet sich der Rhythmus der sich unter uns dahinwälzenden Welt wieder. Orte in der Luft nehmen die Eigenschaft einer Lichtung an der Biegung eines Wanderweges an, wo ich Rast mache, um Mittag zu essen, und stehen nicht nur für einen bestimmten und regelmäßigen Punkt der Reise, sondern auch für meinen Appetit. Wenn ich mir vorstelle, wie Las Vegas aus der Luft aussieht, denke ich an einen ruhigen Fleck im Himmel, den ich mit Sandwiches und Kaffee verbinde, weil es oft der Ort – oder die Zeit – ist, sich einen Imbiss zu gönnen, bevor die hektische Landung in Los Angeles beginnt.

Ich bin Pilotenschüler zu Beginn meines Flugtrainings in einer kleinen, einmotorigen Maschine. Ich bin allein, irgendwo nordöstlich von Phoenix, und habe mich verflogen.

Ich navigiere visuell oder versuche es zumindest, mithilfe einer detaillierten Karte, auf der Berge, Straßen, Siedlungen und Radiomasten verzeichnet sind. Was ich unten auf der Welt sehe, versuche ich der Karte zuzuordnen, und was mich die Karte als Nächstes erwarten lässt, auf der Erde zu finden, und so geht es immerzu hin und her. Aber der Nebel ist an diesem Nachmittag viel stärker als vorausgesagt, und zum ersten Mal erlebe ich einen Effekt, der diese Art von Sichtflug plötzlich sehr erschweren kann. Durch den Dunst kann ich zwar gerade nach unten blicken, aber alles, was auch nur leicht vor oder seitlich von mir liegt, ist in einen Schleier gehüllt, ein Effekt, den jeder schon erlebt hat, der einmal an einem nebligen Tag auf einem Wolkenkratzer gewesen ist.

Mir wird flau im Magen, als mir klar wird, dass ich das, was ich in diesem schmalen Sichtfeld sehe, nicht mehr mit irgendetwas auf der Karte zusammenbringen kann. Ich nehme mir noch mal die letzte Position vor, bei der ich mir sicher war, und berechne anhand der seither vergangenen Minuten grob einen zeitabhängigen Umkreis, in dem ich mich nun irgendwo befinden muss. Aber bald wird dieser sich stetig ausdehnende Kreis auf ein Gebirge treffen, dessen zerklüftete sandsteinfarbene Gipfel sich irgendwo nordöstlich von mir im Nebel verstecken. Nicht weniger besorgniserregend ist der strikt kontrollierte Luftraum um den internationalen Flughafen von Phoenix, von dem ich mich auf meiner ursprünglich geplanten Route brav ferngehalten hätte.

Ich bin drauf und dran, einen Fluglotsen um Hilfe zu bitten, der mir einen Code für den Bordtransponder geben würde, um mich nach Hause zu leiten. Da fällt mir ein, dass es ein Navigationsfeuer direkt an meinem Heimatflughafen in der östlichen Gegend um Phoenix gibt. Eher nebenbei hat mir mein Ausbilder vor ein paar Wochen beigebracht, wie man solche Funkfeuer benutzt. Es stand mit Sicherheit nicht auf dem Lehrplan für diese Flugart. »Nur für den Fall«, hatte er augenzwinkernd gesagt. Ich wähle das Funkfeuer an. Flackernd erwacht es zum Leben. Ich hole tief Luft und folge dann der Nadel wie einer Spur elektromagnetischer Brotkrumen durch die unangekündigte Trübnis des Tages. Ich wende scharf nach rechts ab, gehe durch den Nebeldunst hinunter und sehe bald die Pisten vor mir. Erleichtert und dankbar lasse ich die Hand auf die Instrumententafel sinken, und dann lande ich.

Woher wissen Piloten und Flugzeuge, wo sie sind? Eine sehr gute Frage, die mir allerdings heute kaum noch gestellt wird. Die meisten gehen davon aus, dass die Antwort GPS lautet, obwohl Kleinflugzeuge, wie ich sie in Arizona geflogen habe, mitunter überhaupt nicht mit GPS-Empfängern ausgestattet sind. Die meisten Linienflugzeuge benutzen heute GPS. Oft wurde es bei einer Maschine nachgerüstet, die ursprünglich gar nicht dafür entworfen wurde. Viele solche Technologien – insbesondere diejenigen, die der Kommunikation dienen oder um anderen Flugzeugen, Scherwinden und Bergen auszuweichen – nehmen in Flugzeugsystemen zu, so wie sich in lebenden Organismen Schichten fortschreitend höherer neurologischer Funktionen entwickeln, während in den tieferen Lagen immer noch ältere Systeme durchblitzen.

Eins dieser älteren Systeme ist die »Trägheitsnavigation«. Sie sorgt dafür, dass die Linienflugzeuge dieser Welt auch in der dunkelsten und wolkenverhangensten Nacht nach Hause finden würden, selbst wenn sämtliche GPS-Signale, Luftverkehrskontrollzentren und Bodenfunkfeuer ausfallen würden.

Stellen Sie sich vor, Ihnen wurden in einem stehenden Auto die Augen verbunden. Dann spüren Sie, wie der Wagen etwa auf Autobahngeschwindigkeit beschleunigt. Nach einer Stunde wähnen Sie sich wahrscheinlich ungefähr 100 Kilometer von Ihrem Ausgangspunkt entfernt. Wenn Sie dann merken, dass sich das Auto um etwa 90 Grad dreht, um dann eine weitere halbe Stunde zu fahren, könnten Sie ein Dreieck zeichnen und erneut raten, wo Sie sich befinden. Ähnlich wie das Gleichgewichtsorgan in unseren Ohren spürt ein Trägheitsnavigations- oder Referenzsystem diese beiden Aktionen: Beschleunigung und Rotation.

Beschleunigung wird mit Akzelerometern gemessen, bei denen es sich um relativ schlichte Geräte handelt. Um Rotation akkurat zu messen, benutzen Trägheitssysteme Gyroskope, die alles andere als einfach sind. Obwohl sie eigentlich mechanischen Ursprungs sind (ein Kreisel, eins der ältesten Spielzeuge der Welt, ist ein einfaches Gyroskop), verwenden sie in modernen Linienflugzeugen meistens Licht statt rotierender Scheiben oder Räder. Ein solches lichtbasiertes Gerät zur Rotationsmessung heißt »Ringlaser-Gyroskop«. Laserstrahlen stellen für uns den Inbegriff von etwas Geradem dar. Ein Ringlaser-Gyro zwingt einen solchen Strahl in eine geschlossene Bahn. Stellen Sie sich einen Glaswürfel vor, in den ein Tunnel gebohrt wurde. Der Tunnel führt um die Ecke und bildet innerhalb des Glases einen vielleicht dreieckigen Lichtverlauf. An einem Punkt in diesem Glastunnel wird in beide Richtungen Licht geworfen. Mithilfe von Reflektoren bewegen sich die Strahlen durch die Schleife, ehe sie am anderen Ende des Tunnels wieder aufeinandertreffen. Wenn das Gerät nicht gedreht wurde, kommen beide Strahlen gleichzeitig am anderen Ende an. Wurde es aber gedreht, legt ein Strahl einen geringfügig längeren Weg durch den Raum zurück und kommt etwas später an als der andere.

Als grobe Analogie könnte man sich einen runden, reibungsfreien Billardtisch vorstellen (tatsächlich bedeutet Gyroskop so viel wie »Kreisbeobachter«). Wenn Sie zwei Kugeln in entgegengesetzten Richtungen an der Bande entlang von sich weg auf einen Freund zurollen lassen, der Ihnen gegenübersteht, erreichen diese Ihren Freund zur gleichen Zeit. Wenn Sie jedoch den ganzen Tisch zu drehen beginnen, nachdem Sie die Kugeln losgeschickt haben, wird eine davon eine längere Strecke zurücklegen, wofür sie eine längere Zeit braucht. Sie wird also später bei Ihrem Freund eintreffen.

Tania Blixen schrieb: »Die Sprache hat keine Worte für die Eindrücke, die man beim Fliegen gewinnt, und mit der Zeit wird man neue Worte für sie erfinden müssen.« Die Terminologie der Luftfahrt ist gelegentlich holprig – zum Beispiel sprechen wir von den Bremsen, die wir in der Luft benutzen als *speed brakes* – wörtlich übersetzt »Geschwindigkeitsbremsen«, als könnte es noch andere geben. Doch die Sprache von Trägheitssystemen ist eine hochlyrische Dichtung der Technik, das ingenieurswissenschaftliche Äquivalent zu Petrarca. Die Konstrukteure dieser Lichtkästen sprechen vom *body frame, local level frame* und *earth frame*. Sie arbeiten mit *gravitational vectors, transport rate* und *earth rate* und mit Tagen, die sich nicht auf die Sonne beziehen, sondern auf *siderische Zeit*, der Rotation des Planeten vor dem Hintergrundlicht ferner Sterne. Die Ingenieure von Trägheitssystemen sprechen von *random walk* und *coasting*, *northing* und *easting* und *spherical harmonic expansions*. In vielen Linienflugzeugen hat die Poesie von Trägheitssystemen noch eine weitere Dimension. Sie benötigen nämlich am Boden vor jedem Flug ein paar Minuten absolut bewegungsloser Konzentration und Besinnung. Diese Art von Zen-Moment oder Meditation vor dem Flug, die vielleicht ein nervöser Fluggast praktiziert, nennt man »Ausrichtung«. Bevor ein System Bewegung und Orientierung des Flugzeugs verfolgen kann, muss es wissen, in welcher Richtung der Mittelpunkt der Erde liegt, den es anhand der Gravitation erfühlt. Wird das Flugzeug während dieser Ausrichtungsphase bewegt, zeigt es eine Mitteilung an, die sinngemäß lautet: »Bitte stillstehen, bis ich fertig bin.«

Sobald ein Trägheitssystem ausgerichtet ist, dient es mehreren wichtigen Zwecken. Einer davon ist das Navigieren, indem es die erspürten Beschleunigungen und Wechsel zusammenrechnet, wie Sie mit verbundenen Augen im Auto. Eine weitere Funktion, der weniger Beachtung geschenkt wird, ist, nachzuvollziehen, wo oben ist. Die Lage eines Flugzeugs – in welchem Winkel es seine Nase in den Himmel streckt – ist so zentral für das Fliegen, dass sie den mittleren Bildschirm beherrscht, die »Hauptflugkontrollanzeige« direkt vor jedem Piloten. Das ist das Erste, was ich Gästen im Flugsimulator erkläre: die irreführend schlichte horizontale Einteilung in Himmelblau und Erdbraun auf Cockpitmonitoren zeigt nicht etwa, wo wir uns befinden oder in welche Richtung wir fliegen, sondern in welche Richtung wir zeigen (und die unterscheidet sich oft deutlich von der Richtung, in die wir uns bewegen). Ein Flugzeug, das ans andere Ende der Welt fliegt, kann sich, verglichen mit seinem Ausgangspunkt, annähernd auf den Kopf gestellt haben. Trägheitsreferenzsysteme behalten im Auge, was wir *local down* nennen würden, und zwar auf der ganzen Welt.

Diese Geräte müssen zahlreiche Feinheiten erfassen. Wenn die Höhe steigt, verringert sich kaum merklich die Gravitation, und das muss ein Trägheitssystem berücksichtigen. In einem rotierenden Fahrgeschäft auf dem Rummelplatz werden Sie umso mehr an die Wand gepresst, je schneller Sie sich drehen. Das Flugzeug folgt einer gebogenen Linie um die Erde herum, und das Trägheitssystem muss den Kräften, die es auf seinem sich stetig biegenden Pfad halten, ähnlich Rechnung tragen. Ebenso den gelegentlichen Windstößen während der Ausrichtung, den Unvollkommenheiten des Erdballs und der Temperatur des Geräts selbst. Bedenken Sie auch: Die beiden Anweisungen, beispielsweise auf einem Schachbrett fünf Felder nach links und vier Felder vorwärts zu gehen, sind kommutativ – das Ergebnis hängt nicht von der Reihenfolge ab, in der Sie sie ausführen. Wenn es dagegen um den veränderlichen Winkel eines Flugzeugs im Raum geht, spielt es eine entscheidende Rolle, ob Sie zum Beispiel nach links rotieren, bevor oder nachdem Sie sich vorwärts gedreht haben. Ein Trägheitssystem muss die Einzelheiten der Rotationen des Flugzeuges sehr wohl sorgfältig voneinander trennen, um niemals aus den Augen zu verlieren, wo unten ist.

Als Navigationsgeräte sind Trägheitssysteme nicht so akkurat wie GPS. Mit den Stunden und Meilen lassen sie immer mehr nach, kleine Fehler häufen sich und wachsen in ihren undurchsichtigen Berechnungen lawinenartig an, bis sie schließlich die Größenordnung von Meilen erreichen. Die 747 verfügt über drei separate Trägheitssysteme. Auf unserem Kartenbildschirm können wir uns anzeigen lassen, wo jedes davon das Flugzeug wähnt. Jede einzelne berechnete Position erscheint als weißes Sternchen, das informell *snowflake* genannt wird. Noch nie habe ich alle drei Schneeflocken an derselben Position gesehen. Auch sind sie alles andere als stabil und zittern sichtlich auf unserer Weltkarte.

Trotz ihrer zappeligen Ungenauigkeit und strikten Meditationspraxis besitzen Trägheitssysteme einen enormen Vorteil. In der Praxis können die Fehler von Trägheitssystemen heute mithilfe von GPS-Daten und Flughöhe weitgehend begrenzt werden. Aber theoretisch benötigt ein Trägheitssystem, wenn es erst eingerichtet ist, keinerlei äußere Informationsquelle, um zu wissen, wo sich das Flugzeug befindet, wie schnell es fliegt und in welcher Richtung es liegt. Es *weiß* es einfach – ohne einen Blick auf Sterne, Karten, Satelliten oder die Landschaft, ohne jemanden oder etwas zu befragen. Es kann auch nicht von außen gestört werden –

tatsächlich wurde die Entwicklung der Trägheitsnavigation durch den Bedarf an akkuraten, störungsfreien Raketenlenksystemen angekurbelt.

Wenn ich über Nordlondon fliege, kann ich einen Friedhof sehen, auf dem ich manchmal mit einem Kaffee sitze und wo der Grabstein von John Harrison »late of Red-Lion Square« steht. Ermuntert durch den Astronom Edmund Halley entwickelte Harrison das »Schiffschronometer«, mit dessen Hilfe das Längenproblem gelöst werden konnte, die Schwierigkeit, die eigene Ost-West-Position auf See zu bestimmen. Diesem Problem wurde eine solche Bedeutung beigemessen, dass man dafür eigens eine Längenkommission gründete. In solchen Augenblicken über London nähern wir uns dem Ende des planetenumspannenden Countdowns, den jeder Flug in diese Stadt in Gang setzt, und unsere geografische Länge beträgt fast null. Sie springt vielleicht von West nach Ost und wieder zurück nach West, wenn wir in den nächsten Minuten unseres Anflugmusters nach Heathrow den Nullmeridian überqueren.

Ich schätze, einem Admiral oder Navigator aus einer Zeit vor ein paar hundert Jahren könnten wir in etwa erklären, wie GPS funktioniert. Wir könnten sagen, dass wir im Prinzip neue Sterne in den Himmel geschossen haben, deren zeitlich getaktete Signale uns beim Navigieren helfen, vorausgesetzt, wir können sie sehen, haben also eine »Sichtlinie« zu ihnen. Aber stellen Sie sich vor, wie unmöglich unseren Vorfahren ein Trägheitssystem erscheinen würde: ein Gerät, das nichts zu sehen braucht, das Sie in dicken Stoff einhüllen, in Ketten in eine Kiste stecken könnten, durch die Stadt kutschieren und einen Hügel runterrollen lassen, ohne dass es seine Position aus den Augen verliert, geschweige denn, wo oben und unten ist. Ein solches Gerät – seine vornehmen, im Verschlossenen stattfindenden Berechnungen, das wegfindende, tief in dem verdunkelten Glaswürfel flackernde Licht – würde für unsere Ahnen vielleicht ein größeres Wunder darstellen als GPS, vielleicht sogar ein größeres als das Flugzeug selbst.

Bevor Trägheitssysteme und GPS entwickelt wurden, wanden Flugzeugnavigatoren über dem Meer, fernab von Funkfeuern, Navigationstechniken an, die sich an den Gestirnen orientierten, um ihre Position zu bestimmen, sofern es die Bewölkung zuließ. Ich bin schon mit älteren

Piloten geflogen, die noch wussten, wie man einen Sextanten benutzt. In modernen Jumbojets gibt es über den Köpfen einen Griff, den wir im Fall von Rauchentwicklung oder Dämpfen im Cockpit ziehen würden, um sie direkt in die Atmosphäre abzulassen. (Ich hörte einmal eine möglicherweise apokryphe Geschichte über einen Piloten, der inzwischen längst im Ruhestand sein müsste, der einen Schlauch an diese Entlüftung angeschlossen haben soll, um im Cockpit staubzusaugen.) Dieses Luftloch besetzt das, was in früheren Versionen der 747 ein Port für einen Sextanten war, ein Instrument, um Sterne ins Visier zu nehmen, ein Loch im Flugzeug, konstruiert für klare Nächte und ein vergangenes Zeitalter, in dem die Navigation nach den Gestirnen völlig selbstverständlich zur Wegfindung in der Luft gehörte.

Einen Ozean habe ich noch nie überquert, ohne mich von der Orientierung durch das GPS lenken zu lassen. Aber zu Beginn meiner Laufbahn flog ich hin und wieder ein Flugzeug von London nach Lissabon, das zwar über Trägheitsnavigation verfügte, aber nicht über GPS. Auf bestimmten Routen über den sturmgepeitschten Golf von Biskaya geriet das Flugzeug manchmal aus der Reichweite der bodenbasierten Navigationshilfen auf dem französischen und spanischen Festland. Auf einem Cockpitmonitor leuchtete dann eine Meldung auf, dass das Flugzeug seine letzte Verbindung zur Außenwelt verloren hatte. Es war nun allein auf seinen internen Richtungssinn angewiesen – auf sein Denken »innerhalb der Box« –, um uns an die andere Küste zu lenken.

Wenn ich in Singapur bin, laufe ich manchmal nach dem Mittagessen mit einem Freund aus meiner Kindheit, der jetzt in der Nähe arbeitet, an einem See in einem Garten vorbei. In diesem See steht ein Pfeil mitten im Wasser, der nach England zur Sternwarte in Greenwich zeigt. Er markiert einen Punkt, der vor einem Jahrhundert von Vermessern des Erdmagnetfelds gewählt wurde.

Die maritime Nutzung von Kompassen für die Navigation auf dem Mittelmeer reicht bis ins dreizehnte Jahrhundert zurück. Es ist ein schöner Gedanke, wie lange der schlichte Kompass die Seeleute von Stadt zu Stadt durch das Blau geführt, diese Energie aus dem Inneren der Erde uns den Weg geleuchtet hat. Manche Zugvögel navigieren ebenfalls mithilfe des Erdmagnetfelds, und die Analogie zur Flugzeugnavigation scheint stichhaltig – dass Vögel und Menschen unabhängig voneinander über dieses unwahrscheinliche Geschenk der Erde gestolpert sind, diese unsichtbare Kraft, die einsamen Reisenden eine Richtung gibt; und es ist durchaus vorstellbar, dass wir nie von ihr erfahren hätten. Für die Systeme in modernen Linienflugzeugen ist der Magnetismus jedoch eine Fiktion.

Die Entfernung zwischen dem magnetischen und dem geografischen Nordpol ist schuld daran, dass es zweierlei Steuerkurse gibt, die ein Pilot meinen kann: der »magnetische« Steuerkurs, der sich auf den magnetischen Nordpol bezieht, und der »echte« Steuerkurs, der sich auf den geografischen Nordpol bezieht. Die Diskrepanz zwischen missweisendem und rechtweisendem Steuerkurs, wie sie in der Fachsprache genannt werden, heißt »Missweisung« oder häufiger »Deklination«. Die Deklination ist nicht überall auf der Erde gleich. In Glasgow ist sie mit 3 Grad West kaum der Rede wert. In Seattle beträgt sie etwa 17 Grad Ost, in Kangerlussuaq in Grönland mehr als 30 Grad West. (Als wäre das nicht schon kompliziert genug, gibt es noch die »Inklination«: die magnetischen Linien verlaufen an den magnetischen Polen, wo sie sich treffen, vertikal. Stellen Sie sich vor, Sie halten einen langen Grashalm in der Hand. Wo er sie verlässt, steht er aufrecht, biegt sich dann aber auf die Länge fast bis in die Waagerechte. Das bedeutet: wenn Sie am magnetischen Nordpol stehen, befindet sich Norden gerade nach unten, Süden dagegen direkt über Ihrem Kopf.)

Seefahrer waren sich der Deklination natürlich bewusst. Früher maßen Schiffsnavigatoren sie zweimal am Tag, in der Morgen- und in der Abenddämmerung, um die lokale Differenz zwischen geografischem und magnetischem Steuerkurs zu verfolgen. Kap Agulhas, der südlichste Punkt Afrikas, der auch die offizielle Grenze zwischen dem Atlantik und dem Indischen Ozean markiert, wurde deshalb Cabo das Agulhas, Nadelkap, genannt, weil portugiesische Seemänner vor fünfhundert Jahren feststellten, dass magnetischer und geografischer Norden dort fast gleich waren. Heutzutage können sich Piloten in einem modernen Linienflugzeug aussuchen, welche Art von Steuerkurs angezeigt werden soll. Mit dem Umlegen eines kleinen Schalters dreht sich die ganze Windrose des Kompasses auf unserer digitalen Karte nach links oder rechts. Es ist ein verstörender Augenblick, wenn man zum ersten Mal einen Kompass, den man sich als absoluten und unbestechlichen Richtungsvermittler vorstellt, wie einen Kreisel rotieren sieht.

Die meiste Zeit fliegen wir nach magnetischen Steuerkursen. Das hat vor allem einen historischen Grund: Zu Beginn der Luftfahrt hatten Piloten – ebenso wie Vögel und Seefahrer – nur magnetische Richtungen zur Auswahl, denn sie besaßen nur magnetische Kompasse. Wenn also ein Fluglotse einen Piloten bittet, einen Steuerkurs von 270 Grad zu nehmen oder genau nach Westen zu fliegen, meint er so gut wie nie die 270 Grad, die tatsächlich nach Westen über die Erdoberfläche laufen, sondern die 270 Grad, die im betreffenden Teil der Welt auf einem magnetischen Kompass angezeigt werden. Dennoch erhält die Steuerkursanzeige einer 747, wie die der meisten Linienmaschinen, keine magnetischen Eingaben. Neue Piloten, die sich beim Flugtraining mit den Tücken und inhärenten Fehlern von magnetischen Kompassen herumgeschlagen, sie gepaukt haben und darin geprüft worden sind, sind immer wieder überrascht, dass es in einem typischen modernen Linienflugzeug nichts gibt, um den Magnetismus der Erde zu messen und in die Computer einzuspeisen, die unsere Anzeige magnetischer Steuerkurse erzeugen. Es gibt nur einen einzigen magnetischen Kompass an Bord – ein verlorenes, technisch ausgegrenztes Notgerät, das bei einem normalen Flug nie benutzt wird. In manchen Flugzeugen ist es sogar irgendwo versteckt und wird nur bei Bedarf hervorgeholt, also im Prinzip gar nicht. Es entbehrt nicht einer gewissen Ironie, dass die komplizierten elektromagnetischen Felder, die von den Flugzeugsystemen erzeugt werden, magnetische Kompasse stören.

Um ohne einen magnetischen Kompass magnetische Steuerkurse anzuzeigen, konsultiert das Flugzeug seine Karte magnetischer Deklination. Das Flugzeug »weiß«, dass die Piloten keinen magnetischen Kompass benutzen, aber es weiß, wie er in dieser Position über der Erde lauten *würde*, wenn es so wäre. Und dieser erscheint dann auf den Cockpitcomputern. Mit anderen Worten: Die Linienflugzeuge der Welt fliegen auf magnetischen Steuerkursen, die von einer vorinstallierten Magnetismuskarte stammen, statt von einem echten Kompass. Wenn sich der magnetische Nord- und Südpol plötzlich umkehren, selbst wenn sie eines Tages ihr ewiges Flimmern beenden würden, würden Fluglinienpiloten das nicht auf ihren Bildschirmen sehen – während Vögel, Piloten von Kleinflugzeugen und Wanderer der alten Schule das sofort bemerken würden.

Wenn ich an die lange Geschichte von Kompassen und Seefahrt denke oder wenn ich in Herbstnächten das Nordlicht sehe, wenn sich der Sonnenwind in den am Pol zusammenlaufenden Magnetfeldlinien wie in den Saiten einer Harfe verfängt, erscheint es passend, dass etwas so Urzeitliches und Unheimliches wie der Magnetismus in den schillerndsten Maschinen unserer Zeit lediglich eine so geisterhafte Rolle spielt.

Eine weitere Eigenart des Magnetismus ist, dass unsere kunstvolle Fiktion von ihm regelmäßig auf den neuesten Stand gebracht werden muss. Der magnetische Nordpol, der Stern, um den unsere Kompasse kreisen, ist selbst auf Wanderschaft – von Nordkanada Richtung Russland, mit einem Tempo von mehreren Dutzend Meilen pro Jahr, in einem Prozess, der bekannt ist als *geomagnetic secular variation*. Diese Wanderung des Nordpols bedeutet, dass die Karten der magnetischen Deklination routinemäßig neu gezeichnet und in die Computer von Linienflugzeugen gespeist werden müssen, obwohl diese keine Möglichkeit haben, die Veränderungen wahrzunehmen. Auch Start- und Landebahnen, die nach ihrer magnetischen Ausrichtung nummeriert sind (Landebahn 27 zeigt auf einem Kompass beispielsweise grob 270 Grad an), müssen gelegentlich umbenannt werden, ihre Bezifferungen gedreht, alle Flughafenschilder erneuert oder übermalt und sämtliche Karten an Bord der Flugzeuge der Welt aktualisiert werden, um den neuesten Wendungen in der uralten Geschichte des Magnetismus der Erde zu folgen.

MASCHINE

ICH BIN VIELLEICHT sechzehn Jahre alt und befinde mich auf einem kleinen Flugplatz im ländlichen Massachusetts. Als kleiner Junge war ich manchmal mit meinen Eltern hier. Wir aßen Donuts und sahen den kleinen Maschinen beim Landen und Rangieren zu. Dabei standen wir hinter einem niedrigen Metallzaun, dieser klar gezogenen Grenze auf jedem Flugplatz; und wer Flugzeuge liebt, erinnert sich sicher auch noch an den Herzenswunsch, diese Grenze zu übertreten. Flugzeuge parken, Piloten und Passagiere steigen aus und begeben sich in die Eingangshalle des einstöckigen Gebäudes. Sie waren da oben im Himmel, und jetzt sind sie hier. Sie steigen in Autos und fahren weg, geben eine Dimension auf, einfach so.

In der Eingangshalle stehen ein Verkaufsautomat und ein Glastresen, in dem ich Regale mit Karten und Navigationsgeräte sehen kann. An der Wand dahinter hängt eine Anschlagtafel, auf die Großbuchstaben geheftet wurden, wie man sie in *American Delis* und *Diners* sieht. Auch hier handelt es sich um eine Art Menü, eine Liste der an diesem Flugplatz angebotenen Flüge, samt Preisen. Die Preise kenne ich in- und auswendig. Ich habe als Zeitungsausträger und in einem Restaurant gejobbt und mir ein bisschen was zusammengespart, und jetzt bin ich hier, um meine erste Flugstunde zu nehmen.

Es ist Frühherbst, ein klarer, warmer, staubtrockener und mückenfreier Tag in Neuengland, einer dieser Tage, wie sie die Leute reihenweise nach Nordkalifornien ziehen, wenn sie erst merken, dass man sie dort das ganze Jahr über genießen kann. Die Blätter an den Bäumen um den Flugplatz herum fangen an, sich zu verändern; auf den Bergen ringsherum sind die Farben, wie meine Mutter sagen würde, »schon weiter«. Ich begrüße den Ausbilder und kaufe von einem der Regale im Glastresen mein erstes Logbuch, marineblau. Wir gehen nach draußen, auf das weiße Flugzeug zu. Erstaunt stelle ich fest, dass ich es auf die andere Seite des Zauns geschafft habe.

Bis heute habe ich Flugzeuge entweder nur aus der Ferne gesehen oder sie über eine Fluggastbrücke bestiegen, die fast das ganze Erlebnis kaschiert. Noch nie habe ich das Äußere eines Flugzeugs berührt. Das Flugzeug strahlt eine überraschende Leichtigkeit aus – die Türen fühlen sich dünnhäutiger an als bei jedem Auto – und eine gewisse Unbeholfenheit, eine Ahnung, dass es für etwas anderes gefertigt wurde als die Bewegung am Boden oder menschliche Bequemlichkeit. Es gibt zahlreiche Gelegenheiten, sich an etwas teuer Aussehendem den Kopf zu stoßen. Die Räder des Flugzeugs sind blockiert und die Tragflächen an Haken auf dem Rollfeld vertäut. Es muss Experten geben, deren Job es ist, Flugplätze zu entwerfen, und eine Sache, an die sie denken müssen, scheint der Einbau von Haken zu sein, um unsere Flügel festzubinden, wenn wir nicht fliegen. Natürlich trägt der Ausbilder eine Pilotensonnenbrille. Er inspiziert das Flugzeug mit jener scheinbar widersprüchlichen Mischung aus völliger Vertrautheit und ehrerbietiger Vorsicht, die ich später mit Piloten, aber noch stärker mit den Ingenieuren in Verbindung bringen sollte, die Linienflugzeuge prüfen und reparieren. Ich folge ihm, während er mir geduldig erklärt, wonach er an jeder Station seiner behutsamen Umrundung des Flugzeugs sucht. Unten aus dem Treibstofftank der Tragfläche entnimmt er eine Flüssigkeit, als nehme er Blut ab. Dazu benutzt er ein spezielles Gerät, das angehende Piloten gleich zusammen mit ihrem ersten Logbuch erwerben können. Das durchsichtige Röhrchen mit der Probe hält er gegen das Licht vor das Blau des Himmels und untersucht es auf Wasser. Er hält inne und blickt mir direkt ins Gesicht. Wasser wäre schlecht, sagt er zu mir. Das ist mir neu. Zwanzig Jahre später sollte ich in den Notizen meines Vaters lesen, wie ihn in seiner Zeit in Stanleyville, der Stadt in Belgisch-Kongo, die heute als Kisangani bekannt ist, ein anderer Missionar auf einen Flug über den Fluss Tshopo mitgenommen hatte. Ihr kleines Flugzeug stürzte beinahe in das Staubecken des Flusses, weil der Tankdeckel in der Nacht zuvor offen gelassen worden war und es in den Tank geregnet hatte.

Der Ausbilder und ich haben den Flieger jetzt einmal komplett umrundet. Die Inspektion ist abgeschlossen. Er öffnet die Flugzeugtür, winkt mich lächelnd hinein und erinnert mich noch mal daran, auf meinen Kopf zu achten. Während ich vorsichtig in die Maschine klettere, bindet er die Tragflächen los.

Seit ich Berufspilot bin, werde ich hin und wieder gefragt, wie es sich anfühlt zu fliegen. Ehrlich gesagt, ich weiß es nicht. Was die Passagiere von der Welt sehen, ist immer von den kultigen Ovalen der aus dem Schiffsrumpf herausgeschnittenen Fenster eingerahmt. Aber selbst Piloten, die mit dem weitwinkligen Blick in mehrere Richtungen gesegnet sind, sind von Flächen komplizierter elektronischer Geräte umgeben, betriebsamen Computerbildschirmen, knisternden Funkgeräten – dem Flugzeug und der ständigen metallenen Mittelbarkeit der Flugerfahrung. Flugzeuge sind laut, vor allem die kleinen. Das Gefühl, wirklich zu fliegen, ruhig und friedvoll, wie in einem Traum, habe ich eher beim Schwimmen als in irgendeinem Flugzeug.

Neben den Leinen, mit denen die Flügel von Kleinflugzeugen am Boden festgebunden werden, erinnern uns ihre Sicherheitsgurte auf die schlichteste Art daran, dass es sich um eine Maschine handelt und *was* eigentlich fliegt. Ob als Piloten oder als Passagiere, unsere Erfahrung mit einem Linienflugzeug beginnt damit, dass wir einen Apparat von der Größe eines Gebäudes betreten. Um das zu tun, was wir fliegen nennen, setzen wir uns hinein, binden uns daran fest.

Viele Piloten und Pilotinnen lieben das Flugzeug natürlich gerade, weil es eine Maschine ist. Das *craft* in *aircraft* steht für Stärke und Können. Es ist auch nicht gesagt, dass die Passagiere sich vorgaukeln wollen, das Flugzeug sei gar nicht da. Warum sonst sind Fotos, die vom Fensterplatz aus gemacht wurden, fast immer stimmungsvoller, wenn auf ihnen ein Teil vom Flugzeug zu sehen ist – ein Triebwerk, der Bogen eines Fensterrahmens oder die Kante der Tragfläche. Die fotogene Präsenz des Flugzeugs ist mehr als nur eine Vordergrundtechnik. Vielleicht ist das Flugzeug in unserer Vorstellung ein Platzhalter für das Fliegen selbst, für die Erfahrung, die wir nicht selbst machen können, als würden wir aus dem Fenster blicken und sagen:»Ja, natürlich werden wir niemals so fliegen wie in unseren Träumen. Träumen kann jeder, das hier ist real.«

Viel komplizierter können Maschinen tatsächlich kaum sein. Hin und wieder erleben Piloten den ungewöhnlichen Anblick eines Flugzeugs in einem Gebäude. Eine große Maschine in einem Hangar sieht noch viel größer aus, so wie selbst ein Kleinwagen in einer Garage plötzlich riesig und klobig wirken kann. In so einer Halle sieht man die vielen Treppen,

Rampen und hydraulischen Aufzüge, die nötig sind, um die Konstruktion einer Passagiermaschine wieder einer menschlichen Größenordnung zuzuführen, ganz so, wie der Rumpf eines Schiffes auf einem Trockendock den menschlichen Augen und Händen nähergebracht wird. Manchmal wurde das Flugzeug im Hangar zur Überprüfung und Wartung so gut wie in seine Einzelteile zerlegt, als spiele ein echtes Flugzeug seine eigene »Explosionszeichnung« aus den Konstruktionsunterlagen nach, in der zum besseren Verständnis oder zum Zweck der Vervielfältigung sämtliche Teile auseinandergezogen sind.

Seit jener ersten Flugstunde in einem Kleinflugzeug über den herbstlich bunten Hügeln in Westmassachusetts sind etwa fünfzehn Jahre vergangen. Seit einiger Zeit fliege ich nun schon den Airbus. Auf dem gerade beendeten Flug nach Hamburg haben wir mit Fluglotsen gesprochen, die sich unter dem Namen *Bremen Radar* meldeten. Aus dem Cockpitfenster sahen der Kapitän und ich die sonnenberieselte Elbe, und auf unseren Bildschirmen und Empfängern leuchtete das Funkfeuer mit demselben Namen auf. Nach Hamburg hat mein Job mich schon viele Male geführt. Anstelle meines üblichen Spaziergangs entlang der Binnenalster zu einem Café in der Altstadt besuchen der Kapitän und ich deshalb heute die Fabrik, in der das Passagierflugzeug gebaut wurde, mit dem wir hergeflogen sind.

Den Besuch haben wir erst eine Stunde, bevor wir London verlassen haben, organisiert. Wir haben in der Fabrik angerufen und gesagt: Wir sind Piloten und fliegen heute noch mit einem Airbus nach Hamburg, der dort gebaut wurde. Einen Moment, sagte unserer Gesprächspartner, wer immer das war, und dann: Alles klar, um wie viel Uhr landen Sie? In der Fabrik werden wir sehr zuvorkommend behandelt – kräftiges Händeschütteln, umfangreiches Mittagessen, glänzende deutsche Luxuslimousine – so zuvorkommend, dass wir schon befürchten, es könnte ein gewisses Missverständnis vorliegen und unsere Gastgeber von uns erwarten, dass wir Kaufverträge unterzeichnen und eine Summe von den Ausmaßen einer Passagiermaschine hinblättern, noch ehe unser gemeinsamer Nachmittag endet.

Die Fabrik, ein Komplex aus riesenhaften Gebäuden, ist ein erhabener Ort – durch den allerdings, wie bei Flugzeugen selbst, eine Mischung aus Außergewöhnlichkeit und Eintönigkeit weht. Die Größe des Innenraums ist gewaltig, von übermenschlichen Ausmaßen, und doch so sauber wie ein Krankenhaus. Es gibt Flugzeughallen, die so groß sind, dass sich Wolken darin bilden können, ein kleiner Vorgeschmack auf den Himmel, der auf jeden neuen Düsenjet wartet. Eine Flugzeugfabrik erscheint mir von Natur aus ein angenehmer Arbeitsplatz zu sein, als umgäbe sie, genauso wie ein Cockpit, eine Aura allgemeiner Zufriedenheit.

Zum ersten Mal kommt mir in den Sinn, dass die Leute, die hier arbeiten, ein noch viel tiefer gehendes Verständnis des Flugzeugs besitzen als wir, die es fliegen. Die Arbeiter, die die ersten Flugzeuge montierten, wurden einmal mit den Erbauern der Kathedrale von Chartres verglichen. Noch heute, in einer Kathedrale der Industrie, nehmen neue Luftschiffe Gestalt an, großartige Formen werden von den geschicktesten Händen unserer Zeit erschaffen.

Jedes Teil harrt in einem Regal in der Fabrik auf seine Zusammenkunft mit der neuen Maschine. In einem Flugzeug, bei dem es sich nur noch um Tage bis zur Auslieferung handelt, sehe ich ein ansonsten komplettes Cockpit ohne Sitze – eine Karikatur, die noch auf eine Bildunterschrift wartet, oder eine Vision einer pilotenfreien Zukunft der Luftfahrt. Später sehe ich an der Wand der Werkhalle ein Regal voll kleiner Abfallbehälter, jeder ausgestattet mit einer schlichten Klappe. Diese Mülleimer werden zertifiziert, gewogen und erfasst wie kaum andere auf dieser Welt. Zu einem exakt bestimmten Zeitpunkt im Laufe der Geburt einer Passagiermaschine wird ein Arbeiter zwei davon in den ungewöhnlichen, neuartig geformten Raum tragen, der das Cockpit darstellt, wo jeder davon etwa die nächsten zwei Jahrzehnte damit fristen wird, Bananenschalen aufzunehmen, leere Nusstüten, Stifte, denen die Tinte ausgegangen ist, und Quittungen aus ausländischen Restaurants.

Ein paar Minuten nach meiner Begegnung mit einigen der mit ziemlicher Sicherheit teuersten Abfalleimer der Welt, betreten wir eine große Halle, in der riesige Teile eines Flugzeugrumpfes aufgereiht sind – die doppelstöckigen Querschnitte eines neuen Flugzeugmodells. Die Teilstücke stehen einzeln da, schweigend, unlackiert, und keine Arbeiter bewegen sich zwischen ihnen, was dem Prozess etwas Vornehmes verleiht, eine Gelassenheit, die sowohl ihre Komplexität als auch die Größenordnung ihres bevorstehenden Lebens auf Reisen nur noch erhöht. Obwohl das Gebäude vor moderner Maschinerie und Lichtern nur so strahlt und der Anblick aus irgendeinem Science-Fiction-Film stammen könnte, habe ich das Gefühl, ich könnte mich ebenso gut in einer Schmiede oder Gießerei der Vergangenheit befinden, nicht weit vom Getöse der Hochöfen, wo irgendetwas Rohes und Wertvolles in neue Legierungen gegossen wird, dann gehämmert und abgekühlt zu jenen geschwungenen Wänden, die nun zusammengefügt werden.

Ein paar Minuten später biegen wir um eine Ecke, und ich sehe, wie ein Paar Tragflächen ruhig in ihre Position manövriert werden. Ich denke an das Wort *Tragflächen,* und in der Tat werden diese die Passagiere dieses Flugzeugs in die Luft *tragen* und dort halten. Der Anblick jedoch, wie einer hauchdünnen, strahlenden Zukunft unserer Spezies entsprungen, wird verankert durch das Gewicht antiker oder archetypischer Rituale – die Kiellegung eines Schiffs, die Weihe dessen, was uns über die Welt tragen wird – was wir in »Marina« von T. S. Eliot hören: *»Das erwachte, Lippen auf, die Hoffnung, die neuen Schiffe.«*

In England studierte ich Afrikanische Geschichte, und nach der Hälfte meines Aufbaustudiums reiste ich nach Nairobi, wo ich ein Jahr bleiben wollte. Ich flog von London nach Maskat und dann weiter nach Nairobi. Auf dem Weg flogen wir die somalische Küste hinunter – noch nie hatte ich ein Land mit solchen Farben gesehen, ein Mix aus Gelbtönen und tiefem Rot – und mir wurde klar, dass ich bei dieser Reise unter anderem deswegen so aufgeregt war, weil sie nicht nur einen, sondern sogar zwei Flüge erforderte. Ich glaube, den Flug nach Kenia fand ich sogar aufregender als das, was ich dort in einem verstaubten Archiv zu finden hoffte.

Meine Mutter liebte Tania Blixens *Jenseits von Afrika* genauso wie ich. Mom hatte für Arbeit und Studium ihren kleinen Heimatort in Pennsylvania verlassen und lebte später in Paris. Vielleicht liebte sie das Buch, weil es die Geschichte einer großen Lebensreise ist, die in einem kleinen

Ort beginnt und endet. Ich persönlich liebte es vor allem wegen seiner Schilderungen über das Fliegen; und als meine Maschine über die Hügel um Nairobi hinabsank, fragte ich mich halb im Ernst, ob ich mir ohne die schwermütigen Beschreibungen der Fliegerei in diesem Buch vielleicht einen anderen Geschichtszweig ausgesucht hätte und jetzt in ein anderes Land auf einem anderen Kontinent fliegen würde. Die Ausgabe meiner Mutter aus dem *Book of the Month*-Club steht immer noch zu Hause in meinem Regal, allerdings fehlt der Schutzumschlag. Daneben steht eine Erstausgabe des Buchs – erschienen 1937, dem Geburtsjahr meiner Mutter –, die ich nicht lange nach ihrem Tod erhielt.

In Nairobi ging ich jeden Morgen zu Fuß von einer kleinen Wohnung im Norden in die Innenstadt. Mit einem Notizblock saß ich im Archiv am Computer und arbeitete stapelweise Dokumente aus der Kolonialzeit durch. In der Mittagspause spazierte ich im Zentrum umher und probierte verschiedene Cafés aus. Nairobi war ursprünglich ein Eisenbahnlager gewesen. Oft aß ich ein mitgebrachtes Sandwich auf einer Bank am legendären Bahnhof der Stadt, wo immer noch die Züge aus Mombasa ankommen.

Eines Tages verließ ich das Archiv früher, um das Haus von Tania Blixen und das Grab von Denys Finch Hatton zu besuchen, beides in den Ngong-Bergen gelegen, über die sie gemeinsam geflogen waren. Als Blixen von Dänemark nach Kenia kam, segelte sie an der Küste entlang nach Mombasa und nahm dann den Zug hinauf in die neue Stadt im Hochland. Später sollte ich von dem nach den Ngong-Bergen benannten Navigationsfeuer erfahren. Der Name und die Frequenzen, 315 kHz und 115,9 MHz sind auf den modernen Anflugkarten, die jedes Passagierflugzeug in dieser Gegend dabeihat, in der Nähe eines Gipfels markiert. Der Transporter, mit dem ich diesen Ausflug unternahm, fuhr an einem internationalen Hotel im Stadtzentrum ab. In der Lobby sah ich fröhliches Bordpersonal der Fluggesellschaft, für die ich eines Tages arbeiten würde. Sie kamen gerade von ihrem Flug, ihre Koffer rappelten über den Fußboden, und sie stellten sich an, um sich ihrerseits für Ausflüge anzumelden. Ihre Arbeit war der Flug hierher gewesen, dachte ich staunend.

Ein paar Monate später beschloss ich, allem den Rücken zu kehren –

der Bibliothek, Nairobi, meinem Studium. Zu jenem Zeitpunkt war ich immer noch nicht sicher, ob ich Berufspilot werden wollte. Aber auf dem Flug zurück nach London bat ich, das Cockpit besuchen zu dürfen, und während meines halbstündigen Besuchs überflogen wir Istanbul. Das Goldene Horn und der Bosporus, die Kuppeln und Minarette der Stadt wurden von der späten Nachmittagssonne perfekt von der Seite angestrahlt. Asien verschwand unter der Nase des Flugzeugs, da vorne lag Europa, und hier, dazwischen, das musste Istanbul sein. »The City of the World's Desire«, sagte der Kapitän und zeigte nach unten. »Konstantinopel«, fügte er hinzu, als er mein fragendes Gesicht sah. Ich war verblüfft, dass der bahrainische Copilot kaum älter war als ich, höchstens Ende zwanzig. Wir unterhielten uns über seine Karriere und mein Interesse am Fliegen. »Oh, Sie sollten das machen«, sagte er mit einem Lächeln hinter seiner Pilotenbrille und fast akzentfreiem Englisch.

Ich kehrte an meinen Platz zurück, setzte meinen Kopfhörer auf und sah zu, wie sich Europa unter mir aufrollte, von einem Ende zum anderen. Die Musik, in Verbindung mit meinen Gedanken und der vorbeiziehenden Welt, wirkte noch stärker als sonst wie eine Filmmontage. Ich schreibe nicht mehr regelmäßig Tagebuch, aber als ich jünger war, liebte ich es, mit Kopfhörern auf dem Fensterplatz zu schreiben. Ich sehe immer noch gelegentlich Passagiere, die genau jenes Arrangement aus Fenster, Musik und Papier getroffen haben – Reisende, die sich ihrer Geografie, ihrem Schreiben der Welt, auf die altmodische Weise nähern. Dieser Pilot hat recht, dachte ich. Das mache ich am liebsten. Meine Entscheidung, Berufspilot zu werden, fiel ein paar Stunden später, als ich von Heathrow aus in einem Bus den M25 entlangfuhr.

Auf meiner Reise ins Cockpit legte ich allerdings noch einen Zwischenstopp ein: ein Job in der Wirtschaftswelt, um mein Studentendarlehen zurückzuzahlen und das Geld anzusparen, das ich für meine Flugausbildung voraussichtlich brauchen würde. Ich hatte oft gehört, wie sich Leute über die vielen Geschäftsreisen beschwerten, die in der Unternehmensberatung nötig waren. Keine Frage, dass ich mich bei sämtlichen Consultingfirmen bewarb, die ich ausfindig machen konnte. Von den fünf großen Unternehmen, bei denen ich mich als Erstes beworben hatte, erhielt ich keine Antwort. Dann erst entdeckte ich einen eklatanten Schreibfehler in der ersten Zeile meines Bewerbungsschreibens. Ich korrigierte ihn und bewarb mich auf breiterer Front. Schließlich nahm ich eine Stelle in einer wesentlich kleineren Firma in Boston an. Die freundliche Atmosphäre dort sprach mich an, außerdem die Möglichkeit, die ganze Welt zu bereisen, und ein Büro in einem hübschen, roten Backsteingebäude im Hafenviertel, von dem aus man eine atemberaubende Aussicht auf den alten Hafen der Stadt und den Flughafen dahinter hatte. Drei Jahre später kündigte ich diesen Job, um mit meiner Flugausbildung in Großbritannien zu beginnen. Der Kurs wurde von einer Fluggesellschaft gesponsert, und ich gehörte zu einer Gruppe angehender Piloten, die ich heute immer noch zu meinen besten Freunden zähle, die ich durch die Arbeit kennengelernt habe.

Das private Fliegen ist eine praxisorientierte, »zupackende« Erfahrung, die der Ausbildung auf jeden Fall zugutekommt. Die Ausbildung zum Berufspiloten in einem etwa achtzehnmonatigen Kurs, wie ich ihn belegt hatte, ist dagegen etwas ganz anderes. Mehr als die Hälfte dieses Kurses fand komplett im Klassenzimmer statt. Und nachdem ich einige Jahre zuvor die akademische Welt hinter mir gelassen hatte, war ich überrascht, mich mit meinem Notizblock an einem Pult wiederzufinden, mir Gedanken über Prüfungen zu machen und in den Gemeinschaftsräumen eines überfüllten Wohnheims mit Freunden bis spät in die Nacht zu lernen.

Der Historiker I. B. Holley schrieb, dass wir die Kreativität vernachlässigt haben, die unsere Technologien möglich gemacht hat. Für mich galt das ganz sicher. Als ich auf die Schulbank zurückkehrte, hegte ich die stark vereinfachte Ansicht, dass die akademische Welt, und vielleicht ein Großteil des Denkens und der Arbeit, säuberlich aufgeteilt waren: Es gab sogenannte kreative Felder oder auch *soft fields*, deren Anhänger versuchen, aus dem Rahmen zu fallen oder über die Voreingenommenheit eines Rahmens nachzudenken; sie reden darüber, warum Rahmen wichtig oder toll sind, die Geschichte von Rahmen, warum manche Rahmen andere Rahmen hassen und wie Rahmen in den Künsten dargestellt werden. Und dann gab es die *hard professions*, deren Gefolgsleute sich der Evolution von Rahmen widmen, ihrer Chemie oder Mathematik, oder dem Entwurf und der Konstruktion verlässlicherer Rahmen. Noch nie in meinem Leben wurde eine Ansicht, die ich vertrat, so schnell und gründlich über den Haufen geworfen. Schon innerhalb der ersten Stunden in Flugzeugtechnologie und immer wieder im Lauf meiner Ausbildung war ich verblüfft über die außerordentliche Kreativität des Ingenieurswesens und die Kunst des Fliegens: wie Verbindungen zwischen Materialien oder Disziplinen hergestellt werden, wie eine Wirkung in einem System so behutsam herausgearbeitet wird wie in einer Erzählung, einem Gedicht oder Lied. Und dabei bewegen sich Ingenieure innerhalb der Grenzen physikalischer Gesetze und, vor allem in der Luftfahrt, eines Netzes aus strengen Beschränkungen – Gewicht, Zuverlässigkeit, an Perfektion grenzende Sicherheit. Ein Haiku-Dichter würde erblassen.

Auch staunte ich über die Parallelen zwischen Ingenieurswesen und Biologie, darüber, dass Ingenieure die Vermittler einer Art Evolution sind, einer bewussten Evolution, die die Arbeit einer industrialisierenden Spezies darstellt. Dieser Gedanke kam mir erstmals zu Beginn meiner Flugausbildung, als ich von einer Apparatur erfuhr, die »kraftstoffgekühlter Ölkühler« heißt. Das Öl in den Triebwerken wird sehr heiß, während das Kerosin in den Tragflächen sehr kalt wird, insbesondere bei langen Flügen in großer Höhe. Also nutzen manche Passagierflugzeuge Wärmetauscher, über die die überschüssige Hitze des Motoröls an den Kraftstoff abgegeben wird, ohne beides zu vermischen. Während der Ausbilder das näher ausführte, dachte ich an den Biologieunterricht an der Highschool, in dem ich lernte, dass auch Wale sich einer Art von Wärmetausch bedienen, um Wärme aus dem arteriellen ins Venenblut umzuleiten. Dies ist nur eins von vielen Beispielen für die Konvergenz von Evolution und Ingenieurswesen. Linienflugzeuge besitzen eine Haut, die wie jede andere der Regulierung dient, was sie durchlässt und was nicht. Sie besitzen ein Kreislaufsystem und ein sich selbst regulierendes, beinahe biologisches homöostatisches Gleichgewicht. So wie wir uns bewusst sind, wo unsere Gliedmaßen sitzen, verfügen sie über eine Eigenwahrnehmung der Lage der Flugsteuerungselemente im Raum. Die Fähigkeit von Passagiermaschinen, viele Systeme selbst zu überwachen, und ihre sorgfältig abgestufte Hierarchie von Meldungen und Alarmen haben vieles mit unserem Schmerzsystem gemeinsam. Flugzeuge speichern Karten und wenden sie in Echtzeit an, sie spüren viele Dinge in der Welt um sie herum, wie Temperatur, Wind, Land unter ihnen oder Niederschlag vor ihnen.

Wenn Piloten über die Türschwelle eines Passagierflugzeugs treten, ist die Maschine fast immer bereits in Betrieb, beleuchtet und klimatisiert. Den Strom bezieht sie entweder vom Flughafen – wo einfach der Stecker reingesteckt wird wie beim Toaster in Ihrer Küche – oder von einem Hilfstriebwerk im Heck.

Doch manchmal ist ein Flugzeug, das die Nacht an einem Flughafen verbracht hat, komplett ohne Energie. In meiner Erinnerung war es immer im nordeuropäischen Winter, dann also, wenn wir lange vor dem ersten Sonnenstrahl am Flugzeug eintrafen, wenn ich frühmorgens bei eisiger Kälte zum Flieger gelaufen bin, langsam die Tür geöffnet und ihr überraschendes Gewicht zur Seite in die arretierte offene Position bewegt habe. Drinnen herrschen absolute Stille, der stygische Eindruck des Innenraums eines schneebedeckten Autos und dasselbe Gefühl, dass das Gefährt kalt und auf seine bevorstehende Bewegung überhaupt nicht vorbereitet ist.

Dann begebe ich mich in das dunkle Cockpit, um im Schein einer Taschenlampe die ersten Checklisten abzuarbeiten. Dabei werden einige der wichtigsten Funktionen des Flugzeugs aktiviert, nämlich jene, die fest mit den Batterien verdrahtet sind. Es sind die ersten Systeme, die das Flugzeug in Gang setzt, und die letzten, die es aufgeben würde, wie ein Körper, der dem Blut im Gehirn höchste Priorität einräumt. Es ist, als hätten wir ein Raumschiff von Außerirdischen entdeckt, vollkommen funktionstüchtig, dessen offenkundige Genialität langsam, Zeile für Zeile einer Anleitung, wieder zum Leben erwacht, Jahrhunderte, nachdem es zurückgelassen wurde.

Als Nächstes starte ich das Hilfstriebwerk im Heck des Flugzeugs. Es dauert nur ein, zwei Minuten, die sich aber viel länger anfühlen. Ich habe nicht viele Versuche, bevor die Batterie komplett leer wäre. Wenn es von

Erfolg gekrönt ist, zeigt sich das in einer Reihe von verheißungsvoll auf-
flackernden Lichtern, im Cockpit und entlang der Passagierkabine, Systeme setzen sich in Gang, das Licht leuchtet auf, die Kühlventilatoren
beginnen zu surren, Bildschirme blitzen auf, sind zunächst leer, bis blasse
Farben auf ihnen erscheinen und langsam kräftiger werden. Zahlreiche
Komponenten fangen an, sich selbst zu testen, Warnungen blinken kurz
auf, um wieder zu verschwinden. Elektronen beginnen durch die Ner-
vendrähte zu fließen, beeilen sich, Licht in die entfernten Flügelspitzen
zu bringen oder kehren mit Neuigkeiten über die Kraftstoffmenge an
Bord oder die derzeitige Außentemperatur zurück, während das Flugzeug für seine Arbeit erwacht.

Der geografische Hintergrund meines Vaters – geboren und aufgewachsen im mehrsprachigen Belgien, zunächst in eine Mission im Kongo und
dann nach Brasilien entsendet und schließlich nach Amerika emigriert –
brachte es mit sich, dass er in mehreren Sprachen dachte und arbeitete.
Wie er über jede davon redete – über ihre Schwierigkeiten, Freuden und
Verschrobenheiten –, ähnelte der Art, wie Piloten über verschiedene
Flugzeugtypen sprechen, die sie schon geflogen haben.

Viele glauben, dass ein Berufspilot jeden Typ von Passagierflugzeug
fliegen kann. Piloten legen üblicherweise eine Anzahl von Prüfungen ab,
im Schulungsraum, aber auch in Kleinflugzeugen in der Luft, um eine
Reihe von Lizenzen zu erwerben, die in einer allgemeinen Lufttransport-
lizenz münden. Dann erhalten wir eine»Musterberechtigung«, eine separate Lizenz, um einen bestimmten Flugzeugtyp zu fliegen, zum Beispiel
eine Boeing 747, oder vielleicht eine Reihe von Flugzeugen, die genau aus
diesem Grund mit ähnlichen Cockpits entworfen wurden. Eine Musterberechtigung setzt einen Kurs von mehreren Monaten voraus, zu dem
sowohl die Ausbildung im Schulungsraum und am Simulator als auch
tatsächliches Fliegen gehören. Wenn wir auf ein neues Flugzeug umsat-
teln, ersetzt die neue Musterberechtigung die alte, und es ist uns in der
Regel nicht mehr gestattet, den vorherigen Typ zu fliegen. Manche Piloten fliegen ein Dutzend Typen oder mehr in ihrer Laufbahn. Ich werde
vielleicht nur drei fliegen – die kleinere Kurzstreckenmaschine von Air-

bus, auf der ich angefangen habe, die Boeing 747-400 und wahrscheinlich einen neuen Typ zwischen dem Ruhestand der 747 und meinem eigenen. Ein Großteil des Fachwissens, das wir Tag für Tag parat haben müssen, bezieht sich speziell auf unseren Flugzeugtyp. Wir verbringen die meiste Zeit des Tages, oder der Nacht, darin. Wenn wir uns hinsetzen, fühlt es sich an wie ein zweites Zuhause. Unsere Verbindung zu diesem Flugzeug prägt sogar unser Reiseerlebnis als Passagier. Wenn ich als Passagier in dem Airbus sitze, den ich vor der 747 geflogen habe, hat das jene befremdliche Vertrautheit, die einen überkommt, wenn man an einem Restaurant vorbeiläuft, in dem man vor langer Zeit mit jemandem Schluss gemacht hat. Wenn ich dagegen als Passagier in einer 747 fliege, verspüre ich eine eigentümliche Behaglichkeit oder Befriedigung, die mehr ist als nur das Wissen, was die verschiedenen Geräusche bedeuten.

Die Verbindung zwischen einem Piloten und seinem aktuellen Flugzeugtyp ist schwer zu beschreiben. Die Sprache, daran erinnert mich meines Vaters Sinn für Sprachen, ist vielleicht die beste Analogie. Tatsächlich hat jede Flugzeugart oder -familie ihre eigene Sprache oder zumindest ihren eigenen Dialekt, und vergleichbare Vorrichtungen und Vorgänge haben in unterschiedlichen Flugzeugen oft unterschiedliche Namen. Sich diese Wörter und deren korrekte Verwendung anzueignen macht einen erheblichen Teil der Arbeit aus, die wir in eine neue Musterberechtigung stecken. Der sogenannte »Typrückfall« bezeichnet ein Phänomen, bei dem sich ein Pilot unbeabsichtigt auf einen Begriff oder einen Vorgang eines seiner früheren Flugzeugtypen bezieht. Es besteht eine freundschaftliche Rivalität zwischen den Piloten von Boeing- und Airbusmaschinen, die abgesehen von allem anderen, zwei konkurrierende Sprachwelten darstellen. Beim Airbus heißt die komplett eingefahrene Position der Landeklappen *flaps zero*. Bei der 747 heißt dieselbe Stellung *flaps up*. Als ich einmal, kurz nach meinem Wechsel vom Airbus zur Boeing, mit einem älteren Kapitän flog, sagte ich ihm versehentlich, er solle *flaps zero* wählen. Bevor er die Landeklappen bewegte, drehte er sich zu mir, räusperte sich und lächelte über den Rand seiner halb heruntergeschobenen Brille hinweg, als wolle er sagen: Wo soll das mit diesen Jungspunden noch hinführen?

Was das technische Wissen angeht, ist eine Musterberechtigung keine annähernd so dauerhafte oder tiefgehende Differenzierung wie eine Spezialisierung in der Medizin, aber vielleicht vergleichbar mit einer bestimmten Operations- oder Bildgebungstechnik innerhalb eines Fachgebiets. Als Analogie könnte auch das Rechtswesen in einem Land dienen, das in unterschiedliche Rechtssysteme unterteilt ist, die separate Lizenzierungen erfordern können – wie in den amerikanischen Staaten. Emotional ähnelt das Verhältnis eines Piloten zu seinem Typus vielleicht dem, das manche Menschen zu einem geliebten Auto haben, das sie ein oder zwei Jahrzehnte gefahren sind. Allerdings sind verschiedene Autos nicht so unterschiedlich zu fahren, wie verschiedene Flugzeuge zu fliegen sind, auch werden andere Fahrzeugtypen nicht automatisch aus Ihrem Autofahrerdasein ausgeschlossen.

Nicht alle Piloten haben das Glück, ihr Flugzeug selbst wählen zu können. Vielleicht arbeiten sie sogar für eine große Fluggesellschaft, die nur über einen Typ verfügt. Aber bei vielen Fluggesellschaften können die Piloten mitbestimmen, welches Flugzeug sie fliegen. Diese Gelegenheit bietet sich oft, wenn ihre Firma ein neues Flugzeug bestellt oder ein älteres Modell ausmustert.

Wenn ein Pilot eine Präferenz äußern darf, ist vielleicht das wichtigste Kriterium, die Entfernung, die ein Flugzeug typischerweise fliegt. Manche Piloten bevorzugen kürzere Flüge, weil die Geschäftigkeit zu Beginn und am Ende eines Flugs sie beruflich am meisten erfüllt, und je kürzer jeder Flug, umso mehr Starts und Landungen. Solche Piloten können auch häufiger kurze Hin- und Rückflüge durchführen, bei denen sie jede Nacht zu Hause verbringen können, statt in weit entfernten Hotelzimmern.»Ich bin ein Hinterwäldler und stolz darauf«, habe ich schon manchen Piloten witzeln hören, um zu betonen, dass er die Kurzstreckenflüge niemals für Langstrecken aufgeben würde.

Piloten haben einen Hang zu kraftvollen Maschinen. Oft habe ich Klagen über einen längst ausgemusterten Flugzeugtyp gehört, bei dem Piloten das Gefühl hatten, er sei untermotorisiert. Es ging der Witz um, dass er überhaupt nur deshalb von der Luft getragen wurde, weil sich die Erde schließlich darunter weggekrümmt hat. Im Gegensatz dazu hat jeder Pilot der Boeing 757, mit dem ich mich unterhalten habe, ungefragt erwähnt, wie kraftvoll deren Triebwerke seien. Aber genauso oft höre ich Piloten über die Effizienz eines neuen Flugzeugs staunen, nachdem sie die Menge an verbranntem Kraftstoff einer älteren und einer neueren, effizienteren Maschine auf derselben Strecke verglichen haben. Die Unterschiede bei der Reisegeschwindigkeit von Flugzeugen sind gering. Trotzdem verbringen manche Flugzeuge und deren Piloten ihre Stunden in der Luft gewohnheitsmäßig damit, andere zu überholen. Es fühlt sich gut an – wie sollte es anders sein? –, wenn man an einem anderen Flugzeug vorbeizieht und dabei noch seine effizienteste Geschwindigkeit beibehält.

Die Frage der Größe ist komplizierter als die der Geschwindigkeit. In einem kleinen Flugzeug gibt es zwei Piloten und drei oder vier Flugbegleiter, in einem Langstreckenflugzeug wie einer 747 bis zu vier Piloten und vierzehn oder mehr Flugbegleiter. Es ist wesentlich einfacher, die Kollegen kennenzulernen, wenn es weniger sind, und in einem größeren Flugzeug gibt es nicht nur wesentlich mehr Personal, sondern es kommt auch noch die größere physische Distanz zwischen den Piloten und denen hinzu, die weit vom Cockpit entfernt arbeiten. Kleinere Flugzeuge können sich außerdem wendiger und sportlicher anfühlen. Ich fragte einmal einen Piloten, der einen kleinen Regionaljet flog, wie ihm dieses Flugzeug gefalle. Mit leuchtenden Augen sagte er, es sei besser als Surfen.

Trotzdem habe ich den Eindruck, dass die Mehrheit der Piloten längere Strecken bevorzugt und somit die größeren Maschinen, mit denen sie üblicherweise zurückgelegt werden. Ein Grund dafür ist die Möglichkeit, entlegenere Städte und Länder zu sehen und dem Wetter zu Hause oder gar der ganzen Jahreszeit auf der heimatlichen Halbkugel in ein Klima zu entfliehen, das einem eher zusagt. Langstreckenpiloten haben zudem tendenziell mehr Freizeit an ihrem Reiseziel, weil bei einem längeren Flug durch mehrere Zeitzonen auch längere Pausen vorgeschrieben sind. Und eine Stadt, die Ihrer eigenen so nah ist, dass Sie mit kleinen Maschinen dorthin kommen, fasziniert Sie vielleicht, oder aber sie unterscheidet sich gar nicht so sehr von der Welt, die Sie bereits gut kennen. Eine Stadt aber, die Flieger von weit her über den ganzen Planeten zu sich ruft, muss auf irgendeine Art global herausragend sein – besonders hübsch, beliebt oder gigantisch. Ich habe meine Jahre auf einer kleineren Maschine genossen. Aber unter jenen Kurzstreckenflügen gefielen mir die längsten immer am besten, und ich wusste, dass ich zumindest einen Teil meiner beruflichen Laufbahn in einem Langstreckenflugzeug verbringen wollte. Ich glaube, schon als Kind war ich in die Idee vernarrt, weit zu fliegen, über wechselnde Landschaften, in die größten Städte der Welt. Saint-Exupéry soll gesagt haben, dass er fliege, »*car cela libère mon esprit de la tyrannie des choses insignifiantes*«, »weil es meinen Geist von der Tyrannei der Belanglosigkeiten befreit«. Meinen Geist vom Verkehr oder der Schlange in der Bank zu befreien ist sicherlich einfacher, wenn ich weiß, dass in den kommenden Stunden ein Viertel der Welt, viele entfernte Wolkenländer, an den Fensterscheiben vorbeiziehen werden.

Manchmal haben Piloten Gelegenheit, in ihrer Karriere sowohl Kurz- als auch Langstreckenflüge auszuprobieren, um herauszufinden, was am besten zu ihnen passt, oder ihren Vorlieben zu folgen, wenn diese sich im Lauf einer langen Karriere verändern. Am meisten Glück haben jene Piloten, die ein Flugzeug oder eine Flugzeugreihe fliegen, die sowohl Kurz- als auch Langstrecken abdeckt. Innerhalb eines einzigen Monats können sie eine größere Vielfalt von Routen und Orten erleben als viele Piloten in ihrem ganzen Leben. Auch Flugbegleiter erhalten eine speziell auf den Flugzeugtyp ausgerichtete Ausbildung, aber sie verfügen oft über mehrere solcher Zertifikate gleichzeitig. Das bedeutet, dass sie zu allen Zielen fliegen können, die von den verschiedenen Flugzeugtypen abgedeckt werden, und so ihre Welt wesentlich größer ist als die jedes Piloten, mit dem sie fliegen.

Mitunter machen Piloten Witze darüber, dass für sie das Äußere ihres Flugzeugs keine Rolle spielt, weil sie schließlich darin sitzen und herausschauen. Trotzdem kreisen die Gedanken und Gespräche immer wieder um die ästhetischen Eigenheiten bestimmter Flugzeugtypen. Piloten sagen etwa, die eine Passagiermaschine sehe richtig aus, die andere aber – irgendwie eindeutig – falsch. Oder ein Flugzeug sehe aus, als hätten die Ingenieure unaufhörlich Teile drangepappt, auf der Suche nach einer frustrierend schwer nachzuvollziehenden aerodynamischen Lösung, wobei jede Veränderung des Designs eine weitere nötig gemacht habe, andere Flugzeuge dagegen sähen von vornherein gut aus. Wenn Piloten ein neues Flugzeug zum ersten Mal sehen, beginnen sie zu diskutieren und zerbrechen sich den Kopf darüber, ob es nur so unbeholfen aussieht, weil es neu ist oder weil seine Erscheinung wirklich misslungen ist. Manchmal fragen wir einen älteren Kollegen, wie ihnen ein altes und sehr beliebtes Flugzeug vorgekommen ist, als es vor Jahrzehnten zum ersten Mal gelandet ist.

Oft verlängern oder verkürzen Hersteller einen existierenden Flugzeugtyp. Ästhetisch ist eine Verlängerung im Allgemeinen eine Verbesserung, während eine Verkürzung riskant ist. Denken Sie an die Hebelwirkung, die ein längerer Griff einem Werkzeug verleiht – zum Beispiel einem Schraubenzieher, mit dem Sie den Deckel einer Farbdose aufhebeln. Ähnlich ist es beim Flugzeug: Je länger es ist, desto länger ist auch der »Arm«, entlang dem die Steuerung auf das Heck des Flugzeuges einwirken kann, und daher umso geringer die erforderliche Größe des Hecks. Das ist ein Grund dafür, dass das Heck eventuell nicht mit dem Rumpf mitschrumpft, wenn ein Flugzeug verkürzt wird. Es kann sogar wachsen, was dann sehr merkwürdig aussieht.

Manchmal aber trifft ein Flugzeug sehr genau die Vorstellung von Piloten und Flugbegleitern oder sogar des Publikums. Nicht wenige Kollegen haben mir bereits erzählt, dass sie nur beschlossen haben zu fliegen, weil sie die 747 fliegen wollten. Es überrascht mich nie, wenn die E-Mail-Adresse eines Kollegen irgendeine Variante aus diesen berühmten Ziffern enthält. In der Nähe des Hotels, in dem ich gewöhnlich in Vancouver übernachte, nehme ich hin und wieder an einem Sportkurs teil. Sport ist manchmal die beste Entspannung bei Langstreckenflügen – sei es, weil er die innere Uhr neu stellt oder weil er einen einfach so müde macht, dass man besser schläft. Und bei einer Übung, bei der wir auf dem Bauch liegen und alle Glieder anheben sollen, trällert die Trainerin häufig: »Arme hoch, Schultern hoch, wie eine 747, die abhebt.«

Neulich rollte ich in San Francisco mit einer 747 an einem Abschnitt des Rollfelds vorbei, der wegen Bauarbeiten geschlossen war. Mehr als ein Dutzend Flughafenmitarbeiter legten ihre Werkzeuge nieder, um uns zu fotografieren, obwohl sie vermutlich den Anblick von Flugzeugen aus nächster Nähe gewöhnt waren. Als ich an einem Sommerabend kurz vor Sonnenuntergang über die Niederlande flog, kam ein anderer Flugzeugtyp über uns vorbei, und der Pilot bedachte unsere 747 über Funk mit einem anerkennenden Pfiff und sagte dann: »Ich hoffe, Sie haben einen wundervollen Tag auf dieser wundervollen Maschine.« Liebhaber sagen oft, dass die 747 »genau richtig« aussieht. Dem stimme ich zu, obwohl man es von einem Flugzeug mit einer so unnatürlichen Beule nicht unbedingt denken würde (bei dem Design wurde das Cockpit nach oben und hinten verschoben, damit man am Bug eine nach oben schwingende Ladeklappe anbringen konnte). Vielleicht ist die Linienführung der 747 nicht trotz dieser Nasenbeule, sondern gerade wegen ihr so angenehm. Vielleicht erinnert sie an ein natürliches Verhältnis – das eines Vogelkopfes, eines Schwans vielleicht, zu einem langen Körper und breiten Schwingen. Joseph Sutter, der Chefdesigner der 747, hatte als Kind etwas für Vögel übrig – etwa Adler und Habichte. Er wäre erfreut zu hören, dass seine Faszination zum Ausgangspunkt zurückgekehrt ist durch einen Autor, der über die Tierwelt Virginias schreibt und den Amerikanischen Graureiher als die »747 des Sumpfes« bezeichnet.

Andere Unterschiede zwischen Flugzeugen sind im Zusammenhang mit solchen erdüberquerenden, meilenbezwingenden Schiffen so verschwindend klein, dass es undankbar erscheint, sich damit aufzuhalten. Airbus-Cockpits sind beliebt wegen ihrer Ausklapptische, durch die sich die Lebensqualität des Piloten beim Erledigen des Papierkrams oder beim Essen enorm verbessert hat. Ich fand auch, dass die Becherhalter und Sonnenblenden im Airbus intuitiver platziert waren. In einigen Flugzeugen lassen sich die Fenster öffnen, ein Segen, wenn man zwischen den Flügen im Cockpit essen und die Luft im Gesicht spüren möchte, insbesondere, wenn man von irgendwo, wo es kalt ist, an einen warmen Ort geflogen ist und nur eine Dreiviertelstunde hat, bis man wieder zurück in die Kälte muss. Manche Flugzeuge verfügen über einen Waschraum im Cockpit. Aus diesem Grund wird die 747 oft die *ensuite fleet* – die Flotte mit eigenem Bad – genannt (in meiner Anfangszeit auf der 747 enthielt der Cockpit-Waschraum standardmäßig ein äußerst merkwürdiges Detail: einen Baby-Wickeltisch, der erst später entfernt wurde, um Gewicht einzusparen). Viele Langstreckenmaschinen besitzen Schlafkojen für Piloten. In manchen Flugzeugen muss man die Passagierkabine durchqueren, um die Koje zu erreichen, in anderen, wie der 747, braucht man den Cockpitbereich nicht zu verlassen und kann sich im Pyjama frei zwischen der Koje und dem Waschraum bewegen. Der beste Beweis, dass die Temperatur draußen wirklich so arktisch ist, wie die Anzeigen behaupten, ist der Boden des Cockpits. Er kann eisig sein. Etliche Flugzeuge verfügen über Fußwärmer, andere nicht. Als ich Airbus-Jets geflogen habe, die nicht damit ausgestattet waren – ich verstehe das so, dass sie ein optionales Extra sind, wie sie ein Autoverkäufer in den letzten Minuten der Verhandlung noch als Zugabe draufpackt –, trug ich auf ungewöhnlich langen Flügen zum Teil dicke Socken. Ich saß etwa in einem Hotel in Bukarest in der Bullenhitze eines kontinentalen Sommers und dachte an die Kältehülle über mir, die selbst zu den wärmsten Zeiten an den wärmsten Orten existiert, während ich mir Skisocken über die Füße zog. In der 747 gibt es Fußwärmer. Die zugefrorene Oberfläche des Nordpolarmeers sieht besser aus – alles sieht besser aus –, wenn man warme Füße hat. Neben Fußwärmern spielen neue Technologien eine vielleicht unerwartete Rolle für die Vorlieben von Piloten. Als ich in der Unternehmensberatung tätig war, hatte ich das Gefühl, dass jeder die fortschrittlichsten Geräte haben wollte – Laptops, Beamer, Telefone. Wie Computer und Smartphones unterscheiden sich auch Flugzeuge in ihrer technischen Ausstattung. Einige Piloten gehören immer zu den Erstanwendern, die vom neuesten Equipment angezogen werden. Trotzdem ist es unter Piloten recht verbreitet, dass sie ganz bewusst ältere Flugzeuge bevorzugen, auch weil viele sich in Maschinen, in denen weniger Aufgaben automatisiert oder computergesteuert sind, näher an der simpelsten Mechanik des Fliegens und einem älteren Ideal ihres Berufs fühlen. Jede neue Flugzeuggeneration legt eine neue technologische Sedimentschicht zwischen den modernen Piloten und die Brüder Wright, und bei dem Tempo, mit dem die Technologie fortschreitet, fürchten manche Piloten vielleicht, mit dem Abschied von einem traditionelleren Flugzeugtyp die Chance zu verspielen, ihre Fähigkeiten weiter zu trainieren.

Wenn Besucher mit dem neuesten Smartphone in der Hand das Cockpit der 747 betreten, sind sie oft so schockiert über dessen relative Antiquiertheit, dass sie sich einen Kommentar darüber nicht verkneifen können. Viele Piloten fassen eine solche Reaktion als Kompliment auf und scherzen, »die ist ein Oldtimer« oder »die wird noch mit Dampf betrieben, aber wir mögen das«, während ihre Finger liebevoll auf den vier Gashebeln ruhen.

Wenn die heute vertraute Form eines Flugzeugs den modernen Betrachter immer noch fesselt, liegt das vielleicht daran, dass sie Widersprüche in sich vereint.

Die Routine des heutigen Luftverkehrs, die teilweise regelrecht überdrüssige Beiläufigkeit, mit der viele Passagiere fliegen, widerspricht der physischen Anmut von Linienflugzeugen. Und doch: Wenn in Science-fiction-Filmen die Musik anschwillt und wir ein Raumfahrzeug erblicken, das mehr Poesie ist als Maschine, ein schimmerndes Schiff, vielleicht ohne erkennbaren Antrieb, sind es die kulturellen und visuellen Linien von Flugzeugen, derer die Filmemacher sich bedienen, und weniger die von tatsächlichen Raumschiffen, die größtenteils keinerlei Bedarf an Aerodynamik haben und daher unattraktiv sind.

Dann wäre da noch die Größe einer Passagiermaschine vor dem Hintergrund ihres atemberaubenden Geschwindigkeitspotenzials. Eine große Linienmaschine, das ultimative Gerät, um Entfernungen zu überwinden, besitzt die Dimensionen eines Gebäudes oder Grundstücks, in dem wir arbeiten oder wohnen könnten. Sutter, der Designer der 747, bemerkte, dieses Flugzeug sei »ein *Ort* und kein Beförderungsmittel«, und zwar einer, den eine Architekturzeitschrift als das interessanteste Gebäude der 1960er beschrieb und der Architekt Norman Foster das Gebäude des zwanzigsten Jahrhunderts nannte, das er am meisten bewundere. Und doch bewegt sich dieses Gebäude, dieser Ort fast so schnell wie der Schall.

Nicht zu vergessen: die Solidität des Flugzeugs, sein metallenes Gewicht, scheinbar so inkompatibel mit dem buchstäblich unfassbaren Medium, durch das es sich bewegt. Wir bezeichnen das Gewicht eines Jets in der Kurzform – 340 heute zum Start nach San Francisco, 385 heute Abend nach Singapur –, und bisweilen rufe ich mir schockiert ins Gedächtnis, dass die Einheit, die an diese Zahlen anzuhängen wir uns nicht die Mühe machen, metrische Tonnen sind. Die 747, trotz all der Leichtigkeit, mit der sie sich über den Planeten bewegt, ist für die Rollfelder vieler Flughäfen der Welt zu schwer.

Ferner verkörpert ein geparktes Flugzeug die Widersprüche des Ortes. Am Gate, zwischen den Fahrzeugen, dem Personal und den Aktivitäten um es herum ruht es bewegungsunfähig wie Gulliver. Und doch bewahrt es sich etwas von dem fantasievollen Schatten, den es warf, als es nahtlos von Singapur nach London glitt – über die Andamanensee, Delhi, Kaschmir, die verschneiten Gipfel Afghanistans, die heilige Stadt Ghom, das Schwarze Meer, Transsylvanien, Wien, das Rheinufer, die Kathedrale von Antwerpen, die Fahrspuren des Ärmelkanals. Die Bewegungslosigkeit eines geparkten Flugzeugs enthält alle Orte; eine solche Erdverbundenheit legt nur ihr Gegenteil nahe. Ich glaube, genau das wurde mir klar, als ich als Kind jenes Flugzeug aus Saudi-Arabien am Kennedy Airport parken sah. Und es begegnete mir wieder – etwas eingeschränkt, dafür aus nächster Nähe – bei meinem Rundgang um ein Kleinflugzeug vor meiner allerersten Flugstunde.

Jene erste persönliche Erfahrung, ein Flugzeug unter die Lupe zu nehmen, das zu fliegen ich helfen würde, als Teenager mit großen Augen einem Fluglehrer um dieses Kleinflugzeug herum zu folgen, hat sich als Konstante in meiner Flugkarriere herausgestellt. Selbst bei den größten Passagiermaschinen hat sich die Tradition bewahrt, dass vor jedem Flug einer der Piloten auf das Rollfeld hinuntersteigt, um das Flugzeug von außen zu inspizieren. Diese Begehung wird umgangssprachlich *walk-around* genannt.

Der *walk-around* erinnert mich immer daran, dass die bebaute Welt aus einer Hierarchie von maschinenbasierten Räumen zunehmend übermenschlicher Größenordnung besteht. Wir wissen das, aber wir haben so selten die Chance, diese Hierarchie direkt von den uns darin zugeteilten Plätzen aus zu betrachten. Der *walk-around* ist eine Gelegenheit, diese Grenzen zu überschreiten. Der Pilot verlässt den mehr oder weniger freundlichen öffentlichen Teil des Flughafens mit seinen Fenstern, der Musik, den Stühlen und Cafés und begibt sich sowohl vertikal als auch gedanklich hinunter in den Arbeitsbereich des Feldes. Der tatsächliche Abstieg erfolgt häufig über Metallstufen, die seitlich an einer Fluggastbrücke angebracht sind. Der Winkel der Treppe kann sich ändern, je nachdem, ob die Brücke Steigung oder Gefälle hat, und so ist sie meist am steilsten, wenn sie sich zu den hochsitzenden Türen einer 747 emporreckt. Diese schmalen und schwindelerregenden Stufen sind – selbst, wenn es draußen nicht dunkel, nass und windig ist – die einzigen auf der ganzen Welt, auf denen ich äußerst gewissenhaft darauf achte, beide Handläufe zu benutzen.

Ebenso jäh wie die Stufen markiert der anschwellende Lärm den Abstieg. Er überschwemmt uns in dem Moment, in dem wir die schwere Tür zur Treppe öffnen. Die Welt draußen ist erfüllt vom Donnergrollen, selbst wenn wir die vorgeschriebenen Ohrenstöpsel tragen. Die Menschen sind nicht zum Vergnügen hier und zu keinem anderen Zweck als dem, eine spezielle Aufgabe an einer teuren und lauten Maschine durchzuführen, gewöhnlich mithilfe einer anderen teuren und lauten Maschine. Von der Treppe aus bewegen wir uns am Boden weiter, als überquerten wir an unserem ersten Tag in einer fremden Stadt die chaotischen Straßen, wobei wir uns sicherheitshalber allein auf extreme Vorsicht verlassen und nicht auf die Verkehrsregeln oder den guten Willen der Autofahrer.

Der Bereich um jedes Gate ist sorgfältig markiert, sowohl mit Farbe als auch auf den Karten im Kopf von jedem, der hier arbeitet. Innerhalb dieses Bereichs bewegen sich bestimmte Fahrzeuge und Personen relativ frei. Seine Grenze markiert wiederum einen anderen Übergang, und zwar zu den Rollbahnen. Diese stellen nahezu ein Niemandsland dar, eine Welt, die nicht nur auf gewaltige Maschinen zugeschnitten ist, sondern auf solche, die sich bewegen. Ein Pilot läuft häufig nahe der Grenze zwischen dem Gate-Bereich und der Rollbahn entlang. Wenn Sie je neben einer breiten, schnellen Autobahn gestanden haben, kennen Sie dieses vage Unwohlsein, dort nicht hinzugehören – das Gefühl, dass nur noch ein paar Schritte Sie von einem Reich größerer, schnellerer, brutalerer Kreaturen trennen, das Gegenteil von dem Gefühl, eine kleine europäische Straße entlangzulaufen. Die Teams, die das Flugzeug zurückschieben, gehören zu den wenigen, die auf dem Rollfeld laufen, und es gibt ausgeklügelte Regeln, um sie vor rollenden Flugzeugen zu schützen.

Die Rollbahn – windgepeitscht, hart und riesengroß – ist noch auf andere Weise fremdartig. Was hier plötzlich vorbeirollt, sind keine Steppenläufer, sondern ein 60 Meter langes, 400 Tonnen schweres Flugzeug mit brüllenden Triebwerken. Die Passagiere von Flugzeugen, die zum Start hinausrollen, haben die Welt der menschlichen Größenordnungen des Flughafens, haben die Stadt bereits verlassen, sind abgereist im physischsten Sinne des Wortes. Gesichter, die man verschwommen hinter den Ovalen sehen kann, vermitteln dieselbe flackernde Vorstellung des Lebens anderer wie die hinter den Fenstern einer U-Bahn, die kurzzeitig neben Ihrer herfährt. Der Anblick von jemandem, der schon weg ist, die Gegenwart der Abwesenheit.

Innerhalb des Gate-Bereichs gibt es viele Maschinen, die nicht fliegen können. Bei einem Rundgang wird klar, warum bei Spielzeugpackungen mit Flugzeugen oft so viele Bodenfahrzeuge dabei sind, dieses enorm vielseitige Ökosystem, das über jedes Flugzeug wirbelt wie über ein Korallenriff. Diese Fahrzeuge und das Personal darin sind jetzt und hier in Aktion, weil die Maschine schon bald unerreichbar sein wird. Sie tun das, was später in der Luft nicht mehr erledigt werden kann, sprich: alles. Der Ausdruck für ein Flugzeug am Boden mit einem technischen Problem, das es am Fliegen hindert, ist *AOG* für *Aircraft On Ground*, ein Begriff, der genau zeigt, wie wichtig es ist, die Zeit zwischen Landung und Start zu minimieren.

Da sind die Züge aus Gepäckcontainern und Fahrzeuge, die diese ins Flugzeug laden, da ist der Schlepper oder die Zugmaschine – das notwendigerweise schwere Gefährt, das das Flugzeug vom Terminal fortbewegt. Es wird üblicherweise einige Minuten vor Abflug am Bugrad festgemacht, und auf den Fahrer wartet eine dampfende Tasse Kaffee. Die meisten Passagiermaschinen können, anders als fast jede andere Fahrzeugart, nicht aus eigener Kraft rückwärtsfahren. Diese kleine, aber unerlässliche Umkehrung, die Notwendigkeit, ein Flugzeug 100 Meter rückwärts zu schieben, bevor es losgelassen wird, um sich 6000 Meilen vorwärts zu bewegen, kommt mir immer noch komisch vor, als wäre die Bewegung von Linienmaschinen über den Planeten so simpel wie die von Spielzeugflugzeugen, die erst rückwärts über den Boden gezogen werden müssen.

Da sind die Catering-Transporter, die ihre Plattformen mit den Scherenbeinen in die Höhe hieven, um das Essen zu liefern, das Sie Stunden und Meilen entfernt über irgendeinem fernen Wolkenland zu sich nehmen werden. Da ist das Tankfahrzeug, das 100 000 Liter oder mehr Kerosin in die Flügel pumpt, wovon die Triebwerke das meiste verbraucht haben werden, ehe vor der Landung Ihr Frühstück serviert wird. In der Nähe haben vielleicht Ingenieure ihre auf das Flughafengelände beschränkten Autos geparkt, während sie ihre Prüfungen oder Reparaturen durchführen. In anderen Fahrzeugen befinden sich Putzkolonnen, Taschen mit Decken, die kürzlich eingetroffen sind oder gleich abtransportiert werden. Ein Fahrzeug liefert Wasser ins Flugzeug, ein anderes, das manchmal auch *honey wagon* genannt wird, entsorgt den Müll, ein weiteres erhebt sich vielleicht in die Luft, um die Cockpitfenster zu schrubben oder die Tragflächen von Eis zu befreien.

Die exakte Route des *walk-around* ist in Handbüchern penibel verzeichnet. In der Nähe der Nase fange ich an, die sich so weit oben befindet, dass ich mich ein ganzes Stück entfernen muss, um sie sehen zu können. Das Flugzeug von vorne zu betrachten heißt das Flugzeug zu erleben, wie es sozusagen die Luft erlebt. Von vorne sieht eine Passagiermaschine wie ein Tier aus – die Cockpitfenster wie die Augen, der Kegel des Bugs wie eine Nase oder ein Schnabel. Ein Flugzeug sieht aus wie ein Vogel, wenn man die Flügel mit berücksichtigt, wie ein Schwertwal, wenn man sie weglässt. Die zoologische Bildwelt findet sich in beiden Versionen der Terminologie wieder, die verwendet wird, um Flugzeuge zu lenken, wenn sie vom Gate weggeschoben werden – amerikanische Fluglotsen sagen oft: »*Push, tail south*«, mit dem Schwanz Richtung Süden schieben, während dieselbe Anweisung so ziemlich im ganzen Rest der Welt lauten würde: »*Push, face north*«, also mit dem Gesicht nach Norden.

Um den Bug herum hat die Maschine Fühler, die herausragen und sich vorwärts in den Sog recken. Sie spüren Druck und helfen, Fluggeschwindigkeit und -höhe zu berechnen. Ihr vorwitziger Winkel, ihr entschlossenes Begrüßen des Sogs erinnern stark an einen Hund, der den Kopf aus einem Autofenster hält.

Die Cockpitfenster verkörpern nicht nur technische Geradlinigkeit, sondern auch die menschlicheren Aspekte des Fliegens. Drohnenflugzeuge, erinnert uns der Dichter James Arthur, brauchen typischerweise keine Fenster, eine verstörende Gesichtslosigkeit, die vielleicht eher als Erklärung dafür dient, warum Drohnen oft wirken wie aus einem Horrorfilm, als ihre wahrgenommene Autonomie. Nachts am Boden, mit geschlossenen Cockpitblenden und stark gedimmtem Licht, damit die Piloten klare Sicht nach draußen haben, bilden die Cockpitfenster eines rollenden Flugzeugs leere Felder, dunkel wie Pupillen. Vor dem *Pushback* kann das Licht im Cockpit allerdings heller sein. Manchmal, wenn ich von einem Terminal aus die Nase eines geparkten Flugzeugs sehe, staune ich über ihre glatte, technische Präzision und bin überwältigt, wenn ich plötzlich Gesichter darin sehe, ein Pilot hinter dem dicken Fensterglas, der sich gerade zu einem anderen umdreht oder ihn anlächelt. Dann versuche ich mir diesen Blick von vorn auf die Piloten im Flug vorzustellen, hoch über irgendeinem fernen Land – das unhörbare Gespräch, Teetassen, die hinter aquariumdicken Scheiben an die Lippen geführt werden. Es scheint kaum nötig gewesen zu sein, den ersten Punkt auf der Checkliste schriftlich festzuhalten, die im Falle eines Schadens an einem Cockpitfenster befolgt werden muss, nämlich, sich zu vergewissern, dass unsere Sicherheitsgurte geschlossen sind. Die Fenster werden beheizt, damit sich kein Eis darauf bildet und sie weich bleiben, um einen Aufprall von Vögeln besser zu absorbieren. Solche mehrschichtigen Scheiben erinnern an die Zeiten offener Cockpits und die Perfektion der Fassaden, die wir heute üblicherweise bauen, um alles abzuhalten – Vögel, Schnee, Wind mit Geschwindigkeiten von Hunderten Meilen pro Stunde – alles außer Licht.

Obwohl das Zusammenlaufen der Linien eines Flugzeugs den Blick des Betrachters auf natürliche Weise Richtung Nase lenkt, beherrschen die Flügel die Erfahrung des *walk-around*. Das Wort »Flügel« birgt immer noch einen Nachhall des Göttlichen, als könnten ihre Einfachheit und Schönheit uns vergessen lassen, dass wir selbst sie geschaffen haben. Wir formen sie und verschmelzen sie dann mit einem Bus. Natürlich gibt es, dank dem französischen Flieger Louis Blériot, dem die Schöpfung des ersten praktischen Eindeckers zugeschrieben wird, nur *ein* Paar Flügel. Zwischen den Flügeln, in der Krümmung der 747er-Version von Blériots Innovation, sind starke Lampen eingebettet, auch als Landescheinwerfer bekannt. Wir sollten Blériot auch für die Autoscheinwerfer danken, die er erstmals praxistauglich gemacht hat.

Wenn ich eine Flügelspitze betrachte, denke ich gern an die Ingenieure und die Jahre, die dieser zugespitzten Verbindung aus Design und Luft gewidmet wurden, wo der Flügel dem Medium Platz macht, das ihm Leben einhaucht. Eine solche Spitze sollte mit Licht markiert werden, und das wird sie auch. Positionslichter, rot und grün, werden an Flügelspitzen angeordnet wie an der Seite eines Schiffs. Ein Abschnitt in einem Handbuch beschreibt die vielen Lichter außen am Flugzeug. An diese Seite denke ich immer, wenn ich blinkende Lichter an der Spitze eines Funkmastes, an Windkraftwerken oder Hochhäusern sehe, an unsere Angewohnheit, die Körper und Endpunkte unserer Schöpfungen zu markieren.

Einige Flugzeuge tragen ein weißes Licht an der Flügelspitze, das von der Passagierkabine aus sichtbar ist. Es fängt den Blick ein wie ein heller Stern, der beim Start mit aufsteigt, um uns auf unserem Weg durch die Nacht zu begleiten.

Merken Sie sich bei Ihrem nächsten Flug, kurz vor dem Start, einmal die Stelle, an der die Flügelspitze auf einer Fensterscheibe zu sehen ist – vielleicht mithilfe solcher Lichter. Was als Nächstes passiert, ist leichter zu beobachten, wenn Sie ein Fenster im Blick haben, aber nicht direkt daneben sitzen. Schon bei niedrigen Geschwindigkeiten fängt der Flügel an zu arbeiten. Während das Flugzeug beschleunigt, beginnt sich die Tragfläche anzuheben. Zuerst wendet sie ihre Magie auf sich selbst an. Am stärksten heben sich die Spitzen, wo die Arbeit des Flügels in den Wind verschwindet, der sie hervorgerufen hat. Lange bevor Sie selbst in der Luft sind, nehmen die Flügel den Rädern und der Erde darunter Gewicht ab – ihr eigenes Gewicht und das Ihre. Man kann sagen, dass Tragflächen »segeln«. Sie segeln und ziehen uns nach oben. Würde man die Flügelspitzen durch eine gerade Linie verbinden, würde diese bei vielen Flugzeugen im Flug weit oberhalb des Rumpfes verlaufen, der in dem so gebildeten Bogen hinge.

Wenn man sich zu Fuß unter die Tragflächen begibt, ist es gar nicht so einfach, diese sich wie durch ein Wunder bewegende obere Seite mit seiner gewöhnlichen und statischen Unterseite unter einen Hut zu bekommen. Die erste Überraschung ist die Länge. Passagiere laufen im Inneren des Rumpfes entlang, aber nie von einer Flügelspitze zur anderen. Die Spannweite einer 747 ist kaum geringer als die Entfernung, die beim ersten Flug in Kitty Hawk zurückgelegt wurde. Eine solche Konstruktion von unten ist lang und breit genug, um mir Schatten zu spenden oder mich vor Regen oder Schneefall zu schützen. Allerdings kann sich mitunter, selbst an heißen Tagen, Kraftstoff im Flügel befinden, der auf dem letzten Flug tiefgekühlt wurde – *cold-soaked wing* ist der Fachbegriff. Dann kann schmelzendes Eis von der Tragfläche auf meine Mütze oder mein Gesicht regnen. Sie hat die Kälte von irgendwoher weit weg und weit oben mitgebracht.

Flugzeuge am Boden erinnern mich oft an große Seehunde, die sich über einen Strand schleppen, ganz im Gegensatz zu der Eleganz, mit der sie durchs Wasser gleiten. Oder Taucher bei Olympia, wenn sie sich aus dem Becken hieven und eine Leiter hinaufkraxeln, diese verdrießliche und unschöne Prozedur, die unvermeidlich ihren würdevollen Augenblick abschließt. Unterhalb von Tragfläche und Rumpf befindet sich das Fahrwerk – worauf das Flugzeug auf der Erde steht, wenn es muss.

Dichter und Ingenieure haben gleichermaßen auf den Fahrradhintergrund der Brüder Wright hingewiesen. An manchen Flughäfen benutzt das Personal Fahrräder, um sich auf dem Rollfeld hin und her zu bewegen. Oft sehe ich eines dieser Flughafenfahrräder im Schatten einer 747 auf seinem Ständer stehen, deren 350 Tonnen mit der gleichen Nonchalance auf ihren achtzehn Rädern ruhen. Später, im Cockpit, merke ich, dass ich an meinen Bruder denke und dass es an dem Fahrrad liegt, das ich gesehen habe. Ich erinnere mich an das letzte Fahrrad, das er für mich gebaut hat, oder wünsche mir, ich hätte ein Foto von dem Rad unter dem Flugzeug gemacht – unsere beiden Leidenschaften, so nah beieinander wie 1903 für zwei andere Brüder.

Überlegen Sie einmal, was passiert, wenn sich Ingenieure einer Entscheidung gegenübersehen, die das Gewicht eines Flugzeugs beeinflusst. Sagen wir, die Designer würden gern solidere Waschbecken, wie zu Hause, in die Toiletten einbauen – Becken, die nun mal etwas mehr wiegen als die üblichen. Eine solche scheinbar unerhebliche Erhöhung des Gewichts in einem kleinen Bereich kann sich durch das Design des ganzen Flugzeugs ziehen. Die schwereren Becken könnten geringfügig stärkere (und schwerere) Konstruktionen für die umliegenden Wände erforderlich machen. Dieses zusätzliche Gewicht zu tragen und zu manövrieren könnte stärkere (und schwerere) Tragflächen erfordern sowie Triebwerke, die mehr Kraftstoff verbrennen. Wenn Kompromisse und Folgen so dramatische Kreise durch das ganze Flugzeug ziehen, spricht man auch von einem *gearing effect*, einer Art Hebelwirkung. Nach einer möglichen Berechnung führt das Hinzufügen von einem Kilogramm am Grundentwurf eines Flugzeugs zu einer Erhöhung der Nutzlast, die das Flugzeug durch die Welt tragen kann, um zehn Kilogramm.

Mir gefällt der Gedanke, dass Flugzeuge unter anderem deshalb so elegant wirken, weil neben den hohen Anforderungen an die Aerodynamik ein so extremer *gearing effect* als eine Art natürlicher Bildhauer wirkt, ein Skalpell für alles Überflüssige, das weniger gewichtssensiblen menschlichen Schöpfungen auf die Pelle rückt, das Überflüssige, das wir nie vermissen werden. Der *gearing effect* verrät uns auch die große Bedeutung von allem, was in einem Flugzeug schwer oder offenkundig plump sein darf, etwa das Fahrwerk. Die gewaltigen Metallstangen der Hauptfahrwerksbeine der 747, jede davon so dick wie eine junge Eiche, sind ein Bild schamloser Muskelkraft am Schnittpunkt zwischen Luft und Boden. Das Fahrwerk muss viel mehr tragen als das Gewicht des Flugzeugs. Es muss den Aufprall der Landung abfangen – so gesehen ist es ein enormer Stoßdämpfer –, und dennoch muss es im Fall ungewöhnlicher Belastung sauber vom Flugzeug abbrechen. Es muss die Räder

und die schweren Bremsen halten und es ihnen ermöglichen, sich abzu-
kühlen. Doch selbst dieses Gewicht strotzt nur so vor nüchterner Kom-
plexität, ein drahtiges Gewirr technischer Genialitäten, hydraulische
Arterien, Gelenke und Glieder, die es den Gebilden erlauben, auf einen
Knopfdruck im Cockpit hin abzuheben, sodass sich eine aufwendige
Verkleidung wie ein Schweizer Uhrwerk über ihnen schließen kann.

Die Reifen selbst sind so lachhaft groß – mehr als einen Meter hoch
und etwa 40 Zentimeter breit –, dass vielleicht nur ein Kind ihnen in
einer Zeichnung die korrekte Größe geben würde. Jeder Reifen einer 747
ist eingestuft, eine Last von vielleicht 25 Tonnen zu tragen, so viel wie
die monströsen Reifen einiger Baumaschinen, die nicht auf ihnen landen oder eine Piste entlangrasen müssen. Manchmal steht die Geschwin-
digkeitsbegrenzung für Flugzeugreifen – zum Beispiel 235 Stundenmei-
len – direkt darauf, neben dem Wort AIRPLANE, das offenbar vor der
unerhörten Beleidigung warnen soll, sie an einer weniger erhabenen
Fahrzeugart anzubringen. Es ist schwer, sich diese Reifen später vorzustellen, wenn sie ungehemmt und entfesselt in der Geschwindigkeit des
Abhebens verschwimmen. Wenn die Räder dann eingezogen werden,
bringen die Bremsen diese Rotation zum Stillstand. Die Hitze, die durch
das viele Drehen entstanden ist, wird nun viele Stunden lang durch die
Kälte hoch oben getragen. Am Ende des Flugs kehrt die Geschwindigkeit plötzlich zurück. Die Räder drehen sich nicht, wenn sie auf den Boden treffen, müssen sich aber beim Aufsetzen noch einmal in Drehung
versetzen lassen, und zwar mehr oder weniger augenblicklich, bis zu
dem Tempo der vorbeifliegenden Erde. Der Gummi der Reifen fühlt
sich noch lange nach dem Parken warm an.

Wenn ich um die Flugzeugräder herumlaufe, spüre ich gelegentliche
Hitzeschübe des letzten Fluges, seine enorme, gebremste Geschwindigkeit, die vom Wind davongetragen wird. Der schockierende Kontrast zu
einem Düsentriebwerk besteht darin, dass es bereits so kühl ist. Wir mögen in unserem Alltag nicht oft über Motoren nachdenken, vielleicht
nehmen wir sie als selbstverständlich hin oder finden sie schmutzig oder
minderwertig, als wären sie eine notwendige und unumgängliche Stufe
unserer Geschichte gewesen, um dieses Informationszeitalter zu errei-

chen. Aber selbst heute, in der Welt der Anstrengungen, die wir »Ingenieurswesen« nennen, gehören Flugzeugtriebwerke – vergleichsweise uneingeschränkt durch Kosten und geformt von der Luft – zu den beeindruckendsten Schöpfungen. Röhren mit sauber geführten Linien, von gewaltiger, raffinierter Kraft, die unter den vornehmen Flügeln von Passagierflugzeugen schweben, das englische Wort *engine* – *ingenium* auf Latein, was Talent, Naturell, geistreiche Erfindung bedeutet – erhält hier den Lichtschein seines Ursprungs zurück.

Picasso – von dem sich ein Gemälde an Bord eines 1998 vor Kanada verschollenen Linienflugzeuges befunden haben soll – redete den französischen Künstler Georges Braque immer mit »*My dear Wilbur*« an, in liebevoller Anspielung auf die Fantasie und den Sinn für Kunst der Brüder Wright. Auf einer frühen Luftfahrtausstellung sagte Marcel Duchamp zu Constantin Brâncuşi die berühmten Worte: »Mit der Malerei ist es vorbei. Wer könnte etwas Besseres machen als diesen Propeller? Sag, kannst Du so etwas machen?«

Flugzeugpropeller sind etwas Wunderschönes. Die Wright-Brüder erkannten als Erste, dass sie nicht als Luftversion von Schiffsschrauben zu verstehen waren, sondern als rotierende Flügel (tatsächlich werden Flugzeuge und Helikopter manchmal durch die Begriffe »Starrflügler« und »Drehflügler« unterschieden). Dennoch haben auch Propeller ihre Grenzen. Die Spitzen der Blätter drehen sich schneller als die inneren Abschnitte, eine physikalische Wirkung, die die Effektivität von Salatschleudern erklärt. Aber wenn Propeller sehr groß und schnell werden und sich die Flügelspitzen der Schallgeschwindigkeit nähern oder sie gar überschreiten, lässt ihre Effektivität entschieden nach.

Meine Faszination galt schon immer eher Düsenflugzeugen. Von der Passagierkabine aus Düsentriebwerke im Flug zu beobachten ist nach wie vor ein Hochgenuss für mich, insbesondere von der hinteren Kabine der 747 aus, wo die Größenordnung beider Triebwerke und der Tragflächen am augenfälligsten ist. In den größten Versionen der 777 sind allein die Durchmesser der Triebwerke mit dem Rumpf vieler Passagiermaschinen vergleichbar. Sie rufen die Geschwindigkeit hervor, die den Tragflächen Leben einhaucht und uns fliegen lässt. Dennoch arbeiten sie ohne sichtbare Bewegung oder Mühe, es sei denn, man kann den rotierenden Fan sehen oder wie das Licht der untergehenden Sonne über der Tragfläche flackert und funkelt, nachdem es die aufgewühlte Schubsäule hinter einem Triebwerk durchdrungen hat. Beim Abheben sieht ein Düsentriebwerk mehr oder weniger genauso aus wie ein ausgeschaltetes am Boden oder eins, das in einer Fabrik in der Ecke steht, eine Eleganz aus Ingenieurskunst und Luft, so unverfälscht zusammengeführt, dass die Mechanik selbst so gut wie unsichtbar ist.

Die Triebwerke sind in unseren Handbüchern beschrieben: *three rotor axial flow turbofans of high compression and bypass ratio* (drei axial angeströmte Hochdruck-Mantelturbinen mit hohem Nebenstromanteil). Zunächst werden wir an den Drehantrieb von Wassermühlen oder mit Kurbel gestarteten Automobilen erinnert, wenn wir anfangen, *to turn the engine* – den Motor zu »drehen«. Dann, wenn der *start cycle*, der Startzyklus, beendet ist und die Triebwerke *stabilised at idle* – im Leerlauf stabilisiert – sind, drücken wir die Schubhebel weiter (*advance the thrust levers*). Vorne an den Triebwerken prangt, wie eine legierte Nelke, der Fan. Seine Blätter stehen in einem so vollkommenen Kreis wie die Markierungsstriche um den Rand einer Bahnhofsuhr. Bei kleineren Flugzeugen als der 747 ist es leicht, die Blätter zu erreichen und auf Eis zu überprüfen, indem man ihre geheimnisvollen Rückseiten betastet, die verborgenen Flächen der glänzenden Speichen. Es kann vorkommen, dass der Fünfjährige in mir diesem Fan beiläufig einen liebevollen Stupser gibt, und es ist schwer zu glauben, wie leicht sich ein so riesenhaftes Rad drehen lässt. Die Blätter selbst fühlen sich kühl an und sind nicht scharf, obwohl sie an Klingen erinnern. Bei einer Version des Airbus, die ich geflogen habe, ratterten die Fanblätter, wenn ich sie drehte. Erst bei hohen Geschwindigkeiten werden die Blätter nach außen geschleudert wie die Insassen eines Fahrgeschäfts auf dem Rummelplatz, die durch die Rotation an ihre zugedachten Positionen befördert werden.

Der Platz, an dem die Triebwerke montiert sind – bei den meisten Düsenflugzeugen unter den Tragflächen –, führt zu einem noch interessanteren Aspekt. Stellen Sie sich einen Pappumriss des Flugzeugs von der Seite vor, der mit einer Reißzwecke locker und frei drehbar an einer Pinnwand befestigt ist. Wenn sich die Triebwerke unterhalb des Massenschwerpunkts befinden – d. h. wenn sie unter den Tragflächen hängen –, dann rotiert das Flugzeug um die Reißzwecke, wenn Schubkraft hinzukommt. Der Bug hebt sich an, und das Heck fällt ab. Dieser Effekt, das *pitch-power*-Paar (Steigung und Schubkraft), ist verantwortlich für einige Flugmanöver, die der Intuition widersprechen. Wenn wir zum Beispiel eine Landung abbrechen und rasch steigen, fügen wir Schubkraft hinzu und ziehen die Steuersäule nach hinten, um die Nase anzuheben. Doch wenn sich der Schub erhöht und die Triebwerke hochdrehen, wird das *pitch-power*-Paar so stark, dass wir unsere Eingaben umkehren und anfangen müssen, den Steuerknüppel herunterzudrücken, auch wenn wir weiter steigen wollen. Dieses Erfordernis, gegen Kraftveränderungen anzusteuern, fühlt sich ein bisschen so an wie das Lenkradmoment, das ein starkes Auto bei rascher Beschleunigung mitunter nach einer Seite zieht. Bei einigen neueren Passagiermaschinen steuern die Flugrechner dem *pitch-power*-Paar automatisch entgegen. Piloten in diesen Maschinen müssen dann ein Aha-Erlebnis über Flugzeuge mit am Unterflügel hängenden Triebwerken verdrängen, zu dem zu gelangen sie einige Mühe gekostet hat.

Wenn man hinter dem Triebwerk steht, kann man den Kern sehen, den Motor im Triebwerk. *Kern* ist das richtige Wort für diese verborgenen und lebenswichtigen Machenschaften. Sich so nah am stillstehenden Motor zu befinden, ist, als betrachte man eine leere Bühne vor einer Vorstellung oder laufe mitten auf einer breiten Allee entlang, die vorübergehend für Autos gesperrt ist. Steinbeck schrieb darüber, wie »das Geräusch eines Düsenjets, eines warm werdenden Triebwerks den uralten Schauer seiner Wanderlust« auslösen konnte. Hier, aus nächster Nähe, sieht man, was dieses Geräusch erzeugt, was genau warm wird. Sobald das Flugzeug abhebt, wird der Bereich unmittelbar hinter dem Triebwerk von unvorstellbarer Geschwindigkeit und Hitze geflutet, locker 500 Grad Celsius, die wie aus einem Schiffspropeller in die eisigen vertikalen Meilen Nichts hinauswirbeln.

Als ich mir zum ersten Mal Passagierflugzeuge aus der Nähe angesehen habe, war ich überrascht, dass die Nationalflaggen darauf manchmal spiegelverkehrt angebracht sind – dass sich der Sternenblock der amerikanischen Flagge auf der rechten Flugzeugseite in der rechten statt in der linken oberen Ecke befindet, bei der australischen Fahne das Kreuz des Südens links statt rechts erstrahlt und die Mondsichel auf der singapurischen Flagge zuzunehmen und nicht abzunehmen scheint. Die Idee dabei, wie sie auch in anderen Zusammenhängen, etwa bei den Schulterklappen von Soldaten, auftaucht: wie ein Schiff vorwärts segelt, soll auch das Bild einer Flagge vorwärts fliegen.

Der Anblick solcher Flaggen erinnert an die vielen Möglichkeiten, wie ein Flugzeug auf die Luft reagiert, noch ehe es sich in Bewegung setzt. Bei einem geparkten Düsenjet sieht man oft, dass die Schaufelräder der Triebwerke bereits rotieren. Kraftvoll, aber leicht, gebaut für die Luft und das Drehen mit äußerster Geschmeidigkeit, fangen sie den kleinsten Windhauch ein und kreisen mit der beharrlichen Gelassenheit eines Gartenwindrads. Dinge, die wir geschaffen haben, unsere Wetterräder, die mit vollkommener Leichtigkeit in Bewegung bleiben.

Bei einer Reihe geparkter Flugzeuge, an einem windigen Tag aus dem Terminal betrachtet, zeigen die ausgeschalteten Ruder – die vertikalen Klappen hinten am Heck – vielleicht alle zu einer Seite; wie die Zweige einer Baumreihe von Windflüchtern werden sie in eine Richtung geblasen. Das Heck sieht nicht nur aus wie ein Segel, es verhält sich auch so. Um während des Beschleunigens beim Start einem Seitenwind von links nach rechts entgegenzuwirken, müssen wir nicht nach links lenken, wie man vielleicht denken könnte, sondern nach rechts. Der Wind erfasst das riesige Heck und dreht die Nase *in* den Wind, ein Phänomen, das als *Weathercocking*, Wetterfahneneffekt, bekannt ist. Wenn Sie an einem windigen Tag in ein Flugzeug steigen, spüren Sie vielleicht, wie es leicht vor und zurück schaukelt, bevor Sie das Gate verlassen. Das liegt hauptsächlich daran, dass das Heck den Wind einfängt.

Hin und wieder müssen Flugzeuge gewogen werden, um sicherzustellen, dass zum Beispiel Berechnungen der für den Start benötigten Energie korrekt sind. Dieses Wiegen findet in einem Hangar statt, dessen Türen geschlossen gehalten werden müssen, denn selbst eine leichte

Nachmittagsbrise könnte die Tragflächen ein wenig in Arbeit versetzen, sodass sie sich geringfügig anheben und die Maschine von der Waage hochziehen würden.

Wir haben Oktober 2007. Vor etwa einem Monat habe ich meinen letzten Flug mit dem Airbus absolviert. Um 09.22 wurden wir in Newcastle rückwärts auf die Rollbahn geschoben und haben eine knappe Stunde später, um 10.21, in Heathrow geparkt. In der nächsten Zeile meines Logbuchs habe ich zu einem anderen Flugzeug und einer anderen Tintenfarbe gewechselt. In den Wochen seit jenem Flug habe ich mit meiner 747-Musterberechtigung begonnen und jetzt den Theorieteil und verschiedene Prüfungen hinter mich gebracht. Heute betrete ich zum ersten Mal das Cockpit einer 747. Aber mehr als das Cockpit ist da auch nicht. Ein Flugzeug hängt nicht daran. Es ist lediglich ein Kasten auf Stützen in einem riesigen Raum, rundherum Bildschirmreihen. Es handelt sich um einen vollbeweglichen Flugsimulator. Heute beginne ich mit den Simulatorstunden. Ich fliege gewissermaßen virtuell. Der Termin meines ersten Flugs mit dem echten Flugzeug steht bereits fest, in etwa einem Monat von London nach Hongkong.

Obwohl die Videobildschirme ringsherum bemerkenswerte Arbeit leisten, den weiten Blick auf die Welt vom Cockpit aus heraufzubeschwören, simuliert das Gerät auch die Blindheiten, die ein gravierendes Merkmal des Fliegens einer Passagiermaschine sind. Das Flugzeug fliegt so hoch und die Nase ist so gerundet, dass wir unterhalb oder unmittelbar vor dem Flugzeug nichts sehen können. Wenn wir am Boden rollen, können wir nur wissen, dass sich nichts unter dem Bug des Flugzeugs befindet, weil wir den entsprechenden Bereich zuvor gesehen haben.

Vom Cockpit aus können wir nichts sehen, was hinter uns ist. Fluglotsen, die Rangieranweisungen geben, müssen das berücksichtigen. Zum Beispiel bitten sie uns vielleicht, ein Stück vorzurollen, damit ein Flugzeug hinter uns eine Kurve fahren kann, ein Manöver, das unter höflichen Autofahrern mithilfe des Rückspiegels ganz automatisch erfolgt. In manchen Flugzeugen können die Piloten nichts von den Tragflächen sehen. Von meinem Platz in der 747 kann ich nur eins der vier Triebwerke sehen und einen kleinen Abschnitt einer Tragfläche, und das auch nur unter Schwierigkeiten. Auch die Räder, die sich teilwiese um die 30 Meter hinter uns befinden, können wir nicht sehen oder das Heck, noch mal etwa 35 Meter dahinter. Diese nicht sichtbare Länge und die enorme Flügelspannweite können das Manövrieren auf dem Boden zu einer größeren Herausforderung machen als das Fliegen. Es ist, als würde man lange Holzplanken durch die Gegend tragen: Man muss die Wahrnehmung der eigenen Größe anpassen und vorher planen und überlegen, wie man sich bewegt oder dreht. Manchmal bittet uns ein Fluglotse, zu melden, wenn wir eine Landebahn verlassen haben. Dabei müssen wir bedenken, dass wir im Cockpit zwar den Landebahnbereich verlassen haben, fast der ganze Rest des Flugzeugs hinter uns jedoch noch nicht. Komplizierte Schaubilder in unseren Flugzeughandbüchern, die an da Vincis *Vitruvianischen Menschen* erinnern, zeigen die Winkel und Entfernungen, die die Extremitäten des Flugzeugs erreichen, wenn es sich auf dem Boden dreht. Diese Darstellungen der kreisenden Flugzeugglieder werden von einer hübschen Terminologie begleitet:»Heckradius« und»Steuerwinkel« und die Flügelspitze, die»den größten Bogen schlägt«. Diese physische Realität muss auch der Simulator möglichst widerspiegeln. Ein Rollbahnfeuer kommt auf mich zu und verschwindet dann unter der Nase. Eine gewisse Entfernung und geschwindigkeitsabhängige Zeit später erzittert der Simulator, als die virtuellen Räder auf genau dieses virtuelle Licht stoßen.

Wenn Piloten sich auf eine vergangene Ära der Luftfahrt beziehen, beginnen sie manchmal scherzhaft mit:»*Back when Pontius was a pilot* ...« (Ein Wortspiel, das nur im Englischen durch den Gleichklang von dessen Nachname»Pilate« und dem Wort»pilot« funktioniert. A. d. Ü.) Wenn ich das höre, muss ich unwillkürlich daran denken, dass die Cockpitbildschirme, die Informationen von den entfernten Enden der Drähte, die sich durch das Flugzeug ziehen, zusammenfassen, oft »synoptische Displays« oder *synoptics* genannt werden. Das bedeutet so viel wie»zusammen sehen« und erinnert an die»Synopsis« oder die Synoptischen Evangelien, die Berichte von Matthäus, Markus und Lukas, drei Versionen von etwa denselben Ereignissen. Es gibt eine Synoptik für das Fahrwerk, das den Reifendruck, die Temperaturen der Bremsen und die Positionen der Fahrwerksklappen anzeigt, eine andere für die Klimaanlage und so weiter, für jede der größeren Systemkategorien. Bei älteren Flugzeugen, wie der 747, wird auf den computergesteuerten Karten auf unserem Navigationsdisplay überraschend wenig angezeigt. Normalerweise sieht sich ein Pilot lediglich die Wegpunkte an, die in der nächsten Viertel- bis ganzen Stunde durchflogen werden, und vielleicht ein paar wenige Flughäfen und Funkhilfen in der Nähe. Fast alles andere, das auf jeder normalen Karte erscheinen würde, wird in der 747 nicht angezeigt – die Cockpitcomputer wissen noch nicht einmal davon. Die computergesteuerte Karte im Cockpit zeigt die Lage oder den Namen keiner einzigen Stadt oder Provinz, keines Bundesstaates oder Landes. Schon gar nicht etwas so Banales wie Straßen oder Eisenbahnlinien. Sie spezifiziert nicht, ob Wald oder Wüste den Boden überzieht, nicht einmal, ob es sich überhaupt um Boden handelt oder um einen See oder Gletscher. Sie weiß nichts von Flüssen, selbst Berge werden zu namenlosen, verbotenen Luftblöcken abstrahiert – eher Mängel der Luft denn Eigenschaften der Erde, Anomalien in der Reinheit des Himmels. Keinerlei Zugeständnis an den allgemein interessierten Benutzer oder Geografiebegeisterten, kein Gespür oder Sinn für Kunst, kein Elysium oder gezeichnete Drachen lugen am Rand hervor.

In den Cockpits jener erdumrundenden Schiffe gibt es keine Möglichkeit, genügend Abstand zur Erde zu gewinnen, um ihre Krümmung zu erkennen, ein zunehmend verbreitetes Merkmal der für Passagiere sichtbaren *moving maps*. Allerdings hat mir ein Kollege auf dem Airbus einmal eine komplizierte Methode erklärt, einen Wegpunkt am anderen Ende der Welt auf das Display zu zaubern. Als mir dieser Trick zum ersten Mal gezeigt wurde, befanden wir uns über Norddeutschland und unser Antipode im Pazifik, irgendwo südöstlich von Neuseeland. Wenn wir es richtig gemacht haben, erscheint ein solcher Wegpunkt auf unserem Bildschirm, als blickten wir durch den Mittelpunkt des sphärischen Bildes von der Erde hindurch. Diese Markierung unserer entgegengesetzten Position bewegt sich dann die *moving map* hinauf, ein merkwürdiger

Anblick auf einem Bildschirm, wo sich alles andere, was an die Erde geheftet ist – Flughäfen, Funkfeuer, Berge, was immer sich auf dieser Seite der Kugel befindet – nach unten bewegt.

Wenn wir den Simulator betreten, ist die Bewegung deaktiviert. Bevor der Ausbilder sie aktiviert, müssen wir uns anschnallen wie im echten Flugzeug, ehe es sich in Bewegung setzt. Unter ruhigen Flugbedingungen wird der Sicherheitsgurt als eine belastbarere, aber ansonsten gewöhnliche Version dessen getragen, was auch Passagiere über ihrem Schoß haben. Zu Start und Landung werden wir jedoch von fünf Gurten im Sitz gehalten, die vorne sternförmig in einer Schnalle zusammenlaufen. Der Ausbilder demonstriert die Sauerstoffmasken – das Netz aus Strippen, das sich dehnen und dann über den ganzen Kopf legen lässt wie ein Leben spendender, extra zu diesem Zweck gezüchteter Tintenfisch. In der 747 – nicht aber in ihrem Simulator – gibt es außerdem eine Klappe über dem Kopf. Dort befindet sich eine Aufrollvorrichtung für ein Seil, das sich unter jemandes Gewicht langsam verlängert, um ihn bis ganz nach unten auf das Rollfeld abzulassen, wie vom Dach eines dreistöckigen Gebäudes.

Bei bestimmten Simulatorübungen zum Auftreten von Rauch oder Dämpfen im Cockpit wird uns beigebracht, mithilfe eines Hebels an der Decke die Cockpitluft direkt in die Außenatmosphäre entweichen zu lassen. Früher wehte natürlich dauernd Zigarettenrauch durch das Cockpit. Als ich mich in meinem Sessel niederlasse, bin ich überrascht, selbst im Simulator in den Rahmen der großen Seitenfenster Aschenbecher vorzufinden, die heutzutage unbenutzt bleiben. In meinen späten Teenagerjahren rauchte ich mehrere Jahre lang bis Anfang zwanzig. Zigaretten im Flugzeug waren gewiss keine schöne Sache, aber ich bekenne mich zu einem Anflug von Neid, dass frühere Pilotengenerationen beim Fliegen rauchen durften, vor den breiten Cockpitfenstern einer 747 sitzen, »*a cigarette in one hand, a map of creation / in the other*«, wie Philip Levine in »The Poem of Flight« schrieb.

Als ich ein paar Jahre später eine echte 747 fliege, klappe ich den Aschenbecher auf, und darin liegt ein winziger Hello-Kitty-Aufkleber. Ich habe keine Ahnung, wer ihn da hineingelegt hat und warum, gehe aber stark davon aus, dass es auf einem Rückflug von Japan war und wahrscheinlich nach dem Rauchverbot, da der Aufkleber keine Aschespuren aufweist. Ich fliege vier Dutzend verschiedene Jumbojets und kann mir nie merken, in welchem davon Hello Kitty mitfliegt, bis ich irgendwann mitten auf dem Flug, immer über irgendeiner öden Landschaft, müßig den Deckel des Aschenbechers aufklappe und unseren merkwürdigen blinden Passagier entdecke.

Beim Blick in ein Cockpit überrascht, wie lächerlich klein die Schalter sind, die wichtige Anhängsel und Systeme steuern. Zu Beginn meiner Ausbildung auf Linienflugzeugen war ich fasziniert, dass es dort, anders als in einem Auto, keinen Zündschlüssel gibt. Der Simulator, der eine Computeranmeldung und gelegentlich einen komplizierten Neustart erfordert, ist schwerer in Gang zu setzen als das echte Ding. Was die Triebwerke angeht, werden normalerweise immer zwei gleichzeitig gestartet, mithilfe einer Reihe von daumengroßen Schaltern. Nicht viele Schalter auf der Welt sorgen für einen so gigantischen, aber präzisen Effekt, solche gewaltigen und doch behutsam abgestimmten Folgen.

Der Widerspruch kleiner Steuerelemente, die große Ereignisse lenken, lässt sich noch steigern, wenn es um den Autopiloten und die damit verbundenen Systeme geht. Auf langen Flügen wird die meiste Zeit der Autopilot benutzt. Gegen Ende des Flugs, wenn es Zeit ist, den Autopiloten auszuschalten, erwacht das Flugzeug wieder zum Leben. Ein rascher Druck auf einen kleinen Knopf an der Steuersäule, und die Verbindung zum Autopilotsystem wird sofort und komplett unterbrochen. Das Flugzeug ist frei. In diesem Moment nach der Steuersäule zu greifen, sie gleichmäßig zu drehen und zuzusehen, wie sich der Horizont neigt wie ein zweidimensionales Spielbrett, das große Tableau der Welt, sich in Reaktion auf meine Hände hebt und kippt, ist ein unvergleichliches Gefühl.

Wenn ich Familienmitglieder, Freunde oder Gäste meines Arbeitgebers zu einem Besuch in den Flugsimulator mitnehme, sind sie oft jedoch eher von den Automatisierungssystemen verblüfft als von der Erfahrung des Fliegens oder der Landung. Ohne die Steuersäule auch nur zu berühren, könnte ich das Flugzeug innerhalb von drei oder vier

Sekunden Richtung Nordpol lenken, dann meine Anweisung revidieren und stattdessen Richtung Südpol steuern.

In vertikaler Richtung verfügen Autopiloten über zahlreiche verschiedene Funktionen oder Modi – VNAV für »Vertikalnavigation« steckt in Modi wie VNAV PTH, VNAV ALT, VNAV SPD. Aber selbst in seitlicher Richtung – ob das Flugzeug nach rechts oder links zeigt – bieten Autopiloten ein überraschend vielseitiges Repertoire. Weil das Flugzeug um seine lange Achse vom Bug zum Heck nach links oder rechts rollen kann, um den Befehlen des Autopiloten zu folgen, werden diese Funktionen kollektiv *roll modes* genannt, eine Drehung, die sich die Brüder Wright von Vögeln – insbesondere Geiern – abgeguckt haben, die sie eingehend beobachteten. Einer der simpelsten Rollmodi dreht das Flugzeug auf einen gewählten Steuerkurs, den es dann durch die ganze Welt beibehält, bis der Pilot einen anderen Modus wählt. Die Skalenscheibe, mit der man den Steuerkurs einstellt, nennt man *heading selector*. Mit diesem Scheibchen, das etwa die Größe einer 5-Pence-Münze hat, dreht man eine 747.

Bestimmte Wolkenarten lösen tendenziell Turbulenzen aus. Piloten können versuchen, diesen Wolken aus dem Weg zu gehen, indem sie aus dem Fenster schauen und den *heading selector* ein paar Grad in diese oder jene Richtung drehen. Dieses Scheibchen zu drehen und zu spüren, wie 380 Tonnen Flugzeug zur einen oder anderen Seite rollen, die Erde sich daraufhin neigen zu sehen ist ein aufregendes Gefühl. Manchmal ändert sich der erforderliche Steuerkurs, noch bevor die erste Drehung vollendet ist, und wir müssen den *heading selector* in die entgegengesetzte Richtung drehen. Mein Zeigefinger und Daumen bewegen sich kaum, aber die Scheibe kreist, und die ganze Welt, simuliert oder nicht, neigt und dreht sich, während sich das Flugzeug gehorsam wieder herumdreht.

Es ist Anfang Dezember, etwa einen Monat nach meinem ersten Besuch im Simulator, als ich zum ersten Mal als Pilot eine echte 747 betrete »zum Zwecke des Flugs«, wie es in der rechtlichen Definition des Abflugs so schön heißt. Anders als bei meinen Flügen im Simulator, brauche ich dieses Mal Gepäck, eine Zahnbürste. Und anstatt in einer riesigen Lagerhalle eine abtrennbare Brücke zu dem auf Stelzen balancierenden Kasten zu überqueren, laufe ich durch das Terminal voller Passagiere, über die Fluggastbrücke und auf das Hauptdeck des Flugzeugs, das bereits beladen und mit Lebensmitteln versorgt wird. Ich steige die Treppe hinauf und gehe das Oberdeck entlang zu meinem neuen Arbeitsplatz. Nach so vielen Wochen im Simulator kommt es etwas überraschend, dass es den Rest des Flugzeugs gibt – das ganze Schiff hinter dem Cockpit, das sich der Simulator in all den Stunden, in denen wir von seinem Hexenwerk umgeben waren, so sorgfältig für uns vorgestellt hat.

Wir laden die Route nach Hongkong, die viermal so lang ist wie jede Strecke, die ich je zuvor in einen Bordcomputer geladen habe. Auf langen Flügen – wie London–Hongkong, einer Route, die lange nicht ohne Zwischenstopp möglich war – ist die historische Hintergrundbeleuchtung der Kette, die die digitalen Wegpunkte über die Erde bilden, unmissverständlich Das Flugzeug kann nicht wissen, dass vielleicht kein anderes Städtepaar über eine so große physische und kulturelle Entfernung hinweg so eng miteinander verbunden ist, obwohl es aufgrund seiner häufigen Reisen zwischen beiden Metropolen vielleicht doch eine Ahnung hat.

Zu dieser Uhrzeit wenden wir für den Start die volle Kraft auf, erinnert mich der Kapitän. Das ist, entgegen der Intuition, eine Form von lärmmindernder Maßnahme. Der Extraschub hilft uns, schneller die Höhe zu erreichen, in der wir die Schubkraft reduzieren, und so wird die horizontale Ausdehnung unseres Lärmfußabdrucks vermindert. Starts mit voller Kraft sind eine Seltenheit mit der 747, die mit so viel Power gesegnet ist, wie wir sie so gut wie nie brauchen. Viele Piloten berichten, dass das Geräusch ihrer Triebwerke tatsächlich tiefer wird, je höher die Schubkraft eingestellt ist, eine Kraft, deren höchste Steigerung man eher spürt als hört.

Wir heben ab und rasen durch die Nacht, und wie es Flugzeuge auf langen Flügen gen Osten oft tun, verschlingt die 747 auch noch den ganzen nächsten Tag. Es ist also am zweiten Abend des Fluges, als wir bei Lantau Island eindrehen und uns für die nördlichere der beiden Landebahnen von Chek Lap Kok einreihen, dem 1998 eröffneten Flughafen, von dem Piloten immer noch als »der neue« sprechen, wenn sie jemals den berüchtigten Horroranflug auf den alten Flughafen in Kai Tak geflogen sind. Im Dunst unter uns sausen undeutlich Wolkenkratzer und Fährschiffe vorbei, gefolgt von Lichtern auf Berggipfeln, dann breiteres Wasser, schwarz wie Tinte. Ein paar tausend Fuß über dieser neuen Erde folgt nun der spannungsgeladene Augenblick, wenn ich den Knopf bei meinem rechten Daumen drücke, um den Autopiloten auszuschalten, und den Knopf neben meinem linken Daumen, um die Autodrossel abzuschalten, eine Art Tempomat, der bei der 747 in der Regel vor der Landung deaktiviert wird. Die feuchte Abenddämmerung ist tiefenlos, es gibt keinen natürlichen Horizont. Die Befeuerung der Landebahn scheint in diesem dunklen und nichtssagenden Himmel zu schweben und dann allmählich feiner und deutlicher zu werden.

Später am Abend sitzen wir in einer Kneipe, der Seniorkapitän gibt mir ein Bier aus und fragt mich, was es für ein Gefühl ist. Als ich nicht antworte, fuchtelt er lachend vor meinem Gesicht herum. Ich entschuldige mich und kehre aus meinem Tagtraum, wie wir London vor so vielen Meilen und Stunden verlassen haben, wieder nach Hongkong zurück. Vergangene Nacht lenkte ich das echte Flugzeug hinaus auf die Startbahn, eine Erfahrung, die ich im Simulator schon so oft gemacht hatte, und staunte darüber, wie zwei physikalisch und visuell identische Erlebnisse so unterschiedlich sein konnten. Ich hatte wieder die Stimme des Fluglotsen im Ohr, der uns Starterlaubnis erteilte. Der Kapitän bestätigte die Freigabe vorschriftsmäßig über Funk. Dann streckte er mir lächelnd die Handflächen hin – denn auch er hatte diesen Tag einmal erlebt – und sagte: »Also dann, Mark. Los geht's.«

LUFT

IN DER ALLTAGSSPRACHE ist Luft fast immer eine Abwesenheit. Ein Synonym für nichts. Etwas ist »aus der Luft gegriffen« oder hat sich »in Luft aufgelöst«. In unserer Vorstellung ist Luft gewichtslos, und so schockierte es die Wissenschaftswelt, als Galileo ihr wahres Gewicht entdeckte. Stellen Sie sich einen Würfel aus gewöhnlicher Luft mit einem Meter Kantenlänge unmittelbar über dem Meeresspiegel vor. Er wiegt etwa 1,2 Kilogramm – mehr als ein Liter Wasser. Wenn Sie das nächste Mal auf einer Picknickdecke liegen und zu dem Kondensstreifen eines vorüberfliegenden Flugzeugs hinaufschauen, überlegen Sie sich, dass eine runde Luftsäule von der Erdoberfläche bis ganz hinauf ins Weltall mit einem Durchmesser von etwa zwölf Millimetern – ungefähr der Querschnitt Ihrer Iris – etwas über ein Kilogramm Luft enthält. Oder dass schon auf einem kleinen Teil Ihrer Picknickdecke – sagen wir einem Quadratmeter – zehn Tonnen Luft lasten.

Die Tatsache, dass Luft ebenso substanziell ist wie Beton, bleibt für mich so wenig eingängig wie die rätselhaftesten wissenschaftlichen Enthüllungen über Partikel, die an zwei Orten gleichzeitig existieren, oder die unsichtbare dunkle Materie, die angeblich den größten Teil des Universums ausmacht. Im Alltag weist wenig darauf hin, dass die Luft genauso auf mir lastet wie Wasser auf dem Grund eines Aquariums, dass ich jeden Tag aufstehe und mich durch eine nicht spürbare Dichte bewege.

Der Schriftsteller David Foster Wallace gab einmal eine Erzählung von einem alten Fisch zum Besten, der zwei junge Fische fragt, wie das Wasser heute sei. Die jungen Fische sind verwirrt. Sie haben keine Ahnung, was Wasser ist.

Das Fliegen erinnert uns daran, zu fragen: Wie ist die Luft? Die Luft ist wunderbar lebendig, und wenn ich nach einem Flug einen Spaziergang unter freiem Himmel mache, weiß ich, welche physikalisch dramatischen Umtriebe der Natur ich hinter mir, über mir gelassen habe. Beim Fliegen sehen wir vielen unserer irdischen Annahmen ins Auge, die ansonsten ebenso unangefochten bleiben würden wie die scheinbare Leere der Luft. Es gibt einen guten Grund, warum Linienflugzeuge über Apparate verfügen, die man *air data computers* – »Luftdatencomputer« –

nennt. Ein Pilot muss lernen, von mindestens vier Arten von Geschwindigkeit zu sprechen, und im Falle von Temperatur, Entfernung und Höhe sind es noch einige mehr. Dabei handelt es sich weder um terminologische Spitzfindigkeiten noch um Eigenheiten, die nur in Extremsituationen auftreten. Es sind die Tatsachen des Mediums, das uns trägt, Tatsachen, die das Fliegen für uns aufdeckt.

Wer gerne fliegt, wird natürlich dankbar sein, dass es so schwer ist, die Luft direkt zu betrachten. Die Nichtwahrnehmbarkeit von Luft ist sicherlich einer der Gründe, warum das Fliegen uns in seinen Bann zieht. Wir finden Frieden darin, wie Fische im Wasser zu fliegen scheinen und wie die Sonnenstrahlen deren klares Medium durchdringen. Deshalb schwimmen oder tauchen viele von uns auch so gerne. Wenn sich ein Vogel oder – hinter geschlossenen Augenlidern, unser Traum-Ich – in den Himmel erhebt und etwas von der Welt da unten losgelöst wird, scheint es nicht nur die Schwerkraft und den Ort abzuwerfen, sondern auch viel von seiner Körperlichkeit und Gebundenheit. Die Anmut des Fliegens, eine Bewegung, die nicht durch Wasser oder Räder, Stein oder Gras, nicht durch irgendetwas Wahrnehmbares gestützt wird, ist die simpelste Erklärung dafür, dass es schon so lange als Synonym für Transzendenz gilt.

Hin und wieder nehme ich den Zug der Long Island Rail Road zwischen der Haltestelle Jamaica nahe dem Kennedy Airport und der Station Pennsylvania in Manhattan. Auf dieser Fahrt fröne ich einer jener unlogischen, aber strikten Gewohnheiten, die so oft unseren Alltag bestimmen. Auf dem Weg *zum* Flughafen laufe ich fast immer ein Stückchen weiter die 7th Avenue entlang, bevor ich in der Station verschwinde, um so viel Zeit wie möglich an der frischen Luft zu verbringen, selbst wenn es regnet oder schneit.

Aber wenn ich wieder in der Stadt ankomme, laufe ich so lange wie möglich durch die Station, für den Fall, dass es regnet oder schneit – oder um noch ein wenig in der klimatisierten Luft zu verweilen. Um meinen Aufenthalt im Innenraum auszudehnen, begebe ich mich zum Querbahnsteig der New Jersey Transit, um den Ausgang auf die 31st Street zu nehmen. Hier fällt mein Blick gelegentlich auf ein Fragment von Walt Whitman an der gekachelten Wand der Station: »Dies ist die gemeinsame Luft, die den Erdball umspült.« In einem anderen Gedicht hat Whitman die »wildkehlige Schönheit« von Lokomotiven besungen, »ausgestoßen über die weiten Prärien über die Seen hin, zu den offenen Himmeln, uneingepfercht und froh und stark« – was Anlass zu Spekulationen gibt, was er wohl aus Passagiermaschinen gemacht hätte.

Die Substanz des Fliegens besteht darin, dass Luft scheinbar keine Substanz hat. Aber bisweilen lohnt es sich, Whitmans Gemeinwesen der Luft so wörtlich wie möglich zu nehmen.

Sie denken sich eine Reise durch die Luft vielleicht zunächst als eine Linie. Stellen Sie sich diese Linie Ihres Flugs einmal nicht entlang der Erde vor, wie wir es normalerweise tun würden, sondern weiter oben im Himmel, wo sie unsere gemeinsame Luft zerteilt. Dieser Pfad schneidet ein schmales, schwindelerregend langes Teilstück aus der Atmosphäre, ein fast lineares Volumen, das Sie durchreisen und atmen, nachdem es die Triebwerke ausreichend komprimiert haben, um Sie mit Sauerstoff zu versorgen.

Sie verändern jene gemeinsame Luft. Sie hinterlassen Ihren Fußabdruck darin, in Form von Kondensstreifen und natürlich anderen Nebenprodukten der Verbrennung und tatsächlich auch Ihrem eigenen Atem. Die Triebwerke erzeugen Verwirbelungen, die nicht weniger real sind als das Kräuseln eines Sees – was manchmal direkt an den Walzen der Kondensstreifen zu sehen ist, die wie Ballettschleifen flattern – während die Tragflächen ungeahnte Architekturen aus Wind errichten und sie durch den Himmel driften lassen. Wenn wir Piloten auf eine Unebenheit stoßen, die wir für den Nachstrom eines anderen, nicht sichtbaren Flugzeugs halten, deuten wir manchmal in das unsichtbare Reich der Lüfte und sagen: »Jemand war schon vor uns hier.« (Dieser Jemand können wir auch selbst sein: Wenn man mit einem Kleinflugzeug Drehungen übt, sagt einem das befriedigende Ruckeln, wenn man seinen eigenen Nachstrom durchquert, dass man einen sauberen, mehr oder weniger horizontalen Kreis durch den Himmel beschrieben hat.) Und die Luft, die Sie im Flugzeug ausatmen, atmet auch das Flugzeug aus. Ihr Atem zieht sich durch die Welt.

Alternativ könnten Sie sich die Luft auch als eine Kugel vorstellen. Mich erinnert das an Fotos von der Erde, die vom Weltraum aus aufgenommen wurden. Stellen Sie sich die leuchtend blaue Ummantelung des Himmels als eine Art zweite Sphäre vor, die ihr Inneres, ihren Zwilling aus Stein und Wasser, umgibt. Die Atmo*sphäre*, etwas, durch das wir uns bewegen, das wir sehen können, etwas mehr als nichts. Diese Vorstellung einer Luftsphäre legt auch nahe, dass wir uns die Luft teilen, dass sie etwas Gemeinschaftliches ist (vielleicht das transzendente Ich in Whitmans »Gesang von mir selbst«), dass sie ausgetauscht und im Gleichgewicht gehalten wird durch den Atem von Tieren und Pflanzen, von Vulkanen und Meeren. Dieser sphärische Begriff der Luft ist eine Erinnerung daran, dass wir nicht in der Welt leben, sondern *auf* ihr. Das, worin wir leben, ist die Atmosphäre: der leuchtende Luftplanet, der Stein und Wasser umschließt.

Oder Sie denken sich die Luft weder als Länge noch als Kugel, sondern als Tiefe. Und wieder finden wir Wahrheit und Trost in der natürlichen Analogie zum Wasser. Evangelista Torricelli, der Erfinder des Barometers, formulierte das in einem Brief von 1644 so: »*Noi viviamo sommersi nel fondo d'un pelago d'aria.*« Wir leben am Grunde eines Meeres aus Luft. Auch Ralph Waldo Emerson sprach ein paar Jahrhunderte später von unserem umgebenden Luftmeer, »*this ocean of air above ... this tent of dropping clouds*«. Es gibt eine bestimmte Art von Flughafen-Wetterbericht, der als *surface actual* bekannt ist: der neueste Bericht von der Erdoberfläche, vom Grund des Luftozeans. Wenn Sie den Mund über eine leere Plastikwasserflasche schließen und einatmen, zieht sich die Flasche zusammen. Nicht etwa, wie man vielleicht denken könnte, weil Sie durch Ihr Einatmen die Flaschenseiten nach innen ziehen, sondern weil Sie die Luft entfernen, durch die die Flasche gegen den Druck der Atmosphäre ihre Form gehalten hat. Die beiden Sumo-Ringer der Atmosphäre pressen gleichermaßen von innen wie von außen gegen die Flaschenwand, und die Flasche hält ihre Form, weil sie auf diese Weise bewegungsunfähig gemacht wird. Wird der innere entfernt, fällt die Flasche in sich zusammen. Die Wasserflasche, die ich hoch oben in einem Flugzeug öffne, zerknittert beim Absinken und zieht sich zusammen, und dasselbe würde auch passieren, wenn ich sie tief in den Ozean tauchte. Unter unserem luftigen Meer drückt das Gewicht des Himmels auf uns nieder wie Wasser auf Geschöpfe der Tiefsee oder auf uns, wenn wir zu tief tauchen. Wir laufen auf dem Grund unseres Luftozeans umher und sind uns unseres Wassers ebenso wenig bewusst wie die jungen Fische bei David Foster Wallace. Gelegentlich steigen wir an Bord eines Flugzeugs und »schwimmfliegen« nach oben.

Was die Tiefe der Luft angeht: Ich bin am 5. November, der Bonfire Night, über London geflogen und am 4. Juli über die USA, von einem Ende zum anderen, von Meer zu Meer. Die Höhe unserer Feuerwerke über unseren Gärten und Barbecues ist wirklich gar nichts im himmelhohen Gewölbe der Atmosphäre. Selbst die gelungenste Explosion erreicht gerade mal die Größenordnung einer Münze auf dem Grund eines Schwimmbeckens oder einer winzigen Feuerblume, wie Feuerwerke im Japanischen heißen, unter den Füßen.

Wenn wir in großer Höhe direkt über ein Funkfeuer fliegen, zeigen die Navigationscomputer unsere Entfernung von dem Funkfeuer als null an. Aber wenn wir uns die Rohdaten von diesen Empfängern anzeigen lassen, können wir in dem Moment, in dem wir *an* einem Funkfeuer wähnen, immer noch 6 oder 7 Meilen weit weg lokalisiert werden. Weit weg – oder vielmehr darüber. Stellen Sie sich vor, Sie segeln über den tiefsten Ozean und fahren über ein Wasserlicht auf dem Meeresboden, dessen Schimmer sich im Aufsteigen durch die Masse verliert. Die typische Höhe eines Passagierflugzeugs entspricht in etwa der Tiefe des Challengertiefs, dem tiefsten bekannten Punkt des Ozeans.

Ich denke an irgendwas, was 7 Meilen, etwa 11 Kilometer, von meinem Zuhause entfernt ist. Es würde einen strammen Marsch von zwei Stunden erfordern oder sieben Minuten bei 100 Stundenkilometern mit dem Auto, um die Entfernung bis zur Oberfläche des Planeten zurückzulegen. Die Luft ist quasi nichts, und doch gibt es so viel davon.

Ein Gefühl für die Luft können wir auch entwickeln, indem wir die Kraft betrachten, die sie ausübt. An einem warmen Sommertag drehe ich die Musik auf und strecke meinen Arm aus dem Fenster eines schnellen Autos. Wenn ich den Winkel meiner Hand verändere, hüpft oder sinkt mein Arm abrupt, fast widerstandslos, auf und ab. Meine Hand drückt die Luft hinunter – wie ein Flügel oder Wasserskier, mit denen man über einen See rast. Ich drehe meine Handfläche nach vorne, und mein Arm schnellt zurück gegen den Fensterrahmen, wie ein Wasserski oder ein Ruder, das sich versehentlich gedreht hat und nun die ganze Kraft des brausenden Wassers abbekommt.

Nicht die Piloten, sondern die Passagiere haben von der hinteren Kabine aus klare Sicht auf die kleinen Klappen – es kann mehrere davon geben – an der Hinterseite der Tragfläche, die auf und ab schwingen, wenn sich das Flugzeug dreht. Diese Querruder heißen auf Englisch *ailerons* – »kleine Flügel«. Das Querruder war die Schöpfung des englischen Klassizisten und Erfinders Matthew Boulton (sein zukunftsweisendes Patent von 1868 trug den Titel *Aërial Locomotion Etcetera*). Bedenken Sie, was passiert, wenn sich das Querruder an einer Tragfläche senkt und das an der anderen sich hebt. Das ist zwar noch nicht die ganze Geschichte, insbesondere bei einer modernen, elektronisch gesteuerten Maschine, aber stark vereinfacht ausgedrückt, können wir uns vorstellen, dass an der Tragfläche, wo das Querruder nach unten geht, die Luft noch stärker nach unten abgelenkt wird, wodurch sich der Auftrieb auf dieser Seite des Flugzeugs effektiv verstärkt. Daraufhin hebt sich der ganze Flügel. Der gegenüberliegende Flügel, wo das Querruder indes nach oben geht, erzeugt weniger Auftrieb, und so senkt sich der Flügel. Eine Tragfläche hebt sich, die andere fällt. Das ist »eindrehen« oder »rollen«, Teil des Wendevorgangs beim Flugzeug.

Stellen Sie sich ein Fahrrad oder Auto vor, das Sie leicht durch eine kleine Veränderung des Winkels Ihrer in den Wind gestreckten Hand steuern können – indem man versucht, »den Sturm zu beugen« und »die Flanke gleich ihrer Schneide zu machen«, wie Hart Crane (»Was für neu gesteckte Marathons zwischen den Sternen!«) es ausgedrückt hat. Dieser Anblick vom Fensterplatz eines Passagiers aus – Tragfläche und Welt in ihrer zugedachten Anordnung, und wie das ganze Himmelsschiff durch nichts als die sanfte Bewegung kleiner Klappen in Drehung versetzt wird – ist den Piloten vieler Großflugzeuge nicht vergönnt, obwohl es kein besseres Bild von der unsichtbaren Luft gibt.

Es ist eine Ironie des Fliegens – insbesondere des modernen Fliegens in großen Höhen bei hoher Geschwindigkeit –, dass ein Flugzeug, obwohl es noch vollständiger in der Luft zu Hause ist als ein Boot im Wasser, einen Großteil jener Luft rasch hinter sich lässt. Tatsächlich stellt die Atmosphäre eine hoffnungslos dünne Schicht um die Erde dar – im Verhältnis dünner als die Schale eines Apfels, woran uns Warnungen vor Luftverschmutzung gerne erinnern. Doch der größere Schock ist, wie schnell die Atmosphäre sich verringert, selbst noch innerhalb dieser dünnen Haut. Die Luft ist nicht gleichmäßig in der Atmosphäre verteilt. Anders als Wasser, das kaum komprimierbar ist, stapelt sich die Luft am Grund ihres Ozeans, schichtet sich auf unter ihrem eigenen beträchtlichen Gewicht.

Wenn ich mir wieder die Erde vom Weltraum aus vorstelle, muss ich daran denken, dass ihr Durchmesser über 12 000 Kilometer beträgt. Wenn man 5,6 Kilometer hoch steigt – bzw. 3,5 Meilen, etwa die halbe Reisehöhe eines typischen Linienflugzeugs –, hat man die Erde eigentlich kaum verlassen und doch bereits die Hälfte der Luft der Erde unter sich. Trotzdem könnten Sie hier noch atmen, wenn auch unter Schwierigkeiten – die meisten, die den 5895 Meter hohen Kilimandscharo besteigen, benutzen keine Sauerstoffflaschen. Noch höher, auf der typischen Reisehöhe von 7 Meilen, liegen bereits vier Fünftel der Luft der Welt unterhalb des Flugzeugs. Düsenflugzeuge dringen noch nicht in den Weltraum ein, aber sie legen mit uns den größten Teil des Wegs aus der Atmosphäre zurück, die alles am Leben erhält, was wir kennen.

Eine so rasche Abschwächung der Atmosphäre steht in Verbindung mit einer der merkwürdigeren Erkenntnisse über die Luft: dass Höhe selbst ein fließender Begriff ist.

Schon bevor ein Flugzeug abhebt, ist die Frage der Höhe gar nicht so leicht zu beantworten. Die Erde ist keine vollkommene Kugel. Ihr wahrer, unförmiger Charakter muss zu Navigationszwecken angeglichen werden, und welches Modell mit hochtrabendem Namen man dazu auch immer verwendet – World Geodetic System 1984 zum Beispiel –, es muss auf unseren Karten sorgfältig eingetragen werden. Höhen kann man in Bezug zum »mittleren Meeresspiegel« setzen, aber auch das ist nur eine Annäherung. Die Höhe des Meeresspiegels hängt von den Gezeiten ab, von der Jahreszeit und davon, auf welcher Seite des Panamakanals man sich befindet. Die Höhenlage von Flughäfen variiert gewaltig. Der Flughafen von Mexico City liegt zum Beispiel etwa 2200 Meter über dem Meeresspiegel, Amsterdams Schiphol befindet sich unterhalb des Meeresspiegels. Piloten scherzen manchmal, dass es auf einem Flug von Mexico City nach London bergab geht, und so ist es auch. Sogar die Flughäfen selbst und einzelne Start- und Landebahnen, die wir uns als notwendigerweise flach vorstellen, sind merklich dreidimensional. In Dallas beträgt die offizielle Höhe des Flughafens 185 Meter, doch die Schwelle einer der Pisten liegt fast 30 Meter niedriger. In der Mongolei, am Flughafen von Ulan Bator, beträgt die Höhendifferenz zwischen beiden Enden ein und derselben Piste mehr als 60 Meter. Das entspricht fast der Höhe eines zwanzigstöckigen Gebäudes oder eines Jumbojets, der aufrecht auf seinem Heck steht.

Zu Flugzeugen, als Geschöpfen der Luft, passt es, dass sie ihre Höhe berechnen, indem sie den Luftdruck messen. Die Luft lastet am schwersten auf den tiefsten Stellen, über denen sich die meiste Luft stapelt. Ein »barometrischer Höhenmesser« setzt hohen Luftdruck – viel Luft, die niederdrückt – mit niedriger Höhe gleich. Die Luft, so wird uns gesagt, ist genauso gewichtig und real wie Bücher, die auf der ausgestreckten Hand gestapelt werden. Am Boden spürt der Höhenmesser das Gewicht von, sagen wir, zehn Büchern und wandelt diesen Messwert in eine Höhe um. Wenn ein Flugzeug dann steigt, liegt weniger Luft darüber, also weniger Bücher. Der Höhenmesser spürt weniger Luftgewicht, weniger Luftdruck und gibt eine größere Höhe an.

Aber diese simple Gleichung hat ihre Tücken. Kein Gerät kann vollkommen akkurat sein, schon gar nicht, wenn es außen an einem Flugzeug angebracht ist, das sich bewegt. Zusätzlich zu solchen »Instrumentenfehlern« entsteht ein anderes Problem aufgrund der Art und Weise, wie Höhenmesser Luftdruck in Höhe umwandeln. Sie verwenden eine Formel, die als »Standardatmosphäre« bekannt ist. Es ist ein Modell aus Durchschnittswerten eines idealen Himmels, ein Luft-Esperanto, ein Muster, in welchem Verhältnis Höhe, Druck und Temperatur auf unserem Heimatplaneten für gewöhnlich zueinander stehen. Doch die tatsächlichen Bedingungen eines bestimmten Tages werden nie exakt auf die Standardatmosphäre passen. Diese Abweichungen können relativ groß sein. Stellen Sie sich vor, Sie stehen im Herbst auf dem Gipfel eines Berges. Ein Höhenmesser registriert das Gewicht der Luft, die auf ihn niederdrückt, und setzt dieses genau mit einer Höhe von 10 000 Fuß (also 3000 Metern) gleich. Aber unter den gleichen Bedingungen an einem Wintertag sorgt die Kälte dafür, dass die Luft dichter wird und absinkt. Mehr Luft der Atmosphäre sammelt sich unterhalb des Berges, und über dem Höhenmesser befindet sich weniger Luft, um auf ihn niederzudrücken. Das vermindert den Druck am Höhenmesser. Der Höhenmesser weiß nur, dass weniger Luftgewicht vorhanden ist, also zeigt er eine größere Höhe als die wirkliche an.

Und selbst in hochtechnisierten Passagiermaschinen müssen die Piloten manuell »Kaltwetterkorrekturen« auf die Höhe von Bergen anwenden. Besagten 10 000 Fuß hohen Berg würden wir normalerweise in einer Höhe von 12 000 Fuß überfliegen. Aber draußen ist es so kalt, dass wir den Berg behandeln, als wäre er 12 000 Fuß hoch, und ihn folglich in 14 000 Fuß Höhe überfliegen. Das vermittelt zwangsläufig den Eindruck, Granit würde im Winter wachsen – als würden sich Berge, wenn sich die Kälte über das Land legt, weiter in den Himmel erheben, bis der Frühling kommt und sie wieder schrumpfen.

Ein noch grundlegenderes Problem von Höhenmessern ist, dass der Luftdruck an jedem individuellen Ort mit der Zeit und je nach Wetter variiert. Auch zwischen verschiedenen Orten auf der Erde ändert er sich. Stellen Sie sich ein auf dem Boden geparktes Flugzeug vor, wenn über dem Flughafen ein Tiefdruckgebiet aufzieht (im Allgemeinen verbindet man Hochdruck mit schönem und Tiefdruck mit schlechtem Wetter). Die Höhenmesser spüren weniger Luft von oben niederdrücken. Wer weiß schon, ob uns ein Tiefdruckgebiet erreicht hat oder ob das Flugzeug angefangen hat, in den Himmel zu steigen? Der Höhenmesser jedenfalls nicht.

Ähnlich verhält es sich, wenn ein Hochdruckgebiet aufzieht und weniger Luftgewicht auf dem Höhenmesser lastet. Liegt es am Wetter, oder ist das Flugzeug abgesunken? Die Höhenmesser können es nicht sagen. Immer wieder kommt es vor, dass ich an Bord eines Flugzeugs gehe, das die Nacht auf einem Flughafen, meinetwegen auf Meereshöhe, verbracht hat, und sämtliche Höhenmesser behaupten, dass ich mich weit unter der Erde befinde oder bereits langsam in den Himmel abhebe. Wenn sich der Luftdruck rasch verändert, dann steigt oder fällt unsere angezeigte Höhe, obwohl wir absolut stillstehen, sowohl vertikal als auch horizontal.

Den von solchen Schwankungen verursachten Anomalien kommt man bei, indem man den Höhenmesser auf die lokalen Wetterbedingungen einstellt. Wir geben ihm einen Ausgangspunkt, damit er unsere Höhe präziser anhand des aktuellen Luftdrucks berechnen kann. Sobald wir im Cockpit Platz genommen haben, gehört es zu unseren ersten Aufgaben, diese *pressure settings* abzurufen. Auf unsere Eingabe hin drehen sich die Höhenmesser stillvergnügt, und nach seinem Wissen hebt sich das Flugzeug vom Untergrund der Erde empor oder sinkt auf sie hinab. Wenn ich diese Anpassungen in den ersten Minuten im Cockpit vornehme, atme ich stets im Geiste auf, erleichtert, dass Luft und Boden an diesem Morgen endlich richtig sortiert sind.

Fluglotsen überprüfen die korrekte, aktuellste Druckeinstellung. Eine präzise Luftdruckeinstellung ist nicht nur wichtig, damit jeder Pilot seine Höhe über dem Boden kennt, vielmehr hängt auch die sichere vertikale Trennung der Flugzeuge in einem bestimmten Gebiet davon ab, dass alle ihre Höhe auf dieselbe Druckeinstellung beziehen – dasselbe Luftmuster einer bestimmten Stunde. Wenn sich der Luftdruck ändert, geben die Fluglotsen das über Funk an »alle Stationen«, sprich alle Flugzeuge, durch. Wenn eine solche Luftdruckänderung herausgegeben wird, passen alle Piloten in der Nähe brav ihre Höhenmesser an. In allen Flugzeugen, die sich gerade Heathrow, Atlanta oder Dubai nähern, ändern sich dann gleichzeitig die angezeigten Höhen, und die Zeiger ruckeln einträchtig nach oben oder unten. Die Luftdruckeinstellungen sind so wichtig, dass es formale Verfahren gibt, die sicherstellen, dass die mehrfach vorhandenen Höhenmesser eines Flugzeugs alle korrekt eingestellt sind. Stehen sie nicht auf demselben Luftdruck, zeigt uns das Flugzeug etwa die Meldung an: »*BARO DISAGREE*« (*baros* bedeutet Gewicht – das der Luft.)

In meinem ersten Jahr als Berufspilot wurde mir von mindestens einem Dutzend Kapitänen das von dem Flieger Ernest Gann geschriebene Buch *Fate is the Hunter* aus dem Jahr 1961 empfohlen, und von zweien bekam ich sogar ein Exemplar geschenkt. Es enthält viele zu Tränen rührende Geschichten aus einem früheren Zeitalter des Fliegens. In einer davon sinkt das mit Eis bedeckte Flugzeug in Richtung eines Gebirges ab, und Gann fragt seinen Kapitän, als wäre es die normalste Frage der Welt, ob es nicht an der Zeit sei, etwas an Höhe zu gewinnen, indem man das Gepäck der Passagiere über Bord werfe. Später beschreibt Gann einen haarsträubenden Sinkflug bei Nebel über dem Wasser. Es bleibt ihm nichts anderes übrig, als auf Island zu landen, und er versucht, tief genug zu kommen, um es zu finden, aber nicht zu tief, um im Ozean zu landen, den er nicht sehen kann. Seine luftdruckbasierten Höhenmesser funktionieren normal, aber da er über keine lokale Luftdruckeinstellung verfügt, hat er keine Ahnung, wie hoch er tatsächlich ist. Schließlich lässt ein Kollege ein Seil hinten aus dem Flugzeug hängen und wartet darauf, dass es von den Wogen des Nordatlantiks mitgerissen wird. »Wenn Sie einen Zug spüren«, weist Gann seinen Kollegen an, »schreien Sie, was das Zeug hält.«

Solche Geschichten machen deutlich, wie wichtig es ist, Höhenmesser auf den lokalen Luftdruck einzustellen, wenn man sich dicht über dem Boden (oder dem Wasser) befindet. Umso mehr überrascht es vielleicht, dass diese lokalen Korrekturen von Linienpiloten in der Höhe über lange Stunden zwischen den Flughäfen völlig außer Acht gelassen werden. Wir stellen die Höhenmesser einfach auf *standard*, eine aus der Standardatmosphäre abgeleitete Luftdruckeinstellung, jenes Universalmodell der Erdenluft. Dabei ignorieren wir das tatsächliche Wetter des Tages – die von Stunde zu Stunde und von Ort zu Ort wechselnden atmosphärischen Launen der realen Welt.

Den lokalen Luftdruck zu ignorieren bedeutet natürlich, auch unsere wahre Höhe zu ignorieren. Diese kollektive Ungenauigkeit wird von

Linienflugzeugen, die in großer Höhe fliegen, in Kauf genommen. Was auch immer auf dem Bildschirm vor Ihnen in der Passagierkabine oder an den Höhenmessern im Cockpit angezeigt wird, das Flugzeug befindet sich mit ziemlicher Sicherheit *nicht* auf jener Höhe, denn der Luftdruck auf der Erde unmittelbar unter Ihnen ist nicht bekannt, und falls doch – durch den Wetterbericht oder einen Flughafen in der Nähe zum Beispiel –, sind unsere Höhenmesser nicht auf ihn eingestellt.

Noch kurioser ist, dass Flugzeuge, die einer Höhe folgen, die sich auf die Standardatmosphäre bezieht, kollektiv und ununterbrochen ihr falsches Maß anpassen – indem sie leicht ansteigen oder sinken, während sie sich durch unterschiedliche Wettergebiete der Welt bewegen und sich der wahre Druck um sie herum mit der Zeit verändert. Ein Schlüsselmoment meiner Ausbildung war, als mir klar wurde, dass sich ein Flugzeug, das auf 35 000 Fuß Höhe fliegt, mit größter Wahrscheinlichkeit *nicht* auf gleicher Höhe wie ein anderes Flugzeug irgendwo auf der Welt befindet, dessen Höhenmesser ebenfalls 35 000 Fuß anzeigen, oder dass ein Flugzeug, könnte es irgendwie auf der Stelle schweben und dabei seine Standardvorstellung von 35 000 Fuß beibehalten, in Wahrheit langsam mit dem Wetter steigen oder sinken würde.

Stellen Sie sich einen Ozean vor und wie sich die auf seiner weiten Fläche verteilten Boote mit ihrem örtlichen Seegang heben und senken, die gleichzeitigen lokalen Bedingungen und die durch das Wasser gegebene globale Vernetzung. All diese Boote befinden sich auf der Oberfläche, obwohl ihre wahre Höhe variiert. Eine auf die Standardatmosphäre bezogene Flughöhe ist wie eine solche Oberfläche: eine Membran aus Luft, mit Vertiefungen und Erhebungen, die unsichtbar über den Unebenheiten der Welt und der darauf ruhenden Luft schimmert. Die Flugzeuge in den Höhen der Welt folgen diesen Unebenheiten sowohl vertikal als auch horizontal von einem Moment und Ort zum anderen.

Die im Cockpit angezeigten großen Höhen sind so losgelöst von der wahren Höhe, dass sie gar nicht Höhen genannt werden, sondern Flugflächen – eine Unterscheidung, die weder von den *moving maps* für die Passagiere noch von den Höhenmessern im Cockpit vorgenommen wird. Obwohl der Begriff »Flugflächen« also formal falsch ist, sofern wir ihn umgangssprachlich mit wahren Flughöhen gleichsetzen, sind sie genau das, was man von einer Branche erwartet, die in einer einzigen Zeitzone arbeitet. Flugflächen sind zugleich eine Einebnung und eine Fiktion, eine Globalisierung des Himmels. Ein solches System – obwohl seine inhärenten Ungenauigkeiten überraschen mögen und sich in einigen neueren Linienflugzeugen mittlerweile die Anzeige einer GPS-ermittelten Höhe aufrufen lässt – ist genauso sicher wie zweckorientiert. Viele Funktionen eines Flugzeugs beziehen sich auf die Standardatmosphäre, und eine gemeinsame, feste Höhenmessereinstellung sorgt dafür, dass Flugzeuge ordentlich von anderen in der Nähe getrennt sind.

Und noch eine Auffassung von Höhe muss ein Linienpilot lernen: die Funk- oder Radarhöhe. Funkhöhenmesser lassen ein Funksignal von der Erde zurückwerfen und berechnen ihre Höhe anhand der Dauer, bis das Signal zurückkehrt. Der Funkhöhenmesser kümmert sich lediglich darum, wie viele Fuß messbaren Raums sich direkt unter ihm befinden – eine Zahl, die er uns im Cockpit oft laut mitteilt. In niedrigen Höhen umgeht ihre Genauigkeit die Launen des Luftdrucks und die variierenden Erhebungen von Bergen in der Umgebung von Flughäfen. Und zumindest in der vertikalen Dimension ersetzen Funkhöhenmesser bei automatischen Landungen teilweise die Augen eines Piloten. Funkhöhenmesser sind so exakt, dass sie sogar berücksichtigen müssen, wie lang ein Signal braucht, um durch die Verkabelung des Flugzeuges zu dringen. Sie sind äußerst zuverlässig, obwohl sie seltsamerweise über bestimmten Arten von Bodenbewuchs, etwa wehendem, langem, nassem Gras, den Boden aus den Augen verlieren können (was eher für die Piloten von Helikoptern ein Problem darstellt als für die einer 747).

Der Funkhöhenmesser liefert uns die präziseste Messung unserer Entfernung zu allem, was sich direkt unter uns befindet. Doch genau diese Präzision gibt weitere Rätsel auf. Manchmal fängt er in großen Höhen seine Rückstrahlung nicht vom Boden, sondern von einem anderen Flugzeug auf. Obwohl unsere luftdruckbasierten Höhenmesser zeigen, dass wir uns in 38 000 Fuß Höhe befinden, kann es sein, dass der Funkhöhenmesser vertrauensselig »EINTAUSEND« ins Cockpit verkündet, wenn wir gerade ein Flugzeug auf 37 000 Fuß Höhe überfliegen. Die Meldung einer solchen Zahl erwarten wir vom Funkhöhenmesser eigentlich erst kurz vor der Landung, wenn seine Abfragen nicht von einer anderen, unter unserem Funkschatten hindurchfliegenden Maschine hoch über Mali oder Missouri zurückgeworfen werden, sondern von der sich nähernden Erde.

Die Entwickler von Funkhöhenmessern müssen außerdem die trügerisch simple Frage berücksichtigen, wo genau null ist, das heißt, wo das Flugzeug selbst anfängt. Angesichts der Verwendung des Funkhöhenmessers kurz vor der Landung ist es sinnvoll, die Höhe null nicht bei der Unterseite des Rumpfes anzusetzen, wo der Funkhöhenmesser angebracht ist, sondern an der Unterseite der Räder bei ausgefahrenem Fahrwerk. Aber auch das ist nicht so einfach. Bei einer 747 im Landeanflug sind die Fahrwerksbeine, die im Prinzip Stoßdämpfer sind, länger, weil sie nicht zusammengestaucht sind. Darüber hinaus ist das Flugzeug nach oben geneigt, mit erhobener Nase. (Viele Passagiermaschinen zeigen nicht nur im Steigflug, sondern auch während des Flugs und die meiste Zeit des abschließenden Sinkflugs nach oben, eine Aufwärtsgeometrie des Fliegens, die teilweise die Bremspedale an Servierwagen erklärt, die Tücken von *flat beds* und warum es fast immer schwerer ist, im Flugzeug nach vorn zu laufen als nach hinten.)

Weil wir beim Fliegen die Höhe des tiefsten Punktes des Flugzeugs wissen wollen, beginnt der Funkhöhenmesser nicht vom Höhenmesser selbst an zu zählen oder von dem Punkt, wo die Räder enden, wenn sie sich auf dem Boden befinden, sondern ungefähr von dort, wo die Räder enden, wenn kein Gewicht auf ihnen lastet, wenn sie also frei durch die Luft schweben.

Bei der Landung senkt sich jedoch die Nase, das Gewicht des Flugzeugs drückt auf das Fahrwerk hinunter und staucht es zusammen. Nun findet sich unser stets treuer Funkhöhenmesser *unterhalb* dessen wieder, wo er während des Flugs den Boden weiß. Und genau das gibt er uns an, wenn wir erstmals in eine geparkte 747 steigen, unsere Sitze einstellen, die Helligkeit unserer Bildschirme hochdrehen und mit unseren Startvorbereitungen beginnen: dass sich dieses Flugzeug 2 bis 3 Meter unterhalb der Erdoberfläche befindet. Selbst das anspruchsvollste Maß unserer Höhe über der Erdoberfläche ist nicht konstant, es hängt davon ab, ob wir gerade kommen oder gehen.

Ich war einmal im Oktober mit einem Freund in Island. Wir fuhren mit dem Auto von Reykjavik aus im Uhrzeigersinn los, und irgendwann spät abends umrundeten wir den südöstlichsten Zipfel der Insel. In England ergibt das Wetter für mich absolut Sinn, wenn ich mir vorstelle, dass ich selbst mitten in London an Deck bin, auf dem Meer, und mir direkt hinter dem Zeitungsstand oder Coffeeshop an der letzten Ecke der Straße ein stürmisches Seestück vom Kaliber eines William Turner ausmale. Als wir durch Island fuhren, hatte ich wiederholt nicht etwa das Gefühl, als würden wir uns auf See befinden – obwohl das Meer fast immer in der Nähe war –, sondern als würden wir fliegen. Noch nie war mir die Wirkung des Windes auf ein Auto so bewusst geworden. Um einfach nur auf der Straße zu bleiben, musste man fast ununterbrochen Kraft auf das Lenkrad ausüben, nach links oder rechts steuern, je nach Verlauf der Straße und der vom Regen durchzogenen Seitenwinde. Jede Windbö blies uns halb aus unserer Spur.

Auch mit Flugzeugen muss man manchmal kurzzeitig bei starkem Wind eine Straße entlangfahren, nämlich die Start- oder Landebahn. Am Boden kann ein Flugzeug entweder über die Räder oder die Flugsteuerung gelenkt werden – oder beides. Wenn sich die Geschwindigkeit eines Flugzeugs am Boden erhöht und mehr Luft über seine Flugsteuerungselemente fließt, verstärkt das deren Effektivität, als würde man einen Handflügel aus dem Fenster eines beschleunigenden Autos halten. Dadurch bekommt man das unerwartete, sich steigernde Gefühl, dass man während des Starts gleichzeitig durch die Luft fahre und auf dem Boden entlangfliege. Bei einem nächtlichen Halt in Island überlegte ich, wie viel einfacher das Fahren gewesen wäre, wenn isländische Mietwagen mit einer flugzeugartigen Steuerung ausgestattet wären, einem Ruder vielleicht – irgendein Zugeständnis an ihre unfreiwillige Existenz in der Luft.

Für den erdverbundenen Beobachter bedeutet Wind ein lokales Ereignis vor einem grundsätzlich stillen Hintergrund, eine Brise, die über einen festen Punkt auf der Erde, über uns selbst, hinwegweht. Aber weiter oben ist die Luft, das Bezugssystem des Fliegens, fast immer in Bewegung. Sobald ich den Boden verlassen habe, sehe ich den Wind nicht mehr als über uns streifende Luftbewegung an, sondern er trägt uns vielmehr im Ganzen, wie ein Fluss oder eine Strömung im Ozean.

Könnte man eine Ansicht der Erde erzeugen, die nur zeigt, was sich schneller bewegt als 160 km/h –, eine Karte der Geschwindigkeit, eine Weltsicht der reinen Bewegungen –, sähen Sie ein paar Züge und viele Autos in Deutschland, deren Geschwindigkeitslinien das Netzwerk der Autobahnen nachzeichnen. Sie sähen viele Flugzeuge, die Gestalt annehmen, während sie beim Start beschleunigen und vom Geschwindigkeitsplaneten verschwinden, wenn sie gelandet sind und langsamer werden. Vor allem aber würden Sie die Jetstreams sehen, die Höhenwinde, die die Erde umkreisen. »Wo sind die Jets heute Nacht?«, frage ich vielleicht einen Kollegen oder bemerke, »Den ganzen Flug über sind wir einen starken Jet geflogen«. Das »Jet« in Jetstream bedeutet »Strahl« und leitet sich nicht etwa von den Düsenflugzeugen ab, die wir meistens mit ihnen verbinden, sondern von der Strömung der Winde. Doch diese Winde haben wir erst richtig verstanden, seit wir mit dem Fliegen begonnen haben, und heute ist der Name eine treffliche Konvergenz der Triebwerkart und der Windart, die unsere großartigsten Reisen über die Erde sowohl ermöglichen als auch gestalten. Der schnellste Jetstream, in dem ich vor kurzem geflogen bin, betrug 174 Knoten – glücklicherweise ein Rückenwind. (Knoten heißt Seemeilen pro Stunde, eine Seemeile entspricht 1,85 Kilometern, 174 Knoten sind also etwa 320 km/h.)

Viele Faktoren bestimmen den Weg, dem ein Flugzeug zwischen zwei Städten folgt. Einzelne Sektoren des Luftraums können überfüllt oder vorübergehend gesperrt sein, oft aufgrund von Militärübungen. Wegen der unterschiedlichen Navigationsgebühren, die die einzelnen Länder erheben, können zeitlich oder streckenmäßig längere Routen trotzdem Geld sparen. Eine weitere Überlegung sind die Wetterbedingungen auf der Strecke. Aber ungeachtet solcher Faktoren, ist die primäre Aufgabe der Flugplaner und Piloten, durch die Höhenwinde zu navigieren, sie auszunutzen, indem man per Anhalter auf einem Himmelsfluss mitfährt, der in die richtige Richtung fließt, oder sie aktiv zu meiden, indem man vor den Stürmen flieht, die die Fortbewegung eines Flugzeugs durch die Welt enorm verlangsamen würden.

Über dem Nordatlantik, den so viele Flugzeuge auf dem Weg zwischen Nordamerika und Europa überqueren, wird jeden Tag von neuem ein Satz windoptimierter Routen kartiert, nach Westen wie nach Osten. Am Tag mögen die Flugzeuge Richtung Westen eine Kurve weit nach Norden beschreiben, bis hinauf an die Küste von Labrador, um den West-Ost-Winden aus dem Weg zu gehen, die weiter südlich wüten. In der Nacht kehren dieselben Flugzeuge vielleicht in einer beachtlichen Schleife nach Europa zurück, tauchen tief gen Süden ab und suchen nach dem Kern des Jetstreams Richtung Osten, um den sie noch vor wenigen Stunden buchstäblich einen großen Bogen gemacht haben. Oft werden die Wege von Flugzeugen, die in entgegengesetzte Richtungen unterwegs sind, durch die Winde so gründlich auseinandergehebelt, dass die Route eines Flugzeugs, das beispielsweise von London nach Los Angeles fliegt, nicht ein einziges Mal den Weg kreuzt, den ein Flugzeug von Los Angeles nach London am selben Tag nimmt.

Ein »Großkreis« ist die sogenannte gerade Linie zwischen zwei Orten, wie eine Schnur sie um die Oberfläche einer Kugel herum verbinden würde (tatsächlich steht im Büro meiner Fluggesellschaft neben einer Reihe von Flugplanungscomputern noch ein Globus mit einer solchen Schnur, ein Relikt aus der Zeit, als Großkreise vielleicht noch von Hand gezeichnet wurden).

Auf Flügen von Nordeuropa in den Westen Nordamerikas sind Passagiere mitunter überrascht, auf dem Bildschirm der *moving map* zu sehen, wie weit nördlich wir uns befinden – oft über Grönland, wo Reisende, die das Glück hatten, einen Fensterplatz zu ergattern, zuverlässig in den Genuss eines der spektakulärsten Panoramen des Planeten aus Meer, Eis und Bergen kommen. Der Verlauf dieser Routen ist oft den rätselhaften Großkreisen zuzuschreiben. Richtung Westen fliegen Flugzeuge allerdings oft ein ganzes Stück nördlich des Großkreises, um den tosenden Gegenwinden zu entkommen, die ihre Zeit und ihren Treibstoff verschlingen würden; dieselben Winde, für die die Piloten, die in jener Nacht zurückkehren, dankbar sein werden, wenn sie weit südlich des Großkreises entlangfliegen und den Himmel nach den Stellen absuchen, wo der Luftstrom gen Osten am stärksten ist. Es kam schon vor, dass ich einen Flug von London aus an die Westküste Nordamerikas auf Luftstraßen gestartet habe, die nicht nordwestlich, sondern leicht nordöstlich um einen überfüllten Luftraum herum verliefen. Die vorrangige Aufgabe an einem solchen Tag ist, dem Westwind zu entkommen. Erst dann nehmen wir unseren Kurs auf.

Während Flugzeuge sich auf diese Luftflüsse zu- oder von ihnen fortbewegen, verwandeln sich diese Flüsse selbst und wandern über die Erde. Sie werden stärker oder schwächer, winden sich fort und driften von ihren typischen Lieblingsorten in meilenlangen, lässigen Schwüngen durch den Himmel. Die optimale Route – die kürzeste und kraftstoffsparendste – zwischen zwei Städten ändert sich ständig, und so kann sich auch die Route, die eine Linienmaschine zwischen ihnen nimmt, von einem Tag auf den anderen drastisch ändern. Auf manchen Flügen nach New York ist Nordirland das Letzte, was ich von Europa sehe. Wenn ich in der Woche darauf in dieselbe Stadt fliege, findet der Abschied vielleicht über Land's End statt. Driften die Jetstreams stark von ihren traditionellen Heimatorten ab, füllen sich ansonsten ruhige Gefilde des Himmels für ein paar Stunden oder Tage mit Düsenjets, deren Piloten wie Surfer von der perfekten Welle angezogen werden. Selbst diese unsere technisch fortschrittlichsten Reisen werden also von den Naturgewalten der Welt gestaltet; mit einer beinahe biologischen Schlichtheit lenken sie unsere Wanderbewegungen.

Auch in der Vertikale verändern Flugzeuge ihre Wege in Reaktion auf den Wind. An jedem Punkt eines Fluges gibt es für ein Flugzeug eine optimale Höhe, die in erster Linie vom Gewicht des Flugzeugs abhängt. Mit dem Verbrennen von Kraftstoff reduziert sich dieses Gewicht, und die optimale Höhe steigt. In einem idealen Himmel, der frei ist von anderen Flugzeugen und Veränderungen des Windes, würde ein Flugzeug während seines Flugs also stetig steigen, bis es an der Zeit wäre, den Sinkflug für die Landung einzuleiten. Doch vertikale Unterschiede in der Windstärke übertrumpfen oft diese ideale Höhe, und so kann es sein, dass wir früh auf eine ansonsten ineffiziente Höhe ansteigen, weil es für uns noch wertvoller ist, den Kern eines Jetstreams zu erreichen. Oder wir sinken ab, um einem aus dem Weg zu gehen. Neulich waren auf einem Flug von London nach Miami die Gegenwinde über dem Atlantik so stark und breit, dass es keine Möglichkeit gab, sie horizontal zu meiden. Nachdem wir also während der ersten paar Stunden des Flugs auf 37 000 Fuß gestiegen waren, sanken wir auf 29 000 ab und gaben dabei fast ein Viertel unserer anfänglichen Höhe auf, mehr als genug, dass es in unseren Ohren knackte. Später stiegen wir wieder, dann sanken wir erneut, eine Art Tauchstampfen, ein vertikales Wegefinden im Ozean der Luft.

Unsere Flugpapiere und Bordcomputer helfen uns bei solchen Berechnungen. Aber wir haben im Cockpit auch Tabellen auf Papier, die *wind-altitude trades* heißen. Der Name erinnert an die *trade winds*, die Passatwinde, die die Schiffe in die Neue Welt wehten, Schiffe, die dann auf dem Weg nach Hause einen Bogen nordwärts machen sollten, um andere Winde und Strömungen zu erwischen, worin bereits die äolische Geometrie anklang, die Piloten und Flugplaner heute tagtäglich über demselben Gewässer anwenden. Manchmal fragt uns ein Pilot eines anderen Flugzeugs auf einer anderen Höhe, welchen Wind wir gerade haben – unseren *spot wind*, wie er auch genannt wird –, was ihm die Entscheidung erleichtert, ob er steigen, sinken oder bleiben soll, wo er ist.

Ebenso wie die Höhe berechnet eine Linienmaschine auch ununterbrochen die jeweils effizienteste Geschwindigkeit für die augenblicklichen Flugbedingungen. Vielleicht sitzen Sie demselben Irrtum auf wie ich damals, dass diese effizienteste Geschwindigkeit dieselbe wäre, egal, ob das Flugzeug gerade Gegenwind, Rückenwind oder keinen Wind erfährt. Aber in der verworrenen Algebra der Luft ist die Beeinträchtigung der Effizienz eines Flugzeugs durch einen Gegenwind größer als das Geschenk, wenn man denselben Wind im Rücken hätte. Je stärker ein Rückenwind, desto kürzer die Zeit, in der man von ihm profitiert, während man einem stärkeren Gegenwind umso länger ausgesetzt ist. Aus diesem

Grund werden die Flugcomputer vorschlagen, auf eine ansonsten nicht sehr effiziente Geschwindigkeit zu beschleunigen, um die Zeit zu minimieren, in der wir diesem Gegenwind ausgesetzt sind, während sie bei Rückenwind dazu raten, langsamer zu werden, um eine Weile mit dem Wind im Rücken zu verharren.

Der Wind ist für die Flugberechnungen ein so entscheidender Faktor, dass sich manche Handbücher auf eine neue Art der Entfernung beziehen: Luftmeilen oder Luftentfernung (*air distance*). Bei der Luftentfernung wird die Auswirkung des Windes zu der reinen Entfernung hinzugerechnet, die das Flugzeug über der Erde zurücklegt. Als Längeneinheit ist sie ebenso wenig greifbar wie die Luft selbst, es gibt himmelweite Unterschiede. Sofern es Gegen- oder Rückenwind gibt, was fast immer der Fall ist, hat zum Beispiel ein Flug von London nach Peking eine andere Luftentfernung als ein Flug, der exakt derselben Route in die entgegengesetzte Richtung folgt, von Peking nach London – und beide Luftentfernungen weichen von der Entfernung am Boden ab.

Manchmal, wenn wir uns noch am Boden befinden, nachdem ich die Route in die Computer geladen habe, aber noch bevor ich die erwarteten Winde eingebe, leuchtet eine Warnung auf den Flugrechnern auf, dass das Flugzeug nicht über genug Treibstoff verfüge, um die geplante Route zu fliegen, ohne seine hochheilige letzte Reserve anzutasten. Dann erzähle ich den Computern etwas über die Winde auf der Welt, die Computer gehen noch mal in sich und geben sich zufrieden. Obwohl die Meilen am Boden unverändert sind und wir uns noch keinen Millimeter bewegt haben, wurde die Luftentfernung vom Wind umgearbeitet.

Richard Bach, der Autor von *Die Möwe Jonathan*, hat einem Essay einmal den Titel gegeben *I've never heard the wind* – den Wind habe ich nie gehört. Heute trifft das auf die meisten Piloten zu. Obwohl die Winde eine der dramatischsten physikalischen Phänomene der Natur darstellen und über den Weg und die Länge all unserer Reisen bestimmen, existieren sie hauptsächlich als Zahlen auf den Bildschirmen unseres Cockpits, wo sich ein winziges Symbol (leider nur ein Pfeil und kein Gockel) wie eine Wetterfahne dreht. Sowohl unter Piloten als auch unter den

Flugbegleitern sind die Dimensionen des Windes regelmäßig Gesprächsthema, auf ebenso beiläufige Weise zentral für unseren Alltag wie Verspätungen der Bahn oder morgendliche Verkehrsstaus. Ein Gegenwind auf dem Hinflug stört uns nicht weiter, weil es oft eine schnellere Rückkehr am nächsten Tag bedeutet. Aber wir hören oder spüren den Wind nicht direkt.

Gelegentlich sorgen Jetstreams für Turbulenzen, insbesondere an ihren Rändern. Aber häufig sind sie so geschmeidig, dass nichts auf ihre wahren Ausmaße hindeutet. Wenn es ein bisschen ruckelt, rufe ich mir ins Gedächtnis, dass ich an die 1000 Kilometer pro Stunde fliege in einer Luft, die sich mit 320 Stundenkilometern bewegt, und trotzdem ist das Flugzeug ruhiger als ein Auto auf einer unbefestigten Straße. Die schnellsten Winde sind oft glatt wie eine Glasscheibe. Wenn die computergesteuerte Windanzeige einen Wind meldet, der für ein Passagierflugzeug absolute Routine ist, beispielsweise 50 Knoten, denke ich, dass ein solcher Wind am Boden – knapp 100 km/h – überall, außer in Island, die Nachrichten beherrschen würde. Wir hätten Schwierigkeiten, ihm standzuhalten, und müssten brüllen, um gehört zu werden.

Maritime Kulturen, etwa im Mittelmeerraum, verwenden immer noch archaische Namen für Winde – Bora, Schirokko, Chamsin. England hat heute nur noch einen Wind mit Namen, den Helm Wind, der dafür bekannt ist, dass er gelegentlich die westlichen Hänge der Penninen in Cumbria hinunterpfeift. Aber man kann sich leicht vorstellen, dass der sogenannte protestantische Wind, der die spanische Armada von England fortgeblasen hat, zu einer allgemeinen Bezeichnung für Ostwind geworden wäre (ein Jahrhundert später wehten auch »papistische« Winde, um die Ankunft von Wilhelm III. von Oranien hinauszuzögern). Amerika hat sich noch ein paar Winde erhalten, die Namen tragen, etwa die Santa-Ana-Winde Südkaliforniens und den Chinook und sogar einen fiktiven Wind, Maria, aus dem Goldrausch-Musical *Paint Your Wagon* (aus dem die Sängerin Mariah Carey ihren Namen und dessen Aussprache übernahm). Auf Hawaii gab es einst Hunderte von Winden mit Namen, und ob man die Winde und Regen eines Ortes dort aufzählen konnte, galt als Test, ob man ein echter Einheimischer war.

Stellen Sie sich vor, Sie blicken eines Morgens in den Himmel und sehen dort einen Nil oder einen Amazonas, in einem leicht dunkleren Ton, einem schimmernden, teilweise spiegelnden Marineblau, der sich im Nordhimmel über Ihren Heimatort hinwegwindet und schlängelt und, wenn Sie in die Mittagspause gehen, Richtung Südhimmel gewandert ist. Neben der Sonne wären solche Luftflüsse das dramatischste Phänomen der Erde oder des Himmels. Wir haben mit einer solchen Selbstverständlichkeit die Seelen unserer Städte, Literaturen, ganzer Zivilisationen nach Flüssen gestaltet – der Donau, dem Mississippi, dem Yangtse. Ein Hersteller hat sogar seine Düsentriebwerke nach britischen Flüssen benannt – das *Spey*, das *Trent*, das *Tay* –, um ihr glattes Fließen von der Ungleichmäßigkeit von Kolbentriebwerken abzuheben.

Wir hätten vielleicht mehr aus den Jetstreams gemacht, hätten sie verehrt und eine komplette Mythologie um ihr Bild herum errichtet, hätten unsere vorwissenschaftlichen Augen sie sehen können. Das Fliegen, auch wenn es sich eines Tages so altmodisch anfühlen wird wie heute das Segeln, ist für uns immer noch neu. Es ist noch lange nicht zu spät, um die Höhenwinde des Himmels zu benennen, die Samen eines luftigen Erbes zu streuen.

Obwohl die mächtigen Bänder der Jetstreams hauptsächlich nach Osten und Westen um die Erde verlaufen, könnten wir uns dafür entscheiden, ihren einzelnen Abschnitten verschiedene Persönlichkeiten zuzuordnen, so wie sich in England auch die Namen einiger Flüsse und Straßen unvermittelt ändern. Die Höhenwinde über dem US-Festland könnten in die Wiley Posts oder Post Winds umbenannt werden, nach Wiley Post, dem einäugigen amerikanischen Flieger, der als erster Pilot allein um die Welt flog und dem die Entdeckung der Jetstreams teilweise zugeschrieben wird. Post starb 1935 im Alter von nur sechsunddreißig Jahren in Alaska bei dem Absturz, bei dem auch der Komiker Will Rogers ums Leben kam. An der George-Washington-Brücke in New York gibt es einen altmodischen Leuchtturm, ein Lichtdenkmal, das einst auch als Markierung für Flugzeuge diente, die ihre Routen gen Westen aufnahmen. »Unser Flug nach Raleigh«, könnte etwa ein Pilot sagen, der aus dem Westen zurückkehrt, »dauert nur knapp vier Stun-

den, den Post Winds sei Dank.«Derweil wir die Winde über dem Nordatlantik, die so zuverlässig und gleichmäßig von Nordamerika nach
Europa wehen, die »Allied Winds« nennen könnten, um uns daran zu
erinnern, dass sie am sorgfältigsten während der transatlantischen Hilfs-
lieferungen im Zweiten Weltkrieg dokumentiert wurden.

Es gehört zu den angenehmen Seiten meines Jobs, dass mir hin und
wieder die Aufgabe zufällt, die Winde zu zeichnen. Im Cockpit der 747
sind mittlerweile viele von unseren Papierkarten durch elektronische
Versionen ersetzt worden. Aber es gibt immer noch eine Reihe von Ein-
wegkarten der Welt, sogenannte *progress charts*, Verlaufskarten. Als Kind
habe ich Kopien davon in der Passagierkabine hängen sehen – der Weg
des Flugzeugs, eine dunkelgraue Zickzacklinie über blauem Meer und
gelbem Land. Eine oder zwei davon, um die ich die Flugbegleiter auf
diesen Flügen vor langer Zeit gebeten hatte, besitze ich heute noch. Auf
diesen Karten ist Platz für Datum und Flugnummer sowie für Namen
und Rang der Piloten. Wenn ich eine Verlaufskarte ausfülle, komme ich
mir vor wie in einer anderen Zeit, als würde ich mich auf wogender See
über einen Tisch beugen, darauf eine Öllampe oder ein schweres Navi-
gationsinstrument aus Messing, um das Papier an Ort und Stelle zu halten. Es gefällt mir, mit dicker grüner oder blauer Tinte die gleichmäßigen Linien zwischen entfernten Wegpunkten zu ziehen, über Länder,
Berge, Ozeane hinweg, wie es nur ein Stift oder ein Linienflugzeug kann.
Obwohl wir andere, computergenerierte Karten haben, die die vorherr-
schenden Winde entlang unserer Route anzeigen, zeichnen manche Piloten neben den vorhergesagten Turbulenzgebieten immer noch die
Winde auf der Karte ein.

Ein Pilot, der kein Papier verschwenden möchte, bewahrt sich die
Karte vielleicht für den Heimflug auf und verwendet für Route und
Winde dann andere Farben als beim Hinflug. Aber wenn wir nach der
Landung Besucher im Cockpit haben, insbesondere Kinder, geben wir
ihnen die Karte gerne mit nach Hause. Eines Tages werden auch diese
letzten Papierkarten aus den Cockpits verschwunden sein und zu Relik-
ten der Anfänge des Düsenflugs werden. Für den Moment bleiben sie
uns erhalten, diese Karten der Vergänglichkeit und Luft in jedem Sinn –

handgezeichnete Darstellungen einer einzigartigen Reise eines Tages, gestaltet vom Wind und den großen, namenlosen Flüssen des Himmels, die uns behinderten oder segneten und uns auf unseren Weg brachten.

Wie Höhe und Entfernung sind auch Temperatur und Geschwindigkeit für hoch fliegende Flugzeuge keine absoluten Begriffe. Allgemein kann man sagen, dass die Lufttemperatur mit zunehmender Höhe abnimmt, genauso wie es auf Bergen für gewöhnlich kälter ist als im Tiefland. Eine Linienmaschine steigt in der Tat hoch hinauf, in eine unwirtliche Welt, wo die Temperaturen normalerweise auf minus 57 Grad Celsius sinken.

Die Temperatur beeinflusst vieles bei einem Flugzeug – die Effizienz der Triebwerke und die Bildung von Eis, das sowohl die Triebwerke als auch den Luftfluss über die Tragflächen stören kann. Die Temperatur zu messen ist allerdings gar nicht so einfach. In kaltem Klima warnen Meteorologen vor Windkühle, also dass sich ein eisiger Tag durch den Wind noch viel kälter anfühlen kann. Linienflugzeuge bewegen sich so schnell vorwärts, dass sie nicht nur Windkühle erfahren, sondern auch etwas, was man Windhitze nennen könnte. Schnelle Luft trifft auf ein Thermometer, wo sie abrupt abgebremst und komprimiert wird und sich beträchtlich erwärmt – ein Effekt, den mein Bruder vom Aufpumpen der Fahrradreifen kennt, die er immer fachgerecht für mich repariert. Dieser Effekt ist Teil des sogenannten *ram rise* und bewirkt, dass Thermometer im Windsog generell eine wesentlich höhere Temperatur anzeigen als die Umgebungstemperatur der Luft.

Bei der Concorde konnte der *ram rise* die Nase und die Vorderkanten der Tragflächen auf über 100 Grad Celsius erhitzen – genug, um auf Meereshöhe Wasser zum Kochen zu bringen und das Flugzeug sich im Flug um etwa 25 Zentimeter ausdehnen zu lassen. Bei einer 747, die sich mit weniger als der halben Geschwindigkeit der Concorde fortbewegt, fällt der Effekt moderater aus. Trotzdem schlägt ein Thermometer im Sog meist wesentlich höher aus als die tatsächliche Temperatur der Luft – oft um mindestens 30 Grad. Daher unterscheidet man zwischen der Temperatur, der Passagiermaschinen bei Geschwindigkeit ausgesetzt sind, der

Total Air Temperature oder TAT, und der *Static Air Temperature* oder SAT, der Temperatur, die unkomprimierte Luft um das Flugzeug hätte.

Es ist durchaus sinnvoll, sich SAT als die reale oder aktuelle Temperatur zu denken, und in der Differenz zwischen SAT und TAT eine unpräzise, aber zufriedenstellende Parallele zu einem Grundsatz der Quantenphysik zu sehen, nach dem der Vorgang des Messens genau das, was man messen will, verfälschen oder verändern könnte. Die als höher empfundene Temperatur ist jedoch keine Frage der Messung. Die nach vorne weisenden Teile des Flugzeugs – etwa die Vorderkanten der Tragflächen und die Nase – werden passenderweise »Staupunkte« genannt. Diese gesamten Oberflächen erfahren denselben Erhitzungseffekt wie die Thermometer. Diese Hitze, wenn sie auch problematisch für die Entwickler von Überschallflugzeugen ist, kann nützlich sein. Denken Sie etwa an den Kraftstoff in den Flügeln eines Flugzeugs. Kraftstoff kühlt während eines langen Flugs hoch oben in der Kälte dramatisch ab, aber ein zu starkes Abkühlen muss verhindert werden. Typische Gefrierpunkte von Kerosin fangen bei etwa minus 40 Grad an (eine Temperatur, bei der ein »Celsius« oder »Fahrenheit« überflüssig ist, weil sich die beiden Skalen hier überschneiden). Die statische Temperatur der Außenluft – die Umgebungstemperatur, die vielleicht auf dem Bildschirm mit der *moving map* angezeigt wird – ist oft niedriger. Aber die TAT, die erfahrene, windgewärmte Temperatur, ist wesentlich höher. Sicherlich sagt nichts so viel über die Geschwindigkeit von Linienflugzeugen und die Körperlichkeit von Luft aus wie die Tatsache, dass der einfachste Weg, zu stark abgekühlten Kraftstoff wieder aufzuwärmen, ist, ein bisschen schneller zu fliegen.

Wenn das Fliegen unsere Alltagsdefinitionen von Entfernung, Höhe und Temperatur über den Haufen wirft, gilt das erst recht für unseren intuitiven Sinn für Geschwindigkeit. Im Alltag haben wir nur eine Vorstellung von Geschwindigkeit: wie schnell wir uns über den Boden bewegen. Wenn Sie Piloten fragen, wie schnell ihr Flugzeug fliegt, zögern diese vielleicht mit ihrer Antwort. Sie sagen vielleicht, es kommt darauf an.

Im Himmel gibt es vier wichtige Begriffe von Geschwindigkeit. Der erste ist *indicated airspeed*, die angezeigte Fluggeschwindigkeit. Diese stellt man sich am besten als die Geschwindigkeit vor, auf die man tippen würde, wenn man die Hand aus dem Fenster streckt und die Luft darauf spürt. Außer unter sehr begrenzten Umständen, hat *indicated airspeed* wenig Ähnlichkeit mit *true airspeed* – die tatsächliche Geschwindigkeit im Verhältnis zu der Luftmasse um das Flugzeug herum. Der dritte Begriff ist *Groundspeed*, die Geschwindigkeit über Grund, die unserem irdischen Verständnis von Bewegung vielleicht am nächsten kommt, obwohl sie für alles an einem Flugzeug, das mit Luft zu tun hat, irrelevant ist und von der *indicated* und *true speed* um Hunderte von Meilen pro Stunde abweicht. Schließlich gibt es noch »Mach«, die wahre Fluggeschwindigkeit des Flugzeugs im Verhältnis zur lokalen Schallgeschwindigkeit.

Die Beziehung dieser Geschwindigkeitsarten zueinander ist so speziell, dass man jede davon am besten als separate Vorstellung von Bewegung betrachtet. Im Cockpit werden die vier Geschwindigkeiten an verschiedenen Stellen oder zu unterschiedlichen Zeitpunkten angezeigt. Mitunter verändern die Computer die Schriftgröße der angezeigten Geschwindigkeitsart automatisch, sobald sie weniger nützlich wird, oder sie weisen darauf hin, welche Geschwindigkeitsart mit einem bestimmten Schalter beeinflusst wird, manchmal ersetzen sie sogar übergangslos die Anzeige einer Geschwindigkeitsart mit der einer anderen, die für die neue Flugphase wichtiger ist.

Mathematiker werfen gelegentlich die Frage auf, ob die Errungenschaften auf ihrem Gebiet entwickelt oder entdeckt wurden. Dieselbe Frage stelle ich mir bezüglich der Fluggeschwindigkeit. Ich wünschte, ich könnte mich erinnern, was ich getippt hätte, was angezeigte Fluggeschwindigkeit eigentlich bedeutet, bevor ich fliegen lernte. Vielleicht hätte ich mich gefragt, warum wir Fluggeschwindigkeit überhaupt näher spezifizieren müssen. Reicht Geschwindigkeit allein denn nicht aus? Und was soll dieses »angezeigt«? Es lässt den Begriff irgendwie schwammig klingen und beschreibt ihn zugleich sehr präzise, als wäre die fragliche Zahl nicht so ganz real oder als wäre Geschwindigkeit an sich das falsche Wort für das, was uns in der Luft hält.

Über den Unterschied zwischen angezeigter Fluggeschwindigkeit und wahrer Fluggeschwindigkeit denke ich bisweilen nach, wenn ich meine Hand aus einem Autofenster halte. Um es einmal mit einfachen Zahlen auszudrücken: Wenn ich an einem windstillen Tag mit 80 km/h auf Höhe des Meeresspiegels fahre, spüre ich die Luft an meiner Hand mit einer gewissen Kraft. Aber jetzt stellen Sie sich vor, ich befinde mich auf einer Straße in der Nähe eines hohen Berggipfels, wo die Luft dünner ist. Obwohl ich immer noch 80 km/h fahre, verspürt meine Hand eine geringere Kraft des Sogs, weil weniger Moleküle auf sie treffen. Ich fahre immer noch 80 km/h, aber für meine Hand fühlt es sich vielleicht wie 60 km/h an. Mit anderen Worten: Die wahre Fluggeschwindigkeit meiner Hand beträgt 80 km/h, ihre angezeigte Fluggeschwindigkeit dagegen nur 60 km/h.

Die Fahrtmesser – die Tachometer eines Flugzeugs – verhalten sich ein bisschen wie eine ausgestreckte Hand. Sie ragen seitlich am Flugzeug in den Sog hinein. Sie messen den Druck der darauftreffenden Moleküle. Davon ziehen sie den Druck der sich nicht bewegenden Luft ab – das heißt, das Hintergrundgewicht der Luft, das Galileo entdeckte (dieselbe Hintergrundmessung des Drucks benutzen übrigens die Höhenmesser). Die angezeigte Fluggeschwindigkeit kann man sich am besten als den Druck vorstellen, den die Geschwindigkeit der Luft hinzufügt, den ungefähren Unterschied zwischen dem, was Ihre Hand innerhalb und außerhalb des Fensters eines fahrenden Autos wahrnimmt.

Angezeigte Geschwindigkeit ist also keine Geschwindigkeit in irgendeinem normalen, erdbezogenen Sinn. Es ist vielmehr das Gefühl von Geschwindigkeit, das Gefühl von Bewegung durch die Luft. »Luftkraft« oder »Luftgefühl« wären bessere Ausdrücke für die angezeigte Fluggeschwindigkeit. Tatsächlich befindet sich in manchem altehrwürdigen Flugzeug der Fahrtmesser außerhalb des Cockpits – eine kleine Platte, die durch den Sog abgelenkt und vor einer Zahlenskala darunter abgelesen wird, kaum komplizierter als jene lustigen Wetterstationen, bei denen ein Stein an einer Schnur von einem Brett hängt, auf dem Erläuterungen stehen wie: »Wenn der Stein schaukelt, ist es windig.«

Die Fluggeschwindigkeit ist durch ihre Unvollständigkeit und Launenhaftigkeit jedoch nicht weniger nützlich. Ganz im Gegenteil, sie liefert genau, was Piloten brauchen, denn nicht die wahre, sondern die angezeigte Fluggeschwindigkeit bestimmt, wie viel Auftrieb die Tragfläche erzeugt. Aus diesem Grund gibt es mehrere redundante Systeme, um die Fluggeschwindigkeit zu fühlen, und eine der wichtigsten Checklisten im Flugzeug bezieht sich auf Fehler dieser Fahrtmesser oder, was vielleicht noch schlimmer ist, eine Diskrepanz zwischen ihnen. Es erklärt auch, warum Sie bei der Landung an einem stürmischen Tag die Triebwerke mitunter mehrmals starten und wieder abschalten hören. Wenn Ihr Auto beim Fahren von einem plötzlichen Gegenwind erfasst wird, spürt Ihre aus dem Fenster gestreckte Hand diesen plötzlichen Windstoß als *Erhöhung* der angezeigten Fluggeschwindigkeit. Im Flugzeug schlägt bei solchen Böen die Kontrollanzeige des Fahrtmessers nach oben aus. Daraufhin verringern die Piloten vielleicht die Schubkraft, um das »Luftgefühl« wieder auf den Zielwert zu reduzieren – bis der Wind nachlässt, die Geschwindigkeit sinkt und wieder Kraft hinzugefügt werden muss.

Beim Fliegen lassen wir viele irdische Vorstellungen hinter uns, es verwundert also nicht, dass die Differenz zwischen angezeigter und wahrer Fluggeschwindigkeit, die in geringen Höhen klein ist, beträchtlich wächst, wenn ein Flugzeug steigt. Um denselben Auftrieb hervorzurufen wie in geringeren Höhen, muss ein Flugzeug – im wahren Sinn – schneller fliegen, um sicherzustellen, dass dasselbe Gewicht an Luft über die Tragfläche hinweggeht. In großen Höhen kann die wahre Geschwindigkeit 500 Knoten betragen – fast doppelt so viel wie die von unseren Fahrtmessern angezeigten 270 Knoten. Ein Flugzeug, das bei einer konstanten angezeigten Fluggeschwindigkeit steigt, beschleunigt in Wirklichkeit ununterbrochen; eine himmlische Hexerei, die erst beim Sinkflug rückgängig gemacht wird.

Groundspeed indes, also die Geschwindigkeit über Grund, fügt unserer wahren Geschwindigkeit durch die Luft die gewaltigen Auswirkungen des Windes hinzu. Sie erfasst nicht nur unsere Bewegung durch die Luft, sondern auch die Bewegung der Luft über den Boden. Wie der Name schon sagt, ist sie unserem traditionellen Verständnis von Geschwindigkeit am nächsten, weshalb es die Geschwindigkeit ist, die typischerweise auf dem Bildschirm mit der *moving map* angezeigt wird. Stellen Sie sich zwei Boote vor, die in unterschiedlichen Richtungen auf einem schnellen Fluss unterwegs sind. Ihre jeweilige Geschwindigkeit über die Wasseroberfläche – ihre wahre Geschwindigkeit – ist gleich. Doch ihre Geschwindigkeit über dem Flussbett, oder entlang des Ufers, unterscheidet sich. Das Boot, das flussaufwärts gegen den Strom fährt, bewegt sich langsamer in Bezug auf das Ufer, während das Boot, das flussabwärts von der Strömung getragen wird, am Flussufer entlangrast.

Zwei Flugzeuge, die auf derselben Höhe in entgegengesetzte Richtungen fliegen, das eine in die Richtung eines starken Jetstreams und das andere diesem entgegen, können identische angezeigte Fluggeschwindigkeiten haben – dieselbe gefühlte Luft, dieselbe Anzahl von Molekülen, die auf ihre Tragflächen und Geschwindigkeitsmesser treffen. Oder sie können die gleiche wahre Fluggeschwindigkeit haben, weil ihre Geschwindigkeit durch die umgebende Luft – über die Strömung des Flusses – dieselbe ist. Aber ihre Groundspeeds können um 400 Stundenkilometer oder mehr differieren, weil die umgebende Luft das eine rasch über den Boden bewegt, während sie das Fortkommen des anderen verlangsamt. Bei starkem Rückenwind kann die Groundspeed eines Düsenjets sogar die Schallgeschwindigkeit bei Windstille überschreiten, doch das Flugzeug selbst, mit dem Jetstream als Bezugsrahmen, der es trägt und komplett umgibt, fliegt nicht mit Überschallgeschwindigkeit.

Obwohl die Groundspeed für das Fliegen selbst irrelevant ist, ist sie von großer Bedeutung, um überhaupt in die Luft zu kommen. Auch wenn beim Start die angezeigte Fluggeschwindigkeit entscheidet, wann ein Flugzeug abheben kann, bestimmt die Groundspeed darüber, wann ihm die Startbahn ausgeht. Die Luft ist in höheren Lagen und Temperaturen dünner, also muss ein Flugzeug mehr Startbahnstrecke, zusätzlichen Triebwerksschub oder beides aufwenden, um schneller zu beschleunigen und das erforderliche Luftgefühl über den Tragflächen zu erreichen. Ein Flugzeug, das im erhabenen Denver oder glühend heißen Riad bei einer angezeigten Fluggeschwindigkeit von 170 Knoten startet, bewegt sich wesentlich schneller vorwärts – braucht also die Startbahn viel schneller auf – als ein Flugzeug, das bei exakt derselben angezeigten

Fluggeschwindigkeit in Boston auf Meereshöhe abhebt. Das ist einer der Gründe, warum Langstreckenflüge aus dem Nahen Osten traditionell spätabends starten, wenn die Luft kühler ist.

Durch den Wind kommt bei Start und Landung noch eine weitere Schwierigkeit hinzu. Wenn wir uns erst vom Boden gelöst haben, bildet der strömende Wind seinen eigenen Bezugsrahmen, weshalb die Luft um einen Heißluftballon wunderbar ruhig und still ist, selbst wenn sich der Ballon auf einem sehr gleichmäßigen Luftstrom fortbewegt. In der Horizontale besitzt ein solcher Ballon eine Fluggeschwindigkeit und eine wahre Geschwindigkeit von jeweils null, aber eine Groundspeed, die der Windgeschwindigkeit gleicht. Ähnlich bewegt sich ein Flugzeug im Referenzrahmen der Strömung des Windes. Doch auf dem Boden geht der Wind über ein Flugzeug hinweg wie über die Äste eines Baums oder einen Ballon, der am Boden festgemacht ist.

Tatsächlich können die Fahrtmesser eines Flugzeugs nicht zwischen Fluggeschwindigkeit und Wind unterscheiden, weil es für die Fühler, also auch für die Tragflächen, keinen Unterschied gibt. Beim Rollen auf einem Flughafen an einem windigen Tag werden die Fahrtmesser zum Leben erwachen, wenn Sie sich direkt in den Wind drehen, und wieder einschlummern, wenn Sie um eine Kurve fahren und sich von ihm wegdrehen. Es kann sein, dass sie eine Fluggeschwindigkeit registrieren, selbst wenn die Räder des Flugzeugs stillstehen, wie wenn Sie an einem windigen Tag die Hand aus einem stehenden Auto strecken. Im Hinblick auf die Luft bewegt sich solch ein stillstehendes Flugzeug bereits.

Dadurch kehrt sich die Alltagsvorstellung um, dass Rückenwinde von Vorteil seien. Rückenwind ist durchaus ein Geschenk für ein Flugzeug – aber erst, wenn es weit genug von der Start- und Landebahn entfernt ist; wenn der Wind es wie einen Ballon trägt und die Geschwindigkeit des Flugzeugs durch die Luft zur Geschwindigkeit über dem Boden hinzukommt. Bevor wir in der Luft sind, ist Wind im Rücken das Letzte, was wir wollen. Wenn ein Flugzeug mit 10 Knoten und einem Rückenwind von 10 Knoten die Startbahn entlangrollt, beträgt seine Fluggeschwindigkeit null, und doch ist es bereits dabei, die verfügbare Startbahn zu verschlingen. Ein Gegenwind indes ist ein Segen. Ein in einem Gegenwind von 10 Knoten geparktes Flugzeug hat bereits einen Teil des Wegs in die Luft zurückgelegt, obwohl es sich noch nicht bewegt hat.

Unsere Vorliebe für Gegenwind beim Start trifft gleichermaßen auf die Landung zu, bei der ein Rückenwind eine unerwünschte Zugabe zur Groundspeed ist, dem Tempo, in dem wir die Landebahn aufbrauchen. So verwundert auch nicht, weshalb Flugzeugträger sowohl bei Starts als auch bei Landungen in den Wind drehen oder beschleunigen, denn sie suchen einen Gegenwind oder erzeugen ihren eigenen. Aber zurück aufs Festland: Eine Start- und Landebahn kann in der Regel natürlich in beide Richtungen benutzt werden, und viele Flughäfen verfügen über mehrere Start- und Landebahnen, um den Launen der Windrichtung beizukommen. Wenn sich der Wind deutlich dreht, können sich sowohl Ankünfte als auch Abflüge kurzzeitig verzögern, während die Fluglotsen den am Flughafen eintreffenden und ihn verlassenden Verkehrsfluss umkehren. So bestimmen die unsichtbaren Bewegungen der Luft darüber, wie Sie an einem Ort ankommen, und die Windgötter entscheiden, was sie Ihnen von einer Stadt zeigen, wenn Sie sich ihr zum ersten Mal vom Himmel aus nähern.

Und noch eine Auffassung von Geschwindigkeit spielt für Piloten eine Rolle. Das Wort »Mach« klingt für mich heute noch so futuristisch wie an dem Tag, als ich es zum ersten Mal hörte. Es bezeichnet die Geschwindigkeit des Flugzeugs – und zwar seine »wahre« Geschwindigkeit durch die Luftmasse und nicht das »angezeigte« Luftgefühl, zu dem sich das Rasen des Jets durch die dünne Luft summiert – und wird ausgedrückt als ein Anteil an der Schallgeschwindigkeit in der lokalen Luft. Mach ist eine merkwürdige Art von Geschwindigkeit – ein Verhältnis, und daher ohne Maßstäbe oder Einheiten.

Als ich in der Schule zum ersten Mal von der Schallgeschwindigkeit erfuhr, nahm ich vermutlich an, dass sie für Menschen lediglich von Interesse ist, weil uns der Schall als Kommunikationsmittel dient oder weil sie erklärte, warum das Licht eines entfernten Blitzes lange vor dem Geräusch ankommt. Seither ist mir jedoch klar geworden, dass Flugzeuge aus gutem Grund ihr Tempo an demselben Phänomen messen, das uns alles zu Ohren bringt, von Beethoven bis zum Donner. Unsere

Konzentration auf die Schallgeschwindigkeit ist keinesfalls willkürlich. Eisen, Gummi und Holz besitzen zum Beispiel eine Schallgeschwindigkeit (die jeweils schneller ist als ihre Geschwindigkeit in der Luft). Was wir »Schall« nennen, ist eine Art Welle, die sich zu uns ausbreitet, sei es durch die Stimme eines Opernsängers, das Prasseln von Regen oder das Geräusch von Düsentriebwerken, das Joni Mitchell (»I dreamed of 747s ...«) als »a song so wild and blue« bezeichnete.

Die Bugwelle, die sich bildet, wenn sich ein Boot schneller bewegt, als das Wasser vor ihm fliehen kann, ist eine Analogie zu der Druckwelle, die ein Überschallflugzeug auslöst. Ein Vogel, der auf dem Wasser schwimmt, würde die Wellen eines solchen sich nähernden Bootes nicht spüren, ebenso wenig wie er im Flug hören würde, dass sich ein Überschallflugzeug nähert. Den resultierenden Druckaufbau, diesen Flaschenhals in der Luft, hören wir auf dem Boden als Überschallknall. Wir fliegen mit Mach, um unseren Rhythmus an die von der Schallgeschwindigkeit gesetzten Grenzen anzupassen, eine elementare Eigenschaft der Luft, in der wir leben.

Seit die Concorde in Ruhestand gegangen ist, fliegen Passagiermaschinen unter Mach 1, der Schallgeschwindigkeit. Aber bei hohen Unterschallgeschwindigkeiten kann die Luft oberhalb der Tragflächen Mach 1 erreichen oder überschreiten. Das kann zur Entstehung von Druckwellen führen, die die Druckverteilung um das Flugzeug destabilisieren, bevor es selbst die Schallgeschwindigkeit überschritten hat. Um innerhalb der so auferlegten aerodynamischen Designeinschränkungen zu bleiben, werden Linienflugzeuge in der Regel so konstruiert, dass ihre Reisegeschwindigkeit zwischen Mach 0,78 und Mach 0,86 liegt. Mach 0,85 ist eine normale Reisegeschwindigkeit für die 747, also 85 Prozent der Schallgeschwindigkeit, was im Englischen als *decimal eight-five, point eight-five, Mach eight-five* oder einfach *eight-five* abgelesen wird. Wenn wir dabei sind, ein Flugzeug vor uns aufzuholen, teilt uns ein Fluglotse zum Beispiel mit, dass wir einer langsameren Maschine auf den Fersen sind, und bittet uns auf *eight-four* runterzugehen.

Bei niedrigem Tempo wird Mach auf der 747 nicht einmal angezeigt. Aber bei höheren Geschwindigkeiten – in dem Bereich, den Piloten informell als *Mach regime* bezeichnen – ist es mit Abstand unser wichtigstes Geschwindigkeitsmaß. Dementsprechend erscheint unsere Machzahl beim Beschleunigen im Steigflug automatisch an derselben Stelle unseres Bildschirms, wo bei niedrigerer Höhe und Geschwindigkeit unsere Groundspeed angezeigt wurde. Wenn wir schließlich im Sinkflug wieder langsamer werden, wird von Mach zurück auf Fluggeschwindigkeit umgeschaltet. Ein Fluglotse, der versucht, Abstand zwischen Flugzeuge zu bringen, die gerade über diese Grenze hinwegsinken, muss uns daher zwei verschiedene Geschwindigkeitsarten zuweisen, um sowohl die niedrigeren als auch die höheren Geschwindigkeitsgefilde des Himmels abzudecken. »*Start the descent at Mach eight-two*«, sagt ein Fluglotse zum Beispiel. »*Then on conversion [or on transition] fly 275 knots.*«

Eine weitere Eigenart von Mach, die in der Fluidmechanik beschrieben wird, ist ihr fließender Charakter. Die Schallgeschwindigkeit variiert mit der Temperatur. Und so bezieht sich dieselbe Machzahl, genauso wie Höhe oder angezeigte Fluggeschwindigkeit, auf unterschiedliche Geschwindigkeiten zu verschiedenen Zeiten an verschiedenen Orten. Mach ist aber nicht trotz dieser Veränderlichkeit wertvoll, sondern gerade deswegen. Ein Flugzeug, das sich mit einer festen Machzahl bewegt, fliegt langsamer, wenn die Umgebungsluft kalt ist, und schneller, wenn die Luft wärmer ist. Aber die aerodynamischen Bedingungen bleiben bei konstanter Machzahl die gleichen. Mit anderen Worten, der Schall ist so fließend, wie unsere zärtlichste Auffassung von Musik erahnen lässt, und all unsere Reisen hoch am Himmel sind darauf gestimmt.

WASSER

ICH SITZE AUF EINEM PLATZ am Fenster auf der linken Seite einer himmelblauen 747. Ich bin auf dem Weg nach Belgien, um den Sommer bei Verwandten zu verbringen, aber zuerst fliege ich nach Amsterdam, um dort für ein paar Tage eine Freundin der Familie zu besuchen. Ich bin vierzehn. Es ist das allererste Mal, dass ich ohne meine Eltern mit einem Flugzeug unterwegs bin.

Später werde ich jene Freundin als meine älteste im doppelten Sinn betrachten. Ich erinnere mich, dass ich sie schon als kleines Kind eigentlich nicht als Erwachsene angesehen habe, dass sie genauso meine Freundin wie die meiner Eltern war. Aber mir bedeutet sie sogar noch mehr. Ihr ist es im Wesentlichen zu verdanken, dass meine Eltern einander begegnet sind. In Neuengland geboren und aufgewachsen, verbrachten sie und ihr Mann Ende der 1960er ein Jahr in Salvador, Brasilien, wo sie Armutsstudien betrieben und meinen Vater kennenlernten. In meinem Dad keimte bereits die Idee, dass Amerika seine nächste Heimat werden könnte, vielleicht sogar seine letzte. Seine neuen amerikanischen Freunde erleichterten ihm diese Entscheidung. Sie waren vielleicht die einzigen Amerikaner, die er gut kannte – und der Grund, weshalb er nach Boston kam, nachdem er Brasilien verlassen hatte. Meine Mutter begegnete ihm in Roxbury bei einem Vortrag über seine Arbeit in Brasilien, am Wochenende nach der Ermordung von Martin Luther King.

Rund zwei Jahrzehnte später fliege ich allein in die Niederlande, wohin meine älteste Freundin gezogen ist. Gestern Abend haben meine Eltern mich von Massachusetts zum Kennedy Airport in New York gefahren. Vorher haben sie noch ein Foto von mir in der Einfahrt vor unserem grünen Toyota gemacht, meinen Pass fest umklammernd, mit dem ich jetzt in meinem Rucksack herumspiele, während wir zum Sinkflug ansetzen. Wir sind nur noch eine halbe Stunde von Amsterdam entfernt. Meine Freundin hat sicher schon am Schiphol geparkt, ist wahrscheinlich bereits in der Ankunftshalle. Sie weiß ja, dass das mein erster Flug allein ist.

Mit meinem neuen Walkman höre ich Musik und sehe dabei aus dem Fenster. Zum ersten Mal in meinem Leben höre ich Musik im Flugzeug, und diese Angewohnheit, das Bild der kreisenden Welt unter mir mit einer Tonspur zu unterlegen, wird noch viele Jahre meine kostbarsten Erlebnisse beim Fliegen begleiten, insbesondere bei Start und Landung. Ich werde lernen, Pause zu drücken oder zurückzuspulen, um die Größe der wachsenden Bäume mit den verbleibenden Minuten in Einklang zu bringen, damit auch sicher das Lied läuft, das ich mir für diesen Moment aufgespart habe, oder, noch besser, genau in dem Moment endet, wenn die Räder die Landebahn berühren.

An diesem Morgen habe ich zwar das Glück, meine Musik auf einem Fensterplatz zu hören, aber anscheinend Pech mit dem Wetter. Als vor ungefähr einer Stunde die Sonne aufgegangen ist, war der Teppich der Welt weit unter mir weiß und strukturlos. Jetzt sinkt der Jumbojet in diese dichte Wolkenmasse hinab. Das Blau verschwindet, und dann sind im Fenster weder Himmel noch Erde zu sehen; nichts deutet darauf hin, dass ich die Strecke zwischen Neu- und Alt-Amsterdam beinahe vollständig zurückgelegt habe, und nichts gibt irgendwas über den Ort preis, an dem ich gleich ankommen werde. Da ist nur das Geräusch des Flugzeugs im Nebel und hin und wieder ein leichter, körperlich spürbarer Ruck, der mich daran erinnert, dass sich das Gebilde, in dem ich die Nacht verbracht habe, bewegt.

Die Gipfel der obersten Wolken, die das Flugzeug zunächst angeschnitten hat, um dann darin einzutauchen, waren strahlend weiß. Jetzt gleiten wir durch immer dunkleres Grau, eine Verstimmung des Tages, perfekt synchron zu unserem stetigen Absinken, eine Höhenmessung des Lichts. Mir fällt ein, was mir einmal ein Lehrer der Naturwissenschaften gesagt hat, dass Wolken nicht das sind, wofür wir sie halten, nämlich Wasser in seinem gasförmigen Zustand. Denn Wasser in Gasform – die Feuchtigkeit in der Luft – ist unsichtbar, Wolken aber bestehen aus Eis oder kleinen Tröpfchen flüssigen Wassers. Dampf steigt unsichtbar von einer Teetasse auf. Erst wenn er wieder zu flüssigen Tröpfchen abkühlt, sehen wir die Wolke, die sich in der Küche gebildet hat.

In einer undefinierbaren Entfernung unter mir taucht ein Schiff auf. Begriffsstutzig blinzele ich, denn das Schiff scheint sich geradewegs die Fensterscheibe hinaufzubewegen, als segele es senkrecht durch die Wolken. Im nächsten Augenblick wird mir klar, dass sich das Schiff deswegen so bewegt, weil die 747 über der Oberfläche eines Meeres, das ich nicht sehen kann, scharf eindreht. Kurzzeitig wird die Wolke dichter, und ich verliere das Schiff aus den Augen. Dann sinken wir weiter ab und befinden uns über aufgewühlten grauen Wellen mit weißen Häubchen. Ich kann die Linie unter uns sehen, an der das Wolkenmeer, aus dem wir hinabgesunken sind, und das Wassermeer aufeinandertreffen, dann die holländische Küste. Von oberhalb und innerhalb der Wolken aus betrachtet, hätten wir über jedem Ort sein können, in jedem beliebigen Zeitalter. Aber darunter ist dieser Tag, kurz vor diesem Land, und ich sehe, dass das Flugzeug, in dem ich sitze, nur eines von vielen Schiffen ist, die von weit her über eine breite Wasserfläche auf die Niederlande zukommen.

Am allerwenigsten rechnet ein angehender Pilot beim Fliegen wahrscheinlich mit der Erfahrung, die er mit Wasser aus nächster Nähe macht. Wir sehen die begriffliche Trennung zwischen Wasser und Luft als ganz selbstverständlich an, als sei sie so simpel wie der Horizont. Aber Linienpiloten bekommen mehr Wasser zu Gesicht als jeder Seemann. Etwa 70 Prozent der Erdoberfläche ist von einem Ozean bedeckt. Ein großer Teil der Landfläche, über der Langstreckenpiloten arbeiten, ist von Schnee oder Eis überzogen. Zu jeder beliebigen Zeit sind um die 60 Prozent der Welt von Wolken bedeckt. Momente, in denen von einem Flugzeug aus kein Wasser zu sehen ist, sind extrem selten.

Die grauen Wasser vor Göteborg liegen unter dichten Nebelschwaden, frühmorgendliche Wolken zeichnen auf dem aufgewühlten Meer perfekte Landkarten schottischer Hügel nach, die einander umschlingen; die subtropische bahamaische See schimmert in ihren vergrößerten, blau umrahmten Regenbogen. Viele arktische Länder verbergen sich so vollständig unter Schnee, dass ihre Oberfläche von einer soliden Wolkenlandschaft oder dem vom Eis umschlossenen Meer nicht zu unterscheiden ist. Über viele Meilen und Stunden – manchmal nahezu einen ganzen Flug hindurch – ist Wasser das Einzige, was wir sehen.

Innerhalb der Spanne von Temperaturen, die sich auf der Erdoberfläche finden, existiert nur Wasser in festem, gasförmigem und flüssigem

Aggregatzustand. Zusammen bilden diese drei Zustände das, was Wissenschaftler die »Hydrosphäre« nennen. Vom Himmel aus gesehen, dreht sich die Hydrosphäre, unsere runde Welt des Wassers, so arglos wie ein Rad und bildet einen Kreislauf, der archetypischer kaum sein könnte. Rumi schrieb: »Ich will, dass deine Sonne meine Regentropfen erreicht, damit deine Hitze meine Seele emporheben kann wie eine Wolke.« Im Schnitt verbringt ein Wassermolekül so viel Zeit im Himmel wie Sie vielleicht im Urlaub, nachdem Sie durch ebendiesen Himmel geflogen sind, nämlich neun Tage.

Einer der besten Gründe, Pilot zu werden, insbesondere, wenn Sie von einem kalten und grauen Ort kommen, ist die Chance, aus dem Reich der Wolken aufzutauchen; das Wissen, dass an fast jedem Tag Ihres Arbeitslebens die Sonne scheinen wird. Ein bewölkter Himmel am Morgen wirkt jetzt anders auf mich, wenn ich fliegen werde, weil ich weiß, dass ich bald auf der anderen Seite bin, dass die Wolken nur die Kulisse einer unwichtigen Szene sind, ein Vorhang, hinter dem eine strahlendere und bedeutendere wartet. Über jedem grauen Wintertag erheben sich ganze Städte aus Wolken, stürzen in sich zusammen, wandern und sterben unter der Glut der Sonne. In dieser entfesselten Welt aus Licht und Wasser, die sich im freiesten Sinne formt, verbringen wir in einem Flugzeug ganz gewöhnliche Stunden.

Ein Wald oder eine Graslandschaft unter uns reflektiert vielleicht 20 Prozent des darauffallenden Sonnenlichts, manche Wolken hingegen 90 Prozent. Eigentlich nur, wenn die Welt unter uns sich von klar erkennbarem Land in Wolken verwandelt, wenn wir in die Gipfel einer solchen sonnendurchfluteten Wolkenlandschaft hinabsinken, oder in den wenigen Fällen, wenn wir uns auf Reisehöhe noch in den Wolken befinden, ziehe ich jede einzelne Sonnenblende um mich herum herunter, damit ich keine Kopfschmerzen bekomme durch die vielen großen Fenster, die alle so strukturlos und grell weiß sind wie das Milchglas einer Leuchtstofflampe. Oder ich setze meine Sonnenbrille auf, mein Schutzschild gegen den strahlenden Glanz des himmlischen Wassers, die hier wohl besser Wolkenbrille heißen sollte.

Über Wüsten ist der Himmel selten bewölkt, deshalb sieht man sie auf langen Flügen besonders häufig, wodurch einem die Landfläche der Erde trockener erscheint, als sie in Wahrheit ist. Dann taucht in einer solchen Wüste eine Stadt auf, und das Wasser, das wir in ihrer Nähe sehen – Seen, Dämme, Flüsse, die sich, umrahmt von hügeliger grüner Vegetation, durch die Trockenheit winden –, wirkt so heilig wie Blut. Wir kurven über der flüssigen Lebendigkeit des Tigris, des Ganges und des Mississippi, die Sonne senkt sich über die glänzende Schleife, die sich durch das Land zieht, während an ihren Ufern Zivilisationen zum Leben erwachen wie die Sterne der bevorstehenden Nacht. Hier ist der wassergebundene Schatten der Zivilisation, das aufwärtsgestreute Licht des Wassers: Bagdad, Varanasi, Memphis.

In der DC-3, der Jumbojet einer früheren Generation, trugen die Piloten im Cockpit mitunter Regenjacken oder Gummistiefel, so niedrig flogen sie, mit undichten Fenstern. Heute lassen wir einen Großteil des Wetters der Welt unter uns, einer der Gründe, warum das Fliegen heute im Allgemeinen viel reibungsloser verläuft als in den Anfängen der Luftfahrt. Einen guten Teil, aber nicht das ganze Wetter – daher suchen unsere Wetterradare den Weg vor uns ab. Der Blick des Radars durchdringt die Wolken und »kehrt zurück« mit einer Niederschlagskarte – größerer Tropfen, konzentrierterer Ansammlungen von Himmelswasser –, die dann auf demselben Computerbildschirm angezeigt wird wie unsere Route. Ein Sturm, der sich von der Erde erhebt, erscheint auf dem Bildschirm als sich überlagernde, fraktale Tümpel von farbkodierter Stärke: Rot, umhüllt von Bernstein; Bernstein, eingebettet in Grün. Eine solche in etwa horizontale Sturmscheibe wird direkt über die saubere Linie der Flugroute und die Symbole von Funkfeuern geblendet, um zusammen eine Komposition aus Organischem und Technik zu bilden, ähnlich der Nahaufnahme eines Bakteriums, auf der die detaillierte Spitze eines wissenschaftlichen Instruments zu sehen ist.

Um Gewitter machen wir einen großen Bogen, aber nachts können ihre Blitze selbst aus großer Entfernung noch das Cockpit erfüllen. Dann knipsen wir manchmal den *storm*-Schalter ein, der automatisch fast alle Lampen im Cockpit auf ihre maximale Helligkeit stellt, damit uns entfernte Blitze nicht blenden. Viele Karten meiner meistgeflogenen Routen zeigen Wasser oder dessen Abwesenheit: graue Wolken über Europa, die klare Tiefe der Abenddämmerung über der Sahara, Gewitter, die die Ballungsräume aus Wolken über Westafrika durchzucken, das Morgengrauen über der flachsfarbenen Trockenheit der Kalahari. Mit eigenen Augen bei Tageslicht betrachtet, wirkt der Regen, der aus einer deutlich erkennbaren Wolke strömt, wie Lichtstrahlen. Es gehört zum Alltag im Cockpit zuzusehen, wie Stürme aufsteigen und Wolken sich bilden, Blasen aufwärtswerfen oder in Echtzeit verschwinden; zu sehen, wie aus ihnen neuer Regen auf das Dach des Ozeans fällt; oder die Enden von Gletschern, wo sich Bruchstücke vom uralten Schneeglas in der Sonne ablösen und in das Polizeilicht-Blau der Nordmeere stürzen. Oft blicke ich auf ein weiß gestricheltes Meer hinunter und kann nicht sagen, ob diese bleichen Apostrophe das Werk des peitschenden Windes auf den Wellen tief dort unten sind oder ob es sich doch um Wolken aus Eis handelt.

In den meisten Breitengraden ist der Himmel über dem Ozean mit größerer Wahrscheinlichkeit bewölkt als über dem Land. Aber auch über dem Ozean kann eine massive Wolkendecke abrupt enden. Wenn wir die Küste eines solchen gewaltigen Wolkenlandes überschreiten, tauchen wir zwischen den blauen Spiegeln der Erde auf. Sonnenlicht streut sich durch die Moleküle der Luft, fällt auf das Meer und zwischen den Wassermolekülen hindurch. Das Ergebnis ist der Inbegriff von Blau, die Farbe, gewissermaßen oberhalb wie unterhalb, sowohl Freiheit als auch Meditation; *the wild blue, the deep blue, the aching blue.* Von unseren aero*nautischen* Schiffen aus sind die Farben von Ozean und Himmel oft so perfekt aufeinander abgestimmt, dass ohne Bezug zum Horizont schwer zu sagen ist, was Wasser und was Himmel ist.

Robert Frost besuchte als Teenager die Küste North Carolinas, etwa ein Jahrzehnt bevor die fliegerischen Anstrengungen der Brüder Wright dort Früchte tragen sollten. Später bezog Frost sich auf seine Zeit an jener Küste Carolinas und was ihr das Fliegen genommen hat, in einem Gedicht mit dem Titel »Kitty Hawk«:

But that night I stole
Off on the unbounded
Beaches where the whole
Of the Atlantic pounded …

We have made a pass
At the infinite,
Made it, as it were,
Rationally ours …

Gibt es einen besseren Ort, an dem alles angefangen haben könnte, als einen Strand? Diese Symmetrie der ersten Stunde, zwischen Küste und Piste, Meer und Himmel, besteht heute noch. Wenn ein Düsenjet über dem Wasser seine Räder herablässt, vom offenen Meer auf festen Boden hinuntersinkt, *landet* er in jedem Sinne. Wir haben vergessen, dass das *Good Ship Lollipop* ein Flugzeug war. Aber wenn wir von der Stromversorgung des Flughafens zu der des Flugzeugs wechseln, sagt ein älterer Kapitän mitunter, dass wir auf *ship's power* umgestellt haben. In der Navigationsterminologie sprechen wir von *ship-derived* oder *own ship*-Positionen. Der Kapitän ist immer noch der *skipper*, oft zu *Skip* abgekürzt, wenn man ihn direkt anredet – »Hey, Skip.« Als Copilot bin ich »erster Offizier« eines Air*liners* – was wörtlich so viel wie Luftlinienschiff bedeutet –, und beim Bordpersonal gibt es *purser* (»Zahlmeister«). Wir sprechen von *forward* und *aft* (bugwärts und achtern), »Kabinen«, »Galleys«, »Frachträumen«, dem »Ladungs-verzeichnis«, »Steuerkursen«, »Luken« und »Trimmung«. Wir zählen Flugzeuge in *hulls* (Schiffsrümpfe). Ein Kollege, der sich nicht sicher ist, ob ich immer noch den Airbus A320 fliege oder auf die Boeing 747 gewechselt habe, wird mich fragen, auf welcher »Flotte« ich bin. Das kleine Rad, mit dem wir am Boden bei niedrigen Geschwindigkeiten das Flugzeug drehen, eine Art Steuerrad, das wenigen Besuchern im Cockpit auffällt, ist ein *tiller* (Ruderpinne). Flugzeuge haben »Ruder«, und Wasserflugzeuge können über »Wasserruder« verfügen – ein lin-guistischer Schlenker, analog zu jenen Meeressäugern, die wieder Gliedmaßen entwickelt haben, die besser für ihre Rückkehr ins Wasser geeignet sind.

Die aus dem Flugzeug herausragenden Teile, die Antennen und Abläufe enthalten, heißen »Maste«. Die Fühler, die die angezeigte Fluggeschwindigkeit messen, werden »Pitotrohre« genannt, die im achtzehnten Jahrhundert von einem Hydraulikingenieur erfunden wurden, der römische Aquädukte studierte und die Geschwindigkeit der Seine maß. Sicher hätte er sich nie träumen lassen, welche Bedeutung seine Schöpfung in modernen Zeiten nicht nur im Himmel über Paris, sondern auf der ganzen Welt erlangen würde. Das Wort »Pilot« bedeutet ursprünglich »Steuermann« eines Schiffs. Das Erbe der typischen Pilotenuniform von der Marine wurde von Juan Trippe ausgewählt, dem Marineflieger, der Pan Am gründete und seine Flugboote Clipper nannte. Die Ambition des Chefkonstrukteurs der 747 war es, seinem Flugzeug die »würdevolle Erhabenheit« großer Linienschiffe zu verleihen, Ozeane »mit einem einzigen Flug« zu erobern. In den frühen Tagen der Flugverkehrskontrolle verfolgte man Flugzeuge auf Karten mithilfe kleiner, in die Form von Booten gegossener Gewichte. Unter den Regeln der Luftverkehrsordnung müssen motorisierte Flugzeuge Segelflugzeugen Vorfahrt gewähren, genauso wie auf dem Wasser gilt: Segelboote und -schiffe haben Vorrang vor Motorschiffen.

Die Bordcomputer können *abeam points* anzeigen – (der Begriff *abeam* stammt aus der Seemannssprache und heißt auf Deutsch »querab«. A. d. Ü.) Diese teilen uns zum Beispiel mit, wann wir einem bestimmten Ort am nächsten sind, den wir nicht direkt überfliegen werden – zum Beispiel dem einzigen größeren Flughafen in der Nähe eines langen Routenabschnitts. »*We're abeam Luanda.*« Bis jetzt ist der Flughafen der angolanischen Hauptstadt immer näher gekommen, aber ab dem *abeam point* entfernt er sich wieder. Manchmal erwische ich mich dabei, dass ich aus Versehen *abeam* benutze, wenn ich einem Autofahrer den Weg erkläre. Stellen Sie sich vor, jemand sagt zu ihnen: »Sie sehen die Einfahrt, wenn Sie querab vom roten Silo sind.«

Ich mag die Bezeichnungen »Fischgrätwolken« oder »Makrelenwolken« für die streifigen Formationen, die Fischkunde unseres Meereshimmels. Mitunter sprechen wir auch von »backbord« und »steuerbord«. Es heißt, dass sich das englische Wort *posh*, was so viel wie »nobel« bedeutet, aus der Beliebtheit der Kabinen auf der Schattenseite von Schiffen herleite, die von Großbritannien nach Indien segelten, ausgeschrieben als: *port out, starboard home* – »Backbord hinaus, Steuerbord nach Haus«.

Anscheinend stimmt diese hübsche Geschichte gar nicht. Aber genau diesen Spruch hört man in manchen Cockpits immer noch. Viele Systeme einer Passagiermaschine sind doppelt vorhanden, und wir können einen Schalter links- oder rechtsherum drehen, um auszuwählen, welches System das Flugzeug benutzt. Es ist sinnvoll, beide regelmäßig zu benutzen, und sei es nur, damit man mitbekommt, wenn eins von beiden den Geist aufgegeben hat. Als ich begann, die 747 zu fliegen, war es Standard, das linke System zu benutzen, wenn wir London verließen, und das rechte, wenn wir dorthin zurückkehrten: *port out, starboard home*, die Worte der Legende, abgedruckt in der nüchternen Schriftart des Flughandbuchs. »Steuerbord nach Haus« ist zumindest immer noch eine gute Regel, wenn man nach Heathrow »segelt«. Wenn der Wind aus Westen weht, kommen diejenigen auf der rechten Seite des Flugzeugs in den Genuss des besten Ausblicks auf London. Dort sitzen auch immer die Copiloten, und die Sicht auf das, was Churchill »*this mighty imperial city*« nannte, muntert sie etwas auf, solange sie darauf warten, Kapitän zu werden.

Wenn ein Pilot seinen Platz verlässt, sagt er manchmal halb im Scherz zum anderen: »*You have the conn*«: Sie haben das Steuer, die Kontrolle über das »Flugdeck«. Auch die ungezwungeneren Begriffe des Cockpits haben meist einen maritimen Anklang, etwa wenn wir auf der Bordsprechanlage Anrufe aus der Kabine entgegennehmen: »Hier Mark auf der Brücke« oder »Sie sprechen mit Nigel im Maschinenraum«. Ein Freund von mir, der ein Kleinflugzeug fliegt, sagt mir, dass er heute nicht fliegen wird, weil es über den Hügeln in der Nähe seines Wohnorts zu windig ist. Er sagt, der Himmel wird turbulent werden, der Wind »wie Wasser über Felsen in einem Fluss sprudeln«. Turbulenzen, die von Gebirgszügen hinunterwehen, bezeichnen wir als »Leewellen«. Nord-Süd-

Flüge durchqueren häufig die innertropische Konvergenzzone, Gebiete um den Äquator, die den Seeleuten auf dem Meer unter uns als »Kalmen« bekannt sind. Hier strömen die Passatwinde zusammen, und die aufsteigende Feuchtluft nährt Stürme, vor denen wir immer auf der Hut sein müssen.

Ich finde es schade, dass wir in der Luftfahrt keine »Klafter« als Höhenmaß verwenden, aber immerhin wird unsere Geschwindigkeit in »Knoten« gemessen. Was nach unserem Vorbeiflug bleibt, ist unsere Nachlaufströmung, sozusagen unser Kielwasser. Wenn wir im Flugzeug ankommen, überprüfen wir sein umfangreiches technisches *log*, ein Jet ohne viele Einträge ist ein *clean ship*. Solche Wörter erinnern uns Piloten daran, dass das Geschäft, Schiffe über das Blau zwischen den Städten zu lenken, uralt ist und dass unsere Welt kaum weniger vom Wasser beherrscht wird als die der Schiffe, von denen wir unsere Sprache haben.

Wir haben September 2002, und ich bin in Kidlington, nördlich von Oxford. Ich habe meine Stelle in der Unternehmensberatung aufgegeben, um mich als Pilot ausbilden zu lassen, genauer gesagt, bin ich damit schon so gut wie fertig. Alle theoretischen und praktischen Prüfungen für meine Berufspilotenlizenz habe ich absolviert, wenn auch nicht ganz ohne Fracksausen.

Das Flugtraining teilt sich in zwei Bereiche: zum einen den Sichtflug, bei dem wir durch die Fenster sehen können, wo wir hinfliegen, und mithilfe einer Karte oder unseres Gedächtnisses Gebirgsrücken, Straßen und Bahnlinien folgen; und zum anderen den Instrumentenflug, bei dem wir uns von den Bordinstrumenten sicher durch die Wolken leiten lassen. Wie viele andere Piloten, die ihre Ausbildung in Europa machen, wurde ich für mein Sichtflugtraining in den meist wolkenlosen Himmel Arizonas geschickt, wo nicht nur perfektes Wetter herrscht, sondern auch ausreichend Viehfarmen vorhanden sind, damit die britischen Ausbilder dieselben von *Father Ted* inspirierten Lehrmethoden anwenden können wie zu Hause: »Steuersäule nach vorn drücken: Kühe werden größer. Steuersäule nach hinten ziehen: Kühe werden kleiner.« Nach meinem Sichttraining kehrte ich in den Himmel über Europa zurück, wo die Neigung zu grauem, kühevernebelndem Wetter ähnlich gut für den Instrumentenflug geeignet ist.

Das elementarste Manöver dieser Ausbildungsphase ist ein Instrumentenanflug. Wir sinken in Richtung der Landebahn ab, typischerweise einer Funkhilfe am Boden folgend. Kurz vor der Landung wechseln wir dann auf Sichtflug. Bei der Landung sehen wir aus dem Fenster, wie wir es auch tun würden, wenn keinerlei Wolken da gewesen wären – aber natürlich nur, wenn wir dazu genug von der Landebahn oder ihrer Beleuchtung sehen können. Auf einer bestimmten Mindesthöhe, vielleicht ein paar hundert Fuß über dem Boden, müssen wir uns entscheiden, ob wir genug vor uns sehen können, um vom Instrumenten- zum Sichtflug zu wechseln. Wenn nicht – wenn immer noch Wolken, Schnee, starker Regen, Nebel oder eine sonstige Inkarnation von Höhenwasser unsere Sicht auf die Landebahn behindert –, brechen wir die Landung ab. Wir »starten durch« und führen einen »Fehlanflug« durch. Dann versuchen wir es erneut, begeben uns in eine Warteschleife, um auf besseres Wetter zu warten, oder fliegen weiter, um woanders zu landen.

Selbst in Nordwesteuropa können wir uns beim Training nicht auf dichte Wolken verlassen, die genau in jener Mindesthöhe enden. Um ein solches Wetter *on minimums* zu simulieren, müssen Ausbilder daher erfinderisch werden, um ihre Schüler blind für die Außenwelt zu machen. Eine der ungewöhnlich simplen Lösungen auf dem ansonsten hochtechnisierten Gebiet der Luftfahrt besteht darin, dass die Ausbilder vorübergehend eine Reihe durchscheinender Blenden um die Cockpitseite des Schülers herum anbringen oder uns anweisen, Geräte zu tragen, die unsere Sicht einschränken, eine visierartige Haube etwa oder *foggles* (sozusagen eine »Nebelbrille«, zusammengesetzt aus *fog* und *goggles*). Wenn die Blenden montiert oder wir unter der Haube sind, können wir nur die Instrumententafel, aber nichts von der Welt draußen sehen. Auf der festgelegten Höhe entfernt der Ausbilder entweder die vordere Blende, wodurch wir genug sehen können, um zu landen, oder er lässt sie, wo sie ist, und zwingt uns somit durchzustarten. In einem zweistrahligen Düsenflugzeug kann es sein, dass der Ausbilder genau im

Moment des Landeabbruchs und Durchstartens zusätzlich die Schubkraft eines der Triebwerke auf Leerlauf reduziert, um einen Triebwerksausfall an einem der kritischsten Punkte des Flugs zu simulieren.

Als wir uns während meiner letzten Instrumentenprüfung der Mindesthöhe für eine Landebahn bei Bristol näherten, griff der Ausbilder nach oben, um eine der Blenden zu bewegen. Weil ich die Landebahn gerade noch vor mir sehen konnte und dachte, er wäre dabei, die Blenden komplett zu entfernen, setzte ich den Sinkflug für ein oder zwei Sekunden fort. Aber er entfernte sie nicht. Er wandte sich dann an mich und sagte: »Sie haben die Todsünde des Instrumentenflugs begangen. Sie haben einen Anflug unterhalb der Mindesthöhe ohne adäquaten visuellen Bezug fortgesetzt.« Niedergeschmettert wendete ich das Flugzeug wieder in Richtung unseres Heimatflughafens, nördlich von Oxford.

Am nächsten Tag wiederhole ich diesen Teil der Prüfung mit mehr Erfolg. Ich denke, ich bin endlich aus dem Schneider – auf Englisch passenderweise *to be in the clear* – ein Ausdruck, der unter Piloten, die das Instrumententraining absolvieren, verständlicherweise häufig verwendet wird. Aber am folgenden Tag ruft mich mein Ausbilder an. Er sagt, dass es ein Problem mit meiner Lizenz gibt. Ich habe zwar alle meine Prüfungen abgelegt, aber die Flugstunden in meinem Logbuch reichen noch nicht ganz. Wir müssen also noch mal fliegen, sagt er, »we have to go up« – für mindestens dreieinhalb Stunden.

»Und wo fliegen wir hin?«, frage ich. »Wohin Sie wollen«, antwortet er lächelnd. Eine solche Antwort hören angehende Berufspiloten, die einem engen und teuren Zeitplan unterliegen, nicht allzu oft. Und so hatte dieser Tag, noch bevor wir abhoben, das Zeug, großartig zu werden: ein Flugzeug, ein warmer Spätsommernachmittag, ein wunderbar klarer Himmel über ganz Südengland, keine feste Reiseroute. Und ich durfte sogar eine Freundin mitnehmen.

Wir erheben uns ins Blaue und fliegen südwärts auf die Küste zu, folgen dem Ufer des Ärmelkanals nach Eastbourne, Hastings, Dover. »Waren Sie schon mal in Canterbury?«, fragt der Ausbilder. Nein. Wir drehen nach Nordwesten ein und sind nah genug, um die Kathedrale zu sehen. In der Nachmittagshitze beginnen sich die allerersten Quellwolken zu bilden. Wir wenden uns in Richtung der Themsemündung, überqueren ihre Arme, das Meer zu unserer Rechten, während sich links von uns der Fluss, den ich in späteren Jahren aus der Luft am besten von allen kennenlernen sollte, stromaufwärts windet und im Dunstschleier der Hauptstadt verschwindet. Wir überfliegen Essex und Suffolk, auf Norfolk und die Fens zu, die ebenso gut die Niederlande, gleich auf der anderen Seite des Meers, sein könnten.

Mehrere amerikanische Kampfflugzeuge von einer Militärbasis in der Nähe fliegen neben uns vorbei. Es ist, als würde ein Porsche mit einem Hochrad um die Wette fahren. Ihr enormes Tempo, als sie an uns vorbeischießen, zeigt uns, wie langsam wir sind, es kommt uns so vor, als würden wir rückwärtsfliegen.

Als wir uns wieder nach Oxford wenden, sehen wir, dass die bauschigen Wasserschwaden nun über ganz Südostengland erblühen, hervorgerufen durch die Nachmittagssonne, so dicht und willkürlich wie Pusteblumen auf einer Wiese. In der vielleicht fröhlichsten halbe Stunde, die ich je im Himmel verbringen werde, drehe ich nach links und rechts ein, albere herum und schlage Haken durch die Lücken, die die zahlreichen unsichtbaren Berechnungen von Luft, Sonne und Erde gelassen haben.

Ich versuche, darauf zu kommen, woran mich dieses Gefühl des Webens erinnert. Der visuelle Effekt ähnelt dem Durchqueren eines Asteroidenfeldes in einem Science-Fiction-Film, nur in weniger risikoreicher Form. Aber ein derart körperliches Zusammenspiel mit den Wolken fühlt sich eher an wie eine luftige Befreiung des Abfahrt-Skifahrens: der rasche Wechsel zwischen dramatischen Rechts- und Linkswenden, das Gefühl vorwärtszurutschen, während ich scharfe Kurven um eine flauschige Version von Buckeln beschreibe. Ich drehe mich zu meiner Freundin um. Sie lächelt und hält beide Daumen hoch. Auch der Ausbilder scheint es zu genießen. Nach der Landung merkt er an, dass solche Flüge mit frischgebackenen Piloten, die nicht mehr unter dem Druck von formalem Unterricht oder Prüfungen stehen, auch für ihn ein seltener Genuss sind.

Seit jenem Tag bin ich oft verblüfft über die vollkommene Freude, in der Nähe von Wolken zu fliegen. Der Querschnitt der kleinsten Wolken liegt gerade mal im zweistelligen Meterbereich, größer als jenes Klein-flugzeug, aber kleiner als ein Jumbojet. Für unsere Gehirne, die dafür geschaffen sind, uns rasch durch enge und gefährliche Stellen zu manö-vrieren, bietet es vielleicht eine Art spitzbübische Transzendenz, sich zwi-schen solchen weiß ätherischen Anordnungen, diesen Beinaheabwesen-heiten mit dem visuellen Gewicht von Bergen hindurchzuschlängeln. Noch größeres Vergnügen bereitet es, mitten durch sie zu segeln. Di-rekt in die prallen Illusionen sich auftürmender Substanz hineinzuflie-gen, als wären sie nichts – oder als wären wir selbst ohne jede Körper-lichkeit –, ist für einen frischgebackenen Piloten eine ganz andere Liga luftiger Freuden. Wir kommen den Gebilden immer näher, die kleiner sein können als das Flugzeug oder groß wie Städte; Wolken wie Him-melsseen, ihre Säume zu einem dreidimensionalen weißen Ufer gewun-den, und dann sind wir mitten im absoluten, weißen Nichts. Das heißt, beinahe nichts. Oft entsteht ein gerade noch spürbarer Ruck, wenn wir in eine Wolke eindringen, ein kurzes Rumpeln, wenn wir in die Anders-artigkeit des Himmels eintauchen, die uns an die Andersartigkeit der himmlischen Umstände erinnert, die erklären, warum eine Wolke über-haupt da ist. Dann treten wir auf der anderen Seite wieder hinaus, und mit einem blitzblanken Augenblick kehrt alles wieder zurück. Da ist sie wieder, die Welt.

Fluffige Quellwolken liebe ich am meisten, sie schweben hoch oben, auf Wolke sieben, im siebten Himmel. Es sind die Wolken, die Rokoko-Gemälde zieren oder auf die falschen Dachfenster in der New York Pub-lic Library und Versailles gemalt sind. Selbst diese überbordendsten Wolken scheinen ein träges, würdevolles Bewusstsein zu besitzen, ein Eindruck, der durch unsere Fähigkeit vergrößert wird, von Flugzeug-fenstern aus nicht nur ihre Bewegungen direkt zu beobachten, sondern auch ihr kaum wahrnehmbares Wachstum. Falls Sie je Wale beobachtet haben – so ähnlich ist es, sich zwischen Wolken hindurchzubewegen: das Gefühl, dass diese gewaltigen, faulenzenden Geschöpfe von ruhige-ren Lichtern geleitet werden, dass sie etwas so Kleines und Zappeliges wie uns kaum wahrnehmen können und Zeitgefüge bewohnen, die wir längst verloren haben.

Natürlich verweilen Jumbojets nicht lange in verspielten Sommerquellwolken, die aufstrebenden Piloten so viel Freude bereiten. Abgesehen von kurzen Zeitspannen um Start und Landung, sehen wir diese fröhlichen Wölkchen meistens von oben, wenn das Vergnügen, das sie bereiten, wie eine einprägsame Erzählung oder ein Witz, oft die Form einer unerwarteten Wendung annimmt. Aus der Reiseflughöhe betrachtet, liegen die Quellwolken – jene einander berührenden, runden Klammern oder aus einem von Kinderhand gezeichneten Kreis herausgeschnittenen Bögen – überraschend nah an der Welt. Wie Feuerwerke, wie wir sie vom Flugzeug aus begreifen, finden sie im Grunde am Boden statt.

Wenn wir auf solche Wolken hinabblicken, auf das, was sonst eher auf uns hinabblickt, wird uns klar, dass heute nicht der Himmel, sondern der Planet teilweise bewölkt ist. Ich denke, das werde ich am meisten vermissen, wenn ich im Ruhestand bin – diesen täglich gewohnten Anblick der gesammelten Gedanken unseres heimatlichen Himmels. Die Welt da unten unter ihrem wässrigen Dachvorsprung.

Häufig bilden sich Wolken über dem Land in der aufsteigenden Hitze des Tages, was ihnen dagegen nicht über offenem Wasser in der Nähe gelingt. Eines unvergesslichen Nachmittags während meines ersten Sommers auf der 747 flog ich gen Westen, von London nach New York. Ganz Cornwall, Devon, Somerset und die südwalisische Küste waren mit Wolken gesprenkelt, während das Meer vor jenen Orten so strahlend blau blieb wie der Himmel darüber. So glichen die Wolken einem Selbstporträt des Landes, gemalt von seiner eigenen aufsteigenden Wärme, eine spiegelbildliche Kartografie aus Nebel und auch eine Art umgekehrter Himmelssanduhr, an der sich die Späte des Nachmittags ablesen ließ. Solche Wolkenlandschaften bilden sich oft über einem von Inseln übersäten Meer, wo sie ihren eigenen Himmelsarchipel bilden, eine Karte, die wir lesen können, lange bevor wir das Land überfliegen, dessen Code sie verzeichnet.

An anderen Tagen sind hier und da Quellwolken über dem offenen Meer verstreut, obwohl wir weit vom Land entfernt sind, und jede wirft einen kleinen Teich von Dunkelheit auf das Blau des Ozeans. Hier gibt es keine Erde, um den Mustern Sinn zu verleihen, keinen Code für das Chaos luftiger Instabilitäten, der dieselbe Frage beantworten würde, die ein einsamer Baum mitten auf einer Wiese aufwirft – warum ausgerechnet hier?

»Kondensstreifen« können 5 Prozent des belebtesten Himmels bedecken und als von Menschenhand gemachte Wolken bezeichnet werden. Manchmal bekommen wir auch ihr Gegenstück zu Gesicht. Hin und wieder durchfliegt ein Flugzeug unter uns den oberen Rand einer Wolke, und die verwirbelte Hitze seiner Triebwerke reißt einen Graben mitten hindurch, sodass das Flugzeug keine weiße Spur im klaren blauen Himmel hinterlässt, sondern eine klare Spur in einem weißen, ein seltener Anblick, den man »Anti-Kondensstreifen« nennen könnte.

Bisweilen zerstreut ein ungleichmäßiger Wind, den wir im Cockpit als böig wahrnehmen können, die weißen, von dem Flugzeug vor uns hinterlassenen Kondensstreifen, zerlegt deren gerade Linien und schreibt die Turbulenz mit durcheinanderpurzelnder weißer Handschrift ins Blaue. Ein andermal nimmt eine stetige Brise hoch oben den Kondensstreifen und trägt diese Aufzeichnung des Vorüberflugs eines Düsenjets augenblicklich und vollständig in eine Richtung über den Himmel, hinfort von unserer gemeinsamen Route. Der driftende Kondensstreifen wird zu einem Zeitstempel des Flugzeugs, das ihn geschaffen hat. Vom Boden aus können Sie die Formation solcher windgeborener Zerstreuungen von Kondensstreifen gut beobachten, wenn ein Flugzeug vorüberfliegt und seine Nachwolke überraschend schnell über alles Hohe und Feste in Ihrem Blickfeld dahintreibt – seien es Stromleitungen oder Äste eines Baums.

Bei Windstille verweilen die Kondensstreifen einige Zeit in ihren zugedachten Positionen, und so sehen wir auf einer belebten Flugroute gelegentlich einen ganzen Stapel davon, so sauber angeordnet wie die Latten eines Gartenzauns. In einer mondhellen Nacht, wenn es nur eine Spur oben und eine darunter gibt, die bis zum Horizont führen, wo jeder der geisterhaften Nebellinien das Leuchten eines entfernten Flugzeugs vorausgeht, dann scheint es, als wären die Lichter und der Weg des einen Flugzeugs nur das Spiegelbild des anderen.

Oft bin ich enttäuscht, wenn ich über einer Gegend mit einer großartigen Landschaft eintreffe – dem amerikanischen Südwesten, Grönland, Iran – oder einem Ort, den ich noch nie gesehen habe, und die Erde in einen Mantel gehüllt vorfinde. Oder wenn die Welt unter mir einen ganzen Flug hindurch wolkenverhangen ist. Solche Tage rufen einem jedoch ins Gedächtnis, dass ein bewölkter Tag keine Versiegelung ist, sondern eine Unterteilung. Vielflieger und selbst Piloten vergessen bisweilen, dass sich durch das mühelose Durchqueren dieser Unterteilung ein neues Reich der Erfahrungen erschließt, die Möglichkeit, in die obere Hemisphäre unserer Stunden zu segeln. Aus dem grauesten Morgen, der langweiligsten Konferenz und der längsten Schlange am Postschalter steigen wir hinauf in den lichterfüllten Obergaden der Welt.

Wenn das Flugzeug schwer ist und langsam steigt oder die Wolkendecke nicht sauber umgrenzt ist, dann taucht der Jet aus dem Weiß auf, als würde er von einer trägen, ureigenen Kraft emporgehoben. Der Übergang in die oberen Gefilde des Tages verläuft allmählich. Steigt das Flugzeug hingegen rasch und die Gipfel sind scharf abgegrenzt, dann schießt der Düsenjet in den Himmel wie ein Schwimmbrett, das mit Gewalt unter Wasser gedrückt und dann losgelassen wurde und die Oberfläche durchbricht. Wolken sind mit Unruhen und Unebenheiten in der Luft verbunden. Sich aus den Wolken aufzuschwingen bedeutet also oft auch, aus der Turbulenz aufzusteigen, in einen Himmel, der nicht nur klar, sondern auch ruhig ist.

Zwischen der Karriere eines Piloten und jedem Flug an einem bewölkten Tag besteht eine direkte Analogie. Wenn man anfängt, fliegen zu lernen, meidet man Wolken. Später lernt man, Instrumente zu benutzen, um durch sie hindurchzufliegen, und noch später fliegt man vielleicht Passagiermaschinen, die sich fast immer über sie erheben. Ich erinnere mich noch genau an den Beginn meines Instrumentenflugtrainings. Es war der erste Tag, an dem ich durch Wolken fliegen durfte, anstatt im Slalom um sie herum oder am Boden zu bleiben. Es war auch der erste Tag, an dem ich mir eine Funkfrequenz mit richtigen Linienflugzeugen teilte, die aus aller Welt im Himmel von Südostengland eintrafen, das erste Mal, dass ich »London Control« anfunkte.

Es ist überraschend, wie viele Wolkenebenen übereinander und über der Welt liegen können, jede mit eigenen Farbschattierungen und Lichteigenschaften. Wir klettern von einer zur anderen, als stiegen wir die Stockwerke eines aus Nebel gegossenen Gebäudes hinauf, jedes auf wunderbare Weise unterschiedlich. Weiter oben können die Schichten dünn sein, sogar transparent, und häufig können wir durch eine Wolkenschicht hindurch auf eine andere darunter blicken. Eine hohe, dünne Lage dahinjagender Wolken besitzt das organische und mathematische Aussehen von Sand, der über einen festgetretenen Strand, oder Schnee, der im Scheinwerferlicht eines Autos dicht über den dunklen Straßenbelag geweht wird. Auf unterschiedlichen Höhen scheinen sich solche Platten unterschiedlich schnell fortzubewegen – Wasserscheiben in Weltgrößenordnung, die übereinandergleiten, jede so groß wie der Himmel.

Die niedrigste dieser Flächen bildet wohl der Ozean selbst, bisweilen durchschnitten von scharfkantigen Eisbergen, die unter einer Schichtung vom Nebel gerundeter Unwirklichkeiten treiben. Wie so viele der Wunder, die wir vom Fensterplatz aus erleben können, wirkt ein solcher Anblick zugleich abstrakt und wahr. Es besteht kein Unterschied zwischen unserer Vorstellung einer solchen Szene und dem, was wir tatsächlich sehen.

Stellen Sie sich den atemberaubendsten rot glühenden Sonnenuntergang vor, und platzieren Sie ihn über dem grauesten aller Tage, wo er sich ja auch oft befindet, was wir immer vergessen. Manchmal taucht das Flugzeug beim Aufsteigen in der Abenddämmerung durch solche Wolkenschichten aus der monochromen Welt da unten in ein schwindelerregend sanftes Gewölbe nahezu horizontalen roten Lichts auf. Während wir uns in den Himmel erheben, ist es, als wären die globalen Schalter für Farben ausgeknipst gewesen und nun wieder eingeschaltet worden; als wäre dieses Rot selbst eine Art Wolke, ein weiterer Zustand des Wassers, den wir im Himmel entdeckt haben. Dann können die karmesinroten Wolkenoberflächen das Aussehen interstitieller Zellen des Körpers annehmen; der inneren Gewebe einer Welt ohne Maßstab.

Georgia O'Keeffe hatte Flugangst, war aber vernarrt in die Wolken, die sie vom Flugzeug aus sah und mit fast schon religiöser Hingabe malte:»Beim Fliegen sieht man, selbst unter normalen Umständen, so wunderbare Dinge, so unglaubliche Farben, dass man wirklich an seine Träume zu glauben beginnt.«Wenn ich eine Weile nicht geflogen bin und die Henkel der Einkaufstüten, die ich durch eine kalte, verregnete Abenddämmerung im November trage, kurz vor dem Reißen sind, versuche ich mir ins Gedächtnis zu rufen, dass sich oberhalb der Wolken, die sich über die Straßen gelegt haben, ein solcher See aus Licht erstreckt.

Im normalen, sichtbaren Tempo von Sinkflug und Ankunft verengen sich die Möglichkeiten des Ortes, während sich Eigenheiten vermehren. Was wir den Ankunftseffekt nennen könnten, geschieht in zwei Richtungen: vertikal und horizontal. Wenn man über dem Land ankommt, klärt sich die Welt im vertikalen Sinn, denn mehr von ihren Einzelheiten werden sichtbar, während wir auf sie herabsinken. Gleichzeitig verwandelt sich der Raum zwischen Städten horizontal. Aus Wildnis destillieren sich Farmen, aus Farmen Vororte, gespalten durch Hauptstraßen, die in die eigentliche Stadt führen. Diese Zwillingsbeschleunigung, die parallelen Verdichtungen von Details, zeichnet die Ankunft in einer Stadt aus der Luft aus.

Placelag tritt auf, weil unser Sinn für den Ort, an dem wir uns befinden, nicht so schnell reisen kann wie das Flugzeug. Der Anblick einer sich nähernden Stadt an einem kristallklaren Tag kann den *Placelag* kurzzeitig vertuschen, denn was da allmählich im Fenster passiert, besitzt einen eigenen visuellen Fluss, eine fortschreitende geografische Logik, die Sensibilität oder Verständnis vorgaukelt. Nur wenn ein Ort plötzlich auftaucht, erst wenn sich die Wolken endlich lichten, ist das, was vor unseren Augen mit dem Ort geschieht, auf einer Linie mit dem, was sich in unserem Kopf abspielt. Die Augen waren geschlossen, und nun öffnen sie sich.

Auf jenem Flug in ein wolkenverhangenes Amsterdam, dem ersten, den ich allein unternahm, war ich enttäuscht, während des Anflugs von meinem Fensterplatz aus so wenig sehen zu können. Doch das Holland, das so spät in meinem Fenster auftauchte – das Meer, die Schiffe, die vom Wind zerzausten Spaziergänger am Strand, der sich nach Amsterdam schiebende morgendliche Berufsverkehr auf den nassen Straßen, die grünen Felder und die Dachverglasung der vielen Gewächshäuser – hafteten noch lange nach dem Flug in meiner Vorstellung, viel länger vielleicht, als es bei klarem Himmel der Fall gewesen wäre. Dieses Geschenk der Wolken habe ich lieben gelernt: die Erfahrung, so lange so wenig zu sehen, bis wir alles sehen können.

Einige tropische Städte, wie Singapur, waren jedes Mal, wenn ich dorthin flog, von aufsteigenden, sich senkrecht ausdehnenden Nachmittagswolken umgeben. Wir sinken in diese Welt hinab, durch diese Dunstsäulen und um sie herum, lange bevor wir überhaupt die Wolkenkratzer oder Rollfelder der Stadt zu Gesicht bekommen, als müssten wir zuerst die Tore und Prachtstraßen der Wolkenstadt Singapurs passieren, ehe wir die dinghafte Metropole erreichen, die sich darunter fortsetzt.

Heathrows Nähe zu London und das typische Wetter dort bringen es mit sich, dass der erste Anblick der zurückkehrenden Erde nach stundenlangem Weiß und Grau oft das Herz der Stadt ist, die uns durch die Welt herbeordert hat, ihre Anlegeplätze und neuen Hochhäuser, die wie riesige Masten aus der ganz normalen Hektik des Morgens emporragen, die unter den Wolken auf uns wartet.

Wir nehmen diese Art der Navigation als selbstverständlich hin, als wäre es ein Klacks, über den Planeten zu fliegen und uns dann der weißgranitenen Oberfläche der Wolkenwelt zu nähern mit der heute völlig alltäglichen Absicht, einfach durch sie hindurchzutauchen, um ganz London vor uns ausgebreitet zu sehen wie eng bedrucktes Zeitungspapier auf dem Fußboden. Das Wasser des Himmels hat die Geografie ausgelöscht, mitunter die gesamte Reise über. Nun teilt es sich, und der Ort erscheint, nicht als der lang angebahnte und unvermeidliche visuelle Abschluss einer Reise, sondern wie ein von blendenden voltaischen Lichtschlägen umgebenes Stadion: Hier ist London, im Geläute der gegenwärtigen Stunde.

Vom Boden aus betrachtet, lässt tiefhängender Nebel die Welt nahezu verschwinden. Von oben jedoch scheint Nebel bisweilen nicht viel mehr als ein über das Land gezogener Schleier aus Gaze zu sein, so niedrig, dass sich jemand am Boden scheinbar aus ihm erheben könnte, indem er einfach aufsteht.

Die entlang einer Start- oder Landebahn gemessene Sichtweite nennt man *runway visual range*. Die »Transmissometer« in der Nähe der Pisten sehen aus wie zwei aus der Erde aufgetauchte Periskope, die sich gedreht und einander entdeckt haben und sich nun gegenseitig mit Blicken niederzwingen wollen. Die Zahl der Nebeltage in einem bestimmten Gebiet ist ein wichtiges Kriterium bei der Suche nach einem geeigneten Ort für einen Flughafen, daher werden Transmissometer mitunter lange vor dem Flughafen selbst errichtet. Ein Kapitän berichtete mir einmal von einem Gerücht, nach dem die Anwohner aus der Gegend eines geplanten Flughafens Mülltüten über die Transmissometer gestülpt haben sollen, um die Illusion dichten Nebels zu erzeugen, weshalb der Standort den Ingenieuren aus der Ferne plötzlich als der denkbar schlechteste für den Bau eines Flughafens erschien.

Wenn Nebel für Verspätungen sorgt, die sich durch einen ganzen Tag und über einen Kontinent ziehen, ist der Himmel darüber oft dennoch glasklar. Wir bereiten uns auf eine Landung im Nebel vor, während wir in strahlendem, ungehindertem Sonnenlicht in den Sinkflug gehen. Erst in den letzten Sekunden taucht das Flugzeug in den wabernden Nebel ein, und die Welt und die Landebahn verschwinden so vollständig, als hätte jemand ein graues Laken über den Flugzeugbug geworfen.

Manchmal liegt der Nebel nur in Fetzen auf einer Landebahn, und wir müssen mehrere Sichtweitenberichte von unterschiedlichen Punkten entlang der Piste auswerten, ehe wir uns zu einem Anflug entschließen. Einmal flog ich nach Edinburgh, und wir landeten im schönsten Sonnenschein. Aber als wir ein Drittel des Wegs auf der Landebahn zurückgelegt hatten, tauchten wir in ein alles umhüllendes Weiß ein, bis nach ein paar hundert Metern wieder verblüffendes Sonnenlicht über uns brandete, eine Erfahrung, die ich ansonsten nur vom Überqueren der Golden Gate Bridge mit dem Fahrrad oder Auto kenne.

Es ist noch gar nicht so lange her, dass ich mich an einem nebligen Herbstmorgen London näherte. Vor kurzem war an der Südlandebahn, auf der wir gleich landen würden, ein helleres Befeuerungssystem installiert worden. Die Fluglotsen leiteten uns direkt über Heathrow hinweg, dann nach Osten Richtung Londons Zentrum, bevor sie uns wieder umdrehen ließen zu unserem Endanflug. Als ich über den Flughafen flog und hoch oben eindrehte, konnte ich sehen, dass der Nebel nur portionsweise in langsamen Brechern vom Wind über diese Landebahn gewälzt wurde. Es hätte eine Straße durch die Zeit sein können, aus einem prähistorischen Moor in eine Zukunft der Raumfahrt: Eine Hälfte der Landebahn war in Nebel getaucht, der die Lichter darunter verschwimmen ließ, aber nicht vollständig verdeckte, während die andere Hälfte völlig klar war und ihre leuchtenden geometrischen Muster den heimkehrenden Himmelsschiffen einen blendenden Willkommensgruß sandten.

Nebel vor Morgengrauen, der nicht die Lichter einer Flugzeugpiste, sondern die einer Stadt verhüllt, ist eine der erhabensten Erscheinungen, die ich je von einem Flugzeug aus gesehen habe. An einem solchen Morgen treibt der Nebel über die sich ausbreitende Lichtlandschaft, ballt sich in manchen Gebieten dichter zusammen, während er in anderen dünner wird. Der Nebel besitzt das Eigenleben von Strömungen auf einer Wasserfläche oder dem jahreszeitlichen Pulsieren eines Gletschers in einer Zeitrafferaufnahme. Wasser in Zeitlupe, in seiner vielleicht archetypischsten und geheimnisvollsten Form. Dünnerer Nebel kann sich auf unsere Sicht wie eine unscharfe Linse auswirken und selbst scharfe Konturen von Lichtgebilden ausradieren. Wenn Straßen zu Kondensstreifen aus Licht verschwimmen und Ansammlungen von Häusern sich wie Nachtblumen in den alles überziehenden Nebel ausbreiten, kann die Beleuchtung einer ganzen Stadt das Aussehen einer Weihnachtslichterkette an einem mit frischem Schnee bedeckten Busch annehmen.

Bei jenem Prüfungsflug am Ende meines Instrumententrainings sank ich auf eine Höhe ab, wo ich entscheiden musste, ob ich genug sehen konnte, um zu landen, oder mich wieder von der Landebahn entfernen musste. Doch die bestausgestatteten Linienflugzeuge, die die bestausgestatteten Flughäfen anfliegen, halten für neblige Tage eine andere Option bereit: die automatische Landung. Sie zu beobachten ist außergewöhnlich – weil wir so wenig sehen.

Während wir beim Anflug zu einer automatischen Landung durch das Grau segeln, ist es, als hätte jemand die Lautstärke der Welt heruntergedreht. Teilweise liegt das an unserer Konzentration im Cockpit und teilweise an der Friedlichkeit, die viele von uns vielleicht mit einem nebligen Start in einen Herbsttag verknüpfen. Ein solches Gefühl der Stille ist mehr als nur ein Eindruck – der Abstand zwischen landenden Flugzeugen ist bei Nebel größer, daher sprechen wohl auch auf jeder Funkfrequenz weniger Piloten miteinander. Ein nebelverhangener Himmel ist auch meist so gut wie windstill, ohne oder fast ohne das Gelände aus Unebenheiten und Turbulenzen, das uns in höheren Wolken ständig daran erinnert, dass wir uns in der Luft befinden. Im von Nebel umgebenen Cockpit gibt es überhaupt kein Gefühl von Bewegung, abgesehen vom Drehen der Höhenmesser. Durch den Nebel kann der Eindruck entstehen, dass die Cockpitfenster mit perfekt zurechtgeschnittenen grauen Blättern zutapeziert wurden. Es überrascht nicht, dass dies eine der Situationen ist, auf die ein Flugsimulator die Piloten absolut perfekt vorbereitet. Vielleicht führen wir sogar mehr Landungen bei dichtem Nebel im Simulator durch als im echten Flugzeug, daher kann man an den nebligsten Tagen in der realen Welt leicht vergessen, dass kein Prüfer mit Notizblock hinter einem sitzt.

Die Aura der Stille bei Anflügen im Nebel lässt Raum für einen Aspekt unserer Rückkehr zur Erde, der für Passagiere nicht offensichtlich ist: die eigenen Stimmen des Flugzeugs. Die hervorstechendste Stimme des Flugzeugs ist diejenige, die die finalen Höhen verkündet, wie sie von den Augen des Funkhöhenmessers registriert wurden, dem Gerät, das Funkwellen von allem abprallen lässt, was sich direkt unter dem Flugzeug befindet. Diese *call-outs* verkünden unsere Entfernung zur immer näher kommenden Erde. Beim Abflug, wenn wir uns vom Boden entfernen, gibt es keine *call-outs* für die Höhe.

Als ich noch den Airbus flog, war die erste dieser Ankündigungen, die in einer tiefen männlichen Stimme bei einem Anflug zu vernehmen war, »*TWO THOUSAND FIVE HUNDRED*«. Am entsprechenden Punkt eines Fluges in der 747 sagt eine weibliche Stimme den Namen des Gerätes, das nun zum Leben erwacht ist, weil der Boden unter uns in Reichweite des Radars gekommen ist:»*RADIO ALTIMETER!*«Nach diesem Weckruf beginnt der Funkhöhenmesser seinen formalen Countdown, dessen Feierlichkeit ich mit den Sprechern bei einem Raketenstart verbinde. Die Abstände werden kleiner, gleichzeitig steigt die Häufigkeit der *call-outs*, während wir absinken, ein immer schneller werdender Takt, der perfekt das Näherrücken des Planeten widerspiegelt. Als Nächstes kommt »*ONE THOUSAND*«, gefolgt von »*FIVE HUNDRED*«. »*FIFTY*« – »*THIRTY*« – »*TWENTY*« ... »*TEN*«. Und einen Augenblick später: die Landeberührung.

Mitten in diesem Countdown ertönt eine andere wichtige Stimme. Jene Mindesthöhe, bis zu der wir ohne Sicht auf die Landebahn oder deren Befeuerung absinken können, heißt *decision altitude* oder *decision height* – Entscheidungshöhe. Dieser Meilenstein der Vertikale ist so wichtig, dass das Flugzeug schon, wenn es sich ihr nähert, »*FIFTY ABOVE*«ins Cockpit verkündet. Wir befinden uns nicht 50 Fuß über dem Boden, sondern 50 Fuß über unserer Entscheidung in der Luft. Der nächste Aufruf ist als *decide call* bekannt. »*DE-CIDE*«, sagt die 747 fröhlich, aber bestimmt. Können Sie genug sehen, um zu landen? Entscheiden Sie jetzt, wählen Sie zwischen Erde und Himmel. Den Entscheidungsaufruf hörte ich, lange bevor ich Pilot wurde, als ich als Passagier eines Linienflugzeugs bei der Landung im Cockpit saß. Damals war ich noch nicht lange aus dem Studium raus, noch nicht lange in der Geschäftswelt, und hinterher kam mir der Gedanke, dass es in viel mehr Situationen im Leben – in Seminarräumen der Uni und Konferenzräumen zum Beispiel – solche vorprogrammierten *call-outs* geben sollte. Heute murmele ich oft: »*Decide*« mit der einzigartigen Betonung und Intonation der 747, wenn ich mich über mich selbst ärgere, weil ich kleine Entscheidungen im Alltag vor mir herschiebe. Selbst Nichtpiloten unter meinen Freunden, denen ich die Strategien der 747 zur Entscheidungsfindung beschrieben habe, sagen mittlerweile, wenn sie sich lang genug mein Gejammer über irgendein kleines Dilemma angehört haben: »*Decide!*« Die Stimme der 747, die sie mit mir verknüpfen, ist die Stimme, die ich mit einem Augenblick kurz vor jeder Landung verknüpfe; mit der Hoffnung, die Anflugfeuer zu erblicken, die sich durch Nebel und Finsternis fortsetzen.

Nach einer »Autolandung« müssen wir daran denken, den Autopiloten wieder abzuschalten. Ansonsten wehrt sich das Flugzeug, wenn wir versuchen, die Landebahn zu verlassen. Es versucht, über die Steuerung zurückzulenken, um uns auf der Mittellinie der Landebahn zu halten. Es weiß nicht, dass wir es waren, die seine Bahn gestört haben; nur, dass es bleiben muss, wo es ihm zuletzt gesagt wurde, in der Mitte eines Ortes, den es für uns gefunden hat, als wir nichts sehen konnten.

In dichtem Nebel zu rollen ist wesentlich schwerer, als darin zu fliegen. An notorisch nebligen Orten, wie Delhi im Winter, kann ein kleines Leitfahrzeug – ein *follow-me-car* – rausgeschickt werden, um uns abzuholen, sobald wir die Landebahn verlassen. Die Anweisung der Fluglotsen lautet dann »*follow the follow-me*«. Die Fahrer des *follow-me* haben typischerweise einen sportlicheren Fahrstil als die Piloten, die sie führen, und so verschwindet das Auto oft im Nebel vor uns. Es kann vorkommen, dass wir die Schilder an den Rollfeldern nicht sehen, geschweige denn ein anderes Flugzeug, dann bringen wir den Jet sanft, aber vollständig zum Stehen. Der *follow-me*-Fahrer merkt schnell, dass die 747 ihm nicht mehr folgt, und dreht um, um uns zu suchen. Bald sehen wir die Scheinwerfer des Autos im Nebel zu uns zurückkehren und bitten den Fahrer, von nun an etwas langsamer zu fahren.

Von oben betrachtet, ist Wasser fraktal, abstrakt, nahezu ohne jeden Maßstab. Es ist unmöglich, die Größe seiner Merkmale wahrzunehmen, geschweige denn das Innenleben jener eigenartigen und wunderbaren Oberflächenbewegungen unterschiedlicher Reflexionsgrade und Strukturen, die schimmernden Summen von lokalen Winden und Strömungen, Gezeiten und Fahrwassern. Aus der Höhe wirkt Wasser metallisch, eine seltene Legierung dessen, was die Dichterin Mary Oliver »*the silver of water*« nannte, aus dem auch sonnenüberflutete Flügel oft zu bestehen scheinen.

Vom Flugzeug aus über dem offenen Ozean sehen wir die sich kräuselnden Blätter ausgebogten Blaus, die Wellen, die nichts reflektieren, die sich nicht brechen werden, ehe sich ihre stetig ausbreitenden Kämme einer fernen Küste entgegenrecken, wobei sie die Masse mit einer Selbstverständlichkeit durchdringen, die an das Licht eines Sterns erinnert.

Die meisten Wellen auf dem Ozean unter uns werden zuerst vom Wind hervorgerufen, bevor sie zu einer neuen vertikalen Dimension erwachsen, die vom Wind eingefangen wird, einem Hebel der Luft, der ihm erlaubt, noch höhere Wellen zu erzeugen. Tatsächlich erzählt mir ein Wissenschaftler, dass der Wind über dem Meer die Wellen weiter in die Höhe zieht, nach demselben simplen Prinzip, mit dem der Sog den Flügel eines Linienflugzeugs hebt. Es ist ein schöner Gedanke, dass Wellen und Flügel von ähnlichen Luftmechanismen angehoben werden, während uns Wolken, die in verräterischen Mustern, streifigen Geometrien aus Dunst, über den Himmel ziehen, daran erinnern, dass es auch in der Atmosphäre Wellen gibt.

Wenn Sie je in Küstennähe gewandert oder Auto gefahren sind, gab es vielleicht einen Moment, in dem Sie aus einem dichten Wald oder hinter einer Kurve der Straße aufgetaucht sind. Plötzlich öffnet sich die Welt, die Decke des Himmels fällt steil ab, und die blauen Gewölbe von Himmel und Meer dehnen sich vor Ihnen aus, bis sie sich am fernen Horizont begegnen. Die Chance, sich gleichzeitig unterhalb und oberhalb dieser windgepeitschten Blauheiten zu befinden, ist es vermutlich, die so viele Reisende an die sonnigsten und steilsten Küstenstriche der Welt zieht.

Piloten aus Großbritannien überqueren regelmäßig den Ärmelkanal, und jeder Überflug ist eine Gelegenheit, Hubert Lathams zu gedenken, des französischen Piloten, der als Erster versuchte, den Kanal zu überfliegen, und als Folge als Erster mit einem Flugzeug auf dem Meer landete, wo er sich eine Zigarette anzündete, während er auf Rettung wartete. Er starb im Tschad – getötet entweder von einem Büffel oder einem Mörder, je nachdem, welchem Bericht über seinen Tod man Glauben schenkt. Eines frühen Sommermorgens, während ich vom europäischen Festland her Richtung London niederging, sah ich einen Flugzeugträger und seine Kampfeinheit auf dem Ärmelkanal Richtung Südwesten auf den Atlantik zusteuern. Die Sonne auf dem Wasser verlief über die langen weißen Fahrwasserlinien, die jedes Schiff hinter sich herzog, der Barcode einer Marine, einer Nation, jedes Schiff ein motorisiertes

Wort – »Macht«, »Morgengrauen«, »Flotte«. Wir wiesen die Passagiere auf den Anblick hin, und einige blieben nach der Landung bei uns stehen, um über die Schiffe zu reden. Der Ausdruck *blue-water navy* – Hochseemarine – bezieht sich auf ozeantaugliche Langstreckenschiffe im Gegensatz zu einer Binnen- oder Küstenmarine. Wenn ich morgens zu einer langen Ozeanüberquerung starte, denke ich gerne: Hier kommt ein *blue-water*-Tag.

Wenn ein Flugzeug vom Flughafen einer Hafenstadt abfliegt und unmittelbar auf offenes Wasser zusteuert, tritt es gleichzeitig in das Reich des Himmels und des Meeres über. Wenn unser Ziel ebenfalls eine Küstenstadt ist, kehren wir im selben doppelten Sinn an Land zurück. Ähnlich vielleicht dem bereits beschriebenen Effekt von Bewölkung bei der Ankunft, nimmt das Gefühl des Zurückkehrens eines Luftreisenden eine gewisse Reinheit an, wenn ein Großteil des Sinkflugs über dem Wasser stattfindet. Über dem Land ändert sich der Stoff des Blicks – Felder, dann Straßen, dann Fabriken. Doch beim Anflug über dem Meer bleibt der Inhalt unverändert – lediglich seine Entfernung ändert sich unaufhörlich und stufenlos. Das Auge folgt diesen fließenden Übergängen während der etwa zwanzig Minuten des Sinkens, von einer blauen Abstraktion zu einzelnen, dreidimensionalen Wellen, von der angenehmen Vorstellung von Wasser bis hin zum direkten Anblick seiner sich hebenden und senkenden Oberfläche.

Meine Patentochter sagte mir einmal, sie sei froh, einen Globus zu haben, weil er sie daran erinnere, dass es nur einen Ozean gibt. Daran, an sie, denke ich, wenn ich auf einem Flug mehr Ozeane als einen sehe. Auch wenn wir auf einem Flug von London nach Los Angeles einige Teile des Atlantiks überqueren, verringert sich dessen Umfang durch die Gedanken, die sich auf einen Zielort richten, der am Rand eines noch entfernteren und größeren Ozeans liegt. Gelegentlich fliegen wir am Ende eines solchen Flugs kurzzeitig auf den Pazifik hinaus, bevor wir zurückkehren – nur die ersten paar Meilen eines Ozeans, der, gemessen an der Strecke des Flugs, wenig mehr ist als ein Anhängsel. Und doch ist dieser Ozean der Grund dafür, dass diese Stadt hier ist, der Grund, warum wir London verlassen haben. Nach der Landung gehe ich vielleicht an den Strand und werde mir lebhaft bewusst, dass ich nach Westen blicke oder nach Westen denke, wie das Flugzeug und der berühmte historische Windsack der Stadt und ihres Landes; dass uns all die Meilen gen Westen an diesem Tag nur an einen Anfang geführt haben.

Wenn Sie an einem Strand stehen, der nach Westen liegt, und sich nach einem langen Tag und einem Flug nach Westen die Sonne endlich anschickt unterzugehen, sehen Sie vielleicht eine Lichtlinie, die von der Sonne direkt zu Ihnen verläuft, über die Wasseroberfläche schillernd. Diesen Effekt sieht man oft vom Cockpit oder auch vom Fensterplatz aus, wenn sich das Licht mit Ihnen dreht und bewegt und Sie mit dem Horizont unter der Sonne verbindet. Es wird manchmal »Sonnenglanz« genannt. Aber für mich sieht es eher wie eine Straße aus, ein Weg oder ein Pflaster aus Licht, das Ihr Auge und Ihr Schiff mit der untergehenden Sonne verbindet. Ein besserer Name wäre »Sonnenstraße«, »Sonnenweg« oder »Sonnennachstrom«.

Das kommt auch beim Mond vor – »Mondnachstrom« könnte man es nennen. Am erhabensten finde ich diesen nicht etwa, wenn er uns über einen dazwischenliegenden Ozean mit dem Mond verbindet, sondern, wenn wir nachts über ein mit Seen übersätes Land wie Nordkanada fliegen. Wo zwischen Flugzeug und Mond fester Boden liegt, tritt der Mondnachstrom überhaupt nicht in Erscheinung. Aber taucht ein See auf der Linie zwischen dem Flugzeug und dem Punkt des Horizonts auf, über dem sich der Mond befindet, erwacht über dem Wasser dazwischen gelbweiß der Mondnachstrom zum Leben. Er zieht sich in Kräuseln über das Wasser, bis er das entlegene Ufer des Sees erreicht und Licht sowie See in der Dunkelheit verschwinden, bis der nächste der Seen erscheint, und ein jeder erklingt wie auf Linien gefädelte Noten.

In vergangenen Zeiten war der Rand eines Kontinents der Ort, wo Reisende eine Pause einlegten oder von einem Transportmittel auf ein anderes umstiegen. Heute liegt es in der Natur langer Flüge, dass man die Landschwelle unbemerkt hinter sich lässt. Die Grenzen zwischen Erde und Wasser, die großen Aufteilungen, die von Spezies und Ökosystemen, Ländern und Sprachen gestaltet wurden, verlieren durch das Flugzeug ihre Bedeutung. Manchmal weise ich die Passagiere darauf hin, wann wir welche ferne Küste erreichen oder überqueren werden oder über Irland oder Neufundland »Land in Sicht« sein wird. Doch dieser Ausdruck – voll historischem Gewicht – ist in der Luft immer etwas fehl am Platz, als würden wir das Land gleich auf Augenhöhe sichten, in kleinen Booten an der Küste landen, eine vorbereitete Rede in der Hand durch die Brandung torkeln und uns über die Schwelle einer neuen Welt schleppen, die zu erreichen wir einen Ozean überquert haben. Selbst wenn der Pilot den Moment ankündigt, überfliegen wir die felsigen Küsten, als wären sie Fiktionen, Begrenzungen eines vergangenen Reiches, Steinmauern wie die alten von Neuengland, um die längst wieder Wald gewachsen ist; Fissuren nicht in Betracht gezogener Reisen.

Es ist Frühsommer. Ich bin Ende zwanzig und noch kein Pilot. Ich arbeite jetzt seit ein oder zwei Jahren in der Wirtschaft. Während der Highschool habe ich einen Sommer in Japan verbracht, in Kanazawa, einer reizenden Stadt am Japanischen Meer, bekannt vor allem für ihre Burg und den nahe gelegenen Garten. Ich wohnte bei einer japanischen Familie und studierte Japanisch an der örtlichen Universität. Hätten Sie mich damals gefragt, ob ich hoffte, irgendwann im Ausland zu leben, und wenn ja, wo, hätte ich geantwortet, ja, und zwar in Japan. (Als ich später die Gelegenheit bekomme, von einem Kurzstrecken- auf ein Langstreckenflugzeug zu wechseln, erleichtert mir mein Traum, nach Japan zu fliegen, meine Entscheidung enorm.)

Mein Chef bei der Unternehmensberatung hat von meiner frühen Japanerfahrung gehört. Deshalb wurde mir dieses neue Projekt für einen Kunden in Japan anvertraut, und deshalb fliege ich heute nach Osaka. Um von Boston nach Osaka zu gelangen, fliege ich zunächst nach Dallas, diese Art hakenförmiger Reiseroute entspricht zwar der Logik der Drehkreuze von Fluggesellschaften, versetzt mich aber heute noch in Staunen über unsere modernen Reisen, darüber, dass Flugzeuge den Ort so weit abstrahiert haben, dass der logistische Großkreis zwischen Neuengland und Japan wie selbstverständlich, sagen wir, über die Ebenen von Nordtexas verläuft. Die letzte halbe Stunde dieses ersten Flugs auf meinem

Reiseplan starre ich aus dem Fenster, fasziniert vom Näherrücken eines Staates, der größer ist als Frankreich, und schließlich von den mit Segeln gesprenkelten Seen von Dallas, die im Sonnennachstrom des ersten texanischen Morgens meines Lebens glänzen.

Nachdem ich ein paar Stunden lang in einem Café auf dem gigantischen Flughafen an meinem Laptop gearbeitet habe, ist es geradezu peinlich, wie aufgeregt ich bin, zum ersten Mal an Bord einer MD-11 zu gehen, eines dreistrahligen Großraumflugzeugs. Auf dem Flug arbeite ich weiter, esse zu Mittag und plaudere mit dem älteren Herrn neben mir, der mir erzählt, dass er seit den 1960er Jahren Geschäfte in Japan tätigt und bald in Ruhestand geht. Ich unterhalte mich mit dem Kabinenpersonal darüber, welche Restaurants sie in Osaka empfehlen würden. Einer der Piloten kommt heraus, um ein paar Passagiere zu begrüßen. Ich spreche ihn auf den neuen Flughafen in Osaka an. Ich sage ihm, dass mir dessen Code gefällt, »KIX«. Er lacht und erzählt, dass der Flughafen auf einer künstlichen Insel in einer Bucht gebaut wurde. Für ihn, als früheren Marineflieger, fühle es sich ein bisschen an, als lande man auf einem Flugzeugträger von luxuriösen Ausmaßen. Ein paar Minuten später kehrt jeder von uns wieder an seine Arbeit, seine Computerbildschirme zurück. Unsere Tage sind sehr verschieden, denke ich.

Bevor ich meinen Laptop wieder aufklappe, schaue ich aus dem Fenster. Wir überqueren einen schwindelerregend bergigen Küstenstreifen, auf dem Wälder und gelbbraune, felsige Gipfel aufragen. Er scheint kaum bewohnt zu sein. Entlang der Küste, wo das steile Land endet und Nordamerika sowohl seinen horizontalen als auch seinen vertikalen Abschluss findet, verlaufen lange klammerartige Brandungslinien, wie die Reißkanten von teurem Papier. Diese Küste, klärt der Pilot mich später auf, ist Kalifornien. Big Sur. Wir haben heute eine leicht südliche Route. Wir überfliegen den gesamten Pazifik.

Es kommt überraschend selten vor, dass ein Flugzeug einen Ozean einfach so komplett überquert, sich an einem so frühen Punkt einer Reise vom Land verabschiedet, um es erst wieder kurz vor deren Ende auftauchen zu sehen. Selbst auf einem Flug von der Ostküste Amerikas nach Europa, der Inbegriff dessen, was wir einen Transatlantikflug nennen, kann etwa die Hälfte des Flugs über Land stattfinden. Obwohl wir auch einen Flug von London nach Seattle als transatlantisch ansehen und das kulturell auch stimmt, stellt man ihn sich geografisch und ganz sicher visuell besser als Reise gewichtloser Schritte von Stein zu Stein vor: Großbritannien selbst, die Hebriden, Island, Grönland. Die Baffininsel, die fünftgrößte Insel der Welt, gekrönt von Bergen, die nach Odin und Thor benannt sind. Die vom Eis verstopfte Meerenge, die Fury-und-Hecla-Straße, die Baffin vom kanadischen Festland trennt und einen Teil der Nordwestpassage bildet. Der Kanadische Schild, die Rockies, das Kaskadengebirge und schließlich Seattle. Eine große Reise, aber kaum transozeanisch.

Andere Möglichkeiten des Inselhoppings bieten ein einladenderes Klima und interessantere Maßstäbe. Als Passagier flog ich einmal über die Ägäis, von Athen nach Rhodos. Es gab so viele Inseln, dass fast überall Wasser auf einen atemberaubenden Küstenstreifen traf. Griechenlands Inselgruppen sahen aus, als hätte man Kalifornien wie Glas mit einem Hammer zerschmettert und über das Blau verstreut, ein Blau, das so perfekt war, dass es schien, als bräche sich nicht nur das Wasser, sondern auch der Himmel an den neuen Küsten. Es war nicht schwer, sich vorzustellen, wie sich diese Küstenscherben zu einer Geschichte, einem Land und einer Mythologie zusammenfügten; die Idee einer Nation, die sich weniger aus Land, sondern vielmehr aus dessen Rändern zusammensetzt. Auf keinem anderen Flug habe ich Passagiere dem Blick unter uns so ungebrochene Aufmerksamkeit schenken sehen.

Kapstadt liegt nahe der Südwestspitze Afrikas. Die Tatsache, dass nur drei Fünftel der nördlichen Halbkugel aus Wasser bestehen, hingegen etwa vier Fünftel der südlichen, lässt den Namen – Cape Town auf Englisch, Kaapstad auf Holländisch und Afrikaans und iKapa auf Xhosa – anders klingen. Ein Kap, ein Zufall von tektonischen Bewegungen oder Erosion, ein felsiges Scharnier der Geschichte, eine Siedlung an einem Ende der Welt ihrer Christianisierer; eine Erinnerung daran, dass die besten Ortsnamen vielleicht diejenigen sind, die von oben am meisten Sinn ergeben. Das Kap der Guten Hoffnung, Cabo da Boa Esperança –

obwohl Bartolomeu Dias es Cabo das Tormentas, das Kap der Stürme, nannte, als er es vor mehr als fünf Jahrhunderten umrundete, zwölf Jahre bevor er Schiffbruch erlitt und dabei ertrank.

Es ist der Morgen nach einem langen Nachtflug. Ich hatte zum Frühstück Cornflakes und Kaffee, und jetzt befinden sich meine Kollegen und ich in den letzten Phasen unseres Anflugs auf Kapstadt. In Europa ist es mitten im Frühling, aber hier ist Herbst, ein grauer, stürmischer Morgen. Die Hauptlandebahn am Flughafen von Kapstadt verläuft grob von Nord nach Süd, nicht allzu weit von den Stränden der False Bay am östlichen Ende der Stadt entfernt, wo an einem solchen Tag kein Mensch schwimmen gehen wird. Heute weht der Wind kräftig aus dem Norden, daher schicken uns die Fluglotsen am Flughafen, an der Stadt und an Afrika vorbei Richtung Süden. Irgendwo über dem Wasser werden wir eine Kehrtwende machen und, nachdem wir 6000 Meilen südwärts geflogen sind, Kapstadt letztendlich in Richtung Norden, mit dem Gesicht nach London, anfliegen.

Die Fluglotsen instruieren uns, ziemlich tief abzusinken, normalerweise ein Hinweis darauf, dass sie planen, unsere Reise zurück zum Flughafen kurz ausfallen zu lassen. Aber aus irgendeinem Grund, der uns nicht mitgeteilt wird – vielleicht hat ein anderes eintreffendes Flugzeug einen kranken Passagier an Bord, oder auf der Landebahn wurde ein Tier gesichtet –, erhalten wir die Anweisung, unseren südlichen Kurs beizubehalten.

Zwischen den Wolken hindurch erhaschen wir einen kurzen Blick auf Cape Point, als wir auf unserem Bildschirm die entsprechenden kastenförmigen Geländesymbole passieren, obwohl sie dort natürlich nicht als zu den wichtigsten Felsen im Himmel der Geschichte gehörend ausgewiesen sind; für uns tragen sie nicht einmal einen Namen. Nun befinden wir uns über offenem Wasser. Vor uns liegen die Vorberge des Südlichen Ozeans, ein Stück weiter, noch nicht in Sicht, liegt der landlose planetarische Gürtel sturmgepeitschter Eismeere, deren Breitengrade als die Roaring Forties bekannt sind, die Antarktis. Das Kap, wenn auch nicht ganz der südlichste Punkt Afrikas, liegt näher am Südpol als Sydney oder São Paulo. Dieser unerwartet lange Umweg bringt fast alle Passagiere an den südlichen Zenit ihres Lebens – ein Rekord, den selbst ich erst bei einem Flug nach Buenos Aires brechen sollte.

In den böigen Winden ist es holprig. Aus schmalen, verstreuten Wolkentürmen ergießen sich Schauer. Wir fliegen durch diese strömenden Regenstrahlen und wieder hinaus in kurze, weißwandige Höhlen aus Sonnenlicht, durch die leuchtender Glanz fällt, der sich in kleinen blauen Teichen auf dem grauen Meer sammelt. Einen Moment später hüpfen wir wieder durch Regen und Nebel und zurück in die Sonne. Wir vergessen, dass eine solche Szenerie unser Zuhause in seinem ganz normalen Zustand ist, auch wenn ich nie zuvor etwas Ähnliches gesehen habe. Wenn Sie über einem willkürlichen Längen- und Breitengrad des Planeten auf 3000 Fuß absinken, ist es das, was Sie mit der größten Wahrscheinlichkeit vorfinden: Schlachtschiffwolken über einem tobenden Ozean und kein Land in Sicht.

Wir fliegen nahe an einem einsamen Frachtschiff vorbei und sehen zu, wie es wie eine Wippe in den haushohen Wellen hin und her kippt, den massigeren Turbulenzen seines älteren Reichs. Endlich erhalten wir die Anweisung umzudrehen: erst nach Osten, dann nach Nordosten. Eine letzte scharfe Abbiegung, und wir hängen uns an das schräg ankommende Funksignal, das sich durch Regen und Nebel zu uns emporschraubt, ein Strahl, dem wir dankbar zurück nach Afrika folgen.

Später, nach einem Nickerchen im Hotel, hat der Regen kurzzeitig aufgehört, und bevor ich mich mit der Crew zum Abendessen treffe, bleibt mir noch genug Zeit, um hinunter nach Cape Point zu fahren. Es ist ein beliebtes Ausflugsziel – Höhe über dem Wasser vom Feinsten –, und oft erkenne ich Passagiere von meinem eigenen Flug dort wieder, an jenem bleigrauen Tag allerdings nicht. Ich steige zum Leuchtturm hinauf. Als ich mich über die Steinmauern der Aussichtsplattform beuge, sehe ich Seevögel, die senkrecht nebelverhangene Klippenwände emporkreischen, und ich spüre den Wind wie nie zuvor. Ich starre auf die sich brechenden Wellen hinunter, und jenseits davon das blau-schieferfarbene Kaleidoskop aus Sonne und Schatten und die eintreffenden Rollbüsche der nächsten Runde von Schauern.

Pfeile an einem Pfahl zeigen in alle Himmelsrichtungen, jeder zu einem fernen Ort mit Angabe der Entfernung. Gerade gelandete Piloten sowie kürzlich angekommene Passagiere sehen sich einen solchen Baum von Städten vielleicht mit leichter Ungläubigkeit an und verspüren möglicherweise einen besonders starken Schub *Placelag*. Ein Pfeil zeigt auf die Antarktis; grob gegenüber befindet sich der Wegweiser nach London. Ich denke an gezimmerte Schiffe und den vergessenen stürmischen Namen des Kaps und frage mich, ob vorhin vielleicht jemand hier an diesem Leuchtturm stand und mitbekam, wie eine 747 über dem Ende des Kaps und des Kontinents eindrehte, oder den kontrollierten Donner der Triebwerke aus den vom Wind zerfaserten Wolken vernahm.

Mein Vater verließ den Kongo im Juni 1958, flog zunächst nach Kairo, wo er neun Tage verbrachte, ehe er nach Belgien weiterreiste. Nachdem er sein Studium in Belgien fortgesetzt hatte, wurde er nach Brasilien entsandt, und diese Reise machte er mit dem Schiff.

Zunächst stieg er allerdings in einen Zug. Da er der einzige Passagier war, der in Antwerpen an Bord gehen sollte, fragte ihn die Schifffahrtsgesellschaft, ob es ihm etwas ausmache, nach Hamburg zu kommen, um ihrem Schiff einen Halt zu ersparen. Der Hafen und der Fluss jener Stadt waren in einen eisigen Januarnebel gehüllt, schrieb er in seinen Notizen, und während der ersten Nacht an Bord gab das Nebelhorn kaum Ruhe. Eine Nacht später auf dieser langen Reise, diagonal den Atlantik hinunter, fegte eine raue See das ganze Geschirr und Besteck von den Tischen im Speisesaal. Wortlos räumten die Kellner alles auf und deckten erneut, und dann stellten sie schwere Krüge mit Wasser auf die Tischdecken, um das neue Geschirr an Ort und Stelle zu halten.

Auch Flüge von Europa nach Brasilien werden mitten auf dem Atlantik oft von Turbulenzen erfasst, wo ich hin und wieder nachts das Licht eines einsamen Schiffes auf dem Meer unter mir sehe, als hätte sich ein Stern unter den Horizont verirrt. Ich sehe im Cockpit nach dem Namen der 747, die ich gerade fliege, typischerweise der einer Stadt, der immer noch manchmal auf einem kleinen Schild steht, und erinnere mich an den Namen des Schiffs meines Vaters, die *Santa Elena*, die von der Hamburg Südamerikanischen Dampfschifffahrts-Gesellschaft betrieben wurde. Als lebenslanger Student von Sprachen gefiel ihm ein solcher deutscher Name, und er war froh, dass das Unternehmen noch nicht die Rechtschreibreformen übernommen hatte, die damals das Weglassen eines der drei aufeinanderfolgenden fs befürworteten. Er lernte bereits Portugiesisch, eine Sprache, deren Vokale sich, wie er schrieb, offenbar ebenso gern eng aneinanderschmiegten wie deutsche Konsonanten.

Als meine Mutter von Amerika nach Paris reiste, fuhr sie mit der *SS France*, die eine Zeitlang das längste Passagierschiff der Geschichte war, gebaut von einer Schiffswerft namens Chantiers de l'Atlantique. Dieser Name weckt in mir den Wunsch, wir würden eines Tages eine Flugzeugfabrik so ähnlich taufen. Ich arbeite in den Seattle Sky Yards, würde ein Ingenieur sagen, oder auf den Chantiers du Ciel in Toulouse. Ende der 1950er Jahre reisten zwischen Europa und Amerika mehr Menschen mit dem Flugzeug als mit dem Schiff. 1964 kehrte meine Mutter in einem Flugzeug nach Amerika zurück. Damals flog sie zum ersten Mal.

Die Verlockung ist groß, aber es ist nicht ganz richtig, das Flugzeug als den Nachfolger des Schiffs anzusehen. Passagierschiffe sind so gut wie ausgestorben, und die Luftfahrt würde, wäre sie ein Land, die neunzehntgrößte Wirtschaft des Planeten darstellen. Aber es gibt mehr Frachtschiffe und Tanker denn je, die ohne Unterlass die Städte der Welt verketten, unterhalb der Flugzeuge, die die Sprache und Tradition eines maritimen Zeitalters übernommen haben, das weniger geendet hat, sondern vielmehr dem kollektiven Gedächtnis entfallen ist. Tatsächlich erinnern uns Schiffe mehr noch als Flugzeuge daran, dass man Informationstechnologie und Globalisierung am besten als voneinander getrennte Revolutionen betrachtet, die sich nur gelegentlich überschneiden. Der Austausch physischer Güter hat nichts Virtuelles an sich, und weit mehr des immer umfangreicheren Handels der Welt findet per Schiff und nicht per Flugzeug statt.

Kaum jemand sieht das deutlicher als Linienpiloten. Die überfüllten Häfen, die wir überfliegen, sind oft prachtvoll – zeitlos und mit einem Sepiastich, egal, wie strahlend die Silhouetten und Computerbildschirme der 747 oder wie zweckmäßig die modernen Konturen der Schiffe da unten. Wenn ich in der Nähe eines Hafens vorbeifliege, spüre ich genau die historische Kontinuität, die in meinem Job sonst schwer zu finden ist: nicht eine andere Welt, sondern vielmehr eine klassischere Version meiner eigenen. Wenn ich über die blühenden Bootslandschaften von Antwerpen, Hongkong oder Long Beach fliege, fällt mir ein, dass ich zu denen gehöre, die erst in allerjüngster Zeit Arbeit im Bereich der Beziehungen zwischen entfernten Städten gefunden haben.

Boston ist historisch gesehen und auch nach seinem Selbstverständnis immer noch in erster Linie ein Hafen und als solcher nach wie vor ein geschäftiger Ort. Im Nachhall von Kitty Hawk einerseits und der maritimen Vergangenheit der Stadt andererseits liegen die belebten Pisten seines Flughafens so nahe am Wasser, dass man es Seefahrern, die heute nach Boston kommen, nicht verübeln kann, wenn sie denken, sie würden gleich am Flughafen anlegen, während Flugpassagiere sich vielleicht in einem Wasserflugzeug wähnen, so spät taucht richtiger neuenglischer Boden im Fenster auf. Ich flog einmal als Passagier von Shannon nach Boston. Wir starteten in Richtung Meer und flogen eine südliche Route, die an den kanadischen Seeprovinzen vorbeiführte, bevor wir vom Meer aus in Boston landeten. Von den etwa sechs Flugstunden beliefen sich die Anteile, die über Land stattfanden, auf weniger als dreißig Sekunden.

Als ich noch in Boston wohnte, ging ich immer zu Fuß ins Büro der Unternehmensberatung am Hafen im Norden, die Atlantic Avenue entlang. Ganz oben in unserem Gebäude gab es einen kleinen Raum mit Glaswänden, der für jeden zugänglich war und den wir das Krähennest nannten. Ich kam dorthin, um an Präsentationen zu arbeiten – oder um Kaffeepause zu machen und auf dem Flugsimulator auf meinem Laptop zu spielen, mit dem weiten Blick auf den inneren Hafen und den Flughafen dahinter.

Jahre später bin ich Pilot und fliege zum ersten Mal mit der 747 nach Boston, mein altes Bürogebäude im Blickfeld. Wir gleiten südlich an der Stadt vorbei, drehen über den belebten Highways Richtung South Shore ein, kehren dann um und reihen uns für eine der nordöstlich verlaufenden Landebahnen ein. Als wir zum Flughafen absinken, bewegen sich kreuz und quer über unsere Windschutzscheibe die vielen Freizeitboote und ein paar Segelschiffe, deren Kielwasser sich durch das Blau schlängelt, bevor die nüchternen Linien der Pisten beginnen.

Der altehrwürdige Hafen der Stadt, erfahre ich heute, besitzt eine formale Präsenz in den Cockpits der meisten modernen Passagiermaschinen, die die Stadt anfliegen. Wenn wir die Mindesthöhe ausrechnen, bis zu der wir ohne Sicht auf die Landebahn absinken können, müssen wir mitunter die Ausmaße unerwarteter Hindernisse in der Luft berücksichtigen – die Masten oder Aufbauten von Schiffen, die in der Nähe des Flughafens segeln.

Heute hängen die Wolken nicht tief, und wir sehen das größte Segelschiff früh genug, trotzdem fliegen wir nicht besonders hoch darüber weg. Als wir unmittelbar darüber sind, genau in dem Moment, wenn die Dimensionen des Jumbojets vermutlich alle unter uns an Deck zusammenfahren lassen, können wir das Schiff nicht mehr vom Cockpit aus sehen. Auch Segel sind aerodynamische Vorrichtungen, ähnlich wie Tragflächen, und vielleicht bekommt ihr Tuch etwas vom Wind unseres Vorbeiflugs ab, oder unser Nachstrom in der Luft schlägt sich in der weißen Spur nieder, die ihr antiquiertes Schiff im Blau hinterlässt. Holz, Metall, unser gemeinsamer Dialekt – von irgendwo anders in der Stadt hat irgendjemand die richtige Sichtlinie über den Hafen, um unsere Tragflächen über dem sich blähenden Segel zu sehen, die Pfeiler zweier Epochen Bostons.

Als ich regelmäßig nach Istanbul flog, schickten uns die Fluglotsen, wenn der Flughafen überlastet war, häufig auf eine ausgedehnte Tour über das Marmarameer. Wir konnten deutlich die Lage der Schiffe dort erkennen, die oft stillstanden und den Eindruck erweckten, als warteten sie, etwa auf einen byzantinischen Ankerplatz oder eine kaiserliche Audienz. In mondlosen Nächten war das Wasser ohne Oberfläche oder Tiefe, ein mattschwarzer Spiegel der Dunkelheit darüber, und wir sahen lediglich die beleuchteten Schiffe, eine Palette gleichmäßig auf einer unsichtbaren schrägen Geometrie verstreuter Punkte, eine nächtliche Blüte, so ehrfurchtgebietend wie die Augen lauernder Tiere in einer dunklen Ebene.

Nach der Landung gingen wir üblicherweise in unser Hotel, einem

Wolkenkratzer aus dunklem Glas an der Uferpromenade. Durch die rauchgrauen Fensterscheiben eines hohen Stockwerks schienen die Lichter der wartenden Schiffe im Himmel zu hängen und eine Art mit Schiffslaternen beleuchtetes Tor zum Bosporus zu bilden. Die Scheinwerfer von späteren Flügen, die sich über die Scheibe schlängelten, bevor sie wieder kehrtmachten und auf den Flughafen auf der europäischen Seite des Wassers zusteuerten, schienen sich dann zwischen den Schiffen zu bewegen.

In so vielen Sprachen enthält das Wort für »Flug*hafen*« die Entsprechung für »Hafen« – so auch im englischen *airport* oder im holländischen *luchthaven* –, was wir aus Gewohnheit nicht mehr unbedingt heraushören, unsere »Häfen der Luft« oder, noch hübscher: die Tautologie des Sky Harbor International Airport in Phoenix – ein Name, der, obwohl die Stadt von Wüste umgeben ist, vom Himmel aus absolut angemessen wirkt.

Auf der Nordsee sieht man viele Schiffe, die unterwegs zum riesigen Hafen in Rotterdam sind. So waren ja auch auf meinem Flug damals nach Amsterdam die Schiffe das Erste, was ich sah, als kreuzten sie zwischen den Wolken. Nichts sagt so viel über die Niederlande, ihr Wesen und ihre beeindruckende Handelstradition aus als die Massen an Schiffen, die sie stündlich anfahren, unter den Flügeln unseres eigenen Schiffs, das auf Schiphol hinabsinkt – *Ship*-hol nach manchen Etymologien –, dem Himmelshafen, auf dem wir unter dem Meeresspiegel landen.

Ganz am anderen Ende Eurasiens liegt Singapur, die Festung, die Stamford Raffles gründete, um dem Einfluss der Niederländischen Kolonialmacht aus der Ferne die Stirn zu bieten. (Raffles wurde auf dem Meer geboren. Ich weiß nicht, welche Dokumente 1781 vor Jamaika dafür benötigt wurden aber im Cockpit haben wir ein Formular, das im Fall einer Geburt während des Flugs auszufüllen ist und nach der Geburtszeit in GMT und nur der ungefähren Position des Flugzeugs über der Welt fragt.) Jedes Mal, wenn ich in Singapur lande, bin ich von neuem erstaunt über den Umfang des Schiffverkehrs auf den Gewässern um es herum. Es ist ein Ort, an dem viele Schiffe vorbeifahren und auch anlegen. Aus der Luft sehen wir deutlich, was Raffles begriff, das heißt den vielleicht naheliegendsten Ort auf dem Planeten, um den Grundstein für einen Handelsposten, einen Hafen, eine großartige Stadt zu legen.

Von oben bezweifele ich nicht, dass, wie ich gelesen habe, etwa ein Viertel des Welthandels und ein noch größerer Anteil des über das Meer transportierten Öls die Straße von Malakka passiert. Diese legendären, seichten Gewässer haben ihren Namen an die größte Klasse von Schiffen weitergegeben, die hier durchfahren können: Malaccamax. Manchmal fliege ich nach Singapur nur wenige Tage nach einem Flug in eine Stadt am Persischen Golf, über dem es so neblig sein kann, dass man das Wasser kaum sehen kann; und die vielen Tanker, die in alle Richtungen zeigen, scheinen ebenfalls zu fliegen, mit der vornehmen Unbeholfenheit eines Raumschiffs in einem Film. Beim Anblick eines Schiffs, das sich Singapur nähert, kommt mir in den Sinn, dass ich vielleicht schon irgendwo anders über dieses Schiff geflogen bin oder vielleicht sogar das Kerosin in den Tanks dieser 747 in den Frachträumen genau dieses Schiffs transportiert wurde, das nun da unten gleichmäßig dahinschippert.

In der Nähe des Flughafens gibt es so viele Schiffe in der Straße von Singapur, dass man kaum mehr daran denkt, auf eine Wasserszenerie zu blicken. Der Anblick ist schwer zu begreifen, als hätte jemand Hunderte von Streichholzschachteln auf dem Küchenboden verteilt. Du musst dich irren, sagt man sich, dieses Gewusel muss etwas Kleineres sein als Schiffe. Die Flugzeuge darüber, deren bald beendete Reisen sich von weit her über eins der überfülltesten Gewässer des Planeten ziehen, zu den belebten Pisten des Changi Airports, spiegeln das würdevolle Chaos der Handelswelt darunter wider. Ich kenne keinen Ort, wo sich die Geschichte einer Stadt und ein solcher Schnappschuss aus der Luft unserer Zeit so perfekt decken wie hier.

In Singapur, wie in Boston, Kopenhagen und Bermuda, sind unsere Cockpitverfahren nicht nur auf die Sprache von Schiffen, sondern auch auf die Höhe der modernen Schiffe auf dem Wasser unter uns abgestimmt. Unsere Anflugkarten hier warnen vor hohen *maritime vessels* – »Seeschiffen«, ein Begriff, der zu fast jedem Zeitpunkt der Geschichtsschreibung redundant gewesen wäre, heute jedoch eine erfreulich notwendige Unterscheidung für die Piloten von Luft-Schiffen vornimmt. Beim Start zum Rückflug nach London ist das Flugzeug durch Fracht und Kraftstoff für die längste Route, die ich fliege, unweigerlich schwer. Aber unsere Abflugleistung wird mitunter noch höher angesetzt, mit Rücksicht auf die Höhe der Schiffe auf dem Wasser um Singapur herum – durch ihren »Luftauftrieb«, die Spur, die sie auf unserer gemeinsamen Schwelle in den Himmel hinterlassen.

Schnee und Flugzeuge mögen nicht die allerbesten Freunde sein, aber sie arbeiten wesentlich reibungsloser zusammen als Schnee und Flughäfen. Den größten durch Schnee herbeigeführten Herausforderungen der Luftfahrt sehen wir uns nach meiner Erfahrung nicht im Flug gegenüber, sondern am Boden, auf Rollbahnen nach der Landung oder vor dem Start. Schon mehrmals habe ich eine Routinelandung bei leichtem Schneefall durchgeführt, aber auf dem Weg zum Terminal waren wir gezwungen, für eine halbe Stunde oder länger komplett stillzustehen, konnten nicht weiterfahren, weil die Rollbahnen zu vereist waren oder weil wir das Rollfeld nicht mehr vom Rasen unterscheiden konnten, genauso wie wir von hoch über der Arktis oft nicht mehr erkennen können, wo überfrorenes Land endet und überfrorenes Meer beginnt. Flughäfen sind offene, windumtoste Orte. Es fällt schwer, Start- und Landebahnen und Rollfelder freizuhalten, insbesondere bei starkem Wind, der oft aufkommt, wenn es aufhört zu schneien.

Das sturmgebeutelte Schiff in Coleridges *Der alte Matrose* wird Richtung Antarktis getrieben, wo »Schnee und Nebel kamen« und Eis »mastenhoch vorüberzog«. Eine solche Bilderwelt von Eis im Meer oder Eis, das sich an einem Schiff bildet, weckt eine extreme Wahrnehmung des Reisens: Wir sind so weit über das Wasser gefahren, dass das Wasser selbst schon seine Form verändert. Vielleicht denkt ein Pilot an Coleridges Titel, wenn er von dem Gedicht erfährt, eine der vielen Formen von Eis, die Piloten lernen müssen. Es gibt feststehende Begriffe für Raureif, aktiven Frost und das gefürchtete Glatteis, für überfrierenden Regen, Graupel und Eisnebel. Die Definitionen sind so präzise wie gewöhnlich. »Schneegraupel« prallt typischerweise vom Boden ab und zerbirst manchmal, »Schneegriesel« nicht. Die Definitionen erinnern an die Schulhoflektion: Aus »nassem Schnee« kann man einen Schneeball formen, »trockener Schnee« fällt beim Versuch auseinander.

Mein Sichtflugtraining in der Nähe von Phoenix dauerte vom späten Herbst bis in den frühen Winter. Um das Tageslicht am besten auszunutzen, begannen wir vor Tagesanbruch mit unseren Flugvorbereitungen. Oft bildete sich selbst in dieser für ihr warmes Klima bekannten Stadt während der kalten Wüstennächte dicker Frost auf den Tragflächen. Wenn schließlich die Sonne aufging und ihr Licht auf einen Flügel warf, schmolz der Frost darauf in Sekundenschnelle, kaum langsamer, als ein Fön einen beschlagenen Spiegel freimacht. Dann banden wir das Flugzeug los, schoben es an und drehten es herum, damit der neue Tag auch über den anderen Flügel hereinbrechen und ihn vom Eis befreien konnte. Und schließlich waren wir flugbereit.

Gelegentlich treffen wir im Flug auf Eis. Beim Airbus, den ich zu Beginn meiner Karriere geflogen habe, war leicht zu erkennen, wenn sich Eis auf den Tragflächen zu bilden begonnen hatte. Aber es gab auch einen kleinen Stab, den man als Eisfänger bezeichnen könnte, der draußen vor den Frontscheiben des Cockpits saß und für uns wie ein Kanarienvogel in einem Bergwerk fungierte. Wenn wir sahen, dass sich an diesem Stab Eis bildete, konnten wir davon ausgehen, dass das auch woanders am Flugzeug der Fall war. An dem Fühler befand sich ein schwaches Licht, sodass wir ihn auch bei Nacht prüfen konnten, aber ich fand es einfacher, mit meiner Taschenlampe nach vorn durch das Fenster in den gefrierenden Sog zu leuchten, um zu sehen, ob sich an dem Finger, der nur zu diesem Zweck vorn am Flugzeug in die Nacht ragte, Eis gesammelt hatte. In der Schwärze, in der es trotz unserer Geschwindigkeit oft kein sichtbares Zeichen von Bewegung gab, vermittelte das Flugzeug das Gefühl einer Tiefseesonde, hinter deren dicken Scheiben ich in die Nacht spähte und mit einem Lichtchen hinausleuchtete, das dem enormen Wasservolumen, das es kaum durchdrang, völlig unangemessen war.

Zu Beginn meiner Ausbildung überraschte mich die Ausrüstung, um die Vereisung der Tragflächen zu beseitigen oder zu verhindern. Dass diese lediglich an den Vorderkanten der Tragflächen angebracht ist, sagt einiges über Tragflächen, Geschwindigkeit und Luft aus. Allgemein ausgedrückt: Das unterkühlte, im Luftstrom mitgerissene Wasser sammelt sich während des Flugs nicht oben auf den Tragflächen, es berührt deren Oberseiten nicht einmal, wie aus Ehrfurcht vor der Perfektion, mit der die Flügel die Luft teilen. Erst nach der Landung, wenn das Flugzeug langsamer wird und die Flügel keine Flügel mehr sind, werden sie unter dem fallenden Schnee allmählich weiß. Auch Triebwerke verfügen über Enteisungssysteme. Wenn die Luft nicht ungewöhnlich warm oder kalt ist, wird davon ausgegangen, dass jede Wolke – der Ausdruck »sichtbare Feuchtigkeit« schließt Regen, Nebel und Schnee ebenso ein wie Wolken – Vereisung verursachen kann. In der 747 arbeitet dieses System im Flug normalerweise in einem automatischen Modus, aber im Airbus aktivierten wir es manuell. Wir schalteten das System fast jedes Mal ein, wenn wir in eine Wolke flogen, und wieder aus, wenn wir sie verließen. Das Drücken der Knöpfe wurde zu einem ebenso alltäglichen Ritual, wie die Scheibenwischer eines Autos einzuschalten, wenn es anfängt zu regnen – eine Prozedur, die man durchführen muss, wenn die Welt weiß wird, und erneut, wenn sie wieder blau wird.

In Wettervorhersagen in Gegenden wie den Mountain States im Westen der USA hört man oft den Ausdruck »Schneefallgrenze«, gefolgt von einer Höhenangabe. Das ist die horizontale Unterteilung des Himmels, wo Schnee zu Regen wird, ein Begriff, der vor allem von oben Sinn ergibt. Die Schneefallgrenze erscheint auf den Bergen wie die Wasserlinie an den Tiefenmarken an der Seite eines Schiffes; ein Kalender, ein Rechenschieber, der im Winter sinkt und im Frühling steigt. Oft lande ich bei Schneefall in einer Stadt und spaziere dann nachts oder am nächsten Morgen im Hellen durch ihre Straßen, eine verwandelte Stadt, und mir kommt der Gedanke, dass der Schnee und ich gemeinsam herabgesunken sind. Ein andermal fliegen wir durch Schnee, landen aber bei Regen an einem Ort ohne Berge, unterschreiten die Schneefallgrenze, die Meteorologen benennen würden, wenn es hier Erhöhungen gäbe, an denen sie sich zeigte. Wenn man Schnee so gern mag wie ich, ist es auf der Suche nach einer Zuflucht vor einem kalten Winterregen eine schöne Vorstellung, dass nicht weit über einem vielleicht ein Schneesturm tobt.

Berge ohne Schnee sind nachts Schatten auf Schatten. Aber Berge mit Schneegipfeln leuchten sogar im Licht der Sterne, und bei Mondlicht werden sie so lebendig wie Quellwolken – geisterartige Kegel, göttliche Decken, lautlos über unsichtbare Gestalten geworfen. Es gibt bergige Länder wie Afghanistan und Pakistan, die ich fast ausschließlich bei Nacht gesehen habe, ihr schneebedecktes Hochland zebraartig von dunklen Tälern durchzogen, in denen kein Schnee gefallen oder dieser bereits geschmolzen ist. Selbst Flachland zeigt ein erfreulich anderes Gesicht, wenn es von Schnee bedeckt ist. Wenn ich zum Beispiel an Minnesota denke, dann vor allem daran, im Winter darüberzufliegen: Gleichförmige, helle Städte leuchten auf dem Schnee unter Mond und Sternen, ein Land und eine Jahreszeit, die niemals wirklich dunkel sind.

Starker Schneefall beeinträchtigt vor allem nachts unsere Sicht nach vorn erheblich. Im Extremfall kommt es vor, dass die Fluglotsen, wie bei Nebel, Berichte von den Sichtweitenmessern auf dem Rollfeld herausgeben müssen und eine automatische Landung nötig wird. Während des ersten Teils des Sinkflugs erhellen die Stroboskoplichter des Flugzeugs die Textur des Sturms wie ein Blitzlicht Gesichter in einem dunklen, überfüllten Raum. Jeder Blitz schließt die Schneeflocken, die vom Wind in die Luft gehoben werden und mit Hunderten von Meilen pro Stunde an dem Flugzeug vorbeirasen, in ein scheinbar unmögliches Standbild ein, einen eingefrorenen Moment mitten in einem Schneesturm.

Später im Sinkflug werden vielleicht die steten, vorwärtsgerichteten Landescheinwerfer eingeschaltet und so der blitzende, die Zeit einfrierende Effekt der Stroboskoplichter verringert. Anders als Regen, der aus dem Nichts auf den Fensterscheiben auftaucht, wenn wir ihn überhaupt sehen, erscheinen Schneeflocken in diesen Strahlen als tatsächliche Objekte, als neuer Sturm geisterhafter Flocken im Scheinwerferlicht, die unaufhörlich auf uns zu- und über uns hinwegfliegen. Und so ist es der Schnee, der uns ganz selten einen Blick auf die wahre Geschwindigkeit des Flugzeugs gestattet. Schließlich ist uns nur in Schneestürmen etwas im Flug so nah. Das Rennstreckentempo des rasenden Schnees hat große Ähnlichkeit mit den Grafiken, die in Science-Fiction-Filmen verwendet werden, um das Reisen mit hohen Geschwindigkeiten anzudeuten –

Sterne, die durch die Bewegung zu perfekten weißen Linien durch die Dunkelheit verwandelt werden.

Manchmal sehen wir aus dem Himmel über Kanada temporäre Eisstraßen, die sich über gefrorene Gewässer ziehen, damit sie von Fahrzeugen und ihren mutigen Fahrern überquert werden können. Die Eisstraßen bilden oft gerade Linien, und das Auge, das stundenlang über das Chaos der Wildnis gleitet, wird sofort von dem unnatürlichen Anblick von etwas Geradem angezogen. Oft spiegeln sich darin die Kondensstreifen, die ein Düsenjet im Himmel über ihnen zieht, wie die Eisstraßen gerade und eindeutig menschengemacht, zumindest bis sich der Wind an ihnen zu schaffen macht.

Einmal ging ich im tiefsten Winter bei eisigem Wind mit einem Kapitän ans ruhige Flussufer Helsinkis hinunter, weil uns ein Kellner gesagt hatte, dass selbst in einer so frostigen Nacht die Fähren verkehrten und wir beide noch nie auf einem Eisbrecher gewesen waren. In der fast subarktischen Dunkelheit gingen wir an Bord der Fähre nach Suomenlinna, der beeindruckenden Inselfestung im eisbedeckten Hafen der Stadt. Auf dem Schiff war es ebenso still wie in der Stadt. Wir sagten dem Kapitän, dass wir Piloten seien, und ohne die Miene zu einem Lächeln zu verziehen, bedeutete er uns, mit ihm im Steuerhaus mitzufahren, von wo aus wir beobachteten, wie das nahezu leere Schiff durch das rabenschwarze Wasser hüpfte und beiläufig Eisbrocken von der Größe eines Autos rammte, die nach links oder rechts von unserem Kurs wegstürzten. Visuell ähnelte der Effekt einem Flug zwischen Quellwolken hindurch, allerdings erschüttert durch die eindeutig nicht von bloßem Dampf stammenden Stöße von massivem Eis, das der Bug aus dem Weg schaffte. Es sei leichter, sagte der Fährkapitän, der Spur zu folgen, die er zuvor erzeugt hatte, als eine neue zu ziehen. Der marmorierte Pfad durch das solide Weiß war die Umkehrung einer Eisstraße, eine gebrochene Fährte im Wasser.

An einem klaren Tag später in jenem Winter flog ich auf dem Weg nach St. Petersburg südlich von Helsinki über den Finnischen Meerbusen. Von hoch oben sah ich die von den Fähren gezogenen Pfade, ähnlich denjenigen, die wir im Hafen von Helsinki gesehen hatten, aber in wesentlich größerem Maßstab. Die Highways aus zerbröseltem Eis, die in trägen Bögen durch das gefrorene Laken des Golfs verlaufen, wurden von großen Ostseefähren hinterlassen. Die Linien bildeten eine Karte der Fährrouten in Lebensgröße und hatten genau die Form und den perfekten Schwung, die man auf Karten früher Unterseetelegrafenkabel wiederfindet oder der idealisierten Wege zwischen Städten, die auf den letzten Seiten der Bordzeitschrift in einer Passagiermaschine erscheinen.

Die »hochfliegende« Wahrheit von Großkreisen ist, dass Flugzeuge, die zwischen Städten mit ansonsten mildem Klima verkehren – Tokio und Atlanta, Dubai und Los Angeles, Flüge, auf denen keiner warme Handschuhe dabeihat –, üblicherweise über den hohen Norden verlaufen. Dass Großkreise von Natur aus frostig sind, ist auch auf der südlichen Halbkugel spürbar, obwohl dort wesentlich weniger Flugzeuge regelmäßig auf ihnen verkehren. In Buenos Aires sah ich einmal zwischen zwei Flügen von und nach São Paulo eine andere 747 nach Australien. Der Kapitän und ich, beide viel eher an die Geografie und Reiserouten auf der entgegengesetzten, nördlichen Hälfte des Planeten gewöhnt, schlossen eine Wette ab, ob die sogenannte gerade Linie zwischen Buenos Aires und Sydney, zwei für ihre Schwüle bekannte Metropolen, die Antarktis erreicht. Sie tut es beinahe.

Wenn der Herbst in den Winter übergeht, wird ein gewaltiger Teil Nordamerikas und Nordasiens, über denen viele Langstreckenpiloten einen Großteil ihres Arbeitstages verbringen, vom Weiß überzogen. Diese Stunden über jenem Reich der Kälte – auf einem absoluten Routineflug, zum Beispiel zwischen den als Los Angeles und Paris bekannten Welten – sind sowohl für Piloten als auch für Passagiere eine seltene Gelegenheit, über Temperaturen und Orte zu meditieren, in denen wir niemals stehen werden. Die Kabine mit ihrer Zimmertemperatur zieht ihre Bögen über Länder und Meere, die völlig von jenem Weiß eingehüllt sind, das Melville in *Moby Dick* beschreibt – das Weiß des Wals, aber auch von Eisbären, Geistern und Pferden aus Legenden und den »gewaltigen Erzengelschwingen« des Albatros, ein Weiß, das »das endlose weiße Leinentuch« der Arktis sei, oder das »Phantom des weißen Wassers«, das »die Seele mit einer eigentümlichen Erscheinung heimsucht«. Mit anderen Worten: ein Weiß wie das von Wolken, das für mich Grund genug ist, um nach meiner Sonnenbrille zu greifen.

Mein Vater bemerkte einmal, dadurch, dass er in Belgien aufgewachsen ist, sei es ihm möglich, am Akzent zu unterscheiden, ob jemand aus nur einem oder zwei Dörfern weiter stamme. Wenn ich über einen bewohnten, gemäßigten Teil der Welt fliege, ist es leicht, auf die Art der Vegetation und das Gelände hinabzublicken und sich vorzustellen, dass Sprachen – zumindest bevor es die modernen Nationalstaaten und deren Ausbildungssysteme gab – einst allmählich von Ort zu Ort flossen, sich auf so natürliche Weise veränderten wie Ökosysteme und Wörter zu anderen Wörtern führten. In der Fliegerei sprechen wir von »Isobaren«, Linien konstanten Luftdrucks auf einer Karte, »Isotachen«, Linien konstanter Windgeschwindigkeit, und »Isogonen«, einem Allgemeinbegriff, den wir meistens für Linien konstanter magnetischer Deklination benutzen. Eine »Isoglosse« ist die geografische Grenze eines Sprachmerkmals – die Grenze der natürlichen Reichweite eines Wortes, eines Akzents, einer syntaktischen Besonderheit.

Wenn ich über die bevölkerten Gebiete Europas oder Asiens fliege, sehe ich manchmal hinunter und frage mich, welche Sprache hier gesprochen wird, wie sich Wörter und Laute verändern, wenn dieses Land in ein anderes übergeht. Manchmal wird die Frage beantwortet. Wir hören, wie sich die Akzente von Fluglotsen verändern, wenn wir von den Londoner Lotsen zu ihren schottischen oder irischen Kollegen wechseln, wenn wir zwischen Quebec und dem Rest Kanadas kreuzen, die Grenze zwischen den USA und Kanada überqueren und uns dann über die Vereinigten Staaten bewegen, insbesondere von Norden nach Süden. Aber über den entlegenen Teilen weit im Norden – gar nicht oder so spärlich bewohnten Orten, dass diese Bevölkerung auf dem Land ebenso unsichtbar ist wie in der modernen Vorstellung – kommt diese visuell inspirierte Frage über den Klang eines Ortes gar nicht auf, und die Fluglotsen, mit denen wir von oberhalb solcher Orte sprechen, sind vielleicht selbst sehr weit weg. Gelegentlich sind Namen zu hören, die Funkfeuer kleiner Orte oder geografischer Merkmale, die wir im Weiß kaum ausmachen können. Einmal sah ich über Sibirien einen Fluss, dessen Bewegung über das Land komplett eingefroren war. Zu Hause schlug ich ihn nach. Es war die Lena, nach der Wladimir Iljitsch Uljanow sein Pseudonym Lenin gewählt haben soll, als wenn Lincoln oder Churchill sich irgendeine Version von Mississippi oder Themse zu eigen gemacht hätten. Der Frühling hinterlässt in Sibirien unerwartete Zeichen. Die südlichen Abschnitte der Flüsse schmelzen zuerst, doch viele davon fließen nach Norden, auf die Eisdämme zu, wo der Fluss noch nicht abgetaut ist. Der Frühling staut sich auf, die flüssige Jahreszeit überflutet das Land.

Klimawissenschaftler, die die besten Gründe haben, auf die Gebiete kalten Wassers hinunterzublicken, mögen sich nicht auf Satellitenfotos verlassen, sondern auf spezialisiertere, satellitenbildgebende Instrumente, um Wolken im Himmel vom Eis auf dem Meer eindeutig unterscheiden zu können. Aus Linienflugzeugen ist die Herausforderung, der sie sich gegenübersehen, offensichtlich. Häufig ist das Meer vor der Küste Labradors in Kanada voller Eisbrocken, so zahlreich und aus der Höhe einer Passagiermaschine so klein, auf so gespenstische Weise von einer scheinbar luftigen Macht gesammelt und verwaltet, dass ihre Pixel zusammenlaufen, um eine andere Art von Wolke zu bilden. Erst wenn man ganz genau hinsieht, erkennt man vielleicht, dass die bleichen Kurven und Konturen dieser Oberflächentrübungen nicht aus Wolken bestehen, sondern aus winzigen, unvollkommenen Scheiben von Eis, dahingestreut, als seien sie nicht größer als Sprenkel getrockneter Fassadenfarbe, die man von den Händen in die Küchenspüle gekratzt hat.

Manchmal sieht man eine gerade blaue Linie, die eine solche Eiswolke auf dem Meer durchschneidet, und verfolgt sie mit den Augen, sicher, dass ein so unbeirrbarer Kurs in dem glänzenden Stahl von irgendetwas Menschengemachtem enden muss – einem Eisbrecher doch sicherlich? Doch die blaue Spur schließt nicht mit einem Schiff ab, sondern mit einem riesigen Eisberg. Ein großer Teil eines Eisbergs befindet sich unter Wasser, sodass die Winde, die die treibenden Puzzleteile von Meereis sammeln und lenken, den Berg womöglich kaum bewegen, und so teilt er diese Oberflächenströmung und zieht eine Art Eisschatten offenen blauen Wassers hinter sich her, ein eindeutiges Indiz für das saubere Durchtrennen der Oberflächlichkeit durch den Tiefgang.

Ich habe schon von vielen Piloten gehört, dass ihr Lieblingsausblick auf der ganzen Welt der auf Grönland sei, das Langstreckenpiloten auf Routen ins westliche Nordamerika regelmäßig überfliegen. Auf einem Flug zwischen Europa und West-Nordamerika erreichen wir diese dramatischste aller Küsten nach etwa drei Stunden. Die wolkenverhangenen Himmel Schottlands und Islands haben sich normalerweise aufgeklart, tatsächlich verschwinden die Wolken oft genau, wenn wir uns der beinahe senkrechten östlichen Küste Grönlands nähern.

Auf unserer Anzeige des Geländes wächst in digitaler Pracht das schneebedeckte Gebirge der grönländischen Küste an, nicht lange bevor es im Fenster auftaucht, sich aus dem Ozean erhebt wie eine Skyline, der man sich von einem Hafen nähert.

Die Wasser des Ozeans, die zu diesen hundert Küstenschweizen führen, können weiß wie ein Bettlaken und hart gefroren oder von einem flüssigen Neonblau sein. Mitten im Meereis oder allein im offenen Blau befinden sich weiße Konstellationen neugeborener Eisberge. Ich stelle mir gerne vor, was wir aus unserer Höhe nicht hören können: den Donner von Eisbergen, wenn die schwimmenden Kanten der Gletscher kalben; das Grollen, wenn der neue Eisberg sich plötzlich umkehrt; das gleichmäßige Tröpfeln von Schmelzwasser von überhängenden Kanten ins Meer; das merkwürdige Trommeln eines Regens, der bei Sonne heftiger wird. Manche Eisberge sind in der Vertikale so gewaltig, dass man selbst aus einem Passagierflugzeug ihre sich erhebende Form erkennen kann, und so groß, dass sie auf sich selbst einen Schatten werfen. Allein ihr Bruchteil, der sich in der Luft befindet, reicht, um uns daran zu erinnern, dass in »Eisberg« das Wort »Berg« steckt. Wenn ich Stunden später gemütlich an einem Schreibtisch am offenen Fenster eines von der untergehenden Sonne erleuchteten kalifornischen Hotelzimmers sitze und immer noch verwirrt an das einfache Mittagessen denke, das ich über Grönland zu mir genommen habe, schaue ich vielleicht die Namen nach, die zu der Welt gehören, von der ich nicht ganz glauben kann, dass ich sie überflogen habe: »Festeis«, »zweijähriges Eis« und »Gezeitenrisse«,

»Nilas«, »Eiskiele«, »Polynjas« und die Siedlungen namens Illulissat, Upernavik, Thule.

Nirgendwo sehen wir den Wasserwirbel des Planeten so deutlich wie über Grönland. Manchmal ist der Himmel über den Gletschern der Küstengebirge klar, während über dem offenen Meer, wo der Gletscher endet, niedrige Wolken liegen und wir nichts sehen als unaufhörliches Weiß, das durch den Fjord strömt, der sich entlang einer verschwommenen Linie von einem Fluss aus Eis in einen Fluss aus Wolken verwandelt. Weiter im Landesinneren sehen wir im Binneneis die saphirfarbenen Augen von Schmelztümpeln, die zu Flüssen in der Farbe des Himmels verlaufen. Wenn der Himmel über dem Ozean ebenfalls klar ist, sehen wir Eisberge, die ihre Reise quer über das Blau beginnen, das ihr Ende und zugleich nie ein Ende sein wird.

Obwohl Grönland die Form einer Gebirgsschale hat, sehen wir oft wenig von deren Felsrand. An dieser Umrandung der Schale bestehen die platonischen Körper der wolkenumwaberten Gipfel fast ausschließlich aus reinem, mehrfach gefaltetem Schnee, so viel Schnee und so wenig Fels, dass wir das Land lediglich als Stufen von Licht wahrnehmen, als planetarischer Malkurs für fortgeschrittene Techniken des Schattierens, als zerknüllte Seiten weißer Erde, die im glühenden Sonnenlicht schwelen. Und mehr verlangt das Auge von einem Berg eigentlich gar nicht: Weiß, das Weiß überschattet, die Vorstellung des Schnees von Höhe, die das Zwillingspaar galvanischer Blautöne und das eisbewölkte Meer ziert. Wir sagen, wir lieben den Blick auf diesen Ort, dieses Land mehr als alle anderen, und doch sehen wir nichts als Wasser.

BEGEGNUNGEN

ICH BIN MITTE ZWANZIG und für meine Unternehmensberatung auf Geschäftsreise. Es soll noch einige Jahre dauern, bis ich Pilot werde. Die erste Flugreise, an die ich mich erinnern kann, war ein Familienausflug nach Belgien, als ich sieben war. Von jenem kleinen, blauäugigen Jungen bin ich, wie es scheint, weiter entfernt denn je: Laptop, ein Stapel frischer, beidseitig bedruckter Visitenkarten in verschiedenen Sprachen und ein Kleidersack, gefüllt mit den Anzügen, die ich auf dieser langen Reise fern von meinem Büro brauchen werde.

Ich kann mich nicht entscheiden, ob ich um einen Besuch im Cockpit bitten soll. Von Kindheit an und meine Collegejahre hindurch habe ich das regelmäßig getan. Aber seit ich angefangen habe zu arbeiten, äußere ich solche Bitten viel seltener. Zum Teil, weil meine Kollegen und ich oft im Flugzeug arbeiten müssen oder wir unser Bestes versuchen, vor den Besprechungen, die uns am Morgen nach der Landung erwarten, etwas Schlaf zu bekommen. Vielleicht fürchte ich aber auch, dass meine Begeisterung für Flugzeuge weltfremd oder unprofessionell wirken könnte.

Aber diese Geschäftsreise ist für mich etwas Besonderes. Sie ist Teil einer Reise, über die ich mir lange im Voraus Gedanken gemacht habe, während ich in meiner Wohngemeinschaft in Boston über einem Atlas brütete. Ich werde noch viele Jahre an diese Reise denken, immer wenn mir ein Bild von der Erde aus dem Weltraum oder ein Foto von meinem Kinderzimmer unterkommt, auf dem der Globus zu sehen ist, den ich damals hatte. Die Reise, auf der ich mich befinde, führt mich von Boston nach Japan, wo ich mehrere Wochen bleiben werde, dann weiter nach Europa und schließlich zurück nach Neuengland. Ich fliege um die Welt.

Die Branche, in der ich arbeite, die Unternehmensberatung, ist dafür bekannt, dass Bewerbern Fragen gestellt werden, deren Antworten sie höchstwahrscheinlich nicht kennen, um herauszufinden, wie sie durch logisches Denken zu einer plausiblen Vermutung gelangen. »Wie viele Bäume gibt es in Kanada?«, ist eine solche Frage, über die nachzugrübeln es mir in den folgenden Jahren auf Flügen über den borealen Nadelwald jenes Landes nicht an Zeit mangeln wird. Bei meinem eigenen Vorstellungsgespräch sollte ich die Anzahl der Geigen in Amerika schätzen, also überlegte ich, wie viele Geiger es in meiner Schule gab, und versuchte, diese Zahl dann auf das ganze Land hochzurechnen. Als ich selbst einmal ein solches Bewerbergespräch leitete, ließ ich einen Kandidaten den Prozentsatz der Weltbevölkerung schätzen, der je in einem Flugzeug gesessen hat (etwa 80 Prozent der Einwohner der USA und Großbritanniens sind mindesten einmal geflogen, weltweit liegen keine Statistiken vor, aber ich vermute, dass der Anteil der Menschen, die schon mal geflogen sind, weit unter 20 Prozent liegt – was übrigens dem Prozentsatz der Amerikaner entspricht, die 1965 bereits geflogen waren). Eine andere Frage dieser Art könnte sein, wie viele Menschen in der gesamten Menschheitsgeschichte um den Planeten gereist sind. Diese elementare Bewegung, von zu Hause wieder nach Hause zurück, heimkehren, ohne umzukehren, bleibt selbst unter den routiniertesten Vielfliegern eine Seltenheit – sogar unter Piloten.

Nun lege ich die lange Mitteletappe dieser Reise, zwischen Tokio und London, in einer 747 zurück. Bevor wir an Bord gegangen sind, konnte ich meine Aufregung kaum verbergen. Selbst als ich gestern Nacht von einem hohen Stockwerk eines Hotels im Bezirk Shunjuku aus in den allmählich dunkel werdenden Himmel über dem Lichtermeer einer Stadt blickte, die ihresgleichen sucht, galten meine Gedanken London ebenso sehr wie Tokio; zwölf Stunden in der Luft, 10 000 Kilometer von der Metropole der einen Inselnation über fast ganz Asien und Europa zu der einer anderen.

Wir sind jetzt seit vielleicht fünf Stunden in der Luft. Die Welt draußen ist komplett weiß; Land glaube ich, keine Wolken, aber sicher bin ich mir nicht. Wir befinden uns irgendwo über Sibirien. Ich war noch nie über Sibirien, und die meisten anderen Passagiere schlafen bei geschlossenen Sonnenblenden, um einen Tag auszusperren, der gar nicht daran denkt, enden zu wollen, ehe nach unserer Landung in London noch mehrere Stunden vergangen sein werden. Als das nächste Mal eine Stewardess vorbeikommt, klappe ich meinen Laptop zu und frage sie, ob es vielleicht möglich wäre, das Cockpit zu besichtigen. Ein paar Minuten später kehrt sie zurück. Kommen Sie mit, sagt sie lächelnd. Ich folge ihr nach oben. Zum ersten Mal überhaupt bin ich im Cockpit einer 747, zum ersten Mal *oben* in einem Flugzeug. Wenn mir jemand sagte, dass ich nicht allzu viele Jahre später genau dieses Flugzeug zwischen genau diesen beiden Städten fliegen würde, ich würde es nicht glauben.

Die Stewardess stellt mich den Piloten vor, die mir einen Platz anbieten. Einer der Piloten fragt mich nach meiner Arbeit, aber mein Interesse gilt vielmehr *seiner* Arbeit. Er beschreibt die Herausforderungen langer Sibirienflüge. Er deutet auf den magentafarbenen Bogen unserer Route, der sich bis zum oberen Rand eines Navigationsdisplays spannt. Er zeigt mir Wetterberichte, die wie Kassenbons an der Mittelkonsole ausgedruckt werden und die Temperaturen einiger russischer Städte in der Nähe beziffern, die fast wie aus einer anderen Welt wirken. Mit einer Kombination aus Verwunderung, Vergnügen und Fatalismus spricht er über die Eigenheiten der Tage und Nächte im Leben eines Piloten – das merkwürdige Gefühl, mal eben übers Wochenende nach Tokio zu fliegen, die Herausforderungen, Ruhepausen vor, während und nach einer solchen Reise zu organisieren; die Launen des Lichts, die vierundzwanzig Stunden, die für jeden in diesem Jumbo von Sonnenauf- bis -untergang verstreichen, die Ausdehnung unseres gemeinsamen Tages über einen Großteil der irdischen Landmasse. Der Kapitän zeigt mir den Ausdruck seines Dienstplans, zusammengefaltet und in seiner Mütze verstaut, eine Tradition, die ich selbst später übernehmen sollte. Die Codes und Zeiten auf diesem Blatt verraten ihm, dass er heute in einer Woche in Kapstadt sein wird, dann, zehn Tage danach, in Sydney. Als mir vielleicht zwanzig Minuten später bewusst wird, dass mich meine Begeisterung dazu verleiten könnte, ihre Gastfreundschaft überzustrapazieren, bedanke ich mich widerstrebend und verabschiede mich.

Ich kehre an meinen Platz zurück, arbeite noch ein bisschen an einer Präsentation, starre aus dem Fenster, döse vor mich hin. Ein paar Stunden später kommt eine andere Flugbegleiterin an meinen Platz. Sie sagt, ich bin eingeladen, zur Landung in Heathrow ins Cockpit zurückzukehren. Ob ich möchte? Ich bin schon von meinem Sitz aufgesprungen, ehe sie die Frage beendet hat.

Ich bekomme ein Headset. Während wir uns unterhalten, taucht eine Stadt im Fenster über den Computerbildschirmen auf, und ihre perfekte Miniaturausgabe dreht sich auf der Trommel des Meeres gleichmäßig auf uns zu. Ich deute darauf. Das ist Kopenhagen, am Sund, dem Øresund, lächelnd malt der Pilot einen Schrägstrich in die Luft. Ich versuche mich an den Namen des Ortes zu erinnern, in dem Tania Blixen geboren wurde und gestorben ist. Kopenhagen ist eine Stadt, die der Copilot an ihrer Physiognomie erkennt, eine Stadt, die ihm sagt, dass er fast zu Hause in England ist. Hier im Cockpit sehe ich die Welt zum ersten Mal als einen Ort, an dem die Meilen zwischen Kopenhagen und London nichts weiter sind als eine Nachbemerkung, das Schmutzblatt am Ende eines Arbeitstages im Himmel über Eurasien; eine Stelle, an der eine ganze Stadt aufleuchtet, deren Name und Position auf dem Planeten ebenso leicht gelesen werden können wie ein Autobahnschild am Ende einer langen Fahrt.

Der Kapitän zeigt auf den Bogen der Friesischen Inseln vor der Nordküste der Niederlande, und ich erinnere mich an eins meiner Lieblingsbücher als Teenager, das kurze Geschichten und Beispieltexte für Hunderte von Sprachen enthielt. Der Eintrag für das Friesische, einer Sprache, von der ich noch nie gehört hatte, ehe ich dieses Buch las, beschrieb, wie eng es mit dem Englischen verwandt ist. Ich höre einen Fluglotsen zu den Piloten sagen, »*call now London*«. Und als folge das Flugzeug der Entwicklung der Sprache ebenso eng wie den Wegpunkten, die die Route gestalten – als wäre es der einzige Zweck von Flugzeugen und Funkgeräten, all dies von oben zu sehen und zu hören –, beginnt schon bald die Stimme eines englischen Fluglotsen unseren Sinkflug zu koordinieren.

Noch nie saß ich bei einer Landung im Cockpit eines Linienflugzeugs. Die Faszination über vieles, was ich an jenem Nachmittag erlebt habe, wird noch jahrelang anhalten, sogar, als ich selbst Pilot bin: die dramatische Sirene, wenn der Autopilot abgeschaltet wird – aus dem heute offensichtlichen Grund, dass er niemals ohne das Wissen des Piloten deaktiviert werden sollte –, und ein anderes akustisches Wunder, jene Stimmen des Flugzeugs, die knapp unsere Höhen verkünden, während sich die Landebahn nähert. Bei 200 Fuß, fünfzehn Sekunden über Großbritannien: »*DECIDE*«.

Noch verblüffender als der Autopilot und die Stimmen sind die früheren Abschnitte des Sinkflugs. Zum ersten Mal erkenne ich vom Cockpit aus einen Wesenszug von Passagiermaschinen, den ich bei jenem Saudi-Flugzeug zu begreifen begann, das ich vor so vielen Jahren auf dem JFK parken sah. Ich sehe vor mir, was eine 747 aus einem nebulösen und nur vage erinnerten Morgen in Tokio gemacht hat: Plötzlich sind wir mitten in den verstreuten Nachmittagswolken, die eben noch unter uns waren. Sie wabern an uns vorbei und über uns hinweg, bis London wieder unter ihnen hervorgezaubert wird. Ich liebe das Fliegen, seit ich denken kann, und doch hatte ich bis heute keine Ahnung, was es bedeutet, Pilot zu sein, dass es einen Beruf gab, in dem der Anblick einer Stadt einem Tag mit solcher Leichtigkeit einen krönenden Abschluss verleihen konnte.

Bereits vier Jahre später bin ich Pilot. Ich begebe mich in das Flughafengebäude in Los Angeles, um als Passagier nach London zu fliegen. Plötzlich entdecke ich den Copiloten, der auf jenem Flug von Tokio so freundlich zu mir war und keine Mühen gescheut hatte, mir etwas zu zeigen, was ich für den Rest meines Lebens in Erinnerung behalten sollte. Ich spreche ihn an und erkläre ihm, woher ich glaube, ihn zu kennen. Nach kurzem Zögern fällt ihm unsere frühere Begegnung wieder ein. Wir unterhalten uns eine Weile. Er gratuliert mir, dass ich in der Zwischenzeit zu seinem Beruf und seiner Firma gewechselt bin. Dann fliegt er mich zum zweiten Mal nach London.

Drei Jahre später sehe ich ihn in einer Kneipe bei Tokio oder vielleicht auch in einem Café in Peking oder Singapur und begrüße ihn. Ich habe gerade auf der 747 angefangen, die er immer noch fliegt. So gesehen fühlt sich meine Reise für mich vollendeter an als bei unserem letzten Aufeinandertreffen. Wir reden ein paar Minuten, dann verabschieden wir uns. Das nächste Mal sollten wir uns in einer *churrascaria*, einem Steakhouse, in São Paulo begegnen, wieder einige Jahre später. Wir essen etwas zusammen, ein netter Plausch, dann sagen wir einander Lebewohl, bis zu einem anderen Jahr in einer anderen Stadt.

Wenn mein Kontakt zu diesem Kollegen so denkwürdig ist, dann teilweise, weil er bei der ersten Landung entstand, die ich je vom Cockpit einer Linienmaschine aus miterleben durfte. Aber auch, weil so ein fortgeführter persönlicher Kontakt, auch wenn es Außenseitern gar nicht wie ein Kontakt erscheinen mag, relativ ungewöhnlich ist. So wie das Fliegen unsere lokal gewachsenen Sinne für Zeit und Ort über den Haufen wirft, verändert es auch unseren Sinn für Gemeinschaft. Für viele, die in diesem Geschäft tätig sind, das Menschen und Orte verbindet, liegt es in der Natur unserer Arbeit, dass einige Arten von Beziehungen ausgeschlossen sind, während andere Freundschaften gerade wegen ihrer Seltenheit so kostbar sind, verdünnt durch die Zeit und die Weite des Planeten.

Häufig werde ich gefragt, was genau passiert, wenn Piloten zum Flughafen kommen – wo wir parken, ob wir mit dem Auto zur Arbeit fahren, wie lange vor einem Flug wir am Flughafen sein müssen und ob wir uns mit unseren Kollegen vorher irgendwo treffen oder erst im Flugzeug zusammenkommen.

Wenn ich zur Arbeit am Flughafen ankomme, gebe ich, wenn ich eine längere Reise antrete, als Erstes meine Tasche auf. Dann begebe ich mich in einen großen Bürobereich, ein eigenes Stockwerk zwischen Ankunfts- und Abflugebene, die Passagieren so vertraut sind. Manchmal nehme ich die Treppe, eine Gelegenheit, sich vor einem halben Tag fast vollkommener Reglosigkeit im Cockpit noch mal zu bewegen. Etwa gleich große Teile der Geschossfläche sind Computern, Besprechungsräumen und einem belebten Café gewidmet. Mit einem Kaffee in der Hand sehe ich an einem Computer die Mitteilungen durch, die bekanntgegeben wurden, seit ich das letzte Mal zur Arbeit kam. Diese können sich auf ein neues Verfahren oder Gerät beziehen; wenn zum Beispiel in den Boeings 747 ein neues Computersystem eingerichtet wurde, informieren uns solche Mitteilungen über die am Flugzeug vorgenommenen technischen Neuerungen und erforderliche Abänderungen bestimmter Vorgänge im Cockpit.

Irgendwann muss ich auch daran denken, meinen Dienstausweis durchzuziehen, um formell zu bestätigen, dass ich auch wirklich am Flughafen bin. Anderenfalls ruft zu meinem *report* – dem Zeitpunkt, zu dem ich am Flughafen erscheinen muss, üblicherweise neunzig Minuten vor einem Langstreckenflug – jemand auf meinem Mobiltelefon an, um sich zu vergewissern, dass ich nicht mit einem platten Reifen am Straßenrand stehe oder zu Hause auf der Couch sitze und Kaffee trinke, weil ich mich auf meinem Dienstplan verlesen habe.

Wenn der *report* naht, begebe ich mich an einen anderen Computer vor einem zugewiesenen Besprechungszimmer. Hier treffe ich mich mit den anderen Piloten und begrüße das Kabinenpersonal. Viele gehen davon aus, dass das Bordpersonal als feste Konstellation von Kollegen zusammenarbeitet – ein paar Piloten und eine Gruppe Flugbegleiter, ein mehr oder weniger dauerhaftes Team. Die Realität sieht, zumindest da, wo ich arbeite, völlig anders aus. Die Anzahl des Flug- und Kabinenpersonals in einer 747 kann insgesamt sechzehn, gelegentlich auch zwanzig betragen. Wenn ich in jenem Besprechungsraum ankomme, ist es wahrscheinlich, dass ich keinen der Menschen, mit denen ich gleich die Welt durchquere, je zuvor gesehen habe. Unsere Namensschilder tragen wir nicht nur für die Passagiere.

Unser »Briefing« vor dem Flug besteht aus zwei Teilen. Im gemeinsamen Teil sprechen wir mit den Flugbegleitern über unsere gemeinsame Reise. Das Flugbegleiterteam klärt uns über die heutigen Besonderheiten in der Kabine auf – vielleicht befindet sich eine größere Gruppe von Blinden an Bord, eine königliche Familie oder mehrere hundert Polizisten, die zu einem Spendenlauf reisen, wie vor kurzem auf einem meiner Flüge.

Die wichtigsten Details, die wir dem Kabinenpersonal mitteilen, sind die Flugzeit und ob und wann mit Turbulenzen zu rechnen sein könnte – beides hängt zu einem gewissen Grad von der vorhergesagten Stärke und Lage der Höhenwinde ab. Wir sprechen auch über die Route und ob wir entlegene Gegenden der Welt überqueren, etwa Sibirien, Nordkanada oder den Mittelatlantik, oder Gebirgszüge, was Einfluss auf unsere Entscheidungen hätte, falls es zu Problemen mit der Kabinenluft kommen sollte. Wir diskutieren alle speziell auf unser Ziel bezogenen Vorkehrungen, zum Beispiel im Hinblick auf Malaria. Wir klären, ob jemand Freunde oder Familie an Bord hat – Passagiere, die wir, weil sie ein Bordmitglied begleiten, liebevoll als »Klingonen« bezeichnen. Nicht zuletzt stellen wir sicher, dass wir uns alle über den Standort unseres Flugzeugs einig sind – auf einem großen Flughafen nicht gerade unwichtig. Dann sprechen wir vielleicht noch über kürzliche Änderungen unserer Handbücher oder ein bestimmtes sicherheitsrelevantes Szenario. Die fruchtbarsten Diskussionen entspinnen sich über Situationen, die auf beiden Seiten der Cockpittür unterschiedliche Auswirkungen haben. Piloten müssen sich zum Beispiel an komplizierte Abläufe halten, falls es in der Kabine zu einem Druckabfall kommt. Auch das Kabinenpersonal hat Vorgaben für diesen Fall. Die Koordination dieser Aktivitäten in hektischer Atmosphäre und durch ein großes Flugzeug hindurch ist nicht einfach, schließlich muss man unter Sauerstoffmasken sprechen und befindet sich womöglich über einem Gebirge, das die Landemöglichkeiten einschränkt. In regelmäßigen Abständen üben wir gemeinsam solche Szenarien in einem Trainingszentrum, das mit der Nachbildung einer Flugzeugkabine plus Cockpit ausgestattet ist, und besprechen im Anschluss daran noch einmal die technische Konstellation aus unseren unterschiedlichen Blickwinkeln. Die Briefings vor jedem Flug sind eine Gelegenheit, sich diese Übungen noch einmal gemeinsam ins Gedächtnis zu rufen, denn schon wenige Stunden später könnte sich das neu gebildete Team einer solchen Situation gegenübersehen.

Separat von unserer Besprechung mit dem Kabinenpersonal sehen sich die anderen Piloten und ich noch einmal die technischen Details unseres Flugs an – die Route, etwaige Sperrungen oder vorübergehende Ausfälle an Flughäfen, in deren Nähe wir vorbeifliegen, geringfügige Probleme mit dem Flugzeug, auch als *acceptable deferred defects* – vertretbare zurückgestellte Mängel – bekannt, die wir in einem umfangreichen Handbuch nachschlagen müssen.

Das Wetter ist ein wichtiges Thema. Üblicherweise beginnt unser Briefing mit einer Karte, die unsere gesamte Route zeigt. Manchmal, etwa bei bestimmten nördlichen Routen auf dem Weg nach Japan, befindet sich der Mittelpunkt dieser Karten am Nordpol. Man braucht einen Moment, um sich zu entscheiden, wie herum man ein solches Stück Papier hält, weil es kaum eine Rolle spielt. Die Karten sind übersät mit seltsamen wetterbezogenen Markierungen – man könnte sie auch »Meteoroglyphen« nennen. Wir heben die Jetstreams hervor und die Gebiete potenzieller Turbulenzen, Gewitter oder Eisbildung, die wie Wolken aussehen, jedoch oft die Größe ganzer Länder einnehmen. Taifune und Hurrikans sind durch einen schlichten Kreis mit zwei wirbelnden Schweifen gekennzeichnet. Er ähnelt dem technischen Symbol für eine Pumpe in unseren Handbüchern, was als Analogie durchaus zutreffend ist. Es gibt ein Symbol für Vulkane – eine Pyramide ohne Spitze, aus der kleine, besorgniserregende Lavastriche spritzen – und eins für Radioaktivität. Ein Stift rast mit Hunderten von Meilen pro Sekunde über diese Welt. Turbulenzen hier, mögliche Eisbildung dort, ein verschütteter Tropfen Kaffee, weitere Turbulenzen da, blöderweise morgen während des Frühstücksservice, Unwetter hier, ein Vulkan dort.

Als Nächstes sehen wir uns das Wetter an unserem Zielort und den Flughäfen in der Nähe an, wobei wir nicht nur auf die speziellen Flugwettervorhersagen zurückgreifen – deren Code mir inzwischen so vertraut ist, dass ich sie sogar benutze, wenn ich zu Hause nach dem Wetter sehe –, sondern auch auf die Erfahrungen jedes Piloten, weil andere Piloten die atmosphärischen Verschrobenheiten eines Ziels, das für mich neu ist, vielleicht schon gut kennen. São Paulo ist zum Beispiel für seine starken Regenfälle bekannt, die nicht immer vorhersagbar sind. In San Francisco bläst der Wind oft in Bodennähe stärker – eine Umkehrung der normalen Bewegungsverteilung des Himmels, wenn auch Winde in Bodennähe, selbst kräftige, selten turbulent sind. Am Narita-Flughafen bei Tokio können dagegen sogar leichte Winde überraschend holprig sein. Über die Jahre wächst sich dieser Rhythmus aus Vorhersage und Erfahrung zu einer brauchbaren Kenntnis der meteorologischen Charakterzüge der Städte der Welt aus, als wären sie Persönlichkeiten, Kollegen, die wir inzwischen ganz selbstverständlich gut kennengelernt haben.

Flüge verbrauchen oft etwas mehr Kraftstoff, als eine direkte Berechnung vermuten lässt. Die Windvorhersagen erweisen sich bisweilen als nicht ganz akkurat, das *taxi-out*, das Herausrollen, dauert länger, wir können nicht auf unserer optimalen Höhe fliegen, oder unsere Ankunft verzögert sich durch Überlastung. Für all diese Fälle erhalten wir eine statistische Zugabe, die anhand einer detaillierten Historie des Kraftstoffverbrauchs bei Flügen auf der entsprechenden Route berechnet wird. Für einzelne Flugzeuge gibt es vielleicht sogar einen *fuel factor*, einen Treibstoffzuschlag, der die Verbrauchsstatistik des jeweiligen Flugzeugs, jedes einzelnen *hull*, widerspiegelt und den man sich ähnlich wie ein Handicap beim Golf vorstellen kann. Wenn wir uns auf eine Treibstoffmenge geeinigt haben, geben wir sie in einen Computer außerhalb des Briefingraums ein, der sie sofort übermittelt. Ein Langstreckenflugzeug aufzutanken ist kein schneller Vorgang, und bis wir selbst am Flugzeug eintreffen, weniger als eine Stunde vor Abflug, sollte er längst im Gange sein.

Einer der Meilensteine in der Karriere eines jeden Piloten ist sein *first solo*: wenn er zum ersten Mal ohne Ausbilder fliegt. Hierfür gibt es zahlreiche Zeremonien und Traditionen. Ein frischgebackener Pilot wird zum Beispiel nach der Landung mit einem Eimer Wasser übergossen, oder ihm werden die Hemdzipfel abgeschnitten. Mein erster Soloflug fand in einem frühen Stadium meiner Flugausbildung in der Nähe von Phoenix, Arizona, statt.

Nach meinem *first solo* bestand das restliche Sichtflugtraining aus einer Mischung aus Soloflügen und Flügen mit Ausbilder an Bord. Gegen Ende dieser Phase des Flugmixes wies mein Ausbilder mich auf etwas hin, was mir noch nicht klar gewesen war. Wenn Sie nach England zurückkehren, um mit dem Instrumententraining zu beginnen, sagte er zu mir, wird bei allen Flügen ein Ausbilder an Bord sein. Genießen Sie Ihren letzten Soloflug, sagte er, als ich an einem sonnigen Nachmittag zum Flugzeug hinausging, denn Sie werden nie mehr in Ihrem Leben allein in einem Flugzeug sitzen, es sei denn, Sie entscheiden sich, privat zu fliegen.

Er hatte recht. Viele Kleinflugzeuge können von einem einzelnen Piloten geflogen werden. Aber in kommerziellen Linienjets befinden sich nicht nur aus Überfluss an Arbeitskräften zwei Piloten. Alles an ihrer Konstruktion und Bedienung ist auf die Anwesenheit von zwei Piloten ausgerichtet – einem Kapitän und einem Copiloten, förmlicher auch als Erster Offizier bekannt. Sowohl Erste Offiziere als auch Kapitäne sind

Piloten und fliegen in etwa gleich viel, aber der Kapitän – der vor und nach jedem Flug viele Dokumente unterzeichnen muss und wie der Postillion bei Pferdekutschen immer links sitzt – besitzt zusätzlich Führungsverantwortung und höchste rechtliche Autorität, nicht nur als Führer des Flugzeugs, sondern auch der Besatzung.

Die meisten anderen Aufgaben werden streng zwischen dem *pilot flying* – ob er nun manuell oder per Autopilot fliegt – und dem *pilot not flying* oder *pilot monitoring* aufgeteilt. Kapitän und Copilot wechseln sich in ihren Rollen als fliegender und überwachender Pilot ab. Einer der am wenigsten beachteten Aspekte von Linienflugzeugen ist, dass diese nicht nur konstruiert sind, um von zwei Piloten geflogen zu werden, sondern von zwei Piloten, die sich in zwei grundlegend unterschiedlichen Jobs abwechseln.

Der Kapitän entscheidet, wer auf der jeweiligen Etappe der fliegende Pilot ist, wobei mehrere Faktoren berücksichtigt werden müssen. Piloten müssen zum Beispiel eine bestimmte Anzahl von Flügen und Landungen innerhalb einer festgelegten Zeitspanne vorweisen, um ihre sogenannte *recency*, den Nachweis über ihre fortlaufende Flugerfahrung, aufrechtzuerhalten. Eine weitere Überlegung gilt dem Wetter. Als Copilot ist es mir zum Beispiel nicht gestattet, bei einer automatischen Landung bei Nebel der fliegende Pilot zu sein. Wenn wir also von London nach New York fliegen und für unsere Rückkehr nach London in ein paar Tagen Nebel angesagt ist, sagt der Kapitän vielleicht zu mir: »Wie wär's, wenn Sie sie rausfliegen? Ich bringe sie dann zurück.« »Raus« heißt New York, »zurück« steht für London und »sie« für die Steuerung der 747. Bei längeren Flügen gibt es einen zusätzlichen Copiloten, der *heavy* genannt wird. Ein Kapitän, der sich vor dem Flug mit den beiden Copiloten trifft, fragt vielleicht, wer von uns *heavy out* und wer *heavy home* ist. Auf manchen Langstreckenflügen kommt es vor, dass der Kapitän in keiner von beiden Richtungen der fliegende Pilot ist, weil beide Copiloten »eine Landung brauchen«, um ihre *recency* zu behalten. Bei den längsten Flügen gibt es zwei *heavies*, insgesamt also vier Piloten, ein Paar im Land der Träume, während das andere fliegt.

Das Zusammenspiel und die Koordination zwischen den beiden unterschiedlichen Pilotenrollen sind hochformalisiert. Nicht nur die Aufgaben, sondern auch die Sprache ist bis ins Detail geregelt. Wenn der fliegende Pilot beschließt, das Fahrwerk auszufahren, greift er zum Beispiel nicht selbst nach dem Hebel. Er sagt: »*Gear down*«. Der überwachende Pilot wiederholt die Anweisung laut, um sicherzustellen, dass sie korrekt verstanden wurde, dann überprüft er, ob Geschwindigkeit und Höhe für diese Anweisung angemessen sind, und erst dann bewegt er den Hebel tatsächlich. Diese Aufteilung ist vergleichbar mit einem amerikanischen *road trip* mit einem guten Kumpel. Nur einer von ihnen fährt. Der andere passt auf und gibt Anweisungen, ändert die Musik oder die Temperatur, reicht dem Fahrer Snacks oder Getränke, sucht in einem Reiseführer oder auf einem Smartphone nach dem besten Diner in der nächsten Stadt und ruft im Motel an, ob dort noch ein Zimmer frei ist.

Die Checkliste leistet einen wichtigen Beitrag zur Flugsicherheit, und deren Nutzen wurde in den letzten Jahren auch in anderen Bereichen erkannt. Am deutlichsten wird das in der Medizin, wo das Checklistensystem übernommen wurde und das Befolgen einer scheinbar simplen Reihe wichtiger Schritte, etwa um das Infektionsrisiko nach Infusionen zu verringern, entschieden erleichtert hat. Am meisten allerdings hat mich an den Checklisten in den Cockpits deren streng interaktive Struktur überrascht.

Bei den wichtigsten Checklisten einer Linienmaschine muss man zu zweit sein: einer, der die Punkte der Checkliste, auch *challenges* genannt, vorliest, und einer, der antwortet. Der fliegende Pilot verlangt namentlich nach einer Checkliste – zum Beispiel *landing checklist*. Erst dann nimmt der überwachende Pilot die Checkliste von ihrem Platz (viele Flugzeuge haben heute elektronische Checklisten, aber das Prinzip ist ähnlich) und liest laut ihren Titel vor, gefolgt vom ersten Punkt, der vielleicht *speedbrakes* lautet. Der fliegende Pilot überprüft dann, dass die Luftbremsen *armed*, also bereit sind, und antwortet erst dann: »Armed«. Der überwachende Pilot vergleicht, ob das die korrekte Antwort ist, und geht dann zum nächsten Punkt über. Wenn die Checkliste komplett durchgegangen wurde, teilt der überwachende Pilot mit: »*Landing checklist complete*«, und verstaut sie sorgfältig.

Die Teamarbeit, die sich aus derart klar aufgeteilten Rollen ergibt, prägt all unsere Stunden im Cockpit. Wenn ich der fliegende Pilot bin und mal aufstehen und mir die Beine vertreten möchte, muss ich mich an den überwachenden Piloten wenden und sagen: »You have control.« Übernehmen Sie das Steuer. Erst wenn er antwortet: »I have the aeroplane« oder »I have control«, darf ich mich abschnallen.

Diese formalisierte Zusammenarbeit zwischen Piloten (ähnliche Rollen- und Teamprinzipien gelten unter den Flugbegleitern und zwischen ihnen und den Piloten) unterscheidet sich von allem, was ich je in irgendeinem anderen Kontext erlebt oder gelesen habe. Und doch findet dieses erstaunlich enge Arbeitsumfeld, dieses hochstrukturierte Ineinandergreifen von Rollen und Teamwork zwischen Fremden statt. Wir fliegen zusammen weg und sind sehr viel miteinander allein, hoch über der schlummernden Arktis oder Sahara. Und auch in einem fernen und fremden Land sind wir dann allein, wo wir nicht nur unseren Beruf, sondern auch unsere Fremdheit gemeinsam haben und unter Umständen bis spät in den Abend miteinander essen und reden. Am nächsten Tag treffen sich vielleicht ein paar von uns, um eine neue Gegend zu erkunden, uns mit einem Mietwagen die umliegende Landschaft anzusehen oder uns einem Kollegen anzuschließen, der einem Hobby nachgeht, bei dem wir gern mitmachen würden. In der kommenden Nacht oder der darauf reisen wir wieder zusammen durch die Welt.

Wenn wir heimkehren, nehmen wir unsere Taschen vom Gepäckband, schütteln uns lächelnd die Hände und danken einander für einen tollen Flug. Die Route unserer gemeinsamen Reise, ans andere Ende der Welt und zurück, ist atemberaubend. Was könnte uns stärker verbinden? Und doch werden wir aller Wahrscheinlichkeit nach in unserem Leben nie wieder miteinander sprechen.

Sollten wir uns doch wiederbegegnen, kann es Jahre später sein, und wahrscheinlich werden wir dann gar nicht mehr wissen, wann und wohin wir beim ersten Mal zusammen geflogen sind oder worüber wir uns im Lauf von ein oder zwei langen Abenden unterhalten haben. Ich glaube, ich bin nicht der Einzige, der die Peinlichkeit kennt, sich zwar an das Gesicht oder den Namen eines Kollegen zu erinnern, aber an nichts aus seinem Leben, obwohl wir einander an einem Abend vor sechs Monaten oder Jahren eine ganze Menge aus unserem Leben erzählt haben. Oft begegne ich jemandem vermeintlich zum ersten Mal, und dann, nach ein oder zwei Tagen einer Reise, erzählt er mir ein einprägsames Detail aus seinem Leben – über die Gesundheitsprobleme seines Onkels, das Zoogeschäft seiner Lebensgefährtin, sein Faible für das Tiefseeangeln –, und mir fällt ein, dass ich ihm schon mal begegnet bin. Ich erinnere mich an seine Geschichte, aber nicht an sein Gesicht. Ein Großteil meiner täglichen Sozialroutine wird fortgespült durch Wiederholung, den schieren Umfang und schlicht die Grenzen des Gedächtnisses.

Wenn ich einen wissenschaftlichen Artikel lese, in dem es um die typische Größe prähistorischer menschlicher Gruppen geht, die winzige Gemeinschaft, die früher unsere ganze Welt dargestellt hätte, liegt es nahe, sich Gedanken über die schwindelerregend riesigen Metropolen zu machen, die ich besuche, und auch über die verstörende Leichtigkeit, mit der das Fliegen eine Stadt in eine andere verwandelt. Aber hauptsächlich denke ich daran, wie wir als Flugzeugbesatzung aufeinandertreffen, eng zusammenarbeiten in einem Umfeld, das eine herzerfrischende und besonders reine Form ritualisierter Teamarbeit erfordert, und dann Lebewohl sagen.

Diese Welt der Linienflüge, die sich immer weiterdreht und in der man Gesichtern immer nur kurz begegnet, mag Außenseitern recht traurig erscheinen. Sicherlich hätte ich mich von ihr nicht sehr angezogen gefühlt, wenn ich davon gewusst hätte, bevor ich mit dem Fliegen anfing. Aber gewisse Aspekte habe ich daran schätzen gelernt.

Einer der unerwarteten Vorteile, die unsere riesige, anonyme Gemeinschaft bietet, der mir sehr zusagt, hat eigentlich gar keinen Namen. Es handelt sich um ein Gefühl, das ich mit dem Ausdruck *face value* verbinde. Wenn wir als Mitglieder einer Besatzung einander zum ersten Mal begegnen, wissen wir nur zwei Dinge voneinander: dass wir alle die Voraussetzungen für unsere Rollen erfüllen und dass wir gleich losmüssen. Unter solchen Umständen entwickelt sich eine natürliche Wärme und eine praxisorientierte Ungezwungenheit. Es gibt keinen Grund, nicht das Beste füreinander zu wollen. Wohlwollen im einfachsten Sinn.

Und noch etwas ist für diesen Beruf typisch: dieselbe Erfüllung, die ich manchmal als Teenager beim Austragen von Zeitungen erfuhr. Wenn es, wie so oft, morgens schneite und die Temperaturen unter dem Nullpunkt lagen, hätte ich es vielleicht nicht so überschwänglich formuliert, aber bisweilen verspürte ich ein wenig umgekehrten Stolz auf meine Einsamkeit, darauf, zu arbeiten, während der Rest der Welt noch schlief, auf das Wissen, dass die meisten Menschen nur an mich gedacht hätten, wenn ich zu spät oder gar nicht kam. Ich stelle mir vor, dass Arbeiter in einem Kraftwerk oder Schneepflugfahrer auch jenen stillen Stolz des frühen Arbeitsbeginns oder späten Feierabends kennen, ohne den der Rest der Welt nicht funktionieren könnte.

Außerdem herrscht eine eingeschworene Kameradschaft zwischen Piloten, Flugbegleitern und Bodenmitarbeitern, die für die unzähligen Aufgaben verantwortlich sind, die erledigt werden müssen, um eine Passagiermaschine auf den Weg zu bringen oder sie am anderen Ende der Welt willkommen zu heißen. Unter all jenen – dem Abfertigungs- und Boardingpersonal, den Ingenieuren, Caterern und Reinigungskräften – arbeiten Piloten mit einer ganz speziellen Person am engsten zusammen. Die Bezeichnung dieser Rolle variiert von Land zu Land, je nach Tradition der Fluggesellschaft und den speziellen Pflichten heißt sie *turnaround manager, coordinator* oder *dispatcher*. Aber in meinem Einsatzbereich höre ich am häufigsten den Ausdruck *redcap*, nach den unverkennbaren roten Mützen, die diese Mitarbeiter oft tragen.

Redcaps sind unter anderem dafür verantwortlich, den Abflug eines Flugzeugs zu koordinieren – das Verladen des Gepäcks, das Auftanken, das Catering, das Boarding der Passagiere. Ihr Job ist es, das Flugzeug »umzudrehen«, damit dessen 370 Tonnen so schnell wie möglich in die andere Richtung weisen. »Ich bringe Sie schon rechtzeitig auf den Weg«, sagt ein *redcap* vielleicht, wenn er sich vorgestellt hat und damit beschäftigt ist, das erste halbe Dutzend Probleme zu lösen.

Überall auf der Welt vernetzen *redcaps* ein internationales Unternehmen mit lokalen Mitarbeiterteams – in dieser Hinsicht ähneln sie den

Dragomanen, den Dolmetschern und Fremdenführern alter nahöstlicher Reiche – und verkörpern weit stärker als Piloten das Zeitalter der Globalisierung. Nicht alle Flughafenmitarbeiter sind des Englischen mächtig, daher sprechen *redcaps* neben Englisch die Landessprache (in manchen Ländern auch zwei oder drei). E-Mails und Konferenzschaltungen verbinden die Welt auf eine Art. Doch eine 747, die in Chicago oder Accra landet, hat nichts Virtuelles an sich. Die Gepäckcontainer müssen hineinpassen, der Treibstoff und die frischen Decken schon warten. Man kann nicht einfach Wahlwiederholung drücken oder erneut auf Senden klicken, viele Menschen und Dinge müssen bereitstehen, bei Wind und Schnee oder sengender Äquatorsonne, und auf den Augenblick warten, da der Jet am Himmel auftaucht und schließlich vor ihnen parkt.

Redcaps sind ständig in Bewegung: hoch zum Gate, hinunter auf das Rollfeld, nach vorne ins Cockpit. Innerhalb weniger Minuten sprechen sie womöglich mit den Piloten, dem Flugbegleiterteam, der Zentrale – in vielen Stunden und Meilen Entfernung –, den Reinigungskräften und Caterern, ohne auch nur eine Kleinigkeit auszulassen. Ich weiß nicht genau, ob ich einen *Redcap* erkennen würde, wenn er sich nicht bewegt oder sein Telefon nicht klingelt. Viele Jahre hintereinander feierten wir mit einer großen Gruppe englischer Freunde in London Thanksgiving (für mich als Gastgeber nicht nur eine Gelegenheit, eine Tradition mit anderen zu teilen, sondern sie etwas anzupassen, indem ich den *pumpkin pie* wegließ, den ich noch nie mochte und von dem die wenigsten Gäste wussten, dass er fehlte). Doch mit lediglich einem kleinen Herd war es immer eine Herausforderung, das Kochen und Wiederaufwärmen verschiedener Gerichte zu koordinieren. In einem Jahr war es besonders chaotisch. Ich war gerade von einem Flug nach Lagos zurückgekehrt, jonglierte mit einem halben Dutzend Tabletts und hielt ein Feuerzeug an die Federstoppeln eines etwas zu authentischen englischen Truthahns, der nicht ordentlich gerupft worden war, als mir der Gedanke kam, dass *redcaps* ohne weiteres einer lukrativen Nebenbeschäftigung als Eventplaner nachgehen könnten und dass bei ihnen zu Hause bestimmt jedes Weihnachtsessen absolut reibungslos verläuft.

Piloten und Flugbegleiter verbinden die Kleinigkeiten unserer reisenden Tätigkeit besonders eng. Von Zeit zu Zeit begegne ich einer Stewardess oder einem Piloten meiner Fluggesellschaft in einer anderen Umgebung – etwa, weil ich privat reise oder sie einen Freund von mir kennen. Sie verstehen, dass ich nie weiß, an welchen Tagen ich nächsten Monat auf meinem Heimatkontinent sein werde, und dass ich möglicherweise an Weihnachten weit weg oder am Silvesterabend in der Luft bin und noch nicht weiß, wann und wo ich »*Auld Lang Syne*« summen werde. Uns kann auch ein Bewusstsein verbinden, dass Städte nicht nur Orte, sondern eine Art festgelegter, zeitgebundener Aufgabe darstellen und als solche einer ganz eigenen Grammatik unterliegen: »Mein nächstes Kapstadt ist im August« oder »Nächste Woche hab ich ein Nairobi« oder »Singapurst du mit uns?«. Sie verstehen, wenn ich aus Versehen den alten Namen einer Stadt wie Peking, Bombay oder Leningrad benutze, weil diese Städte immer noch mit ihren Drei-Buchstaben-Codes des Flughafens – PEK, BOM, LED – in Flugplänen und fast allen internen Dokumenten erscheinen. Oder wenn ich von Tokio als Narita spreche, weil sein Code NRT lautet und das weltgrößte Ballungsgebiet in unserer speziellen gemeinsamen Welt durch die Kleinstadt Narita gekennzeichnet ist, die Tokios außerhalb der Stadt gelegenen Flughafen beherbergt.

Wenn ich mit einem Freund, der selbst Pilot ist, irgendwohin fahre, vielleicht, um die Umgebung eines neuen Reiseziels zu erkunden, scherze ich über »Pilotenfahrer« und dass sie sich (wie ich) erst entspannen können, wenn sie das nächste Ereignis kennen – das nächste Straßenschild, die nächste Biegung oder den nächsten Halt, dessen ungefähre Entfernung und möglichst auch noch das übernächste. Diese Haltung rührt wahrscheinlich vom Instrumentenflugtraining her, bei dem uns beigebracht wird, an das, was als Nächstes passieren wird, immer sowohl unter dem Gesichtspunkt der Zeit als auch der Entfernung zu denken. Es könnte natürlich auch sein, dass Menschen mit einer solchen Sensibilität für das Leben und für Straßen mit größerer Wahrscheinlichkeit Piloten werden.

Andere lohnende Aspekte meines Jobs sind überraschenderweise unmittelbar auf die sich ständig ändernde Liste von Gesichtern zurückzuführen. Einmal flog ich mit einem älteren Kapitän, der mich in einem ruhigen Moment unserer gemeinsamen Reise fragte, was meine Leidenschaft sei. Er meinte, was ich gerne mache – abgesehen vom Fliegen, denn er ging davon aus, dass alle Piloten es genießen. Das ist eine gute Frage innerhalb einer Gemeinschaft, die frei von den traditionellen Einschränkungen von Geografie und Wochenenden ist. Was ich in dieser großen, weiten Welt am liebsten mache? Wandern, schwimmen, schlecht kochen, antwortete ich.

Wenn man das Anschwellen und Verebben sich dahinschlängelnder Gespräche genießt – in ruhigen Momenten im Himmel über South Dakota oder Samarkand oder am Frühstückstisch in Delhi –, eröffnet der Fensterplatz im Cockpit tatsächlich den Blick auf ebenso viele Leben wie Orte. Das Fremdheitsgefühl um uns herum und unter uns, das reiselustige, aber gemeinschaftliche Wesen unserer Berufe und das Tempo der sich drehenden Erde laden von Natur aus zum Geschichtenerzählen und zur Offenheit ein. Viele Linienpiloten kommen aus Militärlaufbahnen oder Bereichen, die nichts mit dem Fliegen zu tun haben. Die Hintergründe von Flugbegleitern sind oft noch vielfältiger. Wenn ich einen Kollegen von einem Krieg erzählen höre oder darüber, wie er streng kontrollierte Luftkorridore nach Westberlin durchflogen hat, in der Wohnung über dem ländlichen Pub seines Vaters in Northumberland aufgewachsen ist, oder von seiner Kindheit in Indien und wie er in Darjeeling Tenzing Norgay begegnet ist, von den Jahren, als in der Mongolei Mobilfunknetze aufgebaut wurden, oder wie er Ölfässer in einem Wasserflugzeug festgeschnallt und sie durch Schneeböen in einsame Lager an einem See im kanadischen Norden geflogen hat, dann begreife ich, dass mein Beruf mir die Welt noch auf eine andere Art zeigt.

Eine so riesige Kohorte von Kollegen, die aus so vielen verschiedenen Orten, Generationen und Kulturen kommen, ist eine unerschöpfliche Quelle. Das trifft auf einer beruflichen Ebene zu, wenn man unterschiedliche Meinungen über Routen, Flughäfen und Wetterbedingungen hört, die ein einzelner Pilot nur gelegentlich erlebt, und es trifft auf persönlicher Ebene zu, für Städte, für die eine Flugzeugbesatzung ein lebendes Reisehandbuch ist, das Vielflieger gern zu ihrem gemeinsamen

Ziel zurate ziehen. Fast alle Witze, die ich weitererzähle, habe ich zuerst von meinen Kollegen gehört, und es ist leicht sich diese als die kulturellen Meme vorzustellen, die sie sind, indem sie in die Welt hinausschallen und sich fast schon wie eine Epidemie ausbreiten. Dann gibt es da noch die kleinen Freundlichkeiten meines Jobs – noch echter, vielleicht, weil sie so oft anonym geschehen. Es ist zum Beispiel üblich, dass jede Besatzung das Cockpit für die nächste vorbereitet, für eine Crew, der sie vielleicht nie begegnet; die Funkgeräte wieder auf Frequenzen einstellt, die eher für den Start als das Ende eines Flugs geeignet sind, den Weg der Sonne berücksichtigt und sorgfältig die Sonnenblenden um das Cockpit herunterzieht (das Stunden brauchen kann, um abzukühlen), die letzte Höheneinstellung des Anflugs entfernt und sie durch die erste Einstellung für den Abflug ersetzt. Es ist ein guter Start in eine einsame Nacht in den Wolken, wenn man in ein leeres Cockpit kommt und solche netten Gesten an der metallischen Gleichgültigkeit unserer Technologie vorfindet.

Auch wenn die Arbeitsatmosphäre tiefgehende Beziehungen nicht eben fördert, gibt es hin und wieder Lichtblicke echter Bindungen. Flugzeugbesatzungen fliegen oft über Feiertage oder verbringen einen solchen weit von zu Hause entfernt. Innerhalb einer Crew, die Weihnachten in Riad oder Silvester in Istanbul verbringt, entsteht ein naturgemäß enges Verhältnis. Ich musste einmal wegen eines Notfalls in der Familie als Passagier von Großbritannien nach Amerika fliegen. Mein Chef hatte sich vor dem Abflug in Heathrow mit dem Flugbegleiterteam getroffen, um ihnen den Grund meiner Reise mitzuteilen, und die Flugbegleiter auf diesem Flug – von denen ich niemandem zuvor oder danach je begegnet bin – behandelten mich mit einer persönlichen Wärme, die ich eigentlich nur von meinen engsten Freunden erwarten konnte, als wüssten sie besser als jeder andere, was uns in unserem Beruf in solchen Nächten fehlt.

Ein andermal werden wir einander durch Schneestürme, Hurrikans oder Überschwemmungen nähergebracht, die einen Flughafen oder eine Region für mehrere Tage oder noch länger lahmlegen können. Nichts schweißt einen in einem Hotel in einem fernen Land so eng zusammen wie das gemeinsame Unvermögen, nach Hause zurückzukehren.

Ich war gerade in Kapstadt, als die Asche eines isländischen Vulkans für eine Sperrung fast des gesamten Luftraums über Europa sorgte. Meine Kollegen und ich hatten geplant, zwei Nächte in Südafrika zu verbringen, aber daraus sollten zehn Tage werden, ehe wir endlich wieder nach Hause zurückkehren konnten, und selbst dann erfuhren wir es erst wenige Stunden vor dem Abflug. Während jener zehn langen Tage machten wir zunächst Scherze darüber und malten es uns dann aus: ein Europa ohne Flugverkehr. Wie würden wir nach Hause kommen? Die Größe Afrikas, der ganzen Welt, war für mich nie so offenkundig wie in jener Woche, als uns der Mechanismus, der uns durch sie hergebracht hatte, so jäh entzogen wurde. Laut dachten wir über diverse Überlandstrecken durch Afrika nach. Was war eigentlich aus dem Plan für die Kap-Kairo-Bahnstrecke geworden? Oder könnten wir nicht mit dem Motorrad die Westküste Afrikas hinauffahren und uns als Flüchtlinge mit unseren zerfetzten und staubigen Uniformen in Casablanca waschen, wo wir dann auf die Überfahrt nach Europa warten würden? Unsere verlassene 747 parkte geduldig am Flughafen von Kapstadt. Wir machten Witze darüber, dass wir in London anrufen und um Erlaubnis bitten könnten, die Flugbegleiter mit auf eine morgendliche Spritztour auf den Tafelberg, Namibias Skelettküste entlang oder vielleicht zu den Viktoriafällen zu nehmen.

Mit dem anderen Copiloten verstand ich mich gut. Wir unternahmen mehrere morgendliche Ausflüge mit dem Auto, jeden Tag zu einem neuen Ziel im Westkap. Wir unterhielten uns über das Fliegen und das Leben und nahmen jeden Nachmittag die Nachricht, dass die Luft über Europa immer noch dicht war, mit einem säuerlichen Lächeln entgegen, gefolgt von einer Diskussion darüber, was wir am nächsten Tag erkunden sollten. Ich bin seither nicht mehr mit ihm geflogen, aber dank der Launen des nordatlantischen Vulkanismus in der Ferne ist er zu einem der engsten Freunde geworden, die ich bei der Arbeit gewonnen habe. Wenn wir uns wieder einmal begegnen, im Cockpit einer 747 oder in einem Restaurant in irgendeiner anderen fernen Metropole zu einer anderen von Asche vernebelten Zeit, werden wir eine Menge Erinnerungen haben, um darin zu schwelgen.

Ich lerne regelmäßig Piloten kennen, deren Familien weit zurückreichende Verbindungen zur Luftfahrtgeschichte haben. Einen Vater, der Ingenieur der Concorde war, einen Großonkel, der sich als Pilot im Zweiten Weltkrieg hervorgetan hat, einen Großvater, der, sozusagen in Sepia, für einen berühmten Vorgänger unseres Unternehmens geflogen ist. Ein Pilot ist mit einer Pilotin oder einer Stewardess verheiratet, und manchmal sind sie zusammen auf demselben Flug. Ich habe von zwei Brüdern in meiner Firma gehört, die beide Piloten sind, und von zwei Schwestern. Gelegentlich fliegen Väter und Söhne zusammen. Neulich habe ich von einem Kapitän gehört, dass seine Tochter zu seiner Flotte gestoßen ist.

Einmal flog ich mit einem älteren Kapitän, der neben seinem Berufslogbuch ein handschriftliches Tagebuch führt. Als ich ihn fragte, was er darin aufschreibt, erzählte er mir, dass er über jeden Flug schreibt und auch die Namen seiner Kollegen und etwas aus deren Geschichten hinzufügt. Ob er nun je wieder mit ihnen fliegen würde oder nicht, er wolle sie nicht komplett vergessen. Er wird sich an die Tage, Gesichter und Geschichten seiner langen Berufslaufbahn erinnern wie nur wenige andere Piloten. Ein derartiges Tagebuch ist eine solche Seltenheit, dass es für uns beide eine Form der Erinnerung darstellt: Ich werde ihn deswegen ebenfalls nicht vergessen.

Ich habe nie ein Tagebuch auf Flüge mitgenommen, aber in meinen ersten Jahren als Berufspilot führte ich ein altmodisches, in Leinen gebundenes Logbuch, in das ich die rechtlich vorgeschriebenen Einträge meiner Flüge machte. In diesem schweren Buch notierte ich die Daten und Zeiten jedes Flugs, den Namen des Kapitäns, das Luftfahrzeugkennzeichen, Abflug- und Ankunftsflughafen und ob der Flug nachts oder tagsüber stattfand.

Irgendwann, nicht lange bevor meine Mutter starb, beschloss ich auf ein elektronisches Logbuch umzusteigen. Es war kurz vor Weihnachten, ich war zu Hause in Massachusetts, und meine Mutter und ich gingen dann immer in ein Café, das wir beide mochten, saßen stundenlang da und tranken heiße Schokolade. Sie las ihr Buch oder die Lokalzeitung, während ich die handgeschriebenen Details von Hunderten alter Flüge in das neue Computerprogramm auf meinem Laptop eingab, eine mühselige Arbeit, die sie jedes Mal zu einem mitleidigen Lächeln veranlasste, wenn sie zu mir hinübersah, obwohl ich mich jetzt mit einer fast unerträglichen Zärtlichkeit daran erinnere. Wenn ich den Namen eines Kollegen las, blickte ich oft auf, durch das Fenster in den fallenden Schnee hinaus, und versuchte, mich an das Gesicht des Kapitäns zu erinnern, mit dem ich an einem Herbstabend vor ein paar Jahren nach Rom, Lissabon oder Sofia geflogen war, oder an irgendetwas aus der Unterhaltung, die wir über Stunden miteinander geführt hatten.

Die stärksten persönlichen Bindungen entstehen für viele Pilotinnen und Piloten nicht bei der Arbeit, sondern während ihrer Ausbildungszeit. In vielen Ländern, insbesondere außerhalb der Vereinigten Staaten, ist es üblich, dass angehende Linienpiloten gemeinsam einen Kurs mit Unterbringung über etwa achtzehn Monate absolvieren, bevor sie dann vielleicht bei derselben Fluggesellschaft anfangen. Diejenigen, die einen solchen Kurs zusammen machen, werden vielleicht Freunde fürs Leben – weil sie ein oder zwei Jahre Teil eines unveränderlichen Teams waren, bei der Ausbildung für einen Beruf, in denen sich Teams ständig ändern.

Ich bin in Hongkong. Es ist spät an einem schwülen Vormittag, am Tag nach meiner Ankunft. Ich sitze auf der Kowlooner Seite des Hafens in einem Café mit kostenlosem Internetzugang, wofür Flugpersonal einen ebenso guten Riecher hat wie jeder Rucksacktourist. Ich sehe einen Post von einem Freund, einem Piloten aus meinem Flugkurs: »Auf der Flugschule erzählen die einem nie, was man eines Tages für beknackte Sachen machen wird, zum Beispiel spätabends allein in einem China-Restaurant in Kairo sitzen und zuhören, wie die Lokalband den Softrock massakriert.« Wir alle hatten schon mal eine solche Nacht und posten mitfühlende Kommentare – vielleicht aus einem ägyptischen Restaurant in Peking.

Ganz selten sehe ich vielleicht mal einen Freund aus meinem Ausbildungskurs in Übersee, wenn sich an einem belebten Zielort unsere Reisen überschneiden. Und ganz, ganz selten fliege ich tatsächlich mit einem Freund. Wenn das vorkam – bisher vielleicht insgesamt zehnmal –, war ich immer schon Wochen vorher aufgeregt. In Anbetracht der Nachteile meines Berufs – dem Fehlen eines festen Kollegenstamms und der vielen Zeit, die man weit von Freunden und Familie entfernt verbringt – fällt es schwer, nicht zu lächeln, wenn man bei der Arbeit mit einem Freund zusammen ist, als wäre es ein Job wie jeder andere, sieht man mal davon ab, dass wir uns die nahende Abenddämmerung über dem Indischen Ozean oder den Küstengebirgsketten Grönlands angesehen haben. Dieser Freund, diese Arbeit, was will man von einem Tag noch mehr verlangen?

Nach meiner Erfahrung trainieren Piloten paarweise. In einer kleinen Maschine ermöglicht das einem Piloten, sowohl den anderen Flugschüler als auch den Ausbilder vom Rücksitz aus zu beobachten. Auch beim Simulatortraining für Linienflugzeuge, die von zwei Piloten geflogen werden, verlaufen die »Flüge« am reibungslosesten, wenn zwei Piloten an der Steuerung sitzen, einer in der Rolle des fliegenden und einer des überwachenden Piloten, während der Ausbilder ihnen von hinten Anweisungen gibt und sie korrigiert. Manchmal sehen wir uns nach einer Übungseinheit unser Zusammenspiel mit dem anderen Piloten auf Video an, so kann mich der Ausbilder zum Beispiel darauf hinweisen, wenn ich eine Suggestivfrage gestellt habe statt einer offenen.

Als ich mein Sichtflugtraining in jenem kleinen Flugzeug in Arizona absolvierte, flog ich zusammen mit einem Piloten, der seither zu einem guten Freund geworden ist. Manchmal machten wir Soloflüge, bei denen wir allein im Flugzeug saßen. Aber wenn wir mit einem Ausbilder flogen, saß der andere immer auf dem Rücksitz.

Eines Morgens stellten wir fest, dass wir beide Soloflüge auf dem Plan stehen hatten. Also rollten wir hintereinander raus, fanden nach dem Start zueinander und flogen im Tandem von Phoenix aus nach Süden Richtung Tucson. Nach einem ausgedehnten Frühstück tankten wir wieder auf und starteten erneut dicht hintereinander. Nicht weit voneinander entfernt flogen wir gen Westen, eine Schule aus nur zwei Fischen, zwei Freunde, die sich gegenseitig über die bräunlichen, beklemmend abgelegenen Gebirgslandschaften der Cabeza Prieta Refuge jagten. Wir steuerten auf Yuma am Fluss Colorado zu, wo Arizona, Kalifornien und Mexiko zusammentreffen.

Während wir flogen, unterhielten wir uns über Funk über die Landschaft unter uns, über die abendliche Grillparty der anderen Flugschüler oder über den Film, den wir uns ansehen wollten, und plötzlich schienen nicht Luftverkehrskontrolle oder Wetterberichte, sondern diese fröhliche Verbindung durchs Blaue hindurch Sinn und Zweck des Funks zu sein, der eigentliche Grund dafür, dass Funkgeräte die ersten elektronischen Apparate waren, die in Flugzeugen installiert wurden. Noch während des Flugs hoffte ich, dass ich das hier nicht vergessen würde, wie ich und ein neuer Freund an einem jungen Wintertag mit gegenseitigem Sichtkontakt über die Wüste flogen und über Gott und die Welt plauderten.

An diesen Tag erinnere ich mich jedes Mal, wenn ich ein Linienflugzeug fliege und plötzlich die Stimme eines Freundes auf meiner Funkfrequenz erklingt. Unsere kreuz und quer über die Welt verlaufenden Dienstpläne haben uns ermöglicht, was wir niemals hätten planen können, zur gleichen Zeit im gleichen Teil des Himmels zu sein. Hin und wieder höre ich, wie ein Freund am Ende eines Flugs aus London über New York heruntergeht, während ich gerade von New York abhebe, als wären allein wir beide persönlich mit der Wahrung irgendeines nicht ausreichend gewürdigten Gleichgewichts zwischen diesen beiden Städten betraut. Wenn ein Freund auf meiner Frequenz auftaucht, plaudern wir zwar nicht, aber wenn nicht so viel los ist, erlaube ich mir vielleicht, einen kurzen Gruß über dieses exklusive, aber doch sehr öffentliche Medium zu senden. So gut wie nie sehe ich sein Flugzeug oder habe auch nur eine Ahnung, wo er sich gerade befindet. Wahrscheinlich erfahre ich nicht einmal, wohin er fliegt. Dann wechselt einer von uns die Frequenz und geht ohne ein Wort des Abschieds; Schiffe in der Nacht.

Ich sitze im Cockpit und fliege von Vancouver nach London. Schon Minuten nach dem Start endet die Stadt und ein Gebirge erhebt sich. Adern aus Licht ziehen sich durch die Täler unter mir, als wäre ein breiter, flacher Ort zusammengefaltet worden und die Lichter die Steilseiten hinunter in die Kniffe gepurzelt. Doch diese Lichter folgen nur kurz dem ansteigenden Gelände, und dann beginnt eine Welt, die aussieht, als gäbe es in ihr überhaupt keine Menschen. Dieser Eindruck hält noch lange an, durch die Nacht hindurch, über Taiga und Tundra, über Grönland und mehrere Meere, bis wir über Schottland Land erreichen. Es ist eine der einsamsten Routen.

Während einer Routineunterhaltung über die Gegensprechanlage, die in großen Flugzeugen die Piloten mit dem Kabinenpersonal verbindet, erzählt uns ein Besatzungsmitglied, dass eine Kollegin in wenigen Wochen in Ruhestand geht. Wir beginnen mit der leicht ermüdenden Prozedur, die dem Bordpersonal großer Maschinen allenthalben vertraut sein dürfte, die mehr als ein Dutzend im Flugzeug verteilten Stationen der Sprechanlage anzurufen, bis wir diese Kollegin gefunden haben. Wir fragen sie, ob sie vielleicht Lust hat, zur Landung in London ins Cockpit zu kommen, und sie folgt der Einladung, nachdem das Frühstück serviert wurde. Ich bin heute der *heavy*, der Zusatzpilot, also sitzen sie und ich hinter den anderen beiden Piloten, während die Hecken der Chiltern Hills unter unseren Tragflächen dahinrasen wie die netzartigen Risse eines betagten Ölgemäldes, und vergessen sind die Gedanken an den gestrigen Nebel in Vancouver und die Glut des Sonnenuntergangs auf den eisigen Gipfeln, die über die Stadt wachen, aus der wir kommen.

Ich frage sie, ob sie in letzter Zeit mal bei einer Landung im Cockpit war. Sie sagt, nein, in letzter Zeit nicht. Sie erwähnt, dass sie mit einem ehemaligen Piloten der 747 verheiratet ist und, seit der ein paar Jahre zuvor in Ruhestand gegangen ist, keine Landung mehr vom Cockpit aus gesehen hat. Ich frage, ob sie und ihr Mann während ihrer gemeinsamen Berufszeit oft zusammen fliegen konnten. Sie nickt. Am liebsten mochten wir Kapstadt, Singapur und Hongkong, sagt sie lächelnd. Ich denke an die 747, in der wir uns befinden, an deren Ruhestand irgendwann und den des Mannes meiner Kollegin, der bereits begonnen hat. An ihren, der sehr bald, und meinen, der auch irgendwann kommen wird.

Dann und wann kommt mir der Gedanke, dass die Menschen ein Arbeitsleben mit so vielen Kollegen in Teams, die sich ebenso sauber wieder trennen, wie sie sich gebildet haben, am Ende ihrer Berufslaufbahn vielleicht gerne hinter sich lassen. Ich frage sie, ob ihrem Ehemann seine Arbeit fehle. Als sie antwortet, sieht sie weg, aus dem Fenster auf das sich vorbeidrehende England. Oh ja, sagt sie, allerdings. Ihm fehlen die Menschen. Ich frage sie, ob sie meint, dass er die vielen hundert Pilotenkollegen vermisst, denen er während einer langen Karriere begegnet ist, die Tausende von Flugbegleitern, seine Kollegen am Boden oder die Passagiere. Ach, er vermisst sie alle. Jeden Einzelnen. Sie lacht, während sie nach links auf Windsor blickt, sich vor uns die Landebahn erhebt und die riesigen Räder herabgelassen werden.

Ich kenne nicht viele Piloten von anderen Fluggesellschaften. Über Funk sprechen wir selten direkt miteinander, hauptsächlich haben wir mit Fluglotsen zu tun, die wir eigentlich auch nicht kennen.

Mit der Zeit kann ein Pilot die Stimmen der Lotsen an seinem Heimatflughafen kennenlernen, auch wenn dieser sehr belebt ist. Einmal besuchte ich den Kontrollturm in Heathrow und war froh, den Namen und Stimmen, die ich all die Jahre gehört hatte, endlich Gesichter zuordnen zu können – Stimmen, die für einen dort ansässigen Piloten ein ebenso charakteristisches Merkmal der Heimat und eine Form der Begrüßung sind wie der Richmond Park oder das Wraysbury Reservoir, wenn diese nach so vielen Stunden über fremden Orten an den Cockpitfenstern des zu Hause landenden Jets vorbeiziehen. Einzelne Stimmen von Fluglotsen auf irgendeinem anderen Flughafen oder des Luftraums dazwischen habe ich dagegen nie zu unterscheiden gelernt.

Es kommt vor, dass zwei Flugzeuge zur selben Zeit dieselbe Route fliegen, lediglich vertikal voneinander getrennt. Sie fliegen vielleicht eine halbe Stunde lang in engem Sichtkontakt zueinander, bis sie durch die Differenz in Geschwindigkeit und den Wind auseinandergezerrt werden. Vereinzelt habe ich einen Piloten über Funk zu einem anderen sagen hören, dass er ein Foto gemacht habe, und sie tauschten E-Mail-Adressen aus. Ich begeistere mich sowieso für Fotos von Passagierflugzeugen, aber ein Bild einer Maschine, die ich selbst fliege, über dem Atlantik oder Namibia oder der Andamanensee, wäre etwas ganz anderes, ein besonders wertvolles Geschenk von einem Kollegen, dem ich nie begegnen werde. Ich besitze noch das Foto, das mein Freund und Trainingspartner von mir in einem Kleinflugzeug gemacht hat, als wir zusammen über Südarizona geflogen sind.

Oft wissen wir, dass andere Flugzeuge in der Nähe sind, ohne dass wir sie sehen können, weil wir sie auf einer verbreiteten Funkfrequenz mit den einprägsamen Ziffern 123,45 reden hören können. Diese wird vor allem genutzt, um andere Piloten über Turbulenzen zu informieren, aber manchmal auch für Witze oder um etwas Außergewöhnliches zu diskutieren, das wir alle deutlich sehen können – einen Meteorschauer, Polarlicht, die verblüffende Nähe von Venus und Jupiter im Himmel vor einem Publikum aus Piloten, die des Nachts unterwegs sind über das dunkle Wasser des Atlantiks nach Osten. Wenn Sie je einen Flugbegleiter gebeten haben, etwas über das Ergebnis einer Wahl oder eines Spiels herauszufinden, wurde vermutlich diese Frequenz benutzt. Wo sich der Internetzugang mittlerweile bis in die Wolken erstreckt, werden sich bald nur noch Piloten an solche Anfragen aus einer weniger vernetzten Welt erinnern.

Mir wurde einmal erzählt, dass in den 1970ern die britische Steuerbehörde den Flugzeugfunk kurzzeitig mit einem Embargo oder schweren Auflagen belegte, weil sie glaubte, er diene der Unterhaltung. Mitunter erklingt Musik auf der 123,45, manchmal hört man auf dieser Frequenz sogar jemanden singen, gefolgt von mehrstimmigen Sticheleien, er solle seinen Hauptberuf nicht gleich an den Nagel hängen.

Ich befinde mich über dem Nordatlantik, auf halbem Weg nach New York. In dieser Phase des Flugs ist mein Kommunikationsfeld, meine *box*, normalerweise so eingestellt, dass vier unterschiedliche Audioströme in mein Headset übertragen werden: die gemeinsame Frequenz 123,45, eine andere Frequenz, die dringenden Anliegen vorbehalten ist, die nichts mit Sportergebnissen zu tun haben, die Stimme aus dem Mikrofon des Kapitäns und die Kommunikationsleitung zum Kabinenpersonal. An diese Kakophonie muss man sich erst mal gewöhnen. Wir befinden uns mitten auf den Tracks, jenen imposanten Linien windoptimierter Nordatlantikrouten, die jeden Tag neu für die Flüge über den Ozean nach Westen und Osten herausgegeben werden. Auf der gemeinsamen Frequenz ist es überwiegend still. Eine Pilotin berichtet von Turbulenzen vor uns, aber wie wir hören, befindet sie sich auf einer anderen Höhe auf einem anderen Track.

Plötzlich höre ich jemanden mit einem amerikanischen Akzent fragen, ob ein bestimmter Flug einer anderen Fluggesellschaft, die gemeinsame Frequenz hört. Ja, antwortet kurz darauf eine männliche Stimme mit französischem Akzent, hier sind wir.

Der amerikanische Pilot erklärt, dass seine Frau und seine Tochter sich in der Maschine des französischen Piloten befinden. Er fragt, ob der französische Pilot eventuell herausfinden könne, wo sie sitzen, und ihnen einen schönen Gruß aus dem Himmel ganz in der Nähe ausrichten. Auf dieser Frequenz hört man selten etwas anderes als den abgehackten Austausch von Flugterminologie, Sportergebnissen und flapsigen Neckereien. Jetzt hört mit Sicherheit jeder in dieser Gegend des Himmels zu, jeder Pilot im Umkreis von ein paar hundert Meilen.

Der französische Pilot verspricht es. Aber die nächste Stimme auf der Frequenz, ein paar Minuten später, gehört weder dem französischen noch dem amerikanischen noch irgendeinem Piloten, sondern der Frau des amerikanischen Piloten. Der französische Pilot hat sie ins Cockpit eingeladen, ihr ein Headset gegeben und ihr gesagt, dass sie mit ihrem Mann sprechen kann, von ihrem Flugzeug zu seinem, obwohl die beiden nicht einmal Sichtkontakt haben. Der amerikanische Pilot antwortet augenblicklich, leicht auflachend, als ihre Stimme ihn – und alle anderen in einem großen Kreis über dem Atlantik – erreicht. Nie wieder in seinem gesamten Arbeitsleben werden sich private und berufliche Sphäre auf diese Weise überschneiden, auf einer knisternden elektrischen Brücke durch das Blau.

Immer wenn ich etwas über irgendeine neue Software lese, die verspricht, uns noch einfacher miteinander zu verbinden, denke ich daran, wie solche Technologien das Leben von Flugpersonal verändert haben, das jetzt in der Lage ist, auf eine Art den Kontakt zu den Lieben zu Hause zu halten, die unsere Vorgänger in Staunen versetzt hätte. Aber genauso gefällt mir der Gedanke, wie Flugzeuge modernste Technik mit einer altertümlich physischen Kraft kombinieren, um zu verbinden. Andere Verbindungen sind im Vergleich dazu nicht viel mehr als Metaphern, bloße Schatten der tatsächlichen Bewegung einer Person in die Stadt, an den Tisch oder in die Arme einer anderen; Städte, Tische oder Arme, wo sie fast immer gerade lieber wären.

Flughäfen sind per se emotionale Orte. Wenn ich zum Beispiel an die Besuche meiner Mutter in London zurückdenke, erinnere ich mich vielleicht daran, wie wir im Britischen Museum waren oder durch den Green Park geschlendert sind, am intensivsten aber erinnere ich mich an den Moment, als sich die Tür der Gepäckhalle öffnete und ich sie sah. Als mein Großvater starb, flog mein Vater vor uns nach Belgien. Mein Bruder und ich, beide noch Teenager, folgten ein paar Tage später. Als wir beide am Kennedy Airport ins Flugzeug stiegen und uns auf eine Reise begaben, von der wir eine Woche zuvor noch nichts geahnt hatten, wurde mir zum ersten Mal klar, dass jemand unserem Dad das bedeutet hatte, was er uns bedeutete.

Menschen fliegen aus vielen Gründen. Aber die Rechnung verengt sich beträchtlich, wenn sich Terminkalender und Umstände in einem bestimmten Flug verdichten. Das Flugzeug bildet einen schmalen Kanal zwischen zwei Ortsseen, einen Flaschenhals zwischen der überschwappenden sozialen Zufälligkeit des Alltagslebens zweier voneinander entfernter Städte. Manchmal ist dieser Effekt extrem: Irgendwo findet eine Konferenz statt, und die Hälfte der Passagiere sind Computeringenieure, Physiker oder Archäologen. Oder eine große, lärmende Schülergruppe reist mit dem vielleicht ersten Flug ihres Lebens an einen fernen Ort. Oder eine Gruppe in die Jahre gekommener Freunde reist zusammen nach Venedig, Vancouver oder Oslo, um gemeinsam eine Kreuzfahrt durch eins der großen Weltwunder anzutreten. Auf einigen Routen sind regelmäßig Mitglieder von Königshäusern an Bord, auf anderen tauchen häufiger Prominente, Ölarbeiter, Wallfahrer oder Entwicklungshelfer auf. Ich hätte nicht gedacht, dass meine Arbeit so deutlich die Kreisläufe der Menschheit in diesem Zeitalter offenlegen würde, das Spektrum von Impulsen, uralten und anderen, die heute jemanden veranlassen, Kurs quer über den Planeten zu nehmen.

Ein Grund, warum ich die Arbeit auf längeren Flügen vorziehe, ist, dass viele Passagiere anscheinend mein Gefühl teilen, dass solche Reisen bedeutungsschwerer sind. Auf diesen Flügen sind die Gründe für die Reise meistens wichtiger, fast definitionsgemäß, weil ein längerer Flug einen für eine längere Zeit dem eigenen Leben entreißt und in der Regel teurer ist. Im Terminal und im Flugzeug vor dem Abflug spürt man die erhöhte Faszination längerer Reisen, sei es an der Aufregung von Flitterwöchnern oder frisch pensionierten Paaren oder am Verhalten selbst der erfahrensten Geschäftsreisenden, die, genau wie ihre Piloten, den Akt, sich auf ihrem Platz niederzulassen, proportional zu der Anzahl von Meilen, die sie darin verbringen werden, in die Länge ziehen.

Von all den vielen Gründen, aus denen Passagiere reisen, bewegt mich die Idee des Auswanderns am meisten. Vielleicht, weil mein Vater eine solche Reise von Europa nach Amerika unternommen hat oder weil ich seine große Reise mit meiner eigenen umgedreht habe. Ich stelle mir vor, dass es auf den meisten Flügen einen Passagier gibt, der in ein neues Land geht, um dort zu leben, vielleicht als erster seiner Familie, oder um sich denen anzuschließen, die schon dort sind. Die Wege von Familien durch die Generationen hindurch hängen von solchen Entscheidungen ab und auch – ein bisschen, aber auf spezielle, metallene Weise – von einem Flugzeug, das einst die Geschichte zweier Orte und einer Familie durchquerte.

Die Interaktionen von Piloten mit Passagieren sind jedoch im Vergleich zu denen des Kabinenpersonals begrenzt und so auch unser Verständnis vom menschlichen Gewicht der Reisen, die wir zusammen unternehmen. Piloten größerer Maschinen haben hier die meisten Nachteile. Größere Maschinen können zwar mehr Passagiere aufnehmen, aber die Piloten werden wahrscheinlich weniger davon zu Gesicht bekommen. Bei meinem ersten Flug als Pilot der 747 betrat ich einen leeren Jet und ging nach oben ins Cockpit. Eine geschäftige Dreiviertelstunde später teilte uns die *redcap* mit, dass das Boarding abgeschlossen sei. Sie nahm ihre unterschriebenen Papiere, schüttelte uns die Hände, verließ das Cockpit und schloss die Tür hinter sich. Von den 330 Passagieren an Bord hatte ich nicht einen einzigen zu Gesicht bekommen.

Aber genau wie ich den Kontakt zu ein paar wenigen unter meinen Tausenden von Kollegen hege und pflege, gibt es auch hier Ausnahmen. Passagiere besuchen das Cockpit vor oder nach einem Flug, und zwar nicht nur Kinder. Wenn es Sie interessiert, zögern Sie nicht zu fragen. Vor einem Flug sind die Piloten vielleicht zu beschäftigt, aber danach ist fast immer Zeit. Eltern fotografieren gern ihre Kinder auf einem der Pilotenplätze, und kein Elternteil hat bisher mein Angebot abgelehnt, auch von ihm ein Foto auf dem Sitz zu machen.

Manchmal nehme ich Gäste mit in den Flugsimulator, was für die meisten Nichtpiloten die einzige Möglichkeit ist, den Kern meines Jobs hautnah zu erleben und wie ein Cockpit aussieht, klingt und sich anfühlt. Es gibt wohl keine passendere Fußnote für das technische Zauberwerk des Simulators als dessen Fähigkeit, auch einige der persönlichsten und denkwürdigsten Bindungen zwischen Passagieren und Piloten herzustellen. Unterdessen sind es die Flugbegleiter, die an Bord mit so vielen Menschen aus so vielen Kulturen zu tun haben. Rechnet man dazu die Stunden, die sie in mehr Städten verbringen, als so ziemlich jeder auf der Welt je besuchen wird – mehr sogar noch als viele Piloten, die auf die Ziele beschränkt sind, die ihr einziger derzeitiger Flugzeugtyp ansteuert –, kann man sich kaum einen Beruf vorstellen, der einen breiteren Blick auf die Menschheit bietet.

Hin und wieder erkrankt ein Passagier an Bord. In solchen Situationen ist es wiederum eher das Kabinenpersonal, das eine der tiefsten möglichen Beziehungen herstellt, in einem oft lebensrettenden Gedenken an die frühen Verknüpfungen zwischen Krankenschwestern und Stewardessen. (Die in Iowa geborene Ellen Church, die 1930 als erste weibliche Flugbegleiterin eingestellt wurde, war examinierte Krankenschwester, wie viele der ersten Frauen, die ihr folgten, bis aufgrund der Erfordernisse des Zweiten Weltkriegs viele Krankenschwestern woandershin beordert wurden.) Piloten werden in solche medizinischen Notfälle nur indirekt einbezogen – indem sie schneller fliegen, um Rat fragen oder die Option prüfen, vor dem eigentlichen Ziel zu landen. Die Rufe nach medizinischen Ratschlägen gehen über Satellit in ein zentralisiertes Büro, wo Ärzte den Zustand von Patienten auf Flugzeugen und Schiffen in den entlegensten Ecken der Welt beurteilen, wo man also die virtuelle Medizin ganz besonders braucht. Mitunter sucht die Besatzung unter den Passagieren nach einem Arzt oder einer Krankenschwester. Ärztinnen und Ärzte sind Vielflieger. Ich habe noch nie einen Langstreckenflug erlebt, auf dem wir einen Arzt brauchten und keinen finden konnten.

Einer meiner Freunde, der Kapitän bei einer Fluggesellschaft in den Vereinigten Staaten ist, hat mir von seiner Anfangszeit erzählt, als er kleine Maschinen für alle flog, die ihn dafür bezahlten. Oft wurde er – allein und spätabends – mit der Aufgabe betraut, eine Leiche zu transportieren, also jemanden nach Hause zu fliegen, der weit von dort entfernt verstorben war. Es war in der Zeit, als Banken eingelöste Barschecks dem Aussteller zurückgaben, und so flog er häufig allein durch die Nacht, als Ladung einen Leichnam und mehrere Taschen voll eingelöster Schecks.

An diese Geschichte erinnerte ich mich, als ich zum ersten Mal eine Maschine flog, in deren Papieren »menschliche Überreste« verzeichnet waren. Die zusätzliche, vielleicht archetypische Traurigkeit, in der Ferne zu sterben, ist immer noch irgendwie präsent, selbst in einem Zeitalter, in dem jemand, dem das zustößt, mit großer Wahrscheinlichkeit wieder nach Hause überführt wird. Uns liegen weder ein Name noch irgendwelche sonstigen Details vor, und vielleicht symbolisiert nichts besser die Verbindungen und Nichtverbindungen der modernen Welt, als dass ein so wichtiger Akt für diejenigen, die darin verwickelt sind, vollständig anonym bleibt.

Einmal saß ich bereits im Cockpit eines Flugs, der jeden Moment starten sollte, als ein Dienstwagen mit Lichthupe direkt auf das Flugzeug zugefahren kam. Der Fahrer brachte etwas ins Cockpit, was wie eine Kühltasche aussah und, wie er uns informierte, die Hornhäute menschlicher Augen zur Transplantation enthielt. Dieser Vorgang war ebenso anonym wie der Transport menschlicher Überreste. Wir würden nie irgendetwas über den Spender oder den Empfänger erfahren, und unsere Rolle bei diesem Geschenk war rein zufällig. Aber seither habe ich immer, wenn ich mit der Frage der Organspende konfrontiert wurde, bei einer Führerscheinbewerbung oder als meine Eltern starben, an diesen Flug gedacht und an die Personen, für die diese Hornhäute bestimmt waren. Daran, wo sie jetzt wohl waren und wie gut sie sehen konnten. Ich erinnere mich, dass wir die Box sorgfältig im Cockpit vertäut haben und zusahen, dass wir so schnell wie möglich nach London kamen.

Es kommt vor, dass ich einen der vielen Passagieren, die ich befördere, persönlich kenne. Einen Freund oder ein Familienmitglied zu fliegen ist ein komisches Gefühl, wenn es Zeit für eine Ansage ist und man weiß, dass eine Person in der Passagierkabine meine Stimme mit anderen Ohren hören wird, dass eine Person meine Stimme überhaupt hören wird. Und, wie sie mir hinterher berichten, klingen die Ansagen für sie genauso merkwürdig. Genauso ist es, wenn Freunde mich in meiner Uniform sehen, wenn sie bei mir wohnen und ich zur Arbeit will oder gerade von dort komme. Ihr Blick springt zwischen dem bekannten Gesicht und der visuellen Kurzschrift meiner Uniform hin und her.

Einmal merkte ich, dass sich unter den Passagieren eine Nachbarin von mir befand. Sie wusste nicht, dass ich einer der Piloten war. Ich ging nach unten, um sie zu begrüßen. Ich war überrascht, sie in einer 747 über dem Atlantik anzutreffen statt bei uns im Treppenhaus. Und auch sie brauchte einen Moment, um von einem verwirrten Blinzeln zu einem Lächeln zu gelangen, als ich mich von dem einheitlich uniformierten Piloten, von dem sie nicht das Geringste wusste, in den Nachbarn verwandelte, für den sie schon so oft gekocht hatte.

Ich befinde mich auf einem Flug nach Berlin. Es war ein langer Tag. Der Kapitän und ich sind bereits von London nach Madrid und zurück geflogen, und jetzt ist Nacht. Bald werden wir in den Sinkflug zum Flughafen Tegel gehen, in unser Hotel, ins Bett. Ich mache eine Ansage für die Passagiere über das schöne Wetter, das uns erwartet, unsere Ankunftszeit und den Blick, in dessen Genuss die Passagiere auf einer Seite des Flugzeugs in dieser klaren Nacht gleich kommen werden.

Ein paar Minuten später ruft eine Stewardess an. Ein Passagier, der meine Ansage gehört hat, sagt, er kenne mich. Sie habe allerdings den Namen vergessen, den er genannt hat, und so habe ich keine Ahnung, wer es sein könnte, als wir nach Berlin absinken.

Wir landen, rollen zum Terminal, parken, die Türen des Jets und des Cockpits werden geöffnet. Er kommt durch den Gang auf mich zu mit einer Tasche auf der Schulter. Ich erkenne ihn sofort. Er kommt aus meiner Heimatstadt, war mit mir auf der Highschool. Ich habe ihn über ein Jahrzehnt nicht gesehen. Er wusste nicht einmal, dass ich Pilot geworden bin. »Ich erinnere mich dunkel daran, dass du Flugzeuge mochtest«, lacht er. Er ist in Berlin, um einen Freund zu besuchen. Wir tauschen Telefonnummern aus und lächeln über die Vorsehung, dass wir uns so weit ab vom Schuss über den Weg gelaufen sind und nun feststellen, dass wir die letzten Stunden zusammen gereist sind.

Dann und wann fliegt ein Linienpilot ein leeres Flugzeug. Für Frachtflugzeuge sind solche Flüge ohne Passagiere natürlich Routine, aber das ist schließlich auch ihr Sinn und Zweck. Ein Passagierflugzeug ohne Passagiere zu fliegen fühlt sich unnatürlich an. Es kommt selten vor, etwa wenn eine Maschine wetterbedingt auf dem falschen Flughafen zurückgeblieben ist oder sie zu einer Wartungsbasis gebracht oder von dort geholt werden muss. Die Gelegenheiten, bei denen ich eine leere Passagiermaschine geflogen habe, kann ich an einer Hand abzählen. Schon vor dem Abflug ist die Vorstellung, dass keine Passagiere mitfliegen, entmutigend. Die redcaps zucken bloß mit den Achseln, wenn wir uns an solchen Tagen treffen. Ihre Arbeit ist natürlich ohne Passagiere wesentlich einfacher, aber sie scheinen es auch nicht besonders zu mögen.

Flüge ohne Passagiere sind oft auch Flüge ohne Flugbegleiter, daher muss einer der Piloten helfen, die Tür auf dem leeren und stillen Hauptdeck zu schließen, bevor er nach oben geht und sich zu seinen Kollegen im Cockpit gesellt. Eine Flugzeugtür sicher zu öffnen oder zu schließen ist nicht ganz einfach, und bis zu meinem ersten Flug mit einer leeren Maschine hatte ich tatsächlich nie die Tür einer 747 auf- oder zugemacht, außer während der jährlichen Trainingseinheiten, wenn wir es zusammen mit dem Kabinenpersonal in einer Flugzeugattrappe an einer Tür ins Nirgendwo geübt haben. Auch ein leeres Flugzeug zu starten ist anders. Der Jet fühlt sich unnatürlich leicht an. Die Abwesenheit von Passagieren bemisst sich im zweistelligen Tonnenbereich, eine seltene Erinnerung nicht nur an die Größe von Linienflugzeugen, sondern auch an die Körperlichkeit, jene Mechanik des Fliegens, die uns in die Lüfte trägt.

Auf einem leeren Flug muss ein Pilot die Kabine ablaufen, um die routinemäßigen Prüfungen durchzuführen, die normalerweise das Kabinenpersonal macht. In der 747 bedeutet das einen langen, einsamen Gang, fort von meinen ein oder zwei Kollegen im Cockpit, die Treppe hinunter und ganz nach hinten, an Hunderten leeren Plätzen vorbei, die vielleicht schon fix und fertig sind – Zeitschriften, Zahnbürsten und Kopfhörer bereitgelegt – für die Passagiere, die nicht hier sind. Ich befinde mich in einem leeren Flugzeug auf dem Weg von San Francisco nach London. Von den drei Piloten bin ich als Erster mit einer Pause dran und beschließe, sie auf einem gemütlichen Sitzplatz unten in der Kabine zu verbringen, statt in der Cockpitkoje, weil ich noch nie die Erfahrung gemacht habe, in der komplett unbesetzten Passagierkabine einer 747 zu dösen. Vor mich hin summend, baue ich mir ein luxuriöses Bett in der Nase des Jumbos, eigentlich eher ein Nest, aus dem quasi unbegrenzten Bestand an Decken und Kissen. Ich denke an die riesigen Zellen der Frachträume unter mir, die heute Nacht fast voll sind mit der Computer- und Biotechnologieausrüstung und dem frischen Obst und Gemüse, die typisch sind für die kalifornischen Täler und Industrieparks, über die wir kurz nach dem Start geflogen sind. Draußen kann ich die verschneiten Gipfel der Sierra Nevada im heraufziehenden Nebel vorbeigleiten sehen. Aber Pausen sind auch ohne Sightseeing schon kurz genug, also lege ich mich schlafen.

Als Nächstes höre ich den Weckruf, der das Ende meiner Pause verkündet. Bei einem normalen Flug wäre das ein Bimmeln im Schlafbereich, ausgelöst per Fernbedienung durch die anderen Piloten, ein relativ angenehmer Ton, der sich dennoch in das Gehirn eines jeden Langstreckenpiloten eingebrannt hat als das Letzte, wovon wir uns in unseren Träumen stören lassen wollen. Aber auf diesem Flug nimmt mein Weckruf die Form einer öffentlichen Ansage an, von einem Kollegen im Cockpit auf mich persönlich zugeschnitten, gesendet an Hunderte leere Plätze und einen einsamen Piloten, der in einer Ecke der vorderen Kabine jäh aus dem Schlaf hochfährt.

Ich brauche viel länger als den üblichen verschlafenen Moment, bis mir klar wird, wo ich bin. Das Flugzeug ist in die Nacht des Nordens und

Ostens geflogen, daher ist es draußen so dunkel wie drinnen. Ovale Flecken kalten Mondlichts verteilen sich über den Fußboden der Kabine und laufen mit dem Schwanken des Schiffs im Höhenwind sanft auf dem Teppich vor und zurück. Die Vorhänge zwischen den Kabinen sind nicht zugezogen, und als ich die volle Länge des Hauptdecks entlangblicke, sprenkeln lediglich wenige Lichtspritzer die schattenhafte Abstraktheit der Gänge.

Ein Copilot hat mir einmal von einem Flug erzählt, den er mit einem großen Flugzeug unternahm, das sich in der Testphase befand und noch keine Inneneinrichtung besaß – keine Sitze, keine Galleys, keine Unterteilungen zwischen Kabinen oder Decks. Er sagte, dass man von innen den Rumpf sich in Reaktion auf die Manöver beim gewöhnlichen Flug biegen und verdrehen sehen konnte. Es gibt keinen Grund, weshalb ich heute Nacht dasselbe sehen können sollte, aber in der beinahe völligen Dunkelheit ist es irgendwie das, wonach ich suche, als ich die volle Länge des leeren Flugzeugs entlangspähe. Im Pyjama setze ich mich auf den Kabinenboden und sinne einen Moment über das Rauschen der Triebwerke und die durch nichts unterbrochene Länge dieses Geisterschiffs nach, diese eigentümliche Bibliothek durchnummerierter und -buchstabierter Vakanzen, die wir geschaffen und über die niedere Welt erhoben haben und die sich in diesem Moment auf die Arktis zuwälzt.

Der Ausdruck »Seelen an Bord« kommt mir in den Sinn, eine antiquierte Phrase, die man in der Luftfahrt immer noch hört, zum Beispiel, wenn ein Fluglotse die Gesamtzahl der Personen an Bord, Passagiere plus Besatzung, wissen möchte. Viele tausend Passagiere und Crewmitglieder sind schon mit diesem Flugzeug geflogen und werden noch damit fliegen. Niemand, der nur unsere Karte mit den weit gestreuten Konstellationen unserer derzeitigen Aufenthaltsorte auf der Erde gesehen hat, würde je darauf kommen, dass das, was wir gemeinsam hatten, ein Flugzeug war. Ich ziehe mich vor der Reihe Fenster mit unverschlossenen Rollos um, die dieses eine Mal den Blick auf eine Nacht freigeben, die auch nicht einsamer ist als die in der Kabine.

Ich steige die Treppe hinauf und taste mich vorsichtig durch den dunklen Gang des oberen Decks. Die Cockpittür ist schon den gesamten

Flug über geöffnet – heute Nacht gibt es keinen Grund, sie zu schließen –, und vom Ende der Kabine des Oberdecks aus wirken die sanft leuchtenden Cockpitmonitore so heimisch wie der sprichwörtliche Herd. Ich gehe an den leeren Sitzen vorbei und durch die offene Tür. Die Tasse Tee, die mir meine Kollegen gemacht haben, dampft in einem Becherhalter an meinem Platz. Beim Reinkommen sage ich: Ratet mal, wer hier ist. Und der Kapitän lacht, denn heute Nacht könnte es niemand anderes auf der Welt sein.

NACHT

ICH SITZE IM COCKPIT eines Passagierflugzeugs in Heathrow, das jeden Moment nach Budapest abheben wird. Seit etwa einem Jahr bin ich Linienpilot und fliege mit Airbus-Jets wie diesem zwischen den Städten Europas hin und her. Die Routen kreuz und quer über den Kontinent sind nicht mehr neu für mich, die Anordnungen der Rollbahnen, die Hotels, in denen wir schlafen, und die Cafés, in denen wir uns zum Frühstück treffen, die Karte mit dem Umriss Europas, das sich aus all diesen Orten zusammensetzt. Trotzdem erscheint mir dieser Flug wichtiger als jeder andere in meinem Leben, so denkwürdig wie mein erster Flug in einem Leichtflugzeug als Teenager, mein erster Soloflug im Himmel über Arizona oder mein erster Flug mit einer Passagiermaschine – denn mein Dad ist an Bord.

Zumindest wird er es bald sein. Der Kapitän und ich befinden uns auf einer »Tour«, mehrere Flüge über mehrere Tage, von denen jeder am Abend in einer anderen Stadt enden wird. Bei jeder Etappe haben wir uns abgewechselt. Jetzt bin ich an der Reihe – natürlich, sagte der Kapitän, als ich ihm erzählte, dass mein Dad an Bord sein würde. Ich habe den *walk-around* durchgeführt, der Flugplan ist hochgeladen, unsere Checks sind beendet, die Frachttüren geschlossen, unter dem Flugzeug wartet die Pushback-Crew darauf, loszulegen. Fast alle Passagiere sind an Bord. Aber noch habe ich meinen Vater nicht gesehen. Plötzlich wird mir bewusst, dass ich heute Abend, anders als bei jeder anderen Verabredung in unserem Leben, nicht auf ihn warten kann.

Es ist Dezember, kurz vor Weihnachten. Mein Dad war ungefähr eine Woche in England. Vor ein paar Tagen haben wir zusammen an einem sehr frühen, dunklen und frostigen Tag einen Spaziergang durch Cambridge unternommen, und irgendwie wurden uns Plätze beim Carols-from-King's-Konzert angeboten, das am Weihnachtsabend ausgestrahlt werden soll. Wir saßen in der Kapelle unter den großen Buntglasscheiben, größtenteils das Werk flämischer Glaser, und einem anderen flämischen Meisterwerk: Rubens' *Verehrung von den Weisen*. Mein Vater wird länger in Budapest bleiben als ich, dann wird er nach Belgien reisen, nach Flandern, um seine Geschwister und deren Familien zu besuchen. Plötzlich sehe ich ihn. Als einer der letzten Passagiere betritt er das

Flugzeug und spricht in der Galley mit einer Flugbegleiterin. Die Stewardess bringt ihn ins Cockpit, und ich stelle ihn dem Kapitän vor, einem der derzeit dienstältesten der Fluggesellschaft, er lächelt, während mein Dad ein Foto von mir an der Steuerung macht. Ich erkläre meinem Vater ein paar Knöpfe und Systeme, zeige ihm die digitale Karte unserer Route. Obwohl er inzwischen eingebürgerter Amerikaner ist, denke ich, er ist stolz, dass ich meine Karriere in einem europäischen Linienflugzeug begonnen habe.

Wir hören das gedämpfte *Kawumm*, als sich die Hauptkabinentür schließt, ein Startschuss, der wartenden Linienpiloten allerorts vertraut ist. Ich greife nach meinem Headset, und es ist mir etwas peinlich, meinen Dad bitten zu müssen, das Cockpit zu verlassen und sich an seinen Platz zu begeben. Ich schließe und verriegele die Cockpittür und melde mich bei den Fluglotsen, um die Starterlaubnis zu erbitten. Ich spreche mit der Pushback-Crew unter dem Flugzeug und spiele meinen Part einer formalen Unterhaltung, die Wort für Wort in unseren Handbüchern festgelegt ist. *»Brakes released«*, sage ich. *»Are we clear to start engines?«*, frage ich, während wir anfangen, uns rückwärtszubewegen. *»Clear to start number two«*, erwidert die Stimme von unten. Im Cockpit wird es still, als der Luftstrom zu den Triebwerken abgelenkt wird, eine Stille, die einem beschleunigenden Brummen weicht, als der Kapitän das Triebwerk unter der rechten Tragfläche zündet. In der linken Spalte meines handgeschriebenen Logbuchs ist dieser Moment aufgezeichnet: *»Departure from Heathrow, 19.44.«*

Zu dieser Jahreszeit ist es schon seit Stunden dunkel. Wir rollen hinaus und genießen eine der Annehmlichkeiten in Heathrow, die nur wenige andere Flughäfen bei Nacht bieten, nämlich ein System grüner und roter Rollbahnfeuer, das die akustischen Anweisungen der Lotsen widerspiegelt und uns visuell unseren Weg über das Rollfeld weist. Als wir die Startbahn erreichen, gibt es keine Verzögerung. Ich stelle den Schubhebel auf Start. Wir beschleunigen und erheben uns aus London, steigen über dem Südosten Englands auf, überfliegen Dover und die Zubringer und riesigen Bahnbetriebswerke des Eurotunnels. Ausgerechnet Tunnels sind nachts am besten zu sehen. Ein Bukett aus Lichtern fächert sich von einem Punkt aus auf, wo sich die eng gepferchten Reisenden in ihrer neu gefundenen Freiheit auf das Land ausbreiten. Wir überqueren den Kanal und Minuten später die Küste auf der anderen Seite, und plötzlich wird mir bewusst, dass ich meinen Dad über seine Heimat fliege.

An diesem klaren Winterabend lassen wir Ostende hinter uns, dann Brügge, wo er studiert hat. Ich denke an den Film *Geschichte einer Nonne* mit Audrey Hepburn. Die von ihr verkörperte Figur reist von einem Kloster ganz in der Nähe des Hauses, in dem mein Vater in Brügge wohnte, in den Kongo, genau wie er. Im Kongo wählte der Regisseur Fred Zinnemann den von meinem Vater in der Kolonie gegründeten Chor aus, um auf der Leinwand zu singen. Mein Vater stand also hinter der Kamera und dirigierte seinen Chor, die anderen Nonnen und Hepburn selbst, und musste es noch mal machen, als Zinnemann merkte, dass die Schatten der wedelnden Hände meines Vaters auf die weißen Trachten fielen. Als Nächstes kommt auf der linken Seite Gent. Und dann sehe ich – von meinem Platz auf der rechten Seite, privilegiert durch das fast vollständig dunkle Cockpit, das nächtliche Land draußen so hell wie jeden unserer Computerbildschirme – den kleinen Heimatort meines Dads inmitten der Lichter Flanderns.

Trotz all seiner Beleuchtung ist Belgien innerhalb von Minuten verschwunden. Schon bald sind wir über Süddeutschland, dann geht es an Linz, Wien und Bratislava vorbei und wir folgen der Donau über den erleuchteten Gobelin Europas. Ich betrachte Europa oft unter dem Aspekt seiner Rand- und Küstenländer, aber Flüge wie dieser erinnern mich daran, dass Europa seine Kernländer hat, zentrale Orte in seinem Inneren, deren Kultur und Geografie die anderen stark beeinflussen, so wie Amerikaner Missouri oder Kansas als symbolhaft amerikanisch ansehen. Vor uns liegen nun die Lichter Budapests. Wir beschreiben einen lang gezogenen Bogen über den Süden der Stadt, dann kehren wir über Nordwest zurück, um die östlichere der beiden parallelen Landebahnen anzufliegen.

Wie in London, Brüssel und Wien, in jeder Stadt, die wir heute Abend gesehen haben, ist die Luft in Budapest kalt und klar. Kein Lüftchen wird von den Bordcomputern gemessen, als wir zum Endanflug ansetzen und die Landeklappen ausfahren. Mir fällt wieder ein, dass mein Dad an Bord ist, und ich frage mich, für wen von uns beiden diese Erfahrung unerwarteter kommt. Mein Vater sagte manchmal, dass er gerne Wissenschaftler geworden wäre. Ich bin ein wenig traurig, dass ich ihm die Befeuerung nicht zeigen darf, die zur Landebahn führt und sie markiert. Ihr Anblick würde ihm gefallen: technisch, aber majestätisch.

Eine grüne Lichterreihe, die in *wing bars* seitlich über den Rand verläuft, markiert den Anfang der Landebahn – die *threshold*, den in Licht gegossenen Schwellenritus. Vor der Befeuerung der eigentlichen Landebahn kommen die Anflugfeuer. Über die Anflugfeuer gibt es viele Lehrmeinungen. Die komplizierte Anordnung einer jeden Landebahn ist auf unseren Karten durch Diagramme und Akronyme ausgewiesen, die kaum eine Vereinfachung darstellen. Manchmal strömen Stroboskoplichter auf die Landebahn zu – ein sogenannter *running rabbit*, als wären Linienflugzeuge Jagdhunde auf einer Fährte. Einige Anflugbefeuerungen sind länger als eine halbe Meile und erstrecken sich weit ins offene Wasser, wo ihre Laternen eher seefahrerischen Zwecken zu dienen scheinen. Wenn es nachts neblig ist oder schneit, erst recht, wenn der Flughafen von Wasser umgeben ist, können die Landebahnfeuer mehrere Minuten lang das Einzige sein, was wir von der sich nähernden Welt sehen. Ihre Muster sorgen für einen glanzvollen visuellen Impuls. Lange Ströme weisen auf die Landebahn hin, verengen sich, durchschnitten von querschießenden Balken. Hinter der Windschutzscheibe erstrahlt ein Bild geometrischer Präzision.

Als wir nach Budapest hinabsinken, beginnt das Flugzeug zu uns zu sprechen. »*TWO THOUSAND FIVE HUNDRED*«, verkündet es. Wir lassen das Fahrwerk hinunter. Die glitzernden Lichtmuster, die Laternenpfähle der zurückkehrenden Welt, liegen nun nicht mehr vor uns, wir befinden uns mittendrin, sie strömen direkt unter unserer Nase hindurch. Durch großes Glück, ein erfreuliches und unvergessliches Hand-in-Hand-Gehen von Luft und Familie wird die Landung eine der sanftesten, die ich je durchgeführt habe. Wir rollen zum Gate, gehen die *shutdown*-Checkliste durch. Ich vervollständige den Eintrag in meinem Logbuch: »*Arrival in Budapest, 22.02. Dad on board.*«

Wenn unter kulturellen oder emotionalen Gesichtspunkten über das Fliegen gesprochen wird, wird der Himmel fast immer mit Licht gleichgesetzt. Der reizvollste Bruch mit dieser Regel – Saint-Exupérys *Nachtflug* – beschreibt einen niedrigeren Himmel und eine Welt schwächeren Lichts, Wunder, die zwar für die unerschrockenen Piloten von Kleinflugzeugen über ländlichen Gegenden oder der Wildnis erreichbar bleiben, aber selten für den modernen Flugreisenden, der leicht vergisst, bei Nacht aus dem Fenster zu sehen. Von einem Linienflugzeug aus, selbst aus einer dunklen Kabine, ist die nächtliche Welt subtiler als die Tageslichtversion und sicherlich schwieriger zu fotografieren. Und Passagiere, die nachts fliegen, schlafen häufig, oder versuchen es zumindest.

Aber egal, ob als Pilot oder als Passagier, ich fliege viel lieber nachts. Es vermittelt eine Zartheit, die das Gegenteil vom gleißenden Tageslicht ist, gegen das wir uns schützen müssen, mit Brillen und Phalangen aus Blenden, die auf langen Flügen bei Tag wie die Gesichter von Sonnenblumen um das Cockpit herumwandern. Nachtflüge, ohne die Hitze und Turbulenzen, die die Sonne von der Erdoberfläche aufsteigen lässt, verlaufen auch meist reibungsloser.

Das Gefühl, dass wir über den Wolken dem Alltag, den kleinen Sorgen und uns auf den Kopf fallenden Decken entfliehen können, ist nachts wesentlich intensiver. Oft sprechen wir vielleicht zu negativ von einer »dunklen Nacht der Seele«. Das Gedicht von Johannes vom Kreuz handelt nicht etwa von Verzweiflung, sondern von einer Liebe, die wir bei Nacht noch deutlicher erkennen können, wenn das Positionslicht an der Tragfläche, die sich über die schlafenden Länder und Städte erhebt, an »jenes Leitlicht, das im Herzen brannte« gemahnen mag, und an die nächtliche Schönheit von Reisen, die »tief in des Dunkels Schoß« beginnen, »mein Haus in Stille lassend, tiefbeschwichtet«.

Auch in nächtlicher Höhe gibt es viele Phänomene, die wir, wenn überhaupt, nicht so deutlich sehen können, wenn die Sonne am Himmel steht. Da gibt es namenlose Wolkenschiffe, die am besten unter einem hellen Mond zu segeln scheinen. Da sind riesige Teppiche aus Blitzen, die aus der Tiefe der grauen Zellen ferner, äquatorialer Gewitter schießen, während auf den Fensterscheiben Sankt-Elms-Feuer aufflackert, eine

Art statische Aufladung, die in unerwarteten Ausbrüchen flacher blauer Adern auftritt wie Prufrocks »Nervenmuster auf einem Bildschirm«. Da sind die leeren, direkt unter uns vorüberziehenden Länder, dunkel und in unserer Vorstellung fast so weit von uns entfernt wie das Himmelreich. Da gibt es Flammen, von Menschen geschaffene sowie natürliche, mehr, als wir uns je vorstellen könnten. Und da gibt es die leuchtenden Handschriften von Städten und kleinen Orten – das Buch, das sie aus unseren Lichtern unter den in Dunkelheit versunkenen Stunden schaffen, als wäre uns das Fliegen nur gewährt worden, um uns daran zu erinnern, dass den Lichtern, die wir auf die Welt setzen, eine Würde innewohnt und dass alles, was wir kennen, von Sternen umrankt ist.

Über das Britische Weltreich sagte man einst, es umspanne den Globus so weit, dass die Sonne darüber niemals untergehe. Als einer meiner Professoren am College, der in Indien geboren war, mitbekam, dass ich nach Großbritannien ziehen wollte, warnte er mich, dass ich mich nach ein paar trüben Wochen im Herzen des früheren Empire womöglich fragen würde, ob die Sonne jemals über ihm aufgegangen sei. Am Boden ist ein Sonnenuntergang oft eine unbefriedigende Angelegenheit, behelligt oder komplett verdeckt von Wolken, Umweltverschmutzung und Wetter und zusätzlich beeinträchtigt durch die Tatsache, dass wir, sofern wir keine Seefahrer oder Bauern sind, selten klare Sicht bis zum Horizont und an ihm entlang haben. Tatsächlich gibt es an einem wolkenverhangenen Tag häufig keinerlei Anzeichen dafür, dass sowohl die Erde als auch die unsichtbare Quelle ihrer Beleuchtung Himmelskörper sind. In einer assimilierten und richtungslosen Überblende von feuchtem Grau zu einem nassen Schwarz verdunkelt sich der Himmel allmählich.

Im Gegensatz tritt die Dunkelheit in großer Höhe fast immer ganz entschieden ein. Bei nahezu jedem Sonnenuntergang, den ich im Himmel erlebt habe, würde ich wie angewurzelt stehenbleiben, sähe ich ihn von der Erdoberfläche aus. Es ist ein Vorteil des Berufs, über den ein angehender Pilot vermutlich noch gar nicht nachgedacht hat, dass jeder Sonnenuntergang perfekt ist. Wir würden die Augen verdrehen, sähen wir etwas Ähnliches auf einer Postkarte.

Das Fliegen bietet uns ferner die Gelegenheit, die Mechanismen unseres Lichts und unserer Sphäre einerseits durcheinanderzubringen, ihnen andererseits aber auch auf die Schliche zu kommen. Die Dunkelheit erreicht eine Passagiermaschine früh oder spät. Sie kann unnatürlich lang andauern oder nur teilweise eintreten, bis sie sich auch schon wieder zurückzieht. Oft kommt die Dunkelheit überhaupt nicht. Auf der Erde wird die Nacht als Zeit wahrgenommen – *night-time*, sagen wir im Englischen. Im Himmel ergibt das Ränkespiel der Dunkelheit mehr Sinn, wenn wir uns die Nacht als *Raum* vorstellen – eine Geografie des Schattens, auf den wir zurasen oder vor dem wir fliehen, mit so hohen Geschwindigkeiten, dass wir das Verstreichen des Tages beschleunigen oder die Uhrzeiger beinahe stillstehen lassen können.

Führen wir uns einmal vor Augen, was wir zwar irgendwann in der Schule gelernt haben, worüber wir aber selten nachdenken: über die sich im Licht der Sonne drehende Erde. Mithilfe eines Apfels und einer Taschenlampe können wir uns wieder ins Gedächtnis rufen, dass zu jedem Zeitpunkt die Rückseite des Planeten dunkel und die Vorderseite hell ist. Diese beiden Hälften berühren sich in einem dauerhaften Gürtel um die Erde, wo Tag und Nacht ununterbrochen beginnen oder enden, ein gewaltiger Ring der Begegnung von Licht und Dunkelheit. Dieser Ring wird in der Astronomie auch »Terminator« genannt, aber die Linie stellt nicht nur das Ende des Lichts, sondern gleichzeitig dessen Anfang dar. Entlang des Rings herrscht stets Morgen- oder Abenddämmerung, *dawn* oder *dusk* – wie es der Zufall will, hießen so zwei von Tania Blixens Deerhounds, die, wenn sie sie mit auf eine Safari nahm, das Wild auseinanderstieben ließen, als würden »alle Sterne des Firmaments wie angestochen über den Himmel rasen«.

Aus unserer irdischen und scheinbar statischen Perspektive stellen wir uns vor, dass sich dieser Ring über die Erde bewegt und das vertraute, fortlaufende Muster von Licht und Zeit an jeden Ort bringt – Abenddämmerung, Nacht, Morgengrauen, Tag und wieder Abenddämmerung. Aber in Wahrheit bewegt sich nicht der Ring, sondern die Erde. Wir drehen uns in ihm. Am besten lässt es sich veranschaulichen, indem wir uns einen Beobachter auf der Sonne vorstellen, der auf den Ring hinausblickt. Der Ring ist ein Hula-Hoop-Reifen, der aufrecht auf seinem Rand steht, sein Mittelpunkt in unsere Richtung, stets direkt zur Sonne gedreht. Ein Beobachter auf der Sonne würde immer nur die Tageslichtseite des Planeten sehen. Die Grenze zwischen Tag und Nacht, zwischen dem, was dieser Beobachter sehen kann und was nicht, ist der Ring. Die Erde dreht sich innerhalb des Rings, von Westen nach Osten – von links nach rechts, wenn man die Nordhalbkugel willkürlich oben platziert, so wie es auf fast allen unseren Landkarten und Globen der Fall ist.

Stellen Sie sich einen festen Punkt auf der kreisenden Erde vor, vielleicht Ihren Heimatort. Er dreht sich in das Sonnenlicht – er taucht also aus der dunklen Seite des Planeten in den Tag auf – sobald er den linken Rand des Rings überschreitet. Das ist Ihr Sonnenaufgang. Dann tritt Ihr Heimatort ins pure Tageslicht auf der offenen Vorderseite und bewegt sich im Laufe des Tages darüber. Später überquert er den rechten Rand des Rings. Und bei Ihnen geht die Sonne unter.

Mithilfe dieses Rings lässt sich besser erklären, was in der Luft mit Dunkelheit und Licht passiert, insbesondere auf Langstreckenflügen. Wenn ein Flugzeug bei Tageslicht von der Erde abhebt und gen Osten fliegt, rast es auf den Abenddämmerungsrand des Rings zu, und zwar über der Erde, die bereits dasselbe tut. Ihre beiden Geschwindigkeiten ostwärts addieren sich, und der Sonnenuntergang erreicht dieses Flugzeug sehr schnell – oder vielmehr: das Flugzeug erreicht den Sonnenuntergang, den rechten Rand des Rings, sehr schnell. Das Flugzeug rast auf die Dunkelheit zu – das, was wir statt »Nachtzeit« ebenso sinnvoll »Nachtraum« nennen könnten – und vielleicht sogar ganz durch sie hindurch, zurück in die Morgendämmerung. So ist es bei den verkürzten Nächten, die wir auf vielen Flügen nach Osten erleben, zum Beispiel von Nordamerika nach Europa.

Wenn das Flugzeug dagegen nach Westen fliegt, verläuft seine Flugrichtung entgegen der Erdumdrehung. Das Flugzeug verweilt also auf der Vorderseite des Rings, in der Tageszeit oder dem Tagesort. Das ist der lange Tag, den wir auf einem Flug Richtung Westen bei Tageslicht erleben. In der Zwischenzeit dreht sich die Stadt, die wir verlassen haben, weg und erreicht die Abenddämmerung, wo und wann wir sie erreicht hätten, wären wir nicht vorher in ein Flugzeug nach Westen gestiegen. Das passiert lichtmäßig auf Flügen von Singapur nach Dubai, von Maskat nach Casablanca oder von Atlanta nach Honolulu. Wir treffen in der Nachmittagshitze an unserem Ziel ein, obwohl es in der Stadt, aus der wir kommen, schon seit Stunden dunkel ist.

Marilynne Robinson beschreibt in *Gilead* unsere Drehung in jenem Nachtring, unsere Reise durch das immerwährende Licht der Sonne, in einer Sprache, die jedem Piloten bekannt vorkommen dürfte:

An diesem Morgen glitt Kansas aus seinem Schlaf in ein sich prachtvoll ankündigendes Sonnenlicht, ausgerufen durch das ganze Himmelreich hindurch – ein weiterer der sehr begrenzten Anzahl von Tagen, seit diese alte Prärie Kansas heißt, oder Iowa. Aber es war alles nur ein Tag, jener erste Tag. Das Licht ist konstant, wir drehen uns nur durch es hindurch.

Diese Wahrheit ist, wenn man sie vom Flugzeug aus beobachtet, sowohl in ihrer Bedeutung als auch in ihrer Schlichtheit geradezu religiös. Auf vielen Breitengraden erreicht die Dunkelheit ein Flugzeug überhaupt nicht, solange es Richtung Westen fliegt.

Auf die Weise kann ein Flugzeug im Tag verweilen – oder in der Nacht oder an der Grenze dazwischen. Hin und wieder startet ein Flug in Richtung Westen um die Zeit der Abenddämmerung, am Rand des Rings. Wäre das Flugzeug am Flughafen geblieben, hätte sich die Nacht darüber gesenkt. Aber es hat abgehoben und fliegt nach Westen, und die kurze Stunde der Abenddämmerung zieht sich jetzt vielleicht über den gesamten Flug hin; ein Sonnenuntergang, so lang wie ein Tag, entstanden am Ende des Tages. Etwas, was ich häufig sehe: auf einer Seite die Sonne, darunter eine weiße, subarktische Landschaft, die vom Lippenstift-Rosa der glühenden, niedrig stehenden Sonne angestrahlt wird, und auf der anderen Seite des Himmels – ich brauche nur meinen Blick in die entgegengesetzte Richtung zu wenden – die Kurve der Nacht, die uns verfolgt wie eine Erscheinung.

Auch wenn eine solche Dämmerung auf manchen Flügen ein Dauerzustand zu sein scheint, ist sie nicht unbeweglich. Wenn wir London an einem Herbstnachmittag verlassen, um nach Vancouver zu fliegen, geht es anfangs grob Richtung Norden, während im Westen, zu unserer Linken, bereits die Sonne untergeht. In der Mitte des Flugs liegt sie dann vielleicht vor uns, vor unserer Nase. Dann, gegen Ende des Flugs, wenn wir Vancouver fast in Richtung Süden anfliegen, liegt der Sonnenuntergang rechts von uns, weil er sich so banal wie ein Uhrzeiger oder der Schatten auf einer Sonnenuhr um den Horizont herumbewegt hat.

Die Tage und Nächte im Flieger werden von noch einer Kleinigkeit durcheinandergebracht. Stellen Sie sich wieder die Taschenlampe und den Ring zwischen Licht und Dunkelheit vor, den sie um den Apfel wirft. Und jetzt stellen Sie sich einen Bleistift vor, der den Apfel von oben durchdringt, der Radiergummi dort, wo sich der Stängel des Apfels befindet, die Spitze unten aus der Blüte kommend. Die Erdachse – der Bleistift, die Linie vom Nordpol zum Südpol, um die sich die Erde dreht – ist geneigt. Sie wandert nicht durch den Nachtring, den Rand des Hula-Hoop-Reifens, außer zur Tagundnachtgleiche in Frühling und Herbst, wenn die Sonne direkt über dem Äquator steht.

Einen Teil des Jahres ist der Radiergummi der Sonne zugeneigt, als würden Sie den Apfel so kippen, dass sich der Radiergummi Richtung Taschenlampe lehnt. Diese Neigung ist die Ursache für die Jahreszeiten und die unterschiedlichen Tageslängen im Lauf des Jahres. Wenn die Oberseite des Apfels mehr direktes Licht abbekommt, und das während mehrerer Stunden am Tag, ist auf der Nordhalbkugel Sommer. Und weil die oberste Stelle der Erde im Ring nach vorn geneigt ist, dreht sich deren unmittelbare Umgebung immerzu rundherum, ohne je den Nachtring zu durchqueren, und deshalb geht hier einen Teil des Jahres die Sonne niemals unter. Tatsächlich ist das eine formale Definition der Arktis: der Teil der nördlichen Welt, wo die Sonne mindestens einmal für einen Zeitraum von vierundzwanzig Stunden im Lichtverlauf eines Jahres über dem Horizont bleibt.

Indes ragt an der Unterseite des Apfels die Bleistiftspitze hinten aus dem Ring heraus. Auf der Südhalbkugel ist jetzt Winter, und der Bereich des Apfels um die Bleistiftspitze herum dreht sich niemals auf die Vorderseite des Rings – die immerwährende Nacht der Antarktis. All das kehrt sich später im Jahr um, wenn der Radiergummi des Bleistifts aus der Rückseite des Rings ragt und die Spitze aus der Vorderseite. Sommer und Licht fliegen nach Süden, so einfach wie eine 747 oder die Küstenseeschwalben, die ständig von Sommer zu Sommer springen und vielleicht weniger Dunkelheit erleben als jedes andere Tier.

Die Neigung der Erdachse führt noch zu weiteren Eigenheiten, die man beim Fliegen beobachten kann. Wenn die Arktis in ständiger Dunkelheit liegt, dann kann es sein, dass selbst bei einem Flug nach Westen, einem sogenannten Tageslichtflug – der zum Beispiel nachmittags in London startet, am Nachmittag von Los Angeles ankommt und keinen Ort überfliegt, wo nach der Ortszeit nicht Nachmittag ist –, uns der Großkreis des Flugwegs dennoch nicht nur in den geografischen Norden, sondern auch in die geografische Nacht bringt. Wir durchqueren den Abend- bzw. Morgendämmerungsring ziemlich weit oben und fliegen in die Dunkelheit, die über den Nachtländern liegt. Die Sonne geht vielleicht komplett unter. Die Sterne kommen zum Vorschein. Und dann, etwas später, wenn der Großkreis sich wieder Richtung Süden krümmt, wechseln wir erneut auf die Vorderseite des Rings, um die zweite Morgendämmerung unseres Tages zu erleben. Ein Beobachter unten auf dem Boden sieht indes vielleicht etwas von demselben Licht am Himmel und würde es Abenddämmerung nennen.

Bisweilen dauert diese neue Morgendämmerung, dieser neue, vom Flugzeug hervorgerufene Tag Stunden an und wandelt sich zu etwas, was helllichtem Tag nahekommt. Ein andermal wechselt die Sonne die Richtung, und die Morgendämmerung zieht sich wieder zurück, also nach unserem zusätzlichen Sonnenaufgang noch ein Sonnenuntergang. Und dann? Ich habe schon Flüge erlebt, auf denen die Sonne drei- oder viermal unter- und aufgegangen ist. Wenn man als Tag die Zeit zwischen Sonnenauf- und –untergang bezeichnet, weiß ich nicht, wie viele Tage ein Tag enthalten kann.

Auf Flügen nach Osten im Sommer der Nordhalbkugel, wenn der hohe Norden ununterbrochen im Licht liegt, treten noch weitere Verstöße gegen die guten Sitten der Sonne auf. Auf einem sogenannten Nachtflug von Europa in den Fernen Osten fliegen wir Richtung Nordosten, und die Sonne wandert hinter uns her. Sie sinkt immer tiefer, ohne jedoch unterzugehen. Dann wandert sie in einem Bogen von links nach rechts über den Himmel, bis sie sich genau *nördlich* von uns befindet. Wir sehen einem kompletten Tag dabei zu, wie er auf der anderen Seite des Planeten stattfindet, beobachten ihn über die Spitze der Welt hinweg, wo er als etwas erscheint, was wir Norduntergang oder Nordaufgang nennen könnten und uns mit mindestens einem halben Dutzend Stunden des Lichts der goldenen Stunde segnet, das Fotografen so schätzen.

Auf solchen Flügen habe ich die niedrige rote Sonne über der anderen Seite der Erde schweben sehen und während mehrerer Stunden und Tassen Tee darüber gegrübelt, ob man das boreale Zusammenspiel unseres Jets und unseres Sterns am besten als Morgen- oder Abenddämmerung beschreibt und ob das Licht, das man vom Norden her sieht, gestern oder morgen ist. Schließlich vollendet die Sonne ihre Runde und erscheint endlich, wo es sich gehört, wenn sie den Morgen unseres Reiseziels grob im Osten– meinetwegen Tokio – schmücken soll.

Diese Lichteffekte werden oft von den Sonnenblenden in der Passagierkabine verhüllt, deren Funktion es ist, das Licht auszusperren, die aber auch vorübergehend die Zeitverwirrung mildern, wie sie die Bewegung des Flugzeugs hervorruft. Die meisten Passagiere wollen auf einem Nachtflug nach Osten schlafen, daher muss der Sonnenaufgang nach ein paar Flugstunden verborgen werden – wenn die Sonne überhaupt erst untergegangen ist. Manchmal ist es fast völlig dunkel, wenn ich die Passagierkabine betrete. Fast alle Passagiere versuchen zu schlafen. Wenn ich aufs Flugdeck zurückkehre und sich die Tür zwischen Kabine und Cockpit öffnet, purzelt die volle Helligkeit der neuen Welt heraus wie Geräte aus einem hastig eingeräumten Schrank, und der Staub tanzt in der Klinge aus Licht, die auf den Kabinenboden fällt.

In *Sturmhöhe* sinnt Cathy über die vertikale Geografie des Lichts nach. Die hohen Felsen von Penistone Crags »erregten ihre Aufmerksamkeit ganz besonders; vor allem dann, wenn die untergehende Sonne sie und die höchsten Bergrücken noch anstrahlte, während die übrige Landschaft schon im Schatten lag«. Wenn man sich weiter oben befindet, weicht der Horizont zurück, wie wenn man auf ein hohes Gebäude steigt. Man sieht von allem mehr, mehr vom Himmel und mehr von der Sonne. Der Tag findet Sie im Himmel, bevor die Morgendämmerung unten auf der Erde ankommt, und am Abend erreicht die Dämmerung Sie, erst einige Zeit nachdem sie bereits die Erde bedeckt. Deshalb erhellt sich der Himmel vor dem Morgengrauen, und deshalb verweilt das Licht nach der Abenddämmerung im Himmel. Manchmal freuen wir uns über die immer noch glitzernden Tragflächen eines Linienflugzeugs hoch über uns, das in Purpurrot getauchte Kondensstreifen hinterlässt, während auf Straßenhöhe die Sonne bereits untergegangen ist. Wir sehen das Flugzeug, in dem wir nicht sitzen, wie es zu einem Ort fliegt, ohne uns, im letzten Licht eines Tages, der uns bereits verlassen hat.

Wenn wir in der Abenddämmerung fliegen, schlüpft die Sonne schließlich unter den Horizont. Dann steigen wir ein paar tausend Fuß, und die Sonne beginnt wieder aufzugehen, exakt synchron mit dem Flugzeug, sodass es in solchen Augenblicken besonders absurd erscheint, das Licht als eine Funktion der Zeit und nicht des Raums anzusehen. Als ich innerhalb Europas flog, begannen oder endeten im Winter viele Flüge im Dunkeln. Bei Abflügen am frühen Morgen von Lyon, Wien oder Paris stiegen wir rasch an und traten von einer dunklen, eisigen Startbahn in den reinen Sonnenschein des frühen Tags über, der bereits über uns dämmerte. Und am Abend sanken wir dann aus dem glanzvollen Licht einer Sonne, die noch nicht ganz hinter dem Horizont verschwunden war, hinab, wo sie bereits untergegangen war, und von dort in eine längst hereingebrochene Nacht.

Es gibt einprägsame Begriffe für die formalen Abstufungen schwachen Lichts. Wenn die Sonne beginnt, sich auf den Horizont zuzubewegen, kommt als Erstes die »bürgerliche Dämmerung«. Dann folgt die »nautische Dämmerung«, die auf See das letzte Licht misst, in dem der Horizont sichtbar ist, in der Navigation alter Schule ein wichtiger Aspekt. Und schließlich folgt die »astronomische Dämmerung«, wenn der Himmel dunkel genug für die meisten Himmelsbeobachtungen ist. In der Fliegerei hängen verschiedene Regeln von der Definition von Tageslicht ab – zum Beispiel die Beleuchtung, die nötig ist, um am Flugzeug oder auf der Start- und Landebahn zu arbeiten. Eine typische Luftfahrtdefinition für einen Tag ist die Zeit »zwischen dem Beginn der bürgerlichen Morgendämmerung und dem Ende der bürgerlichen Abenddämmerung, die für den örtlichen Luftraum relevant sind«.

Im Cockpit haben wir ein Buch, das seitenweise Tabellen enthält, die uns sagen, wann überall auf der Welt die Sonne auf- und untergeht. Seine Nüchternheit ist ein gutes Gegenmittel gegen die Mätzchen der Sonne, und indem wir die Einträge für die einzelnen Städte auf unserer Route lesen, können wir einschätzen, welches Licht wir haben werden, wenn wir in deren Nähe vorbeifliegen. Augenscheinlich fehlt diesem Buch des Lichts jegliche Erhabenheit, die utilitaristischen Zahlen und Ortsnamen sind eng auf Seiten, so dünn wie Zeitungspapier, gedruckt. Und doch fühlt es sich an wie ein zukünftiges Artefakt, wenn ich es von seinem Platz im Cockpit nehme: ein Buch der Tage unserer Städte, ein schlankes Bändchen aus der Bibliothek der Schiffe, die das aufsteigende und fallende Licht zwischen ihnen durchqueren.

Ein früherer Kollege meines Vaters aus seiner Zeit in Brasilien lebt immer noch in Salvador, auf dem riesigen nordöstlichen Küstenstreifen des Landes. Eduardo ist mittlerweile über achtzig. Weil mein Bruder und ich ihn schon unser ganzes Leben lang kennen, nennen wir ihn Onkel, Onkel Eduardo, sein flämischer Name brasilianisiert, wie es auch der meines Vaters war, von Jozef oder Jef zu José (diese Version gefiel meinem Dad so gut, dass er sie beibehielt, als er nach Amerika ging). Alle zwei, drei Jahre reist Eduardo von Salvador in seine Geburtsstadt Brügge. Er sagte mir, dass er seinen Sitzplatz auf diesen langen Nachtflügen immer sorgfältig wählt und sich normalerweise für die Ostseite des Flugzeugs entscheidet – da er nach Norden reist, rechts. Und zwar, damit er Blick auf die Morgendämmerung und das erste sichtbare Land Europas hat, als wäre diese geistige Beinfreiheit die selbstverständlichste Überlegung eines jeden Reisenden bei der Platzwahl.

Eduardo fragte mich einmal, ob sein Eindruck richtig sei, dass er den

Tag schon aus fast einer Stunde Entfernung kommen sehen könne. Ja, er hat recht. Die Klarheit von Nacht und Tag sind in der Höhe so rein, dass das eine dem anderen früh ins Gehege kommt, das eine das andere verrät, wie kleine Kinder, von denen jedes auf ein gutmütiges Ausfragen hin lachend auf das andere zeigt. Er erzählt mir, dass er es liebt, der rastlosen Wanderung der Farben der Morgendämmerung zuzusehen, den sich ausbreitenden neuen Blautönen, die sich wie Kräuseln auf einem See in das gestirnte Schwarz fortsetzen. Dabei könnte er ewig zusehen, sagt er lächelnd.

Wenn er vom Kabinenpersonal gebeten wird, die Jalousie zu schließen, um die anderen Passagiere nicht zu stören, hängt er stattdessen eine Decke vor das Fenster und späht weiter darunter hindurch. Er beobachtet seinen Weg einen Ozean hinauf und darüber, seine seltene Reise nach Norden, die Linie aus seinem beinahe äquatorialen Kakao- und Zimtgarten in ein Land – das seine und das meines Vaters –, wo die Leute sich über ein Vokabular und einen Akzent wundern, die sie jetzt fast schon antiquiert finden. Er beobachtet den Himmel und das Flugzeug, ihre wunderbare Verschmelzung von Zeit und Entfernung mit seiner Zeit, seiner Entfernung.

Wenn Sie das nächste Mal in einem Flugzeug sitzen und die Sonne irgendwo auf dessen anderer Seite untergeht, dann schauen Sie mal in den Himmel grob gegenüber dem Sonnenuntergang. Der Himmel direkt über Ihnen ist vielleicht nahezu weiß, aber wenn Ihr Blick zum Horizont gegenüber der untergehenden Sonne wandert, wird der Himmel leicht rosa und zerfällt dann in eine fabelhafte Palette von Blautönen – mehr, als jede irdische Sprache sich je zu benennen die Mühe machen würde.

Zwischen den namenlosen Blauschattierungen gibt es einen Anblick, von dem ich nichts wusste, ehe ich mit dem Fliegen anfing, sonst wäre ich viel früher Pilot geworden. Es gibt dort ein Stück Dunkelheit – ein wesentlich dunkleres Blau –, das sich von der Stelle aus, wo die Sonne untergeht, entlang des Horizonts ausbreitet. Ein Astronom hat mir erzählt, dass seine Mutter es »die Bettdecke der Nacht« nannte, und wir können zusehen, wie sie über die Welt gezogen wird. Dieser erhabene

Streifen Nachtblau wächst an, wenn Sie Ihre Augen auf den Punkt am Horizont genau gegenüber dem Sonnenuntergang zubewegen. Diese Dunkelheit ist der Erdschatten, projiziert auf eine Leinwand aus Luft. Er wird auch als *dark segment* bezeichnet, und unter den richtigen Bedingungen kann man ihn auch von der Erde aus sehen.

Es gibt einen islamischen Titel, »Schatten Gottes auf Erden«, der von Süleyman dem Prächtigen und vom letzten Schah des Irans geführt wurde. Hier sehen wir stattdessen den Schatten der Erde im Himmel. Dieser Schatten – derselbe, der bei einer Mondfinsternis auf den Mond fällt – weist eine ganz leichte Krümmung auf. Uns stehen viele Andeutungen der Form der Erde zur Verfügung. Aber abgesehen von einer Mondfinsternis, werden wenige von uns je die Gelegenheit haben, so direkt nach der Kreisform unseres Planeten Ausschau zu halten wie bei fast jeder Abend- und Morgendämmerung von einem Flugzeug aus. Wir brauchen uns nur zum Fenster zu drehen und die störende Sonnenblende hochzuschieben.

Als ich jünger war, schenkte meine Mutter mir gern Bücher über den Himmel, und zwar solche, die wissenschaftliche Fakten mit kunstvollen Bildern und Erzählungen kombinierten, wie der Himmel von unterschiedlichen Völkern in unterschiedlichen Epochen interpretiert wurde. Manchmal steckte sie einen Zettel in ein solches Geschenk oder vielleicht eine Kopie eines Vortrags, den sie vor kurzem gehört hatte – etwa von einem weltbekannten Astronom, dessen Ausbildung in einem tibetischen Buddhistenkloster begonnen hatte.

Jahre später, nach dem Tod meiner Mutter, nachdem ich Langstreckenpilot geworden bin und mich an die vielen Stunden unter dem Nachthimmel ferner Orte gewöhnt habe, nehme ich eins dieser Bücher aus dem Regal. Den Eindruck, den es bei mir hinterlassen hat, habe ich nicht vergessen, aber fast alle Einzelheiten. Ich lese wieder über die Plejaden und die Regenfälle bei den Indianern von Französisch-Guayana, die Milchstraße und ihre Verbindung zu der uralten Route, der Pilger nach Santiago de Compostela folgen. Ich erinnere mich daran, wie ich einmal, als ich mit dem Airbus in Europa unterwegs war, überraschend einen zusätzlichen Tag in Lyon hatte. Mit dem Zug fuhr ich nach Le-Puy-en-Velay, wo ich fröhliche Rucksackreisende an einem Sonntagmorgen den Ort verlassen und ihre Pilgerreise antreten sah. Ich falte den Zettel auseinander, den meine Mutter in dem Buch zurückgelassen hat. Sie hat geschrieben, sie glaube, dass mir dieses Buch über den Himmel sehr gefallen werde. Ich bin erstaunt über die Jahresangabe oben auf dem Zettel – 1992. Da hatte ich gerade erst mit der Uni angefangen. Es war Jahre, bevor ich einen klaren Wunsch äußerte, ihr oder mir selbst gegenüber, Pilot zu werden.

Sie war sicherlich nicht überrascht zu hören, dass ich das Fliegen bei Nacht noch mehr liebe als bei Tageslicht. Von all den Geschichten aus meiner Kindheit, über die ich oft die Augen verdreht habe, erzählte sie am häufigsten die, wie ich an einem helllichten Sommernachmittag maulte: »Ich will nicht, dass die Sonne scheint, ich will, dass der Mond scheint« (die Ursache, oder vielleicht auch die Wirkung, exzessiven Lesens von *Goodnight Moon*). Meine Lieblingsfarbe war schon immer, wie die der meisten Piloten, Blau – »aber Nachtblau!«, wie ich immer gesagt haben soll. Sie hatte große Ehrfurcht vor Naturphänomenen und -kreisläufen, insbesondere solchen wie der des Mondes, die uns mit früheren Zeiten und Empfindsamkeiten für die Natur verbinden – Reiche, in die uns das Fliegen so oft zurückbringt, so unnatürlich es für uns auch sein mag.

Wenn Sie je die Nacht an einem dunklen Ort verbracht haben, wo Sie für unerwartet lange Zeit draußen waren – vielleicht beim Zelten in einer Wüste oder auf einem Spaziergang an einem dunklen Strand –, waren Sie vielleicht überrascht, den Mond so hell aufgehen zu sehen, dass Ihnen plötzlich wieder einfiel, dass er Schatten werfen kann. In solchen Momenten wird einem klar, dass man monate- oder sogar jahrelang vom Mond abgeschnitten war, wenn man seine Abende verbracht hat, ohne direkt über ihn nachzudenken. Die Helligkeit des Mondes über einer fliegenden Passagiermaschine ist verblüffend. Sie ist mehr als ausreichend, um eine Karte zu lesen und um scharf umrissene Schatten auf die Flächen im Cockpit zu werfen.

Meine Mutter schenkte mir auch gerne Kalender mit den Mondphasen, obwohl wir irgendwann die Rollen tauschten und ich ihr dann jedes Jahr zu Weihnachten einen solchen Kalender aus einem Geschäft in Covent Garden schenkte. Heute noch bestelle ich jedes Jahr einen Mondkalender. Aber es ist mehr ein Ritual denn eine Notwendigkeit. Ich kann mir keinen Beruf vorstellen, bei dem ein Bewusstsein der Mondphase, des Vergehens der Monate, so von ganz allein kommt und so frei von dazwischen geschalteten Wolken. Der Mond und die Sonne scheinen für uns auf der Erde dieselbe Größe zu haben – sie decken ähnlich große Kreise des Himmels ab – ein netter Zufall, der niemanden überraschen wird, der viele Stunden »durch die Kälte zwischen Mond und Erde« fliegt, wie Oberon in *Sommernachtstraum* Amor sieht.

Wolken tragen bei Dunkelheit natürlich ihr ganz eigenes Wunder in sich. Wenn Sie nachts in einem Flugzeug nicht schlafen können, wählen Sie Ihre Lieblingsmusik und richten Sie Ihren Blick aus dem Fenster. Legen Sie vielleicht die Hände um die Augen, um sich besser an das Reich der Nacht da draußen zu gewöhnen.

Hoch oben ist das Mondlicht so hell, dass die Wolken ebenso deutlich in dunkle und helle Seiten geteilt sind wie der Mond selbst. Eine solche Wolkenlandschaft, zerklüftet von Konturen und sanft geschwungenen Furchen, sieht wissenschaftlichen Abbildungen unseres Gehirns sehr ähnlich: sich überschneidende Lappen von Weiß, gerade durch ihre Schlichtheit irgendwie ein Spiegelbild imposanter, aber anderswo unvorstellbarer Komplexität.

Ich verbringe viele Stunden bei Nacht über dem Nordatlantik, wenn kaum jemand im Flugzeug wach ist. Am liebsten habe ich es, wenn wir weit vom Land entfernt sind und der Vollmond auf eine Decke aus quecksilbrigen Wolken scheint, die, wie eine riesige Wasservogelart, geboren werden, leben und sterben, ohne je die Küste eines Kontinents zu überschreiten. Die Wolken in einer solchen Nacht sind leuchtender als ein verschneites Feld, haben mehr Struktur, aber keinen Maßstab; gewaltig und still.

Bisweilen erscheinen im Licht eines hochstehenden Mondes verstreute Quellwolken über dem Meer, als wären sie durch eine Art nächtlicher Parallele des Vorgangs entstanden, in dem die Nachmittagssonne deren am Tag geborene Geschwister zusammenruft. Unter einem hellen

Mond werfen solche Wolken klare Schattenlinien auf das Wasser. Nacht ist nicht mehr das richtige Wort für eine solche Zeit, dieses ozeanische Nachtreich, das in den Stunden über dem Grund aus Wasser erwächst, wenn im Flugzeug alles still ist und diejenigen, die wach sind, dieser göttlichen Werkstatt zusehen, in der neue, mondbeschienene Städte und vornehme Länder auf dem Webstuhl des Wassers gesponnen und leise aus offenen Händen entlassen werden, um über den schlafenden Planeten zu segeln und zu entschwinden. Dann sind da noch die Sterne. Das Firmament, von einem dunklen Cockpit aus betrachtet, ist ein atemberaubendes Faktum und ein Trost in einer mondlosen Nacht. Hoch oben wirkt der Himmel dreidimensional. Wenigstens hier vermittelt das Weltall einen Eindruck von Raum, von Tiefe; ein Meer, das aus Entfernung besteht, durchschossen von uralten Lichtern.

In einer mondlosen Nacht sind so viele Sterne zu sehen, dass die Sternbilder schöner, aber auch unbedeutender werden können, wie sie von der Erdoberfläche elf Kilometer weiter unten auf das Himmelszelt gezeichnet werden, unter einem turbulenten, feuchten Himmel, den nur ein Bruchteil des Himmels durchdringen kann. Inmitten der Kakophonie aus Sternenlicht da oben kann man die alten Konstellationen leicht aus den Augen verlieren und sich leicht eigene schaffen. Während die Milchstraße ausnahmsweise mal aussieht wie das, was sie ist, wie es wäre, wenn all die Sterne Wassertropfen wären: durch die Dunkelheit getriebene Wolken.

Der Himmel dreht sich natürlich, während sich das Flugzeug bewegt und die Erde kreist. Sterne und Planeten gehen auf und scheinen in der Nähe des Horizonts zugleich lebhafter als auch langsamer zu funkeln. Oder sie blitzen in Abständen auf, bisweilen in völlig unterschiedlichen Schattierungen, mit einer Klarheit, wie ich sie von der Erde aus nie gesehen habe, wenn Lufttaschen das Sternenlicht wie Prismen teilen und verschiedene Farben über die dunklen Fenster des Cockpits streifen wie von einem Leuchtturm oder als übermittelten sie eine eilige Nachricht, die uns in einem interstellaren Farbcode durch die Nacht geschickt wird.

Früher wurden Globen immer paarweise gefertigt und abgegeben, ein Erdglobus und eine Himmelskugel. Nachts aus einem Flugzeug ist es leicht, unsere Spezies als das zu sehen, was wir sind: zwischen die himmlische und die irdische Sphäre gequetscht wie zwischen die Brotscheiben eines Sandwichs, der eisige Sternenball, der sich reibungslos über uns dreht, ein Spiegelbild in der Höhe des stetigen Kreisens der dunklen Länder, des Wassers und der Lichter von Städten.

Einmal schickte ich einer Freundin ein etwas abstraktes Schwarz-Weiß-Satellitenfoto von der Erde bei Nacht. Es zeigte weite Ausdehnungen der Lichter von Städten, verbunden durch Autobahnsehnen und erleuchtete Flusstäler. Ich war überrascht, als sie später von diesem Foto als dem »Sternenbild« sprach, schließlich war die Kamera des Satelliten nach unten und nicht nach oben gerichtet gewesen. Über der nördlichen, der Mittelmeerseite des Sinai, zwischen Alexandria und Gaza, habe ich hin und wieder zahlreiche klare Lichter im Wasser gesehen, viel weißer als die typischen Lichter von Schiffen, und man würde schwören, dass es Sterne sind, wenn man nicht wüsste, dass man nach unten sieht, der Blick versunken in der Tiefe eines Firmaments der anderen Art.

Auf Flügen nach Südafrika habe ich oft mit einem Kollegen Ausschau gehalten, wann das Kreuz des Südens aufgeht, ein Sternenbild, das Richtungssuchenden auf der Südhalbkugel ebenso gute Dienste erweist wie der Nordstern oder Polarstern denen im Norden. Ein älterer Kollege, der nach einer Laufbahn bei der Royal Navy zur Fliegerei gekommen war, brachte mir bei, wie ich mir das Sternenbild zunutze machen konnte, um unseren Kurs zu bestimmen, ohne mich von dem falschen Kreuz in der Nähe in die Irre leiten zu lassen. Dieses gehört zum Sternbild Vela, was »Segel des Schiffs« bedeutet, ein hübscher Name für eine Lichtansammlung, die wir von dem neuzeitlichen Schiff namens 747 aus sehen können. Ich gleiche gerne den digitalen Kompass mit dem Kreuz des Südens ab und überlege, welchem ich mehr vertraue, der fast perfekten Zuverlässigkeit der Flugzeugsysteme oder meiner eigenen unzulänglichen Lesekunst eines älteren astronomischen Lenkers.

Ich habe mal einige von Mark Hopkins verfasste Briefe gelesen, der mitverantwortlich war für die Fertigstellung der ersten transkontinentalen Eisenbahn in den Vereinigten Staaten. Er schrieb diese Briefe auf einem Schiff, das von New York nach San Francisco segelte, um ganz Südamerika herum, über Kap Hoorn, eine Reise von der Sorte, wie sie durch seine Eisenbahn bald der Vergangenheit angehören sollte. Fasziniert vom Ozean, schrieb er seinem Bruder, wenn er eine solche Erfahrung des Meeres in jüngeren Jahren gemacht hätte, hätte er sich womöglich eher nautischen Abenteuern gewidmet als dem »Streben an Land«, das ihm seinen Ruhm und sein Vermögen eingebracht hatte.

Wenn der Kapitän auf Hopkins' Schiff Längen- und Breitengrad bestimmt hatte, gab er diese Details bekannt, »wo alle sie sehen und in ihr Tagebuch eintragen« konnten. Im Cockpit zeigen grüne Ziffern unsere Länge und Breite an, ganz wie die Notiz des Kapitäns Hopkins die letzte bekannte Position zeigte, die er dann in seine Briefe kopierte, eine wandernde und sternengeschaute Adresse, die für ihn ein so wichtiges Detail war wie das Datum. Hopkins schrieb auch über die Sterne über dem Meer, »die in diesen Breitengraden eine Klarheit und einen Zauber besitzen, wie ich es an Land nie erlebt habe«. Er wäre fasziniert von den Sternen, wie man sie vom Cockpit aus sieht, von den Flugzeugen, die über seine Eisenbahn hinwegfliegen und den Kontinent noch weiter schrumpfen lassen.

Ich fliege von London nach Südafrika. Wir überqueren die von Ost nach West verlaufende Küste Westafrikas, und die Flughäfen von Accra, Cotonou und Lagos ziehen gleichmäßig über unsere Computerbildschirme, während draußen vor dem Fenster passend dazu eine Linie aus Licht durch den Dunst verläuft. Wir gleiten vorbei, hinaus über die Dunkelheit des Golfs von Guinea. Ich gebe dem Fluglotsen einen *position report* durch – den Wegpunkt, den wir durchflogen haben und zu welcher Zeit, unsere Flughöhe, den nächsten Wegpunkt, die geschätzte Zeit, zu der wir ihn überfliegen werden, und die Position danach. »*Roger*«, sagt der Lotse. »*Next report the equator.*«

Ich verspüre einen Anflug von Überraschung, ich kann immer noch nicht ganz glauben, dass es zu meinem Job gehört mitzuteilen, dass wir in den Himmel der anderen Hälfte der Welt übergetreten sind. Ich versuche, mir diesen Moment auf den Ozeandampfern früherer Zeiten vorzustellen, als das Überfahren des Äquators, der ersten unserer größeren Markierungen auf der Kugel, noch als bedeutend angesehen wurde und an Deck womöglich perlende Gläser erhoben wurden. Auf unseren Bildschirmen im Cockpit ist der Äquator nicht einmal gekennzeichnet. Oft machen wir Witze darüber, dass wir, um zu wissen, wann wir ihn überqueren, den unnützen Test durchführen könnten, wie herum das Wasser in einen Abfluss läuft. Etwas wissenschaftlicher können wir uns durch mehrere Seiten auf einem Computermonitor klicken, um eine Ausgabe unserer aktuellen Breiten- und Längengrade abzurufen. Die letzten Ziffern dieser Anzeigen drehen sich ständig, so gleichmäßig wie unsere Triebwerke über der Erde. Ich warte auf den Moment, wenn die grünen Zahlen der Breite null erreichen und dem Aufgehen ihres südlichen Spiegelbildes weichen, wenn aus dem N ein S wird und sich das Herunterzählen vom Nordpol in ein Hochzählen nach Süden verwandelt. Dann melde ich mich beim Fluglotsen. »Position Äquator«, sage ich durch das Rauschen, das in diesem Teil der Welt häufig die Übertragung beeinträchtigt. »*Roger roger*«, antwortet der Lotse. »Guten Flug«, sagt er. »Gute Nacht.«

Wenn Sie länger als ein paar Minuten aus einem Flugzeug in den Nachthimmel blicken – vom Cockpit oder von einem Fenster aus –, kann es gut sein, dass Sie eine Sternschnuppe sehen. Vom Cockpit aus sehe ich mitunter ein Dutzend davon während eines Fluges, ohne dass ich eigentlich danach suche. Irgendwas fällt mir ins Auge, ich schaue hin und sage mir lächelnd: Wieder eine. Die meisten erwähne ich nicht einmal gegenüber einem Kollegen, die nächste kommt bestimmt schon bald.

Wenn wir die örtliche Mitternacht passieren – also den Punkt auf der Hälfte der der Sonne abgewandten, dunklen Seite des Nachtringes überqueren und nach Osten auf die Morgendämmerung zufliegen –, werden die Sternschnuppen immer zahlreicher, der Himmel über uns kehrt jetzt mehr Meteore zusammen, die zu Licht werden und über das Firmament rinnen wie vom Wind über die dicken Scheiben der Cockpitfenster getriebene Wassertropfen. Ich sehe so viele Sternschnuppen, dass mir kaum noch neue Wünsche einfallen, die ich in die Nacht schleudern könnte, weshalb ich mich für einen Standardwunsch entschieden habe, der nach meinem Empfinden ein solches Astralrecycling verkraften kann. Es ist eher eine rhetorische Ausschmückung als ein Wunsch, eine persönliche Reaktion wie ein unausgesprochenes, vom Himmel ausgelöstes »Bon appétit« oder »Gesundheit«, wie sie vielleicht jeder Pilot hat.

Bevor ich Pilot wurde, saß ich in einer Winternacht bei einem Flug von Chicago nach Boston am Fenster auf der linken Seite des Flugzeugs. In beiden Städten war es bitterkalt. Die anderen Passagiere – hauptsächlich Geschäftsleute wie ich – arbeiteten überall in der Kabine still an ihren Laptops oder blätterten in Finanzzeitungen. Etwa auf halber Strecke des Flugs warf ich einen Blick aus dem Fenster und entdeckte etwas, was ich nie zuvor gesehen hatte, aber eigentlich nur das Nordlicht sein konnte. Ich vergewisserte mich bei einer Stewardess, die es auch bemerkt hatte und durch das Fenster in der vorderen Tür betrachtete. Ein paar Minuten später kam einer der Piloten, um sich die Beine zu vertreten. Er erzählte mir, dass er sich langsam dem Ende seiner langen Fluglaufbahn nähere und das Schauspiel heute Nacht das atemberaubendste sei, das er bisher so weit südlich auf der Erde gesehen habe.

Ich kehrte an meinen Platz zurück und spähte durch die verschmierte Plastikscheibe. Es war zu der Zeit, als Computer als Begleitung von Musik lebhafte grafische Animationen darstellten, und mein erster Gedanke war, dass dieser Anblick stark solchen Grafiken ähnelte. Aber schon bald begann die verschneite Erde einer älteren Welt zu gleichen, eher einer tiefen Bühne als einem Bildschirm, umgeben von Schichten dicker Vorhänge aus glänzendem blaugrünen Licht, das sich, gerade noch wahrnehmbar, wandelte und drehte. Ich hatte vor dieser Nacht schon Bilder vom Nordlicht gesehen, aber wie bei bewegungslosen Fotos, die aus Flugzeugen von der Erde gemacht wurden, fehlt den Bildern viel, wenn keine Bewegung vorhanden ist. Die langsamen Verwandlungen in Form und Helligkeit glichen denen von Milch, die in ein Glas Eiskaffee gegossen wird, oder Farbe, die im Wasser landet.

So kann Licht sich in der Nacht bewegen, über und nördlich von unseren Verkehrsstaus, vollen Wäschekörben und Zahnarztterminen. In der winterlichen Dunkelheit gleichen die Polarlichter Wolken aus Licht, unter denen leuchtende Fasern davontreiben wie fallender Regen, der vom Wind zur Seite geweht wird. Selbst auf Nachtflügen im Sommer, wenn die Krone der Welt niemals völlig dunkel wird, tanzt das Nordlicht bisweilen nach Süden, in die Dunkelheit niedrigerer Breiten. Dort verlaufen seine Farben im Himmel und gehen oberhalb von uns ins Zwielicht über. Ich verstehe, dass Paare scharenweise in die Hotels Alaskas strömen mit dem Ziel, unter diesem verheißungsvollen Lichtspiel ein Kind zu zeugen.

In jener Nacht allerdings, obwohl der Pilot eine Ansage gemacht und das Kabinenpersonal das Licht gedimmt hatte, knipsten die meisten Passagiere sofort ihre Leselampen an und wandten sich wieder ihren Unterlagen oder Laptops zu, mit dem Weltüberdruss von Reisenden, die bereits einen langen Tag hinter sich haben und deren nächster langer Tag schon allzu bald bevorsteht. Viele sahen gar nicht erst hin. Nur wenige klappten ihre Computer zu und pressten die Nasen an die Fensterscheiben, um zuzusehen, wie der Sonnenwind über die Magnetfeldlinien weht, die oben aus unserem Heimatplaneten strömen. Schon bald ging das Flugzeug über den Wäldern Westneuenglands in den Sinkflug, und die Polarlichter verschwanden flackernd im Nichts.

Mein erster Blick auf das Polarlicht erinnerte mich an meinen sehnlichen Wunsch, Pilot zu werden. Nicht lange nach meinem Flug als Passagier unter dem Nordlicht wurde ich für den Ausbildungskurs einer Fluggesellschaft angenommen. Ich wartete ab, bis ich meine medizinischen Tests bestanden hatte, und erzählte es dann meinen Kollegen bei der Unternehmensberatung. Ich glaube, niemand, der schon mit mir auf Geschäftsreise mit dem Flugzeug gewesen war, war überrascht. Eine Kollegin meinte, jetzt verstehe sie meine Vorliebe für den Fachjargon der Flieger – »Schönwetterdenken« zum Beispiel oder »In Q2 müssen wir mit starkem Gegenwind rechnen«, »nehmen wir mal die Flugzeugperspektive ein« oder »Die haben eine schöne, lange Startbahn«, als Beschreibung für ausreichend Zeit und Luft, die ein Investment einer neuen Firma lässt. (Es überrascht mich, dass die Geschäftsleute *Wilco* nicht übernommen haben, ein Begriff aus Militär und Luftfahrt für *Will comply* – wird ausgeführt – wie man es oft im Flugfunk hört. »*Wilco* – ich habe Ihre Anweisung gehört und werde sie ausführen.«)

Ein anderer Kollege umarmte mich und scherzte darüber, dass ich immer gern in dem kleinen Raum mit den Glaswänden ganz oben in unserem Gebäude gearbeitet hatte, wohin wir für unser Schönwetterdenken gehen sollten, und dass ich selbst auf langen Flügen Mühe hatte zu schlafen.

Mit den Jahren als Pilot stellte ich allerdings fest, dass das Nordlicht eine unerwartete Herausforderung darstellt. Ein Leben, in dem Polarlichter zur Routine gehören und ich aufgehört habe, die Sternschnuppen allein während eines einzigen Flugs zu zählen, ist voller Täuschungen und Bequemlichkeit. Manchmal fällt es mir schwer, mich noch zu interessieren – für das Nordlicht, für die endlose Zahl von Meteoren oder hundert andere Phänomene von Himmel und Erde –, weil sie mit solcher Regelmäßigkeit auftreten und für Piloten solche Routine sind, quasi aus sich heraus gewöhnlich.

Meine ursprüngliche Begeisterung kehrt zumindest teilweise zurück, wenn ich versuche, mit anderen zu teilen, was ich sehe. Wenn ich bemerke, dass sich Polarlichter bilden, sage ich es oft der Kabinencrew, damit sie aus einem Fenster in ihrer Nähe schauen kann oder ins Cockpit kommt, wo sie einen noch breiteren und klareren Blick hat. Das tut sie fast immer. Für viele Kollegen bleibt das Nordlicht der am meisten bewunderte Anblick des Himmels, und besonders erfreulich ist er in den ruhigen Stunden unserer langen, schlaflosen Nächte in einem ansonsten schlummernden Flugzeug.

Was Piloten den Passagieren über die Aussicht erklären, sagt viel über den Stellenwert des Fliegens in der modernen Welt aus. Selbst tagsüber besteht eine gewisse Scheu, die Ruhe oder die Filme der Passagiere durch eine Ansage zu unterbrechen – und natürlich haben in einem Großraumflugzeug viele Passagiere gar keine klare Sicht durch ein Fenster. Polarlichter tauchen in der Regel auf, wenn die Passagiere schlafen wollen, daher weisen wir sie im Allgemeinen nicht darauf hin. Nicht jeder Passagier würde es uns danken, geweckt zu werden.

Aber manchmal, wenn ein Passagier wach ist – ein Geschäftsmensch vielleicht, der an einem Laptop die Nacht durcharbeitet, wie ich früher manchmal –, zeigen wir wortlos auf das Fenster, hinter dem sich die

Brandung des Lichts entlang der nördlichen Himmelsküsten bricht, und danach unterhalten wir uns in der Galley über diesen Anblick, als hätten wir ihn zum ersten Mal gesehen.

Ich fliege die 747 erst seit ein paar Monaten. Ich habe das Simulatortraining und eine Reihe von Übungsflügen absolviert. Für meine Abschlussprüfung bin ich gerade zum Dulles Airport bei Washington geflogen. Als wir nach Heathrow zurückkehren, schüttelt der Ausbildungskapitän mir die Hand. Willkommen auf der 747, sagt er.

Ich befinde mich jetzt auf meinem ersten regulären Flug seit dem Abschluss meiner Ausbildung. Ich fliege nach Bahrain und dann weiter nach Katar, zwei Länder, in denen ich noch nie war. Der Abschnitt von London nach Bahrain, obwohl doppelt so lang wie jeder Flug, den ich je auf dem Airbus gemacht habe, ist für die 747 einer der kürzesten Flüge. Als wir südwestlich an Istanbul vorbeifliegen, wird mir klar, dass dies neue Himmelsgefilde sind, eine Gegend der Welt, in die ich noch nie als Pilot geflogen bin, und ich erinnere mich, dass ich mich das letzte Mal, als ich hier in der Nähe war, als Passagier auf dem Rückflug von Nairobi nach London über den Nahen Osten befand. Ich hatte vor kurzem mein Aufbaustudium abgebrochen und wusste noch nicht genau, was für mich als Nächstes kommen würde.

Wir nähern uns der libanesischen Küste, wo ich ein Gebirge sehe, das ich aus unseren Karten kannte, mit dessen schneebedeckten Gipfeln ich aber nicht gerechnet hatte. Der Kapitän sagt mir, dass man dort gut Ski fahren kann. Ein neuer Himmel, eine neue Welt. Bald überqueren wir Saudi-Arabien. Bevor ich Pilot wurde, war mir die horizontale Reichweite des Sinkflugs einer Passagiermaschine nicht klar. Er kann weit über 100 Meilen beanspruchen, und für gewöhnlich beginnt man mit dem Absinken auf ein Land, während man sich noch mitten über einem anderen befindet. Unsere vertikale Reise nach Bahrain beginnt, lange bevor wir seine Lichter oder auch die ferne Küste Saudi-Arabiens sehen können.

Der Rückflug nach London folgt einer nördlicheren Route. Wir überqueren Kuwait, fliegen in Sichtnähe am Iran vorbei und treten dann in irakischen Luftraum ein. Wir kontaktieren Fluglotsen, deren Akzente eher nach amerikanischem Mittelwesten klingen als nach Nahem Osten. Irgendwann blicke ich nach unten und sehe eine Ansammlung graugrünen Lichts unter uns, das dunstverschleiert in der Dunkelheit schwebt. Die Lichter von Städten und die Umrisse, die sie bilden, sind nachts oft erstaunlich scharf. Ihre Klarheit von Ätzglas legt Entwicklungsmuster nahe, die konstruiert und biologisch zugleich sind, eine gewachsene, zufällige Perfektion. Aber heute Nacht verhüllt eine Kombination aus Feuchtigkeit und aufsteigender Hitze alles in einiger Entfernung, und die Lichter unter uns besitzen eine Art wirrer Körnigkeit, wie ein Bildrauschen bei einem Fernseher. Es ist das Gegenteil der kristallenen Luft und des Lichts anderer Wüstenstädte, anderer Nächte.

Ein kurzer Blick in die Karten verrät mir, dass diese Erleuchtung einen Namen hat: Es ist Bagdad. Während mein Kollege die Instrumente im Auge behält, dimme ich die Deckenlampe im Cockpit und drücke mir die Nase am Fenster platt. Genau das werde ich später Freunden von dieser Reise berichten, über meinen ersten richtigen Flug nach der Ausbildung – dass ich die Lichter von ganz Bagdad in der Nacht habe vorbeiziehen sehen und dann ein Sandwich gegessen habe.

Viele Reisende, die nach Fensterplätzen fragen, sind Fans von dem, was die Erde von sich zeigt – ihre natürlichen Elemente wie Berge, Küstenregionen, Flüsse und die Täler, in die sie sich schmiegen. Solche Aussichten sind der Lohn für das Fliegen und vielleicht der beste Grund, Flüge bei Tag zu schätzen. Doch viele geografische Details sind auch nachts sichtbar, wenn ihre Bedeutung für die Menschen deutlicher wird.

In dem Film *Chasing Ice* untersucht der Fotograf James Balog die Auswirkungen des Klimawandels auf Gletscher, ein Thema, das für diejenigen interessant sein dürfte, die gelegentlich die eisigsten Gegenden der Welt überfliegen. Neben den lebhaften Bildern einer sich wandelnden Welt war ich gefesselt von seiner speziellen Vorliebe für Fotografien bei Dunkelheit. Die Welt bei Nacht zu beobachten hat etwas, sagt er, »das Ihren Geist auf die Oberfläche eines Planeten versetzt … irgendwo mitten in einer Galaxie«. Obwohl wir uns in Linienflugzeugen so weit von der Oberfläche des Planeten entfernen, wie es den meisten ansonsten wohl kaum möglich wäre, dachte ich, als ich das hörte: Ja, das ist in etwa der Grund, warum ich so gerne nachts fliege. Nachtflüge rufen uns ins Gedächtnis, dass wir unser Leben auf der Oberfläche einer kreisenden Kugel verbringen, eine Wahrheit, die viele von uns vielleicht am deutlichsten in den Stunden sehen, in denen wir uns von ihr empfehlen.

Einige geografische Merkmale kann man auf einem dunklen Land unmittelbar erkennen, etwa wenn sich im Wasser spiegelndes Mondlicht auf ein dunkles, von Flüssen durchzogenes oder mit Seen gesprenkeltes Land fällt oder das Licht der Sterne auf schneebedeckte Berggipfel. Andere sieht man indirekt, durch ihren Einfluss auf die Lichter der Menschen. »Man kann die Zivilisation nicht von der Natur trennen«, fährt Balog fort, der deutlicher als die meisten den Einfluss des einen auf das andere gesehen hat. Und die Konturen dieser Beziehung sind genau das, was wir vom Himmel aus sehen, wenn es dunkel geworden ist und ein stark besiedeltes Flusstal wie das des Nils oft viel besser zu erkennen ist als bei Tag. Nach Sonnenuntergang verwandeln sich die Ufer des Nils in ein Flusspaar aus Licht, und selbst unter einer dünnen Schicht Wolken sind die beleuchteten Ränder des Flusses zwar verschwommen, aber sichtbar und bilden goldhaltige, leopardenhafte Muster in der Wolkenlandschaft. Die Zivilisation wirft Silhouetten sowohl von sich selbst als auch von der physikalischen Geografie in die Nacht hinauf, und durch die Wolken der Nacht können wir aufsteigen sehen, wofür wir bei Tageslicht blind sind: die Städte Ägyptens und die Linien seines Flusses.

Berge kann man indes an der Abwesenheit menschlichen Lichts erkennen, die einen abgeschiedenen Gipfel ebenso natürlich umfließen kann, wie Wasser in einem Strom sich um einen Fels herum teilt. Wenn Gebirge an einer Küste beginnen, wie es oft im nördlichen und östlichen Mittelmeerraum der Fall ist, werden die Beleuchtungen von Dörfern und Straßen in ein geflochtenes goldenes Küstenband zusammengedrängt, das zwischen der Linie des unsichtbaren Wassers und der Dunkelheit des steil ansteigendes Landes liegt. Wären die Lichter solcher Küsten nicht so streng in Detailtreue und Präzision, könnten wir einen solchen Anblick impressionistisch nennen und uns Cézannes Beschreibung Monets ins Gedächtnis rufen – »nur ein Auge, aber, mein Gott, was für ein Auge«.

Selbst wenn wir am Tage die Werke der Menschheit auf der Erde betrachten, liegt das Glück nicht nur darin, wie viel wir sehen können, sondern auch, wie wenig. Kleinigkeiten werden zusammengefasst oder gehen verloren. Autos werden zu Schlieren, die sich wiederum in abstrakte Arterien der Bewegung verwandeln. Weniger wird mehr: Häuser werden zu Gemeinden, Gemeinden zu einer Stadt, eine riesige Stadt zerbricht wieder in ihre Knochen aus Licht, zu dem einzigen Verständnis, das man von ihr haben kann. Vom Flugzeug aus sehen wir menschliche Landschaften so, wie ein Neurologe vielleicht das Nervensystem skizzieren würde: verworrene Zeichnungen von Netzen, Pfaden, Pulsadern und Flüssen, von denen jedes nur seinen Teil kennt, nicht das Ganze, das sie bilden.

Diese Destillation – von Millionen individueller Leben und Momente in die physikalische Infrastruktur, die sie beherbergt – ist in der Nacht extrem verstärkt. Tatsächlich sehen wir nachts aus einem Flugzeug, oft nur die menschliche Geografie, vollständig in Licht getaucht.

Was ist so wichtig, dass wir meinen, es beleuchten zu müssen? Ein Fünftel der Elektrizität der Welt wird zur Beleuchtung verbraucht. Jedes Licht, das wir während unserer langen, durchwachten Nächte über der Erde sehen, hat man mit einer Absicht dort platziert. Die Welt hat noch immer ihre Laternenanzünder, auch wenn wir sie nicht mehr so nennen und weniger an sie denken als in den verqualmten Städten der Vergangenheit. Wenn Sie das nächste Mal über die leuchtenden Dendriten einer stark bevölkerten Gegend unserer Welt fliegen, versuchen Sie sich mal vorzustellen, dass der Stöpsel gezogen, die Landschaft dunkel wird und sich nur noch das Mondlicht auf dem Wasser spiegelt oder hier und da ein Feuer brennt; so dunkel, wie die Erde noch bis vor kurzem in der Geschichte unserer Spezies war. Wenn wir aus einem Flugzeug nach unten blicken, sehen wir unsere Zivilisation in Licht gemeißelt und uns dem neuen, imposanten Schock unserer Biolumineszenz gegenüber.

Manche Städte sind so gewaltig, dass ihre Lichtidentität aus unserer generellen Position über der Erde unverwechselbar ist: das ist Chicago, Karatschi oder Algier. Aber kleinere Städte können mitunter eine größere Bedeutung haben, wenn Ihnen bewusst wird, dass gerade unter

Ihnen eine in der Dunkelheit vorbeizieht, in der Sie einmal gelebt haben, wie ein Schiff, mit dem Sie einmal gereist sind; oder wenn Sie während eines langen Flugs durchgeschlafen haben, kurz vor der Landung aufwachen und sich vor dem Fenster gerade die Lichter der Heimat sammeln. Andere Städte ziehen namenlos vorüber. Ich erinnere mich an das Gefühl, als Kind an Weihnachten spätabends auf dem Heimweg hinten im Auto zu sitzen und durch Gemeinden zu fahren, die nicht meine waren, oder spät an Heiligabend durch verlassene Straßen zu laufen und vielleicht den neu gefallenen Schnee zu begrüßen. In solchen Momenten strahlten die stillen Häuser etwas ganz Besonderes aus. Selbst die an dieses Stillleben gehängte Weihnachtsdekoration konnte das Gewicht des Feiertags nicht erfassen, das für ein Kind einfach alles durchdringt. Stattdessen legte ich jenes Gewicht auf die leeren Straßen, die Stille und die Silhouetten nahezu dunkler Häuser. Nachts ziehen viele Städte auf dem Land einfach so vorbei. Das wenige, was wir von dem Leben darin sehen, wird zu seiner eigenen Art von Gewicht.

Dieser Eindruck der nächtlichen Landschaft als Kurzschrift der Menschenwelt findet sich auch im Cockpit wieder. Während Städte, Länder und Kontinente auf dem Navigationsdisplay der 747 überhaupt nicht erscheinen, sind lediglich Flughäfen deutlich gekennzeichnet, mit einem blauen Kreis. Wir sehen das Licht von Städten auf der Erde unter uns, während die Welt, wie sie die 747 kennt, nur aus in die Dunkelheit des Bildschirms gezeichneten blauen Kreisen besteht. Bei einem Großteil der Welt kann man die Form der Länder jedoch trotzdem indirekt an den Mustern erkennen, die die Flughäfen auf diesen Monitoren bilden. Großbritannien ist anhand der blauen Ringe seiner Flughäfen leicht zu erkennen, ebenso wie ganz Westeuropa. Auch der Osten der Vereinigten Staaten wird ganz gut von den Flughafenringen nachgezeichnet, die so etwas wie einen Kontinent formen. Lichter auf dem Boden unter uns zeigen einem Betrachter, wo Menschen leben und wo Fabriken Dinge herstellen; blaue Kreise auf dem Bildschirm der Piloten zeigen, wo so viele Menschen leben oder Dinge hergestellt werden, um einen Flughafen zu benötigen, der groß genug ist, um in das Programm einer 747 eingegeben zu werden.

Oft fliege ich über die Demokratische Republik Kongo, wo mein Vater vor so langer Zeit lebte, als es noch eine belgische Kolonie war. David Van Reybrouck, ein flämischer Schriftsteller, hat vor kurzem eine spannende Geschichte des Landes geschrieben, und ich bedaure, dass mein Vater nicht mehr lebt, um sie zu lesen. Der Autor eröffnet seine Erzählung mit Beschreibungen, wie man sich dem Land nähern kann, auf dem Meer und auch aus der Luft, eine Ankunft, die keine blauen Kreise im Kopf erfordert. (Das Buch endet auch mit einem Flug über den Kongo, »den großen moosgrünen Broccoli des Äquatorialwaldes, ab und zu durchschnitten von einem braunen Fluss, der in der Sonne glänzte«.)

Heute hat der Kongo etwa 80 Millionen Einwohner – mehr als Großbritannien oder Frankreich, mehr als doppelt so viele wie Kalifornien. Sein Gebiet ist größer als Japan, etwa wie Alaska und Texas zusammen. Trotzdem besitzt der Kongo auf unserem Bildschirm nur zwei blaue Kreise, und keiner von beiden erscheint auf einer eingeschränkteren Liste von Flughäfen, auf denen wir unter normalen Umständen eine Landung in Betracht ziehen würden. Afrika, der Kontinent mit der weltweit zweitgrößten Bevölkerung, macht lediglich drei Prozent des Passagierluftverkehrs der Welt aus. Ein Beobachter des modernen Afrika hält vielleicht nach Veränderungen bei den von oben sichtbaren Lichtern Ausschau oder nach Zuwächsen bei den Konstellationen von Ringen auf den Navigationsdisplays der Flugzeuge.

Der brauchbarste blaue Ring des Kongos steht für den Flughafen von Kinshasa, einer Stadt, die ich ab und zu zwischen London und Kapstadt überfliege. Allerdings ist meist wenig Zeit, um einen Blick auf Kinshasa zu werfen, das mein Vater noch als Léopoldville kannte, weil die Aussicht darauf mit einem hektischen Flugabschnitt zusammenfällt, in dem die Luftregionen mehrerer Länder aneinanderstoßen. Es gibt dort auch oft Gewitter, aber selbst wenn die Nacht wolkenlos ist, ist die feuchte äquatoriale Luft selten klar. Die Stadt und das Land gehören zu den wenigen, in die mein Vater gereist ist und ich noch nicht.

Wenn ich Gelegenheit hatte, in einer klaren Nacht aus dem Fenster zu schauen, gab es wenig zu sehen. Die Lichter Kinshasas sind für eine Stadt dieser Größe erschreckend spärlich, und der Kontrast zwischen seinen vereinzelten Lichtern und den schwindelerregenden Netzen wesentlich kleinerer Orte im Rest der Welt ist gravierend. In jeder Nacht, in der ich über die USA fliege, lasse ich kleine Städte hinter mir, von denen ich nicht das Geringste weiß, von denen ich kaum je gehört habe und die heller strahlen als Kinshasa. Selbst das bisschen Licht, das wir von Kinshasa sehen, wirkt grünlich und wellig, als wäre es aus einem uferlosen Gewässer aufgetaucht, das die Energie der Metropole verschluckt oder verstreut hat. Die Welt ist und bleibt ungleich, beim Licht wie auch bei allem anderen, und was uns Kinshasa lehrt, ist vom Himmel aus im schwachen nächtlichen Wirbel seines Fingerabdrucks offenkundig.

Wenn ich nach Los Angeles fliege, komme ich manchmal aus Nordwesten, über die schattigen Berge Malibus, und die Stadt taucht plötzlich im Sichtfeld auf wie eine Schale Meeresleuchten, das man von der Oberfläche des Pazifiks aufgesammelt hat. Allein Los Angeles in einer klaren Nacht von oben betrachtet, erklärt, warum Joan Didion schrieb: »Die schönsten Dinge in meinem Leben habe ich alle von einem Flugzeug aus gesehen.« Selbst wenn Sie aus dem Osten über das Land nach Los Angeles kommen, sind die Wüsten so gut wie menschenleer, bis Sie den letzten großen Halbmond des Gebirges der Stadt überfliegen. So gesehen ist die Stadt aus jeder Richtung, aus der man sich ihr nähert, eine Insel aus Lichterglanz zwischen zwei Ozeanen.

Es ist schwer, nach Los Angeles zu fliegen, ohne das Gefühl zu haben, dass seine kulturelle und geografische Position so gut zusammenpassen wie die von Plymouth Rock; dass menschliche und physische Geografie hier kaum voneinander zu trennen sind. Der westliche Fluss kultureller Energie einer Nation hat seinen Endpunkt erreicht, und bei Nacht sehen wir, wie sich das Licht gesammelt hat, gleich dem Pazifik, auf den es trifft, an den Stränden und dem Gebirge.

Wenn ich ein einziges Mal in meiner Laufbahn als Pilot bei einem Landeanflug Musik hören dürfte, würde ich dafür eine nächtliche Ankunft in Los Angeles wählen. Die Luft über der Stadt ist oft wolkenlos, und man hat das Gefühl, dass sie sich hinter ihrem Gebirge versteckt, dass ihre Lage von der Geografie privilegiert ist, dass wir ein Gebirge oder den ganzen Pazifik überfliegen müssen, um sich ihr zu nähern. Der Heimatort meiner Mutter liegt in der Kohleregion Pennsylvanias, in eine kleine Senke geschmiegt, umgeben von dunklen Hügeln. Als ich noch ein Kind war und wir abends dorthin fuhren, gab es immer den Moment, wenn wir über die letzte Kuppe der Straße kamen und sich unten plötzlich die Aussicht auf die Lichter des überraschend dicht besiedelten Ortes auftat. Damals war der Blick vor uns ein ebenso strahlendes Bild einer Stadt wie Los Angeles heute für mich, wenn der Jumbojet, den ich fliege, über die San Bernardino Mountains schießt, wie der Star im Gedicht von Richard Wilbur über »den Sims der Welt«, und den Nervenbahnen der sich dort einfindenden Fernstraßen Richtung Ozean folgt.

Auch der Name Los Angeles ist vielleicht einer der schönsten aller großen Städte der Welt, melodisch beschwört er Bilder herauf, nicht nur vom Fliegen, sondern von einer Metropole, die für viele nach wie vor ein Traum ist. Dann ist da noch die Größenordnung der Stadt, das visuelle Oxymoron seiner sich ausbreitenden Dichte, so wundervoll bei Nacht und aus der Höhe, als könnte nur eine Stadt mit einem solchen Namen derart vom Licht gesegnet sein. Nirgendwo anders auf der Erde ist es so schön, nach Sonnenuntergang einzudrehen wie in Los Angeles. Zur einen Seite liegt die elektrifizierte Blütenpracht einer amerikanisch eingefassten Nacht und zur anderen, wo sich die Tragfläche über den Ozean hebt, ein mit Sternen ausgefülltes Fenster.

Eine nächtliche Stadt kann auftauchen, nachdem man keinen Kontinent, sondern ein Meer überquert hat. Die Ostküste Amerikas mit ihren großen und energieverschwenderischen Ballungszentren bietet einzigartige Erfahrungen einer Ankunft an der Küste bei Nacht. Im Cockpit kündigt sich eine nahende Küste durch kleine Hinweise an. Wir schalten vielleicht von einer Fernfrequenz auf eine Funkfrequenz mit kürzerer Reichweite und besserer Qualität um. Die Nadeln des Navigationsdisplays, die Funkhilfen am Boden anzeigen, fangen an, zu zittern und zu rotieren, sobald sie die ersten Küstenstationen empfangen. Kurz darauf tauchen die ersten Lichter am Horizont auf.

Hier ist eine 747, deren Ozeanüberquerung zu Ende geht. Hier kreuzt sie gegen den eisigen Wind auf, vollendet ihren gleichmäßigen Bogen auf die Landungslichter zu. Ich bin sicher, dass die Krümmung des Planeten in diesem Moment offenkundig ist, der gewölbte Rand des Landes, der sich auf uns zudreht wie ein längliches, elegantes Gesicht, ein Horizont, gezeichnet von den leuchtenden Verzahnungen von Städten. Die Sogwirkung solcher Augenblicke wird von dem historischen Gewicht dessen eingeholt, was wir hier tun – die physische Überquerung des Atlantiks, in sechs Stunden statt sechs Wochen, um Amerika und seine strahlenden Lichternetze dieser Küstenstadt zu erreichen. Es muss wohl auch irgendein uraltes Gefühl von Erleichterung im Spiel sein über den Gedanken – und dann natürlich auch den Anblick – von Land nach einer langen Abwesenheit über offenem Wasser. Aber am meisten liebe ich das spürbare Tempo einer sich nähernden Küstenlinie. Es liegt etwas Magisches darin, wie sich die durch den Blickwinkel zu einer entfernten Linie verdichteten, horizontalen Lichter allmählich ausbreiten, drehen und schließlich die flüssige Elektrizität offenbaren, die wir durch die Kanäle der Straßen in die Städte leiten, die sich entlang der Umrandung eines Kontinents zusammengedrängt haben.

Wenige Küsten verlaufen so erstaunlich gerade oder sind so gut beleuchtet, wie auf mich die Ostküste Floridas wirkt. Die Grenze zwischen Wasser und Licht bildet eine lange, glühende Klinge, die wir während der letzten Phasen des Sinkflugs nach Miami überqueren, was nach sechs oder sieben Stunden ununterbrochener ozeanischer Düsternis umso atemberaubender ist. Über mehrere Jahre führte mich mein Dienstplan nicht nach Miami, und als ich endlich dorthin zurückkehrte, war es leicht, die Skyline der Stadt, die schon immer eher der Hongkongs ähnelt, als eine Art Juwel zu betrachten, das in der Nacht zwischen Manhattan und Rio auf einen halbrunden Bogen kultureller Länge gefädelt ist.

Zwar gefallen mir ein oder zwei Lieder, in denen es darum geht, New York zu verlassen, aber mein bevorzugter luftbezogener Song der Stadt wäre einer über eine Ankunft von weit draußen über dem Meer. Die Stadt sieht aus, als wäre ein überdimensionales Gefäß voller Pixel über Manhattan ausgeschüttet worden, die sich stapeln und nach außen purzeln, zu den Vororten hin flacher werden und sich allmählich in den dunklen Wäldern im Inneren des Kontinents verlieren, wie in einem Gründungsmythos aus dem Computerzeitalter. Die Buchten und Flüsse der Stadt leuchten in diesem reflektierten elektrischen Gold, während das Wasser weiter draußen seinerseits mit den Lichtkonstellationen der Schiffe übersät ist, als hätte ein Herbststurm Lichtpartikel vom Land, wo sie zuerst niedergefallen sind, auf das pechschwarze Wasser hinausgetragen, über das man sich der Stadt vom Meer her nähert.

Auf einem Flug von Amerika ostwärts taucht Irland meist auf, wenn sich die Nacht wie die Reise dem Ende zuneigt. Selbst nach der routiniertesten Atlantiküberquerung kann der Anblick einen an die Reisegefährten Odysseus' erinnern, denen der Gott »die Morgendämmerung der Zurückkunft«, mit anderen Worten die Hoffnung auf eine Rückkehr nahm. Das neu gesichtete Land ist kreuz und quer von Lichterfalten durchzogen, ein über eine Dunkelheit gebreitetes Gewebe, das aussieht wie die Historie selbst. Die Lichter reihen sich dicht um die Küste herum und bleiben strahlend hell, selbst wenn sich der Horizont über ihnen mit der Morgendämmerung allmählich weiß färbt. Es ist eine Küste, die mich an halb erwachte Dörfer denken lässt und Fischer, die bereits aus ihren Siedlungen losgezogen sind, die tintenklecksartigen Fraktale des Ufers entlang. Dies ist die Morgendämmerung der Heimkehr, und einen schlichteren Blick auf sie werden wir niemals haben. Hier liegt das zart vom Licht durchflochtene Land und das Ende unserer nächtlichen Reise über den Ozean, dem es zugewandt ist.

Nach dem Tod meines Vaters – eineinhalb Jahre nach unserem gemeinsamen Flug nach Budapest – veränderte sich die Welt, die ich vom Flugzeug aus sah, und vor allem die Welt, die ich nachts sah. Wie viele Menschen, die in einem relativ jungen Alter ein Elternteil verlieren, spürte ich, dass ein Gefühl der Endlichkeit des Lebens, die früher für mich irrelevant oder verborgen war, plötzlich in den Fokus rückte. Eine Krankenschwester mag das neue Gewicht der Zeit an sich stapelnden Patientenakten spüren, ein Mechaniker am Rost und fälligen Reparaturen und ein Architekt an dem Palimpsest an Stilen in einem mehrfach renovierten alten Gebäude. Ich sah es in dem, was ich während eines Großteils meiner Zeit aus der Luft betrachten konnte: der menschlichen Geografie des Lichts auf der Erde.

Die Muster, die wir von oben wahrnehmen – von Landstraßen, Sackgassen in Vororten und brodelnden Fernstraßen, Kaufhäusern, die ihr Lager aufstocken mit allem, was wir morgen kaufen werden, riesigen Parkplatzflächen und dem stolzen, gleichmäßigen roten Puls an Funkmasten –, sind unvermeidlich von jedem individuellen Leben abgetrennt. Stattdessen sehen wir die kollektive Infrastruktur all unserer individuellen Leben, das leuchtende Netz, das für uns steht, das wir aber nicht sind; die Lichter, die an eine Zeile von Leonard Cohen gemahnen – »we are so lightly here«. Wenn eines Nachts plötzlich alle aus einer Stadt verschwinden würden, würde sie noch für eine Weile so ziemlich gleich aussehen. Die Schönheit des nächtlichen Blicks auf eine Stadt, obwohl eine Stadt aus Leben und zum Leben gemacht ist, nimmt auf diese Weise eine Distanz und Zerbrechlichkeit an, eine formale oder zerfahrene Gleichgültigkeit, wie die blinkende Sprache, die die erleuchteten Fenster eines Hochhauses sprechen, wenn der Abend näher rückt.

Nachts über der Welt schwebend, kam mir der Gedanke, dass diese nun vielleicht so für meinen Vater aussieht: fern, kalt, geschäftig und ahnungslos, dass jemand auf sie herabblickt. Tatsächlich verstärkte sich für mich eine allgemeine Begleiterscheinung der Trauer – die Bestürzung darüber, dass andere einfach weiter ihren Geschäften und Einkäufen nachgehen, Auto fahren, spazieren gehen, lachen – vielleicht noch dadurch, dass ich mehr Beweise dafür zu sehen bekam als die meisten.

Hin und wieder erzählen mir Freunde spontan von einem unvergesslichen Flug – bei dem sie vielleicht stundenlang aus dem Fenster gestarrt haben, in Stille oder während sie Musik hörten, gefesselt von irgendetwas, das sie noch nie gesehen oder bemerkt hatten. Erstaunlicherweise unternahmen sie den Flug, den sie mir schilderten, häufig, weil eine geliebte Person krank geworden oder gestorben war. Solche Reisen scheinen für eine Art nach außen gerichteter Introspektion förderlich zu sein, vielleicht weil wir meistens müde sind oder unter Jetlag leiden und weil die Stunden im Flugzeug nach der Hektik von Telefonaten mit Familie, Freunden und Ärzten vielleicht die einzige Zeit seit Wochen darstellen, in der wir mit unseren Gedanken allein sind. Außerdem treten wir ab dem Zeitpunkt, zu dem wir diese Nachricht erhalten, in eine neue Realität über, sowohl geistig als auch physisch. In den ersten Monaten nach dem Tod meines Vaters fragte ich mich oft, wie viele Passagiere wohl mit dem Flugzeug, das ich führte, reisten, weil jemand gestorben oder schwer krank war, und wie die Lichter der Welt unter dem Flugzeug in einer solchen Nacht wohl für sie aussehen mochten.

Astronauten haben berichtet, dass Belgien vom Weltraum aus leicht zu erkennen ist. Auf Fotos von der Erde bei Nacht ist das Land ein zusammenhängender Spritzer aus weißem Licht, so hell wie jede beliebige Stadt. Als eins der am dichtesten besiedelten Länder Europas verfügt Belgien außerdem über eins der dichtesten und am besten beleuchteten Straßennetze. Aus der Höhe eines Flugzeugs erscheinen die Lichter nicht weiß, sondern gelborange. Da ich es so oft sehe, wenn ich von London abfliege, erscheint Belgien zunächst als flaches Lichtermeer jenseits der schattenhaften Konturen des Ärmelkanals, ein Land, so eng geflochten und lichtgebrochen wie eine zersplitterte Scheibe Sicherheitsglas, die sich in zwei Richtungen zu uns neigt, während wir uns ihr nähern und gleichzeitig höher über sie hinaufsteigen.

Belgiens unmittelbare Nachbarn überleben trotz weniger verschwenderischer Straßenbeleuchtung, wodurch die kurvenreichen und oft ignorierten Grenzen Belgiens für einen Beobachter aus der Luft in einer klaren Nacht offenkundig sind. Hinter dieser Linie wird das Land dunkler. Ich suche nach den Lichtern der französischen Stadt Lille (oder Rijsel, als das die einst flämische Stadt heute noch im Holländischen bekannt ist), und lasse dann meinen Blick nach Nordosten, über die Grenze des Lichts schweifen. So finde ich den Heimatort meines Vaters vom Flugzeug aus, genau wie in der Nacht, in der er vorne in der Kabine saß, in dem Flugzeug, das ich flog, keine drei Meter von der verschlossenen Cockpittür entfernt.

Es gibt noch andere Grenzen, die anhand des Lichts sichtbar sind. Eine der hellsten und berühmtesten solcher mit Licht gezogenen Grenzen ist die Linie zwischen Indien und Pakistan. Aber der Anblick des durch Licht markierten Heimatlandes meines Vaters war mir noch lange nach seinem Tod lieb und teuer. Wo jemand herkommt, macht so viel von seinem Wesen aus, und die Vergangenheit meines Vaters trug sich nicht nur auf die übliche Art in einem anderen Land zu. Er erzählte mir einmal, wie merkwürdig es sei, nach Belgien zurückzukehren und die niederländischen Begriffe, etwa für technische Geräte, nicht zu kennen, die erst erfunden oder populär wurden, nachdem er das Land verlassen hatte. Wenn ich in den Monaten nach seinem Tod von London aus aufstieg und sah, wie sich Belgien auf dem Nachtauge des Planeten auf mich zudrehte, fragte ich mich, welche Lichter ein Pilot 1931, seinem Geburtsjahr, von meiner jetzigen Position im Himmel aus, wohl gesehen hätte, und dachte an meine Tanten und Onkel und vielen Cousins und Cousinen, für die inmitten dieser Lichter, die vor dem aufsteigenden Flugzeug lagen, gerade ein ganz normaler Abend ausklang. Belgien, das Land, das mich zu jener Zeit am meisten beschäftigte, lag vor mir wie das Licht der Erinnerung auf dem Dunkel der Vergangenheit, und die Grenzen dieser Gedanken waren so deutlich, fast als würden in den Nächten, nachdem ein Elternteil gestorben ist, für einen jeden die Länder seiner Vorfahren vorübergehend heller leuchten.

Noch eine allerdings weniger persönliche Erfahrung des Lichts da unten habe ich über den einsamsten Orten der Erde schätzen gelernt. Normalerweise sieht man über den nahezu unbewohnten Teilen des Globus – der Sahara, Sibirien, einem Großteil Kanadas und Australiens – überhaupt keine Lichter oder höchstens eine Handvoll. Aber bisweilen sieht man in einer sehr entlegenen Gegend, oder wenn Wolken angrenzende Teile des Landes verdecken, lediglich ein einzelnes Licht. Ein gewaltiges Meer aus Dunkelheit – tatsächlich tritt dieser Effekt auch über dem Ozean auf, wenn das Flugzeug über ein Schiff fliegt – und darauf schwimmend ein einsames Licht.

Ein einsames Licht erinnert uns an etwas Ursprüngliches: Glut, ein Leuchtfeuer. Alles, was wir, abgesehen von dem Licht, vom Flugzeug aus sehen können, ist das Ausmaß der Nacht um es herum. Tatsächlich sehen wir die Unermesslichkeit einer solchen alles umfassenden Dunkelheit weit deutlicher, als irgendjemand es vom Boden aus könnte. Ein einzelnes Licht deutet auf eine Zerbrechlichkeit und Intimität hin, die Städten abgehen, so schön und verworren ihre Nächte auch von oben wirken mögen.

Wenn ich ein solches Licht sehe, denke ich zurück an bitterkalte Abende in meiner Kindheit, wenn ich mit knirschenden Schritten einen Armvoll Holzscheite durch den Schnee zu unserem Haus trug, das vom sanften Licht des Holzofens leuchtete. Dass man unmöglich wissen kann, wer da unten ist, macht es zu einem eigenen kleinen Wunder. Ist es vielleicht ein Generator in einem kleinen Dorf, der ein Licht mit Energie versorgt, das schon bald ausgeschaltet wird? Oder sind es mehrere Lichter – Glühbirnen an einer zwischen Häusern um einen staubigen Platz herumgespannten Strippe –, die nur von so weit oben wie ein einziges wirken? Wahrscheinlich handelt es sich um zahlreiche Lichter einer kleinen Siedlung, die durch unsere Höhe miteinander verschmelzen. Wird jemand, dessen Abendbeleuchtung meinen Blick hinabgezogen hat, heraufblicken und zwischen den Sternen einen Düsenjet blinken sehen? Wird er spekulieren, wohin wir fliegen, welche beiden weit entfernten Städte unser durch die Nacht rasendes Licht miteinander verbinden wird? Und wie lang bräuchte ich wohl, bis ich da unten auf dem Boden zu ihm fände? Bestimmt Tage; einen Flug, wahrscheinlich zwei, an einen Ort mit einer Menge Lichter; gefolgt von einer langen, sicherlich beschwerlichen Reise auf dem Landweg zu dem Ort, der mir wie ein einziges erschien.

Alexander Graham Bell prophezeite einst, dass Flugzeuge einmal ein Gewicht von 1000 Ziegelsteinen tragen würden. 1000 Ziegelsteine wiegen etwas mehr als eine Tonne. Ein typisches *pantry weight* – ein zugelassenes Gewicht, in das weder Passagiere noch Gepäck eingerechnet sind, sondern lediglich das Essen, die Getränke und sonstiges Material an Bord – beträgt auf der 747 über sechs Tonnen oder mehrere tausend Ziegelsteine (die übliche Nutzlast einer 747 – Passagiere, Gepäck, Fracht – liegt bei 30 bis 40 Tonnen). Das Gewicht steht beim Konstruktionsprozess eines Flugzeugs ständig im Blickpunkt. Ein Ingenieur der Ur-747 weinte, als das neue Flugzeug auf Diät gesetzt und einige seiner geliebten Bestandteile entfernt wurden.

Das Gewicht eines Flugzeugs ändert sich während des Fluges mit der Verbrennung von Treibstoff gravierend. Die 55 Liter in einem normalen Autotank wiegen etwa 40 Kilogramm, grob ein Vierzigstel vom Gesamtgewicht des Autos. Ein Düsenjet, der von Singapur nach London abhebt, wiegt vielleicht 380 Tonnen. Ungefähr ein Zehntel davon kann Nutzlast sein, während mehr als 150 Tonnen, oder zwei Fünftel, Kerosin sind, die vor der Landung fast vollständig aufgebraucht sein werden. Bei der Übersetzung von Abhebgewicht in Kraftstoffverbrauch ist man äußerst pingelig. Wenn Sie auf einem langen Flug fünf Bücher mehr in Ihren Koffer packen, muss eine zusätzliche Treibstoffmenge verbrannt werden, die, je nach Berechnung, dem Gewicht von einem oder zwei der fünf Bücher entspricht, um Ihren Lesestoff über die Welt zu tragen. Es kommt vor, dass sich die Anzahl der Passagiere oder die Frachtmenge bei einem Flug in letzter Minute erhöht. Dann kann es sein, dass wir für die erhöhte Nutzlast zusätzliche Tonnen Kraftstoff nachtanken müssen.

Dieser Teufelskreis greift sogar, wenn das zusätzliche Gewicht selbst aus Kraftstoff besteht. Mitunter – wenn etwa Nebel oder Schnee für unseren Zielort vorhergesagt sind – laden wir mehr Treibstoff, als der Flugplan und unsere üblichen Reserven erfordern würden, um die zu erwartenden Landeverzögerungen auffangen zu können. Wollen wir auf einem typischen Langstreckenflug für eine zusätzliche Wartezeit von 30 Minuten vorsorgen, tanken wir ungefähr 40 Minuten Treibstoff, um der ordentlichen Zusatzportion Kerosin Rechnung zu tragen, und dieser Zuschlag wird nur verbrannt, um den Rest ans andere Ende der Welt zu befördern. Je länger der Flug, desto mehr Kraftstoff wird auf diese Weise verbrannt, was bedeutet, dass ab einem gewissen Punkt die höhere Kraftstoffeffizienz eines langen Fluges gegenüber zwei kürzeren zu schwinden beginnt.

Bevor ich Pilot wurde, machte ich mir nie ein Bild davon, dass ein Bewusstsein des veränderlichen Gewichts eines Flugzeugs zu einem ebenso intuitiven Teil einer Reise werden würde wie die verbleibenden Minuten oder Meilen des Flugs. Dieses Gespür für das Gewicht des Jets ist eine nahezu ständige Erinnerung an die Funktionsweisen des Fliegens, an die physikalische Aufgabe, Menschen und Fracht vom Boden zu heben und durch die Lüfte zu tragen. Das Gewicht des Flugzeugs wirkt sich auf unsere Reisehöhen und -geschwindigkeiten aus und unter gewissen Umständen sogar auf den Winkel, in dem wir bei einer Wendung eindrehen können. Besonders wichtig ist es, unser Gewicht bei der Berechnung unserer Landegeschwindigkeit zu berücksichtigen. Wir neigen dazu, uns schwerere Objekte als langsamer vorzustellen, aber der Auftrieb, den eine Tragfläche erzeugt, hängt von ihrer Geschwindigkeit ab, also muss sich ein schwereres Flugzeug generell schneller bewegen. Jedes zusätzliche Gewicht von drei Tonnen in der 747 – Fracht, Passagiere, unverbranntes Kerosin – erfordert etwa einen zusätzlichen Knoten an Fluggeschwindigkeit. Wenn es zu Landeverzögerungen kommt und ein Jumbojet in eine Warteschleife eintritt, verringert sich sein Gewicht weiter, und wir müssen die Landegeschwindigkeit Knoten für Knoten nach unten korrigieren, während die Pfunde purzeln.

Piloten denken über Brennstoff zu verschiedenen Zeitpunkten unter verschiedenen Aspekten nach: als reines Gewicht, als zu vermeidender Ausstoß, als die entsprechende Frachtmenge, die er verdrängt, als die Nutzlast, die auf langen Flügen bei starkem Gegenwind nicht befördert werden kann, als Zeit in der Luft, als Meilen auf dem Boden, als Geld, das einzusparen ist. Inmitten all dieser praktischen Überlegungen vergesse ich mitunter, dass Brennstoff an sich ein uraltes Prinzip ist, und wenn es etwas Atavistisches in der sauberen technischen Zauberwelt des modernen Flugwesens gibt – wenn irgendetwas die engstirnige Sicht untergraben kann, die Zukunft habe mit dem Flugzeug begonnen –, dann ist es der Brennstoff. Die Stetigkeit, mit der er während des Flugs verschwindet, über Stunden und Meilen hinweg fein säuberlich ausgetauscht wird, scheint nach einem unabänderlichen Algorithmus abzulaufen, der erstmals um Lagerfeuer und Öllampen herum entdeckt wurde und bestimmte Substanzen mit der Menge an Wärme, Licht oder Bewegung verbindet, die unsere Vorfahren aus ihnen zu beziehen lernten.

Dann und wann taucht diese Verbindung bei Nacht lebhaft in Form von Feuer dort unten auf der Erde auf, und wir erinnern uns vielleicht an die Herkunft des Wortes *petroleum*, Steinöl, die deutsche Entsprechung »Erdöl« – und daran, was es bedeutet, diese verflüssigte Kraft aus der scheinbaren Festigkeit des Planeten zu ziehen. Wenn Öl aus einer Quelle kommt, ist auch oft Erdgas dabei. Dieses Gas kann aufgefangen und verkauft werden, aber dazu sind zusätzliche Ausrüstung und Investitionen erforderlich. Aus diesem Grund wird das Gas, insbesondere auf entlegenen Erdölfeldern, einfach in die Luft verbrannt oder »abgefackelt«.

Ich fliege über den Irak, kurz davor, den Sinkflug nach Kuwait einzuleiten. In der Dunkelheit unter mir scheinen riesenhafte Kerzen zu stehen, nicht etwa Teelichter, sondern große Leuchterkerzen, die jemand mitten in die Wüste gestellt hat. Jede Flamme ist so hell, dass sich in der Nacht um sie herum ein perfekter Heiligenschein bildet, wie eine Seifenblase aus Licht, eine runde Glühbirne, die über der Veranda eines Farmhauses hängt, das von nichts als dunklen Feldern umgeben ist. Diese Feuer leuchten rot, bisweilen auch golden, obwohl ich oft nicht sagen kann, ob das Gold nur die Farbe der Flamme ist oder auch die des umliegenden Landes.

Solche Gasfackeln sind im Himmel über einem Großteil der Länder mit hohem Erdölvorkommen ein vertrauter Anblick. Die größten flackern und zucken vor unseren Augen. Manchmal sehe ich Dutzende davon. Sie bilden eine neue Landschaft des Feuers, ein mit flammenden Speeren markiertes Terrain, die in den Nächten der Wüste oder der Subarktis abbrennen. Ich verbinde sie vor allem mit dem Persischen Golf, sehe sie aber auch über Russland und Teilen Afrikas. Als ich das erste Mal über Indonesien flog, auf dem Weg von Singapur nach Sydney, war ich erstaunt, solche Fackeln nicht aus dem Sand, sondern aus der Schwärze des offenen Ozeans ragen zu sehen, von den vielen Bohrinseln dort.

Diese Fackeln haben etwas Unheimliches, sogar etwas Allegorisches an sich. Die Quellen, auf denen sie prangen, bringen vielleicht genau den Kraftstoff hervor, den das Flugzeug verbrennt, in diesem Sinne bilden die Feuer auf der Erdennacht dort unten eine Art Feuerschatten des Flugzeugs und der ganzen industriellen Zivilisation. Sie deuten auf die Kräfte hin, die wir entfesselt oder uns angeeignet haben, um so lässig Feuer in die Nacht pumpen zu können. Der Anblick dieser Fackeln, egal, wo ich ihnen auf der Welt begegne, erinnert mich an Centralia in der Kohleregion von Pennsylvania, nur ein paar Meilen von der Heimatgemeinde meiner Mutter entfernt, wo seit mehr als fünfzig Jahren dicht unter der Erde ein Grubenbrand schwelt, und aus Rissen neben dem Friedhof Dämpfe und Rauch aufsteigen und der Schnee schmilzt, kurz nachdem er auf die heute menschenleeren Straßen gefallen ist. Oder auch an die Statue des Prometheus – was »der Vorausdenkende« bedeutet –, die über der Eislaufbahn im Rockefeller Center in New York steht, vor den Worten des Aischylos: »Prometheus, Lehrer aller Künste, brachte das Feuer, das sich für die Sterblichen als Mittel für mächtige Ziele erwiesen hat.« Als mächtige Ziele können wir uns zum Beispiel Jumbojets vorstellen, die hoch über unseren Feuerminen durch die Sterne fliegen, viermal höher als die Erhebung des Olymp.

Und noch eine Art von Feuer sehen wir auf der Erde. Waldbrände sind vom Flugzeug aus kein seltener Anblick, und aufgrund der Auswirkungen des Klimawandels werden sie vielleicht noch zunehmen. Auf Flügen bei Tag über die zerknautschte Berglandschaft des amerikanischen Westens können wir hin und wieder dicke graue Rauchwolken sehen, die von brennenden Berghängen aufsteigen und hoch oben dann vom Höhenwind verzerrt und verwirbelt werden. Winde ändern mit der Höhe oft ihre Geschwindigkeit und Richtung, daher verhalten sich die Rauchwolken von Waldbränden wie eine grafische Darstellung der veränderlichen Winde, durch die sie aufsteigen.

Die Etappen auf den Rückflügen aus dem amerikanischen Westen finden häufig nachts statt, wenn der Rauch zwar nicht sichtbar ist, aber die Flammen manchmal schon. Die Intensität von Helligkeit und Farbe des Feuers, destilliert durch die Entfernung, ist dann erschreckend und unvergesslich, während der Aufmerksamkeitswert von so ziemlich allem anderen im Blickfeld rapide sinkt. Die Leuchtkraft solcher Flammen wirkt wie aus einem Schmiedeofen kommende, winzige geschmolzene Halbmonde, über die Hänge gegossen, die selbst nur Schatten sind. Der Anblick ist so krass wie Blut auf Schnee.

Durch die Hitze eines Brandes steigt die Luft rasch darüber empor und bildet dann vielleicht eine Wolke, die als *Pyrocumulus* oder Feuerwolke bekannt ist. Bisweilen kann sich Eis in dieser feuergeborenen Erscheinung bilden. Ein andermal fällt, wie eine Art Anti-Phoenix, Regen aus einer solchen Wolke und löscht das Feuer, aus dem sie entstand. Blitze aus ihr können neue Brände entzünden und neue Feuerwolken gebären. In einigen Teilen der Welt – zum Beispiel auf Zypern – enthalten unsere Bordpapiere eine Mitteilung, in der wir gebeten werden, jedes Feuer, das wir sichten, zu melden. In einer solchen Bitte hallt eine der frühesten Verwendungen des Flugzeugs nach. Ich kann mich nicht erinnern, dass wir je eine solche Meldung mitbekommen oder auch nur das Wort »Feuer« im Funk vernommen hätten. Sollten wir jemals einem Fluglotsen am Boden einen Brand melden, werde ich meine Worte mit Bedacht wählen.

Ich befinde mich auf dem Weg von London nach Johannesburg. Das hier ist mein *hot-and-high*-Training, ein Flug zu einem hoch gelegenen Flughafen mit warmem Klima, eine Kombination von Bedingungen, die Piloten vor eine Reihe von Herausforderungen stellt.

Im Moment genieße ich allerdings noch die eigentümliche Atmosphäre eines langen Nachtfluges, das Gleichförmige, Gelassene an dieser Flugphase. Die Passagiere haben zu Abend gegessen und schlafen, das Licht in der Kabine ist gedimmt, ein Pilot ruht sich in der Schlafkoje aus, während die Unterhaltung im Cockpit verebbt ist. Diese Momente gehören zu den reizvollsten des Nachthimmels – ihre Stimmung der Zuversicht wiegt sanft den Rumpf, während wir uns frei und in völliger Einsamkeit zwischen den überfüllten Städten an den beiden Enden unserer Reise bewegen. Ich male mir gerne aus, wie das Flugzeug wohl von außen aussähe, in den Augen irgendeines graziösen, geflügelten Beobachters, der sich mühelos durch die afrikanische Nacht zu ihm emporschwänge. Überwiegend dunkel, die Rollos geschlossen, ein paar Begrenzungsleuchten an den Extremitäten, der Körper des Gebildes als Umriss vor den Sternen zu erkennen.

Jetzt befinden wir uns über Sambia, und ich sehe ein schwaches Glühen am Horizont. In der extremen Klarheit der Nacht erscheint Licht in so einer enormen Entfernung, dass lange Zeit unklar bleibt, ob es sich bei dem Leuchten in der Ferne um eine Stadt handelt, den aufgehenden Mond, das schwache Licht des Tages, der sich auf der anderen Seite der Welt ausbreitet, oder einfach nur die nahende Morgendämmerung.

Eine Viertelstunde später erkennen wir, was den Himmel aus dieser Entfernung erhellt hat: eine unglaubliche Anzahl von Feuern in den dunklen Ebenen unter uns. Dies sind nicht die kurzlebigen Kränze eines Waldbrandes im Gebirge, sondern Dutzende miteinander verbundener Lichtkurven, die in ihrer Form flammengekrönten Buchstaben oder Wellen auf etwas Pechschwarzem gleichen. Bald befinden wir uns direkt über diesen lodernden Runen. Sie erstrecken sich von unter uns bis zum Horizont.

Noch nie habe ich vom Cockpit aus etwas so Verstörendes gesehen. Der Anblick rührt an all unsere alten Mythen und Ängste, der Archetyp einer Feuerregen-Apokalypse von Jung'schem Kaliber, der die menschliche Ordnung zerschmettert und Tiere auseinandertreibt. Die Angst vor Feuer ist so ursprünglich, dass das Erschütterndste daran unsere erhabene Gegenwart und Fortbewegung über eine solche Szenerie ist – unseren »Überblick« in einem buchstäblichen Sinn des Wortes. Ich bin geschockt über den Widerspruch zwischen einer tief verwurzelten Reaktion auf den Anblick einer solchen Feuersbrunst und dem vollkommen sicheren physischen und geistigen Abstand des Flugzeugs dazu – eine Tasse Tee in der Hand, 300 Passagiere, die gerade in den Schlaf sinken oder erwachen, Frühstückstabletts, die auf dem Servierwagen warten, all die Ingenieurs- und Wartungsexpertise, die sich der Gewährleistung unserer Sicherheit widmet, nicht zuletzt vor Feuer. Das brennende Land dreht sich auf uns zu und dann lassen wir es hinter uns, verschluckt, wie alles andere auf der Welt, von der stetigen Vorwärtsbewegung der Tragfläche.

Bald nach Sonnenaufgang beginnen wir mit unserem Sinkflug in einen strahlenden, staubtrockenen, ganz normalen Wochentag in Johannesburg, wo sich im klaren Morgenlicht die Fernstraßen über das meilenhohe Land schlängeln und zu dieser Stunde so ein gleichmäßiges Brummen und Summen herrscht, dass man es einem Passagier, der noch nie hier war, nicht verübeln könnte, wenn er glaubt, dass wir in Los Angeles landen. Später im Hotel suche ich am Computer nach Berichten über die Brände, finde aber nichts. Ich kann nicht glauben, dass etwas so Außergewöhnliches keine Schlagzeilen gemacht hat. Ein paar Tage später sehe ich noch einmal nach, und noch immer ist rein gar nichts zu finden über die Landflächen, die wir in der Nacht haben brennen sehen.

Bevor es GPS gab, brachten es die kleinen, aber unvermeidlichen Ungenauigkeiten der Navigation mit sich, dass Flugzeuge auf derselben Route automatisch voneinander getrennt waren. Doch nachdem Navigationssysteme mit GPS aufgerüstet worden waren, konnten sich die Wege von Flugzeugen ziemlich genau überlagern – so genau, dass Piloten in manchen Teilen der Welt wieder ein zufällig gewähltes *offset*, eine Verschiebung, einführen und genau parallel zu der herausgegebenen Route fliegen, zum Teil, um die Turbulenzen der Nachlaufströmung eines anderen Flugzeugs zu vermeiden, und zum Teil, um etwas von der einstigen Zufälligkeit zurückzuholen, die neben den Anweisungen der Fluglotsen und diversen Bordsystemen eine weitere trennende Lage zwischen einander nahen Flugzeugen bildet.

Flugzeuge auf verschiedenen Höhen durchkreuzen Wege häufig frontal, allerdings in schrägen Winkeln, und ihre geraden, schnellen Linien führen zu einer wunderbaren Präzision und Komplexität, als zeichneten sie die Lösung einer Textaufgabe in einem Kurs für himmlische Geometrie. Ein andermal fliegen Flugzeuge, die auf derselben Route in entgegengesetzte Richtungen unterwegs sind, direkt übereinander vorbei. Das ist üblich über Russland und Afrika, wo lange, transkontinentale Luftwege häufig vom Flugverkehr in beide Richtungen genutzt werden.

Obwohl wir ein nahendes Flugzeug für gewöhnlich auf unseren Computerbildschirmen sehen, lange bevor wir es mit eigenen Augen sichten, bleibt es ein wichtiger und verblüffender Teil meines Jobs, aus dem Fenster zu schauen. Die Annäherungsgeschwindigkeit zweier Flugzeuge ist verheerend, gut und gern 2000 Stundenkilometer. Man sieht das entgegenkommende Flugzeug erst, wenn es über einem ist, und dann ist es auch schon weg. Das schnellste Ereignis, das ich je mit eigenen Augen sehen werde, und ein besonders deutlicher Blick auf »diese ganze neue Sache mit der Geschwindigkeit«, wie es in Faulkners Beschreibung der Fliegerei heißt.

Einmal fuhr ich mit dem Auto durch das ländliche Südafrika. Nach Einbruch der Dunkelheit waren die Straßen so gut wie leer, und später sagte man uns, dass es nicht sehr klug von uns war, spätabends weitab von jeder Stadt auf den verlassenen Straßen zu fahren. Wenn wir ganz selten mal die Lichter eines anderen Autos in der Ferne sahen, machten wir uns gegenseitig darauf aufmerksam und bereiteten uns geistig auf den Krach vor, die hellen Scheinwerfer, den wechselseitigen Stoß, der beide Wagen im Augenblick des nächtlichen Abklatschens durchrütteln würde. Dann redeten wir über etwas anderes, hörten mehrere Lieder und führten eine Unterhaltung, bis wir wieder irgendwelche Lichter sahen, vielleicht wenn wir an die Kuppe eines Hügels gelangten. Es dauerte einen Moment, ehe uns klar wurde, dass das dieselben Scheinwerfer desselben Autos waren, das immer noch weit weg war und das wir völlig vergessen hatten. Die Lichter in einer so deutlichen Entfernung in einer absolut dunklen Landschaft weckten immer die Illusion, dass das Auto viel näher sei.

Nachts in einem Flugzeug ist dieser Effekt stark vergrößert. Wir sehen ein sich näherndes Flugzeug – oder zumindest dessen Lichter – über eine viel größere Entfernung, als es bei Tag möglich ist, etwa 60 Kilometer, obwohl es sich dabei natürlich trotzdem um eine Entfernung handelt, die in Minuten zu messen ist. Ich denke dann gern an den Namen eines Ortes, der 60 Kilometer von zu Hause entfernt liegt, und daran, was es über die Klarheit der Luft und die vollkommene Dunkelheit in dieser Höhe aussagt, dass man Licht über solche von allem losgelösten Entfernungen hinweg sehen kann.

Wenn ich mit dem Bus fahre, beobachte ich dann und wann, wie der Fahrer dem Kollegen eines entgegenkommenden Busses beiläufig zuwinkt. Ich weiß nicht, wie gut sie sich kennen, ob sie befreundet sind oder einfach nur Fremde, die eine berufliche Höflichkeitsgeste austauschen. Wenn Flugzeuge fliegen, leuchten immer irgendwelche Lichter, doch im Himmel über den einsameren Gegenden Afrikas, in den frühen Morgenstunden eines langen Nachtflugs, kommt es vor, dass der Pilot eines Flugzeugs kurz die Landescheinwerfer aufblinken lässt, wenn er ein anderes nahen sieht. Das wirkt wie eine Welle durch das eisige Nichts über den Dschungeln oder Wüsten, vielleicht unter dem aufgehenden Kreuz des Südens. Wenn der andere Pilot das Aufblitzen der Lichter sieht, erwidert er den Gruß.

Manchmal ist das, was aussieht wie solche Blitze eines Flugzeugs in großer Entfernung, in Wahrheit ein Stern oder ein Planet, der durch eine Schicht der Atmosphäre flimmert. Dieser Effekt führt zu Geschichten merkwürdiger Sichtungen, so etwa die Erzählung eines alten Piloten: Ein Copilot hat gerade durch ein Aufblitzen der Landescheinwerfer ein vermeintlich sich näherndes Flugzeug gegrüßt, woraufhin sein Kapitän ihn fragt: Haben Sie Freunde auf der Venus, mein Junge?

Am häufigsten erlebe ich diese wechselseitige, warmherzige und zugleich einsame Geste mit den Landescheinwerfern auf Flügen von London nach Kapstadt, wenn wir einem entgegenkommenden Flugzeug unserer Fluggesellschaft begegnen, als hätte jedes der Flugzeuge nur in die Lüfte abgehoben, um dem anderen als Meilenpfosten des Lichts zu dienen. Es erinnert mich an die alten Linienschiffe der Union-Castle Line, die Southampton und das Kap jede Woche am selben Tag verließen und sich dann auf See begegneten. Hoch über diesen Gewässern, während nahezu alle anderen an Bord schlafen, sehe ich die Scheinwerfer des Flugzeugs unserer Gesellschaft. Ich strecke die Hand nach den beiden Landelichtschaltern auf dem Bedienfeld über unseren Köpfen aus, und die Strahlen von den Tragflächen, wenn auch nur Nadelstiche in der Weite der Nacht, salutieren dem Schiff gegenüber, dessen Lichter ebenfalls einen kurzen Gruß über unsere Windschutzscheibe schnellen lassen. Kein Wort wird über Funk gewechselt, und der Austausch geht so schnell vonstatten, dass ich noch nicht einmal die Hand von den Schaltern genommen habe. Die Tragflächen unter dem Eisfeld der afrikanischen Sterne werden wieder dunkel, und unsere beiden Jets fliegen in einem stummen Bogen aneinander vorbei, jeder auf einen Morgen in der Stadt zu, die der andere verlassen hat.

HEIMKEHR

ICH BEFINDE MICH im Zentrum Tokios. Die Fahrt von unserem Hotel in Narita in die Stadt ist bei Tageslicht ziemlich anstrengend, ein
Schwimmen gegen den Strom des Jetlag, aber so werden meine Kollegen und ich etwas von der Stadt sehen und heute Nacht alle gut schlafen.
Wir besuchen ein paar Sehenswürdigkeiten, an die ich mich von meinem
kurzen Sommeraufenthalt auf dem Weg zu meinem Schüleraustausch
in Kanazawa und von meinen späteren Geschäftsreisen in die Stadt erinnere.

Wir betreten den riesigen Platz unter den Zwillingstürmen des Tokyo
Metropolitan Government Building, die ein paar Monate vor meinem
ersten Besuch eröffnet hatten. Die Gruppe Mitschüler, der ich mich für
jenes Sommerabenteuer angeschlossen hatte, wurde von einer kalifornischen Studentin um die zwanzig beaufsichtigt. Sie wollte uns die Augen
für die Welt um uns herum öffnen. Ihr Lieblingsspruch lautete:»Wo immer du hingehst, da bist du.« Er verblüffte mich damals schon, als meine
Reise mich vom ländlichen Massachusetts in ein Land führte, von dem
ich nie gedacht hätte, dass ich es einmal besuche. Heute, eineinhalb Jahrzehnte später, muss ich lächeln, wenn ich an ihre Worte denke, die das
Problem des *Placelag* ausdrücken und zugleich wie eine Art Zauber-
spruch dagegen wirken.

Meine Kollegen und ich sind heute Morgen mit einer 747 hergeflogen,
und jetzt studieren wir lachend unsere Stadtpläne und suchen ein Lokal,
um Mittag zu essen. In zwei Tagen werden wir wieder nach Nordosten
fliegen, über Sibirien, nach Hause.

Im mittäglichen Licht dieser fernen Stadt, wo ich mit Leuten, die ich
gestern noch gar nicht kannte, unterwegs bin und lache, versuche ich,
mein langsameres Ich zu betrachten, mit dessen Steinzeittempo und
-horizont wir alle geboren sind. Es hat London noch gar nicht verlassen,
werkelt noch zu Hause herum. Es besitzt nicht einmal einen Reisepass,
es würde niemals fliegen. Es kann sich keine Entfernung vorstellen, die
es nicht selbst zu Fuß zurückgelegt oder über ein offenes Feld oder ein
Tal hinweg gesehen hat. Wenn ich in weniger als zwei Tagen nach Hause
komme, werde ich es vielleicht dabei antreffen, wie es sich gerade von
der Wohnung verabschiedet. Es trägt seinen Rucksack mit allem, was es

zu brauchen glaubt, und sein festestes Schuhwerk. Ich werde ihm draußen auf dem Absatz begegnen, wenn ich gerade die Treppe heraufkomme. »Das brauchst du alles nicht. Ich bin jetzt wieder da«, werde ich sagen, an ihm vorbeigehen, die Kopfhörer aus den Ohren nehmen, meinen Reisepass in ein Regalfach werfen, das Radio anmachen, die Füße auf die Couch legen und die Post durchblättern.

Meine Kollegen und ich schlendern durch eine Seitenstraße in Tokio. Wir machen ein kleines Restaurant ausfindig, wo wir frittierte Teigtaschen zu Mittag essen. Danach kehren wir ins Sonnenlicht zurück, und ich versuche einen Passanten nach dem Weg zum Meiji-Schrein zu fragen.

Auf dem Flug von London hierher bat ich ein Besatzungsmitglied, mir beim Verfassen einer Ansage auf Japanisch zu helfen. Ich musste sie in Langschrift schreiben. Meine Sprachkenntnisse sind seit meinem Aufenthalt hier ziemlich eingerostet, so stark, dass die Gliederung meiner Sätze, die ich nicht mehr allein bilden kann, eher einem linguistischen Phantomglied gleicht. Als ich anfing, als Pilot nach Japan zu fliegen, stimmte mich die Entdeckung dieses Verlusts tieftraurig. Ich redete mir ein, dass ich in ein paar Wochen hier bestimmt alles wieder auffrischen würde, was mir von der japanischen Sprache abhandengekommen war. Schon nach ein oder zwei Tagen spürte ich es zurückkehren. Aber mittlerweile weiß ich, dass ich niemals genug Zeit hier verbringen werde, um jene Wörter und Zeichen wiederzufinden, zumindest nicht durch meine Arbeit. Ich weiß, dass ich in ein paar Wochen nach London heimgekehrt und dann nach São Paulo und Delhi gereist sein werde, wo ich in anderen Straßen andere Sprachen höre. Die Sprache, die mir mein Beruf gegeben hat – Wörter und Namen, die mit dem Flugzeug selbst zusammenhängen, die neuen Geografien des Himmels und die kleinen oder fernen Orte auf der Erde, von denen ich noch nie zuvor gehört hatte –, kann das nicht ersetzen, doch auch sie gibt mir hin und wieder etwas. Außerdem existiert in der Luftfahrt eine Art Zeichensprache, durch die jemand am Boden, wenn kein Sprechkontakt möglich ist, den Piloten eines Flugzeugs in Bewegung mitteilen kann, dass es anhalten, geradeaus fahren, links oder rechts abbiegen soll. Oder ein Pilot kann dem Bodenpersonal anzeigen, dass die Bremsen aktiv sind oder ein

Triebwerk startet. Diese Gesten, in denen sich die Formsignale von Flaggen und Kellen wiederfinden, die für die Kommunikation zwischen Schiffen verwendet werden, sind international genormt. In unseren Handbüchern sind sie schematisch mit Pfeilen dargestellt, die genau zeigen, wie sich die Hände bewegen müssen. Diese Seiten erinnern mich immer an die Unterrichtsmaterialien für Zeichensprache, die meine Mutter in ihrer Logopädiepraxis benutzt hat.

Andere Gesten sind dagegen nirgendwo niedergeschrieben. Wenn ein Flugzeug startet, hält etwa ein Mitarbeiter des Bodenpersonals den Daumen hoch oder winkt uns, und solche Momente sind die besten Gelegenheiten, um Ausdrücke wie *fare well* zu »Reise wohl« zu entkoppeln oder über die Etymologie von *goodbye*, nämlich *God-be-with-you,* zu sinnieren. In Japan steht das Bodenpersonal oft in sicherem Abstand zum Jumbojet und verbeugt sich vor diesem, wenn wir unsere Heimreise antreten.

Am Meiji-Schrein angekommen, treten wir durch das majestätische Holztor, wobei man sich als Besucher verbeugt. Solche zeremoniellen Tore, die einen Übergang zwischen einer Stadt, einem Tempel oder einem Schloss und dem markieren, was jenseits ihrer Grenzen liegt, haben mir schon immer imponiert. Auf einer meiner Reisen nach Japan hat mir ein Deutscher, der in Tokio lebt, ein paar deutsche Wörter aufgezählt, die ins Japanische aufgenommen wurden, unter anderem *arubaito*, was Teilzeit*arbeit* bedeutet, und *Enerugii* – Energie – mit verräterisch hartem »g«. Ich hatte kurz zuvor das japanische Wort für bestimmte Tore, *torii* gelernt und fragte ihn, ob es vielleicht etwas mit dem deutschen »Tor« zu tun haben könnte. Doch er verneinte – *torii* bedeute Vogelsitz, und dieser Begriff sei sowohl in Europa als auch in Japan zu alt dafür. Er stammt aus der Zeit vor den durch Schiffe ins Leben gerufenen kulturellen und linguistischen Übertragungskanälen, die heute natürlich von Flugzeugen aufrechterhalten werden.

Ein »Tor« hat die Macht, einen Ortsnamen vom Rest der Landkarte abzuheben, einen Namen in die Maserung eines Ortes einzubetten, in die langen Meilen und Jahre der Geografie und Geschichte, die ihn umgeben. Ein Pilot stößt beim Spazieren durch die Städte der Welt oder wenn er in einem Café sitzt und über einen Ort liest, den er in der Nacht zuvor überflogen hat, auf viele prachtvolle Namen von Toren, seien sie nun menschengemachte oder natürliche Zugänge zu Städten: das verdächtig alt aussehende Tor des Fort Canning Park in Singapur, das Goldene Tor von Istanbul oder auch das Golden Gate von San Francisco, das Lions Gate von Vancouver und die nach ihnen benannten Brücken. Die neue Brücke über der Bucht von Tokio in der Nähe des Flughafens Haneda gefällt mir fast so gut wie ihr Name: Tokyo Gate Bridge. In der Türkei gibt es im Gebirge die Syrische Pforte, ein hoher Pass, in dessen Nähe ich schon gelegentlich vorbeigeflogen bin und durch den, wie mir ein Kollege erzählte, Alexander der Große marschiert ist.

Reisende finden mitunter Tore besonders reizvoll, die nicht danach benannt wurden, wo sie stehen, sondern, wohin sie führen. Das Brandenburger Tor in Berlin führte in die Stadt Brandenburg an der Havel, der das Bundesland Brandenburg seinen Namen zu verdanken hat. Passenderweise wurde dieser Name, den Ausländer vielleicht am stärksten mit dem Tor im Herzen von Berlin verbinden, dem neuen Flughafen der deutschen Hauptstadt verliehen. An meinem allerersten Morgen in Delhi entdeckte ich auf einem Stadtplan das India Gate und sprang sogleich in die U-Bahn, um es mir anzusehen. Aber im Zug hätte ich um ein Haar den Kurs geändert, als ich Schilder zum Kaschmir-Tor sah. Manchmal breiten sich die Namen der Tore auf ein umliegendes Gebiet aus und überdauern sogar noch lange, nachdem das ursprüngliche Tor verschwunden ist, so im Fall des Toranamon in Tokio: das »Tigertor« war einst das Südtor der Burg Edo. London kann kaum mit besseren Namen als Bishopsgate und Moorgate aufwarten, die nicht als Gebäude überlebt haben, sondern als das klangvolle Erbe der London Wall aus der Römerzeit.

Als ich regelmäßig nach Paris flog, dachte ich von Zeit zu Zeit an Tore und Flughäfen, wenn ich durch die Porte de la Chapelle in die Stadt fuhr. Ich rede mir gerne ein, dass diese lange Tradition der Tore dem Wort »Gate«, wie es heute auf Flughäfen verwendet wird – schlicht mit Zahlen oder Buchstaben gekennzeichnet –, einen Funken Größe verleiht. Auch diese stellen Zonen des Übergangs zwischen den Flugzeugen und dem Flughafen dar, die geschlossen und geöffnet werden können: Das, was wir durchschreiten, um die moderne Stadt zu betreten. Amerikas einst große Eisenbahnstationen, die Flughäfen einer früheren Ära, stellten hochtrabende Vergleiche mit den Toren mittelalterlicher Ortschaften an. Ich spreche kein Norwegisch, was ein Grund sein könnte, weshalb das Wort für die Zollabfertigung – *toll* (wie das historische englische Wort für Wegezoll, A. d. Ü.) –, das man auf Oslos schönem und modernem Flughafen liest, bei mir meist das Gefühl des feierlichen Durchschreitens einer Stadtmauer hervorruft.

Ich bin nie den Eröffnungsflug einer neuen Route geflogen. Traditionell spritzt die Flughafenfeuerwehr als Willkommensgruß weiße Wasserfontänen bogenförmig über das darunter durchrollende Flugzeug, eine Zeremonie, deren Komponenten – Wasser, ein Bogen – sehr archetypisch wirken, sicherlich wesentlich älter und schlichter, als die Feuerwehrfahrzeuge vermuten lassen. Wenn wir aus einer Passagiermaschine aussteigen und uns in ein Terminal begeben, ist es vielleicht zu viel verlangt, an ein Fallgatter zu denken, das hochgezogen wird, oder Flaggen, die unter dem Blick aufwendig uniformierter Wachen im Wind flattern. Und doch waren Reisende im Mittelalter mit Sicherheit auch übernächtigt und hungrig. Wir vergessen, dass einige unserer größten und modernsten Flughäfen, jene gewaltigen, von führenden Architekten unserer Zeit entworfenen Glas- und Stahlkonstruktionen, eines Tages altmodisch aussehen werden. Wir können nicht wissen, welche Art von Nostalgie sie einst hervorrufen, welche romantischen Gefühle für ein früheres Zeitalter der Reisen und Städte – *unser* Zeitalter der Reisen und Städte – sie eines Tages verkörpern.

Bevor wir landen, müssen Piloten Himmelstore passieren. In der Schule lernte ich in Physik, welche potenzielle Energie eine Bowlingkugel im Ruhezustand besitzt, hoch oben in einem Regal zum Beispiel, und welche kinetische Energie, wenn sie über den Boden rast. Ein Flugzeug, das mit Reisegeschwindigkeit unterwegs ist, besitzt von beidem eine Menge – Höhe über dem Boden sowie Geschwindigkeit durch die Luft. Doch wenn es dreißig Minuten später an einem Gate geparkt hat, besitzt es effektiv keins mehr von beidem: es bewegt sich nicht vorwärts und hat keine Höhe gespeichert.

Mit Rücksicht auf andere Flugzeuge, Hindernisse am Boden, die ausgegebenen Anflugverfahren auf Landebahnen und die Anweisungen der Fluglotsen müssen Piloten die Flughöhe reduzieren. Die Geschwindigkeit des Flugzeugs muss den Forderungen der Fluglotsen entsprechen, deren Aufgabe darin besteht, ihren Luftraum und die Rollbahnen so effektiv wie möglich auszunutzen; außerdem müssen allgemeinere Geschwindigkeitsbegrenzungen eingehalten werden: So wie das Tempolimit sinkt, wenn Sie sich mit dem Auto einer bebauten Gegend oder einer Ortschaft nähern, gelten in einem Großteil der Welt auch für Flugzeuge unterhalb einer bestimmten Höhe Geschwindigkeitsbegrenzungen. Vor allem aber darf das Flugzeug beim Aufsetzen weder zu schnell noch zu langsam sein. Die Tragflächen eines modernen Linienflugzeugs sind so effizient, dass eine zu hohe Geschwindigkeit eher problematisch ist als eine zu geringe. Der Vorgang, Höhe und Geschwindigkeit zu reduzieren, wird treffend als »Energiemanagement« bezeichnet und gehört zu den größeren Herausforderungen für die Piloten einer Passagiermaschine.

Manchmal höre ich, wie über einen Flugzeugtyp gesagt wird: »*it can go down or slow down*«, was bedeutet, dass er nur entweder gut sinken oder langsamer werden kann, aber nicht beides gleichzeitig. Dies ist ein Kompliment, denn es bedeutet, dass das Flugzeug und seine Tragflächen gut konstruiert sind, aber zugleich eine Warnung, dass es schwerer sein kann, die Energie eines solchen Jets zu »managen«.

Um sicherzustellen, dass wir beim Aufsetzen die korrekte Energie haben, führen wir im Himmel ein *backup* dieser Anforderungen durch, nicht im informationstechnologischen Sinn einer Sicherungskopie, sondern im physischen Sinn eines Zurücksetzens in Zeit und Raum. An diesen festen Punkten während des Anflugs teilen wir uns gegenseitig laut mit, ob wir zu hoch oder zu niedrig, zu schnell oder zu langsam sind. Diese Punkte im Himmel werden *gates* genannt: Orte, die wir nur unter bestimmten Voraussetzungen passieren können. Wir unterscheiden zwischen *soft gates* – Tagesempfehlungen, die sich nach dem Wetter, unserem Gewicht und den Winden richten – und *hard gates*, durch die wir nur fliegen dürfen, wenn, unter anderem, die Energie des Flugzeugs der verbleibenden Entfernung zur Landebahn angemessen ist.

Der Grund, warum Flugzeuge vor der Landung langsamer werden, ist ganz einfach, dass ein schnelleres Flugzeug mehr Landebahnstrecke verbraucht, um anzuhalten, und Landebahnen nicht endlos lang sind. Aber ab einem gewissen Punkt kann ein Flugzeug mit seinen für einen schnellen Flug in großer Höhe geformten Tragflächen nicht mehr langsamer fliegen. Dann müssen wir die Flügelflächen des Flugzeugs vergrößern. Dies geschieht mithilfe der *flaps* und *slats* – Landeklappen und Vorflügel, die an Vorder- und Hinterkante der Tragfläche ausgefahren und abgesenkt werden können – wovon auch beim Abheben Gebrauch gemacht wird, allerdings normalerweise in geringerem Maß als bei der Landung. Die so vergrößerten und stärker gebogenen Tragflächen sind viel weniger effizient, erlauben dem Flugzeug aber, langsamer zu fliegen, eine Ineffizienz, die sinnvoll ist, wenn man auf einer Rollbahn mit begrenzter Länge abheben oder landen will.

Tragflächen, die nicht vergrößert sind, sind *clean,* und der Vorgang des Vergrößerns wird auch *dirtying up* genannt. Ein hilfsbereiter Fluglotse sagt den Piloten oft, dass sie ihre *minimum clean speed* fliegen sollen, was bedeutet, dass sie langsamer werden sollen, aber noch kein Grund besteht, ineffizient zu werden. Die Tragflächen der 747 verfügen über sieben Konfigurationen – eine »saubere« und sechs »schmutzige«. Während des Anflugs findet das Ausfahren stufenweise statt. Auf jeder Stufe verringert sich sowohl die Maximal- als auch die Minimalgeschwindigkeit des Flugzeugs, also können wir am Ende jeder Stufe langsamer werden und die nächste einleiten. Die vierte der schmutzigen Konfigurationen wird üblicherweise beim Start benutzt, die fünft- oder sechstschmutzigste für die Landung.

Das Vergnügen, unsere Tragflächen wachsen zu sehen, das oft von einem Gefühl des Langsamerwerdens begleitet ist, das für alles steht, was wir für unsere Rückkehr aufgeben müssen, bleibt größtenteils den Passagieren vorbehalten, die nicht nur die Zeit haben, über das mechanische, behutsam abgestufte Zurücknehmen unserer Höhe und Geschwindigkeit zu sinnieren, sondern auch einen besseren Blick auf den wachsenden Flügel. Es lohnt sich, bei Ihrem nächsten Flug nach einem Fensterplatz an der Hinterkante des Flügels oder kurz dahinter zu fragen. Die Freude dieses Anblicks vor der Landung könnte kaum schlichter sein: wir breiten unsere Flügel aus, um heimzukehren.

Verbreiterte Flügel gehören auch zu den Wundern, einem Flugzeug vom Boden aus bei der Landung zuzusehen. Wenn ein Flugzeug vor der Landung direkt über sie hinwegfliegt – vielleicht in einem Stau in der Nähe des Flughafens oder wenn Sie gern an einem Ort picknicken, wo sich Flugzeugliebhaber genau wegen dieser Erfahrung versammeln –, sind die ausgebreiteten Flügel mit den leicht zu erkennenden Schrauben und Muttern vielleicht das Atemberaubendste an diesem Moment; natürlich abgesehen davon, überhaupt etwas von der Größe einer 747 in der Luft zu sehen. Mit ihren riesigen, gebogenen, in den Wind gestreckten Landeklappen, den Triebwerken, die sich gegen diesen neuen, selbst erschaffenen Widerstand stemmen, sieht sie aus wie der ankommende Vogel, der sie ist – die Beine nach vorn gestreckt, die Flügel ausgebreitet, bereit für den bevorstehenden Augenblick.

Ich schaue immer noch gerne vom Boden zu Flugzeugen hoch und wähle einen Fensterplatz, wenn ich als Passagier fliege. Solche Momente bilden nach wie vor eine eigene Erfahrungswelt, fast völlig abgetrennt von der Arbeit im Cockpit. Im Allgemeinen bewegt mich das Fliegen nicht etwa am meisten, wenn ich selbst ein Flugzeug lande, sondern wenn ich vielleicht eine Stunde danach auf einem Freeway den Flughafen von Los Angeles verlasse und nur ein paar hundert Fuß über dem zehnspurig fließenden, spärlichen Verkehr ein Flugzeug wie meins sehe, dessen von der Sonne angestrahlte Tragflächen stroboskopartige Blitze über die Autos streifen lassen. Der Vierzigjährige in mir beobachtet das landende Flugzeug mit einem gewissen technischen und ästhetischen Interesse, während das Kind in mir nicht glauben kann, dass es gerade noch eine der zwei oder drei Personen war, die ein Flugzeug in seinen letzten donnernden Augenblicken über den aufwärtsgewandten Blicken der Fünfjährigen dieser Welt gelenkt haben.

Es sind jetzt noch sechs oder sieben Stunden, bis ich durch jenes Tempeltor im Zentrum von Tokio gehen werde, etwa eine Stunde vor der Landung. Wir tüfteln unsere Passage durch die Tore des Tokioter Himmels aus. Wir planen, wie dieses Flugzeug, das, seit wir die Oberfläche der Welt nahe London verlassen haben, immer höher gestiegen ist, nun bald sinken, langsamer werden und auf die Erde zurückkehren soll.

Ich mache mir ein paar Notizen für meine Ansagen an die Passagiere. Ich forme die japanischen Wörter mit den Lippen, bevor ich sie ausspreche. Gegen Ende von *Citizen Kane* fragt Susan, wie spät es in New York ist. Elf Uhr dreißig, antwortet Kane. Über Susans Entgegnung werden Langstreckenpiloten schmunzeln: Nachts? Im Cockpit wird ausschließlich die Mittlere Greenwich-Zeit angezeigt, daher gleiche ich meine Berechnung der Ortszeit an unserem Zielort wie immer mit einem Kollegen ab. Die Form solcher Fragen im Cockpit spiegelt wider, wie sich die Sprache des Ortes verändert. Wie spät ist es »hier«?, frage ich, und nicht »dort«, obwohl wir vielleicht noch 400 Meilen, eine Tagesreise mit dem Auto, sogar eine ganze Zeitzone von unserem Ziel entfernt sind. Auf jeden Fall sind *hier* und *dort* kurz davor, aufeinanderzutreffen.

Wir neigen dazu, uns Reisen, selbst solche durch die Luft, als seitliches oder bogenförmiges Streben vorzustellen, eine Bewegung über oder um die Welt herum. Aber im Cockpit empfindet man die Ankunft viel mehr als vertikal. Auf Reisehöhe liegt jedes Wetter, das zu Komplikationen führen kann, unter uns. Während des Sinkflugs dringen wir nicht nur von der Seite in das Wetter unseres Zielortes ein, sondern auch von oben. Wir kehren zum *terrain* zurück, ebenfalls der generische Ausdruck für die Erdoberfläche; wir sinken in das Reich der Berge hinab, die sich neben uns befinden können statt unter uns.

Nachdem wir die Ankunft »gebrieft« haben – das Wetter, unsere Zielgeschwindigkeiten und -höhen an den verschiedenen *soft* und *hard gates* und unsere Aktionen, falls wir diese Ziele verfehlen, die Landebahn, unsere erwartete Rollstrecke nach der Landung, oft einer der komplizierteren Parts einer Ankunft –, folgen in der Regel ein paar ruhige Minuten, bevor wir unsere erste Sinkfreigabe erhalten.

Ist diese Freigabe erfolgt, geben wir sie in den Autopiloten ein, und zum verabredeten Zeitpunkt drehen die Triebwerke in den Leerlauf, und die Nase beginnt sich zu senken. »*Here we go*«, »Los geht's«, sagt der Kapitän. Man sollte denken, dass dieser Ausdruck zu Beginn einer Reise fällt, wenn wir von einem Terminal zurückgeschoben werden, und dass solche den Moment beschwörenden Ausrufe ganz sicher zu hören sind, wenn wir die Startrollstrecke beginnen. Aber ich höre und sage etwas wie »Los geht's« selbst am häufigsten gegen Ende eines Flugs bei der Einleitung des Sinkflugs, an dem Punkt, der *top of descent* genannt wird, wenn wir die Reiseflughöhe verlassen. Los geht's – hinunter in den Raum, der anders ist, weil er tiefer liegt, hinunter in unser Ziel, das unter alldem liegt.

Weil Start- und Landebahnen selten auf einer Linie mit der Reiserichtung liegen, vollführt ein Flugzeug viele seiner ausschweifendsten und dramatischsten Wendungen nach dem Start, wenn es seine Route aufnimmt, und kurz vor der Landung, wenn es seine Route verlässt, um sich auf eine Linie mit der Landebahn zu begeben. Der Flughafen Narita liegt nicht weit von der Küste entfernt, nordöstlich von Tokio selbst. An diesem strahlenden Morgen weht der Wind aus nördlicher Richtung, daher fliegen wir eine Reihe von Kurven im Uhrzeigersinn um Narita herum und gelangen weit nach Süden auf das Wasser hinaus. Unterwegs fliegen wir nahezu direkt über den Flughafen, und unter mir sehe ich genau die Stelle, wo unser Flugzeug in fünfzehn Minuten die Erde erreichen wird. Erfreut stellen wir fest, dass unser Gate nicht belegt ist. Ein solches direktes Überfliegen der Bahn, auf der wir gleich landen werden, rufen uns unsere extreme Geschwindigkeit und Höhe und immer noch gewaltige Energie ins Gedächtnis. Völlig ausgeschlossen, rechts ranzufahren, um jemanden rauszulassen. Die einzige Möglichkeit, an die Stelle direkt unter uns zu gelangen, ist, sich mit mehreren hundert Meilen pro Stunde von ihr zu entfernen.

Auf den letzten paar Meilen vor der Landung folgen Linienflugzeuge manchmal einem Funkstrahl, der von der Landebahn aus nach oben projiziert wird. Piloten – oder deren Autopiloten – versuchen, sich an diesen Strahl zu hängen und ihm bis zur Landebahn zu folgen. Linienmaschinen nähern sich diesem Strahl im Allgemeinen aus einem seitlichen Winkel, und da sowohl dieser Winkel als auch Wind und Geschwindigkeit des Flugzeugs variieren können, kann die letzte Kurve des Flugzeugs, um den Strahl zu erwischen, zwar relativ sanft sein – manchmal aber auch nicht. An diesem Morgen bläst der Wind uns jedoch auf den Strahl zu, sodass der Autopilot mit einer wesentlich schärferen Kurve reagiert, um zu verhindern, dass das Flugzeug durch den Strahl hindurch- und auf der anderen Seite wieder hinausgeweht wird. Es lohnt sich, eine solche Kurve, die letzte größere Kurve vor der Landung, vom Fensterplatz aus zu beobachten. Ihre offensichtliche Bestimmtheit und Kraft, wenn Flugzeug und Piloten den Kurs zur Landebahn und damit zum Ende des Flugs aufnehmen, ist eins der besten Bilder der Freiheit in der Luft, aber auch des Moments, in dem sie aufgehoben wird.

Einmal flog ich spätabends von Moskau nach London. Unser Flug war aufgrund heftiger Schneefälle in Moskau verspätet, und als wir den Himmel über London erreichten, waren wir das einzige verbleibende Flugzeug, das in jener Nacht noch nach Heathrow wollte. Es war eine makellos klare Nacht über der Stadt. Obwohl wir uns immer noch außerhalb des M25 befanden, konnten wir über die Stadt hinweg auf der anderen Seite dieses Kreises, der sie umschließt, bereits den Flughafen sehen. Schon bald meldeten wir, dass wir *visual* waren – also Sicht auf die Landebahn hatten –, obwohl wir noch mehr als 25 Meilen entfernt waren. In solchen klaren und ruhigen Nächten ist es nicht nötig, durch Wolken oder Regen dem Strahl zu folgen oder den komplizierten Regularien der Geschwindigkeitskontrollen, die sonst angewendet werden, um uns an solchen normalerweise belebten Flughäfen von anderen ankommenden Linienflugzeugen zu trennen.

»Alles klar«, sagte der Fluglotse auf unsere Meldung hin, dass wir auf Sicht fliegen. Die Anweisung, die er dann erteilen sollte, war für ihn und uns eine der seltenen Erinnerungen an die kleineren Flughäfen, an denen sowohl Fluglotsen als auch Piloten trainieren. Die Freigabe für den Sichtanflug, Geschwindigkeit nach eigenem Ermessen, alle Kurven Richtung Flugplatz: »*You are cleared visual approach; free speed; all turns towards the airfield.*« Es war fast Mitternacht, als wir über die Lichter der Hauptstadt auf den Lichterteppich der Landebahn zusegelten. Und dieses eine Mal kam ich mit einem Gefühl von Freiheit an einem der belebtesten Flughäfen der Welt an, mit dem eher Piloten einer früheren Zeit vertraut waren, zurückgekehrt von einem späten Flug, um auf einem Grasstreifen zu landen, gesäumt von einer Reihe Laternen in der gerade hereingebrochenen Dunkelheit.

Meistens sind die Leute, die ich mit in den Flugsimulator nehme, von der Erfahrung der Landung faszinierter als von der des Starts. Obwohl beim Start die Startbahn den Blick aus dem Fenster beherrscht, ist das Ziel der weite Himmel über uns. Unser Blick wird nach oben gezogen, er folgt unserer Absicht, während wir uns in vielerlei Hinsicht vom Spezifischen ins Allgemeine bewegen. Bei der Landung ist das umgekehrt. Das ganze Flugzeug, jede Meile des Flugs, zielte auf dieses Land, diese Stadt, diesen Flughafen, aber vor allem auf diese Landebahn, ein paar Meilen nordwestlich von Japans Pazifikküste.

Die Technologien, die uns an diesen Punkt bringen, zu diesem Blick auf eine Stadt, begeistern mich nach wie vor. Wir sehen die Stelle von so weit weg. Wir sehen sie im Prinzip von der anderen Seite der Welt, durch Nebel, Wolken und den Himmel über vielen Ländern; wir sehen sie zwar nicht durch das dazwischenliegende Gestein hindurch, aber von weit hinter der Kurve, die wir fliegen werden, von einem anderen Tag aus. Immer wenn ich lese, dass ein Beleg für den Werkzeuggebrauch in der Natur entdeckt wurde, ein Aufflackern von Technologie bei anderen Spezies, deutet das für mich auf ein Kontinuum hin: von einem Seeotter, der schlau mit seinem Stein hämmert, hin zu Flugzeugen, die vom strahlenden Licht unserer Schöpfungen durch die Welt geleitet werden und in den letzten Augenblicken von unseren eigenen Augen.

Leute, die ungern fliegen, erklären das manchmal mit dem Gefühl, keine Kontrolle zu haben. Ich vermute, ein anderer Grund ist, dass sie nicht in die Flugrichtung blicken können. Wenn es für Menschen schon nicht normal ist, sich überhaupt so schnell zu bewegen, ist es erst recht unnatürlich, dabei nur zur Seite schauen zu können. Selbst in einem Zug sind die Fenster groß genug, um weiter nach vorn blicken zu können. In einem typischen einstöckigen Passagierflugzeug liegt das Cockpit heute an der Stelle, wo sich die Seiten der Außenhaut um die Nase wölben, daher können allein die Piloten nach vorne blicken. Doch in der zweistöckigen 747 liegt das Cockpit oben, weshalb die zwei Passagiersitze auf dem unteren Deck ganz vorn tatsächlich einen teilweisen Vorwärtsblick ermöglichen. Die beiden, die dort sitzen, werden heute Morgen geradeaus etwas von Japan sehen, unsere Rückkehr auf das Land nicht nur unter dem Flugzeug, sondern auch vor ihm beobachten können und, wie wir, ganz schlicht hier ankommen.

Bei den meisten Anflügen brauchen wir die Landebahn erst zu sehen, wenn der »DECIDE«-Aufruf kommt, ungefähr in den letzten fünfzehn Sekunden eines Flugs, aber in der Regel sehen wir sie lange vorher, wenn das Flugzeug auf seinen letzten Kurs dreht oder aus den Wolken hervorbricht. Aus der Ferne wirkt eine Landebahn wie ein Interpunktionszeichen: eine Klammer, die sich über den Boden von uns weg neigt. Zunächst sieht sie so klein aus, so kostbar und präzise abgesteckt von ihrer Umgebung wie ein Gemälde an der Wand eines Museums, das man vom anderen Ende des Raums aus betrachtet.

Wenn ich zum ersten Mal die Landebahn von ihrer Umgebung unterscheiden kann, teile ich das mit: »Ich hab sie.« Ab und zu höre ich Kollegen verkünden: »Land ahoi«, auch wenn wir während des Flugs gar nicht über dem Meer waren. Und doch ist das der treffendste Ausdruck: von oben umgrenzen die Ränder der Landebahn das einzige nützliche Land der ganzen Welt. Ein paar Monate vor diesem Flug nach Tokio war ich in einem unerwarteten Schneegestöber in Vancouver gelandet. Die meiste Zeit des Anflugs war kein Horizont zu sehen, lediglich das Muster der Landebefeuerung und des Pistenfeuers, das im Dunst hing und sich allmählich zu uns neigte, als segelten wir auf die schwebende Landebahn einer Stadt in den Wolken zu.

Viele Flughäfen besitzen, wie Narita, mehrere Start- und Landebahnen, und der ganze Komplex, wenn er sich zu uns erhebt, sieht selbst wie eine Stadt aus, die die größten Flughäfen praktisch auch sind.

Einen Flughafen mit parallelen Bahnen anzufliegen, die alle sinnvoll zum Wind angeordnet sind, ist, als nähere man sich einer Stadt auf einer Autobahn, auf der der Verkehr zunehmend stärker wird, und plötzlich bemerkt man eine Leitplanke und direkt dahinter weitere Spuren, die in dieselbe Richtung verlaufen. Oft können Passagiere ein anderes Flugzeug parallel zu ihrem eigenen fliegen sehen, während auf den breiten Straßen unter ihnen gewaltige Ströme von Leben und Fahrzeugen auf einen hoch aufragenden Haufen von Wolkenkratzern oder auf ebendiesen Flughafen zufahren; und jeder von uns ist auf dem Weg in eine Stadt.

Jetzt habe ich klare Sicht auf die uns zugewiesene Landebahn in Narita vor uns. Für einen kurzen Moment denke ich an den Sommer, in dem ich durch die Schule nach Japan kam, oder meine späteren Geschäftsreisen hierher. Ich frage mich, wer heute alles unter den Passagieren ist, welche Lieder sie gerade hören, während sie aus dem Fenster schauen. »I am visual«, sage ich. »I have control.« Ich trenne den Autopiloten und bringe die gellende Sirene zum Schweigen, die mich warnt, weil ich das getan habe. Wir fahren das Fahrwerk aus, kurz bevor wir die Küstenlinie überqueren. Wir fahren die Landeklappen ganz aus und lesen die Landecheckliste. Die Luft ist jetzt holpriger, noch eine physikalische Empfindung, die, wie das Ausbreiten der Flügel und das veränderte Lied der Triebwerke, Hand in Hand geht mit der anwachsenden Ansicht der Heimkehr.

Die Möwe Jonathan fand heraus, dass sie »sich länger und müheloser in der Luft halten konnte, wenn er ganz dicht über dem Wasser dahinflog«. Viele Piloten, ob nun dieses Buch sie zur Wahl dieses Berufs inspiriert hat oder nicht, werden verstehen, was sie damit meinte. Wenn sich ein Flugzeug in den letzten Phasen des Anflugs befindet, leitet eine gewisse Kraft der Triebwerke, gepaart mit einem bestimmten Winkel des Bugs, es nach unten auf die Landebahn. Aber diese Einstellungen müssen gegen Ende des Flugs geringfügig geändert werden. Näher am Boden beginnt die Tragfläche, mehr Auftrieb zu erzeugen, auch wenn sich ansonsten nichts geändert hat. In der 747 spüre ich das, was oft als »Schweben« beschrieben wird, über die Steuerung: eine plötzliche Weigerung des Flugzeugs, so bereitwillig wie bisher weiterzusinken.

Während sich das Flugzeug dem Boden nähert, kann die Luft unter ihm nicht mehr rechtzeitig Platz machen, also verhält sie sich wie ein Kissen. Die Nähe des Bodens verhindert auch, dass die Wirbel, die sich an den Flügelspitzen bilden, das weiterhin richtig tun, was die Effizienz der Tragfläche noch verstärkt. Wenn einem Flugzeug das widerfährt, sprechen wir davon, dass es in seine eigenen Bodeneffekte gerät. Wenn Sie das nächste Mal eine 747 nur wenige Augenblicke vor der Landung über einen Park oder eine Autobahn gleiten sehen, etwa auf der Höhe eines zwanzigstöckigen Gebäudes, denken Sie daran, dass das die Höhe ist, auf der der gigantische, ruhelose Düsenjet beginnt, sich auf der Luft niederzulassen, die Sie unter ihm atmen, ein Abschiedsgeschenk der Antigravitation des Himmels oder ein Willkommensgruß der Erde, auf die das Flugzeug heimkehrt.

Beim Start, insbesondere in einer schweren Passagiermaschine, gibt es einen vorzüglich ausbalancierten Augenblick des Zögerns, wenn in der Phase, die *rotation* heißt, zum ersten Mal die Nase angehoben wird. Dieses Gefühl der Mehrdeutigkeit der Luft ist nicht gänzlich eingebildet, nicht allein die Folge eines hartnäckigen primitiven Unglaubens an die Möglichkeit, sich jemals in den Himmel zu erheben. Beim Rotieren hebt sich die Nase, was bedeutet, dass sich das Heck absenken muss, und Passagiere, die hinten im Flugzeug sitzen, haben das berechtigte Gefühl, dass sie in der Luft abgesunken sind, in dem Moment, als sie genau das Gegenteil erwarteten. Sie gehen hinunter, bevor sie hochgehen. Dann, beim Abheben, das kurz nach dem Rotieren erfolgt, verlässt das Gewicht des Flugzeugs endlich die Räder und ruht dann voll und ganz auf dem aufwärtsstrebenden Bogen der sich stärker biegenden Tragflächen, was einem erneut ganz kurz das Gefühl verleiht, sich nach hinten zu lehnen.

Diese Effekte, die dem Aufschwingen weichen, kaum dass wir sie überhaupt wahrnehmen konnten, tragen zu dem absoluten Schwellenmoment des Fliegens bei, als müssten die Glaubensartikel oder die Zahlen hinter der Physik des Vorhabens bei jedem Flug rasch beschworen oder neu berechnet werden.

Die kurze Pause beim Start, dieses Dazwischenhängen, findet seinen Zwilling am Ende jedes Flugs. In den letzten paar hundert vertikalen Fuß unserer Reise von London, als ich beginne, den Bodeneffekt zu spüren, senke ich leicht den Bug, nehme einen Hauch Schubkraft zurück. Der Kapitän ruft den neuen Schub aus, den ich intuitiv gesetzt habe, damit ich nicht auf die Anzeigen schauen muss. Bei etwa 30 Fuß – 90 Zentimeter – über Japan, ziehe ich die Nase hoch und fange an, die Schubhebel zu schließen. Wieder spüre ich jenen Moment des Schwebezustands: das Gefühl, dass weiterzufliegen ebenso wahrscheinlich ist wie alles andere, dass eine Frage gestellt, aber nicht beantwortet wurde. Dann fließt der schwer erkämpfte Auftrieb wie Wasser von den Tragflächen herunter, und wir landen.

Oft fliege ich über einen Ort, der auf irgendeine Weise mit meinem eigenen Leben verknüpft ist. Wenn ich nach Boston fliege, übernachte ich manchmal nicht in dem offiziellen Hotel der Crew, sondern besuche stattdessen Freunde nördlich der Stadt. Am nächsten Abend fliegt das Flugzeug im Steigflug direkt über ihren Ort. Wenn ich den Fluss in der Nähe des Hauses meiner Freunde sehe, denke ich an den Tisch, den sie für mich gedeckt haben und den dankbaren Piloten, der zu ihnen nach Hause kam und keinerlei *Lag* verspürte, bis es Zeit war, wieder abzufliegen.

Hin und wieder fliege ich auch über einen Ort, den ich in einem anderen Zusammenhang oder zu einer anderen Zeit kannte, und der Anblick belebt die Erinnerung mit einer Intensität, die ich nicht finden würde, wenn ich noch mal dorthin reiste. Als ich klein war, verbrachte meine Familie ein paar Sommer am Lake Winnipesaukee in New Hampshire, in einer Hütte, wo es selbst im Juli morgens so kalt war, dass man Feuer machen musste. Ab und zu sehe ich vom Himmel aus die Ecke, die wir von jenem See kannten. Es ist ein Glücksmoment, wenn ich heute zufällig auf ihn stoße, drei- oder viermal so alt wie beim letzten Mal, als ich dort schwamm, und ihn zu anderen Jahreszeiten zu sehen als in jenen Sommern. Zugefroren und schneebedeckt oder von Herbstfarben umrahmt, sieht er von oben so aus, als wären die sich vorbeidrehenden Bäume nichts als rote Flechten um eine Pfütze in der Vertiefung eines Felsens im Wald. Wenn ich im Sommer die Boote auf dem See unter mir sehe, deren Nachströme sich wie Kometenschweife über das himmelblaue Wasser ziehen, und an die jungen Familien darin denke, versetzt mich das nicht gleich in meine Kindheit, aber von oben und mit so vielen Jahren Abstand nimmt der See eine Vollkommenheit an, die von meinen Erinnerungen daran nicht zu unterscheiden ist.

Häufig höre ich Kollegen in einem Flieger über Großbritannien sagen, dass sie nur ein paar Meilen von ihrem eigenen Haus entfernt sind – oder direkt darüber. Sie sagen das, ohne aus dem Fenster zu sehen, manchmal sogar, wenn wir uns inmitten von Wolken befinden. Sie kennen die Peilung und die Funkfeuer, wissen, wie viele Meilen es nach Hause sind.

Auf Flügen von London nach Mexico City fliege ich hin und wieder über den Teil der Welt, den ich am besten kenne, Westmassachusetts, wo ich aufgewachsen bin. Jeden Urlaub haben wir mit einer Gruppe von drei weiteren, mit meinen Eltern befreundeten Familien verbracht. Sie sind für mich wie Tanten und Onkel und ihre Kinder wie Cousins und Cousinen, heute umso mehr, seit meine Eltern nicht mehr da sind. Westmassachusetts von oben sieht aus wie der Ort, in den sie kamen, und der Ort, aus dem ich kam. Er hebt sich kaum vom bewaldeten Umland ab. Irgendwie tröstet es mich, dass fast jeder andere an Bord nur Bäume sehen würde.

Selbst der hiesige Berg, Mount Greylock, ist schwer auszumachen, obwohl er mit 1064 Metern der höchste in Massachusetts ist. Der beste Anhaltspunkt ist das Kriegsdenkmal auf seinem Gipfel, ein hoher Steinturm, unter dem wir, als ich klein war, oft gepicknickt haben. Wenn ich den Berg entdecke, denke ich an Herman Melville, wie er von seinem Schreibtisch in Pittsfield zu ihm hinaufblickte, zwischen Gedanken an weniger landgebundene Orte. Häufig überfliege ich Westmassachusetts, nicht lange nachdem ich von Europa aus den Ozean überquert habe. Wenn über dem Land eine frische Schneedecke oder Wolken liegen, erinnere ich mich daran, dass es die Auslöschung dieser ländlichen Gegend durch den Winter war, die ihm »eine Art Meeresgefühl hier auf dem Land« vermittelte, dass er aus seinem Fenster wie aus dem »Bullauge eines Schiffs auf dem Atlantik« blickte und sich, während der Winterwind ums Haus heulte, fragte, ob an seinem Haus »nicht zu viele Segel gesetzt« seien.

Hätten Sie mich, bevor ich Pilot wurde, gebeten, über eine Stadt zu sprechen, in der ich einmal war, hätte ich als Erstes an ihre Architektur gedacht, das Essen oder ein einprägsames Ereignis meines ersten Besuchs dort. Heute denke ich eher an ihre geografische Lage und wie sie von oben und aus der Ferne aussieht; ob sie am Rand eines Gebirges, eines Meeres oder einer Wüste liegt; welche geografischen Muster dorthin führen, welche Entfernung, bis man Vancouver oder Mailand erreicht. Dies sind Orte, die sich für mich auch dann anders anfühlen, wenn ich dort zu Fuß unterwegs bin, weil ich weiß, wie es aussieht, wenn man vom Himmel aus dort ankommt. Nicht das Fliegen selbst, sondern dieses beinahe anachronistisch buchstäbliche Bewusstsein, wie Städte auf der physischen Welt platziert sind: Dies ist einer der befriedigenden Aspekte meines Berufs, die mich überrascht haben.

Es gibt für mich allerdings noch eine andere Kategorie Städte, deren Eindrücke durch den Ort im luftgeografischen Sinn nicht verstärkt werden können, weil ich keine anderen Eindrücke von ihnen habe. Doha, Athen, Kiew, Ankara, Tripolis, Buenos Aires, Zagreb – in diesen Städten bin ich gelandet und dann wieder weggeflogen, ohne den Flughafen zu verlassen. Mitunter habe ich noch nicht einmal meinen Platz verlassen.

Von den Städten aus dieser Kategorie bin ich am häufigsten nach Moskau geflogen. Ich könnte Ihnen erzählen, wie ungewöhnlich kreisförmig Moskau aussieht, der großstädtische Phänotyp, der Städten vorbehalten ist, die an flachen Orten im Binnenland entstanden sind. Ich könnte Moskaus zahlreiche konzentrische Ringstraßen erwähnen – von denen eine grob den mittelalterlichen Grenzen und Toren der Stadt entspricht –, die in den pechschwarzen Winternächten wie die Ringe eines Kochfelds leuchten. Als ich den Airbus flog und oft nach Moskau kam, war es uns nicht gestattet, über das Stadtzentrum zu fliegen, in der Regel auch nicht, gegen den Uhrzeigersinn um es herum, daher beschrieben wir beinahe einen Dreiviertelkreis um die Stadt, als handele es sich um einen Verkehrskreisel in der Luft. Bei einem solchen Anflug hat man das Gefühl, man bewegt sich in einer Umlaufbahn, gefangen in der Schwerkraft der Stadt, und als ahmten die ausholenden Kreise des Flugzeugs den Zweck und die Form der Ringstraßen dort unten nach.

Ich könnte Ihnen mehr über das Wetter in Moskau erzählen, als ich je gedacht hätte, und von den Moskowitern, die ich kennengelernt habe, weil sie am Flughafen arbeiten oder ich ihnen auf meinen Flügen begegnet bin. Von oben habe ich bei Nacht die ganze Stadt deutlicher gesehen als viele Leute, die dort leben, es je werden, auf das Land gesetzt wie ein großes Feuerrad, das sich auf dem Schnee dreht, eingekreist von dunklen Wäldern, unter den Positionslichtern der Flugzeuge, die es in Schräglage umkreisen.

In fast jeder anderen Hinsicht bin ich jedoch ein Fremder Moskaus, und vielleicht einer der schlimmsten Art, der glaubt, er wisse etwas von diesem Ort allein auf der Grundlage einiger kurzer Erfahrungen und eines absolut abstrakten und antiseptischen Blicks von oben herab. Was innerhalb der Ringstraßen liegt, sind für mich Lichter, keine Individuen. Was immer ich mir über das Leben in der Stadt vorstelle, stammt aus dem Fernsehen, aus Romanen und Geschichtsbüchern.

Aber vielleicht ist das nur eine Extremversion dessen, wie wir jeden Ort erleben, selbst einen, wo wir aussteigen und herumlaufen, sogar den, in dem wir leben. Wir werden nie mehr als einen absurd kleinen Teil jeder Stadt oder Landschaft kennen. Trotzdem fühle ich mich bei der Frage, ob ich schon mal in Moskau war, immer etwas unwohl. Egal, wie viele Menschen ich nach Hause in diese Stadt gebracht habe, egal, wie oft ich ihre Verwandlung von einem fernen Glimmen in eine kreisförmige Galaxie aus Licht und schließlich in die physikalische Erfahrung der Landung verfolgt habe, ich habe trotzdem das Gefühl, dass die einzige mögliche Antwort auf die Frage, ob ich schon mal dort war, *nein* lautet.

Der Himmel über Alaska ist relativ belebt. Es gibt dort viele Flugzeuge – und einen guten Grund für die Bedeutung der Luftfahrt. Alaska stellt einen Mikrokosmos unseres Planeten des Jet-Zeitalters dar, denn seine Bewohner leben in wenigen konzentrierten Gebieten, und viele kleine Siedlungen sind durch große Entfernungen, hoch aufragende Gebirge, menschenfeindliches Gelände und Wasser in seiner unbequemsten Form getrennt. John McPhee beschreibt in *Coming into the Country*, wie Einwohner von Alaska, wenn man sie fragt, ob sie schon in einem Ort waren, den sie zwar aus der Luft gesehen haben, auf dessen Boden sie jedoch noch nicht gestanden haben, mit einer Art qualifiziertem Ja antworten könnten: sie könnten sagen, dass sie ihn schon »beflogen« haben.

Die Frage, was es bedeutet, einen Ort zu befliegen, stellt sich nicht nur für Städte, sondern für ganze Länder. Lange war ich von Arabien fasziniert – von seiner Erscheinung auf Karten und Globen oder in alten Erzählungen, denen ich in meiner Kindheit begegnet bin; von genau dem Namen, den ich vor so langer Zeit auf die Seite eines Flugzeugs gesprüht sah, das sich langsam über die vereisten Rollbahnen des Kennedy Airport bewegte. Wenn ich heute über Arabien fliege und mir seine Namen vorstelle oder vorsage – Dschidda, Medina, Mekka, Dharan und Riad – und dann etwas aus dem heutigen Saudi-Arabien sehe, seine Sonnenkollektoren und Kornkreise, das kalte, ausufernde Glitzern von Wüstenstädten im Glutofen der Sommernächte, die Küsten und Autobahnen, die in meinem Kopf wie die perfekteste Landkarte aufscheinen, habe ich das Gefühl, ich kann sagen, dass ich etwas über das Land weiß.

Flugzeuge aber verbinden unsere Vorstellungen von Orten ebenso wie die Orte selbst, was ich erstmals realisiert habe, als ich über jenen Saudi-Jet staunte. Von oben ist es schwer vorstellbar, etwas über Arabien zu lernen, was nicht augenblicklich von meiner Wahrnehmung aus dem Himmel vereinnahmt werden könnte, etwas, was nicht in einen Bildsucher aus der Luft passen könnte, dessen Weitwinkel sein Wunder und zugleich seine Schwäche darstellt. Meine Wahrnehmung eines Ortes wie Arabien von oben könnte fast alles enthalten, woran ich mich vage erinnere in meiner Kindheit gehört zu haben, oder alles, was ich irgendwo anders darüber lernen könnte; und so befürchte ich, dass sie vielleicht gar nichts enthält.

Eigentlich traurig, dass sich dieses Gefühl nicht so stark verändert hat, wie ich dachte, als ich mich vor nicht allzu langer Zeit zum ersten Mal nach Riad begab. Die meiste Zeit meines kurzen Besuchs schlief ich und fand nur zu zwei kurzen Ausflügen den Weg aus dem Hotel. Wenn Sie ein Lied im Radio hören, das sie gut kennen, leise an einem mit anderem Lärm überladenen Ort, können Sie ihm in etwa folgen; aber das unbekannte Lied, das als Nächstes kommt, hat für Sie weder Hand noch Fuß – Sie hören nur dann und wann einen tiefen Rhythmus. Es ist eigentlich fast nur Lärm. Das ist ein Gefühl, das ich mit meinen kürzesten Aufenthalten an Orten wie Riad verbinde, die ich ansonsten nicht gut kenne: dass ich, selbst wenn ich eine Nacht in der Stadt verbracht habe, sie trotzdem lediglich beflogen habe.

Nachdem ich viele Jahre über Grönland geflogen bin – den Ort beflogen habe, den ich vielleicht am allerliebsten befliege –, schenkte mir jemand ein Buch über Gretel Ehrlich. Sie erzählt die Geschichte von Ikuo Oshima, der vor vielen Jahren von Japan nach Grönland zog und ein traditionelles Jägerleben in Siorapaluk, einer der nördlichsten Siedlungen der Welt, begann. Von diesem neuen Zuhause aus sieht Oshima einen Satelliten über sich vorbeiziehen, von der Bauart, die Autokennzeichen lesen kann, wie ihm jemand sagt. Er macht sich Gedanken darüber, wie ein solches Gerät heute auf Tokio hinabblicken kann und dann, unwesentlich später, auf ihn, wie er in Grönland »mit Eisbärfellhosen und einer Harpune in der Hand an der Eiskante steht«. Er fragt sich, wie sich der Satellit fühlt. »Womöglich verwirrt und verstört.« Mehr als einmal bin ich in derselben Woche sowohl über Japan als auch über Grönland geflogen. Meine Vermutung ist, dass der Satellit unter *Placelag* leidet.

Bei *Klein Stuart* gelangt Stuart am Ende mit dem Auto an eine Weggabelung. Er ist sich nicht sicher, wo er langfahren soll, hält an und fragt einen Arbeiter der Telefongesellschaft in der Nähe nach dem Weg. Dieser rät Stuart, nach Norden zu fahren, und erzählt ihm von Orten, die Stuart bei seinem bevorstehenden Abenteuer finden werde – Obstgärten, unberührte Seen, »Felder, die von krummen, im Laufe der Jahre zerbrochenen Zäunen umgeben« seien. Er warnt jedoch, »aber vergessen Sie nicht, es ist noch ein weiter Weg bis dahin, und ein Reisender, der jemanden sucht, kommt nicht sehr schnell vorwärts«.

Wenn ich einen Globus drehe, neige ich dazu, ihn in der Mongolei anzuhalten. Ob ich schon mal in der Mongolei war? Ich würde sagen, ich habe sie beflogen, und zwar ziemlich schnell. Die Grenze der Mongolei kommt nicht lange nach der sibirischen Stadt Nowosibirsk. Dann sehe ich vielleicht den perfekt blauen Kreis auf dem Computerbildschirm, der für den nach Dschingis Khan benannten Flughafen steht. Ich hätte meine ganze Berufslaufbahn einem Ort wie der Mongolei widmen können, dem Namen, der mich als Kind aufhorchen ließ. Ich hätte mein ganzes Leben in irgendeine Unterspezialisierung seiner Geschichte, Geologie oder Linguistik stecken, sogar dort leben können. Aber in erster Linie sehne ich mich nach dem Namen, dann nach dem Ort, zu dem er gehört, ein Ort, den mir vorzustellen mir Vergnügen bereitet. Von oben sehe ich diesen vorgestellten Ort ebenso wie das echte Land da unten.

Wenn ich die ersten Gipfel der Mongolei sehe, denke ich manchmal an Stuart, wie er anhielt, um den Rat eines Fremden in Betracht zu ziehen, dann »über das weite Land hinblickte«, das vor ihm lag, und in den Morgen davonfuhr. Die Realität des Ortes und des Morgens vor uns ist unbestreitbar. Es besteht kein Zweifel, das hier ist die Mongolei, die sich so gewöhnlich in den Blick schiebt wie der Tag. So oft habe ich die Sonne über dem Ort aufgehen sehen, über Gipfeln, die zu allen Jahreszeiten mit Schnee bestäubt sind; gesehen, wie das Licht in das von Schatten durchzogene Glühen ockerfarbener Täler sinkt, wo es hin und wieder überraschend auf eine Straße fällt. Dann, ungeachtet der Wahrheit, die dem Ort innewohnen mag, was ich auch immer gewonnen oder verloren habe, dreht sich das Ganze unter der Tragfläche hinfort. Das gewaltige Auge der Welt blinzelt, und schon sind wir irgendwo anders.

Immer wenn ich nicht genau weiß, wo ich bin, außer im buchstäblichsten Sinn, im absoluten Sinn der Frage, wie diese Stadt heißt; immer wenn ich innehalten und nachdenken muss, auf welchem Kontinent ich vor ein paar Tagen war, versuche ich mir ins Gedächtnis zu rufen, dass das Fliegen meine Liebe zu meinem Zuhause verstärkt hat.

Ich meine damit nicht, dass ich die speziellen Vorteile des Ortes, wo ich aufgewachsen bin oder gelebt habe, mehr zu schätzen weiß, als ich es ansonsten tun würde; manche Dinge schätze ich an meinem Zuhause zwar mehr, andere dagegen weniger. Ein Pilot, der so viel von der Welt sieht, fragt sich leicht, warum nicht jede Stadt Pekings Bahnhöfe haben kann, Helsinkis Freibäder, Amsterdams Radwege, die freundlichen Taxifahrer Vancouvers oder Singapurs Hingabe für die öffentliche Begrünung.

Die wachsende Dankbarkeit, die ich für mein Zuhause empfinde, hängt eher damit zusammen, dass ich weiß, wo ich auch immer hinfliege, ich werde dorthin zurückkehren und zum Stillstand kommen. Zu Hause kann sich mein Sinn für den Ort leichter finden; dort, wo meine verwurzelte Hälfte, die sich weigert, mit einem schnelleren Tempo als dem eines strammen Marsches zu reisen, es versteht, geduldig zu warten, wenn sie aufwacht und feststellt, dass ihre reiselustige Hälfte mal wieder den Reisepass aus der Schreibtischschublade genommen hat und abgehauen ist.

Von einer Reise in die Höhe und die Ferne nach Hause zu kommen, von Stunden über der Tundra oder entfernten Ozeanen, bringt eine abrupte und erfreuliche Entschleunigung mit sich, die ich beinahe körperlich spüre. Wenn sich das Flugzeug auf der Landebahn verlangsamt, reduziert sich nicht nur die tatsächliche Geschwindigkeit, sondern auch das Sausen von Ort zu Ort, das Verwischen des Selbst. Und ist man erst zu Hause, ist es eher die Schlichtheit der gewöhnlichen Dinge als der Schock der Andersheit, die sich durch die Größenordnung der Reise verstärkt. All die Meilen, all die Stunden über Eis, Sand oder Wasser, um zurückzukehren zu einem aus dem Küchenschrank geholten Imbiss, einem Foto im Regal, dem Kleiderschrank, den man leise schließt, wenn der Koffer endlich darin ruht. Vielleicht gehe ich noch aus und treffe mich mit Freunden zum Essen, und es tröstet mich, dass sie nicht wissen, welche anderen Jahreszeiten und Länder ich gesehen habe, seit wir das letzte Mal beieinandergesessen haben. Ich finde es gut, dass sie selten fragen, wo ich war, als wäre ich überhaupt nicht fort gewesen, als wäre jenes andere Ich zu Hause geblieben oder durch die Stadt gelaufen, um mit ihnen zusammen zu sein.

Manchmal, wenn ich keine Erledigungen oder Pläne habe, verlasse ich nach einer langen Reise mein Zuhause einen oder zwei Tage gar nicht. Es liegt eine neue Art von Genuss in der Beengtheit der Räume und in dem Gewicht und der Schlichtheit der kleinen Aufgaben und Details, ein Wunder, das sie in direkter Proportion zu der Zeit und den Meilen der vorherigen Reise wiedererlangen; eine Qualität, die sie nur erreichen, weil ich weg war. Wenn ich sogar bei der Heimkehr einen Anflug von *Placelag* erlebe, sind solche Tage der Selbstverankerung vielleicht ein Weg, um weitere Verwirrung zu minimieren, indem ich den

Ort, an dem ich mich befinde, nicht schon wieder wechsele – nicht einmal zu einem Café in der Straße.

Wenn ich überhaupt hinausgehe, dann vielleicht in einen Park, wo der Anblick richtiger Erde nach so vielen Erdenmeilen so frappierend ist und sich die Langsamkeit, mit der ich mich darüber bewege, wie ein kleines Wunder anfühlt und wie ein weiteres, unerwartetes Geschenk der Geschwindigkeit des Flugzeugs – wie auf jenem Flug vor Jahren in einer Kleinmaschine über England, als uns die Kampfjets so schnell überholten, dass unsere neu erwiesene Langsamkeit plötzlich zu einem Geschenk wurde. Auch das ist *Placelag*, aber wenn er durch eine Heimkehr hervorgerufen wird, ist er kein unangenehmes Gefühl. Bis ich meinen Ort und meine Zeit wieder voll und ganz bewohne, ist es, als könnte ich mein Leben immer noch aus einer gewissen Entfernung oder Höhe betrachten – eine Wertschätzung, die vielleicht noch deutlicher wird, indem ich mir einen Song anhöre, den ich irgendwo zufällig gehört habe, während ich weg war. Und so füllen bei meiner Heimkehr die eng gedrängten Atome des Zuhauses allmählich wieder den Horizont aus, mit derselben Schlichtheit, mit der die ganze Welt begann, die Cockpitfenster auszufüllen, als ich mich entfernte.

Es spielt kaum eine Rolle, wo ich war, nur, dass ich weg war. Eine alte Freundin meiner Eltern stammt aus Wisconsin, hat aber lange in jenem Teil Neuenglands gelebt, in dem ich geboren wurde. Ich sage ihr, dass die Hügel Neuenglands einfach richtig aussehen, wenn ich dorthin zurückkehre, und dass ich, egal, wo ich bin, immer erwarte, sie am Ende jeder Straße oder am anderen Ufer eines Sees aufragen zu sehen. Lachend entgegnet sie, je länger sie weg sei, desto richtiger sehe Wisconsin bei ihrer Rückkehr für sie aus. Sie fliegt von ihrem derzeitigen, hügeligen Zuhause in ihr früheres, flaches. Sie sieht zu, wie sich das Land unter ihr verändert. Sie landet, verlässt den Flughafen und fährt zu der Farm hinaus, auf der sie aufgewachsen ist. »Und etwas öffnet sich«, sagt sie.

Flugzeugpersonal lernt ein Leben der Bewegung kennen, der Überwindung der physischen Meilen zwischen unseren Erinnerungen oder Vorstellungen von Orten. Aber das ist nur eine extreme Variante dessen, was jeder Flugpassagier erlebt, wenn er eine neue Reise unternimmt oder eine nachverfolgt, die er selbst, seine Eltern oder Großeltern, vor langer Zeit gemacht haben. Solche Reisen stehen sinnbildlich für unser Zeitalter der Globalisierung, Urbanisierung, Immigration. In einer solchen Welt wird die Zeit ununterscheidbar von der Geografie, nicht nur im ursprünglichen Sinn der langsamen Wanderung der Kontinente oder der Bogen der Zeitzonen, die wir über den kreisenden Planeten gespannt haben, sondern in den Bewegungen unserer eigenen Leben und Familien. Wenn jene Freundin meiner Eltern nach Wisconsin zurückkehrt, ist es sinnlos, sagt sie, auch nur zu versuchen, die Jahre, die sie woanders verbracht hat, aus den Meilen ihrer Reise herauszukitzeln. Sie fliegt in der Zeit zurück.

In ihrer besten Form ist diese Erfahrung ein Wunder. Aber Flugpersonal erlebt so viele Orte, dass die Auswirkungen einen eigentlich ständig verwirren. Am Freitag fliege ich über den Iran, der an der türkischen Grenze nahe dem Salzsee von Urmia endet. Wie in einer Nachahmung des Himmels darüber verläuft die tiefblaue Mitte des Sees nach außen zu lohfarbenen Rändern. Am Montag befinde ich mich über Utah und blinzele zweimal beim Anblick des Great Salt Lake unter mir. Vielleicht kennen Sie das Gefühl, wenn Sie etwa am ersten kalten Wintertag einen dicken Mantel anziehen, den sie acht Monate nicht getragen haben, und ihre Finger eine Restaurantquittung in der Manteltasche ertasten von einem Essen, an das Sie sich kaum noch erinnern – das geografische, planetarische Äquivalent zu einer solchen zeitlichen oder jahreszeitlichen Zerrissenheit erlebe ich fast ununterbrochen. Meine Brieftasche ist eine Sammlung von U-Bahn-Karten. Ich finde Münzen aus Kuwait in meiner Tasche und kann mich nicht ansatzweise erinnern, wann ich zuletzt dort war. Ich nehme zu Hause Shorts aus dem Schrank und schüttele den Sand aus den Taschen, aber der Name des Strandes fällt mir nicht ein. Oft nicht einmal der des Meeres.

Ab und an kam ich in der Nähe des Ortes in Massachusetts, in dem ich aufgewachsen bin, an dem Schild eines Restaurants vorbei, das nach Bombay, dem alten Namen Mumbais, benannt war, und flog dann ein oder zwei Tage später nach Indien in ebendiese Stadt. Wenn ich dann später durch die Räume des Hauses schlenderte, in dem Gandhi wohnte,

oder aus einer Autorikscha auf die Tektonik eines Mumbaier Verkehrsstaus starrte, habe ich schon an jenes Restaurant im Schnee gedacht,
keine zwei Tage zuvor, und es war so verwirrend wie ein kaum erinnerter
Traum. Wenn es vorkam, dass ich meinen Beruf nicht genossen habe,
dann, weil ich spürte, dass ich nicht an diesem oder jenem Ort bin; weil
ich spürte, dass ich eigentlich nirgendwo bin.

Irgendwann im Dezember tauchten die Bombays, die Zwillings-
Mumbais, jedoch in umgekehrter Reihenfolge auf. Ich begann meinen
Tag frühmorgens in der indischen Stadt, flog als Pilot nach London und
dann als Passagier nach Boston. Dann fuhr ich mit dem Auto nach Westen, auf die Ortschaft zu, wo sich bereits die Familien versammelten, mit
denen ich, seit ich geboren war, immer die Weihnachtsfeiertage verbracht hatte.

Nicht lange bevor ich an dem indischen Restaurant vorbeikam, als
sich über den Berkshires die Winternacht ankündigte, begann der erste
Schnee des Jahres zu fallen. Die Welt setzte sich wieder zu dem Ort zusammen, der mir am meisten bedeutet; zu dem kleinen Ort, der nur zu
Hause sein kann. Als ich das Schild des Restaurants sah, waren der Gedanke an die verschiedenen Bombays, die Streuungen durch das Prisma
des Flugzeugs, keineswegs beunruhigend. Es war etwas, um es in Händen zu halten, darüber zu staunen und es dann wieder hinzustellen.

Jede Landung ist eine Heimkehr von der Möglichkeit aller Orte zu der
Gewissheit und vielleicht der Liebe eines einzigen. Vor vielen Jahren flog
ich als Passagier nach Toronto. Es war ein Nachtflug, und die Sonne ging
auf, ehe wir zum Sinkflug ansetzten. Es war Sommer, das gesamte morgendliche Fenster war mit Blau und Grün erfüllt, und ich hörte meine
Musik, während Kanada sich seinem Tag entgegenhob. Als das Flugzeug
im Endanflug war, fiel mein Blick auf einen flinken Schatten, der sich
in der Ferne bewegte. Er zog sich mühelos über Wälder und Teiche und
die Fahrspuren der Autobahnen. Irgendwann wurde mir klar, dass das
der Schatten des Flugzeugs war, in dem ich mich befand. Es war eine Ver-
finsterung der Erde, die durch das Bild der Linienmaschine entstanden
war, die mich zu ihr zurückbringen sollte.

Ich versuchte mir vorzustellen, wo die frühe Sonne stehen musste, weit oben und auf der anderen Seite des Flugzeugs, um diesen Schatten auf die Erde zu werfen. Ich starrte hinaus, spulte den Song in meinen Kopfhörern zurück, drehte lauter und schnappte mir meine Kamera. Ich hatte so etwas noch nie gesehen und dachte, es könnte bald verschwinden. Doch der Schatten blieb in etwa an derselben Stelle in meinem Fenster. Seine Größe nahm zu, während die Welt darunter sich beschleunigte. Ich begriff, dass das Flugzeug und sein wachsender Schatten dabei waren, sich einander zu nähern. Nach so vielen Meilen der Trennung würden sie im Augenblick der Landeberührung zusammenkommen.

Nur wenige Male seit jenem Morgen habe ich die Sonne und das Ende der Reise so schön angeordnet erlebt, dass der Schatten des Fliegers auf dem Land erschien und wie in freudiger Erwartung zitterte, als hätten das Geräusch der Triebwerke oder die wachsende Silhouette im Himmel ihn daran erinnert, was ihn ursprünglich erzeugt hat. Das ist die Landung im wörtlichsten Sinn. Hier kommen wir – nach Hause.

Die Reise des Schattens hält perfekt Schritt mit den breiter werdenden Flügeln. Sie überquert die Erde mit derselben Leichtigkeit wie das Flugzeug, mit derselben Leichtigkeit wie unser Auge, oder als wäre sie ein Licht, die Markierung, die auf dem Planeten durch unseren eigenen darauffallenden Blick entsteht.

Ich schaue hinaus. Jedes Mal, wenn ich diesen anwachsenden Schatten sehe, muss ich lächeln und könnte fast glauben, ich säße zum ersten Mal in einem Flugzeug. Da ist er wieder, denke ich, da ist er, und ich drehe meine Musik wieder lauter. Durch die Lücke zwischen dem Sitz vor mir und der Wand erkenne ich, dass noch eine Passagierin ihn gesehen hat. Sie dreht sich zu mir um und deutet nach draußen. Ich nicke lächelnd. Wir lehnen uns beide nach vorne, den Blick aus dem Fenster gerichtet, wobei wir uns gegen unsere Sicherheitsgurte stemmen, um ihn zu beobachten.

DANKSAGUNG

Die Welt der Fliegerei ist so weit und vielfältig wie der Planet. Im Laufe meiner Recherchen und des Schreibens ist mir nur umso bewusster geworden, dass viele Piloten – insbesondere die von kleineren Maschinen bei kleineren Fluggesellschaften mit Sitz auf kleineren Flughäfen oder außerhalb Großbritanniens – Erfahrungen haben, die sich von den für mein Betätigungsfeld typischen unterscheiden, ein begrenztes Reich, das ich versucht habe, so präzise zu beschreiben, wie ich kann.

Als Allererstes würde ich gern all meinen Kollegen auf dem Flugdeck und in der Kabine danken – und unsererseits unseren vielen Kollegen am Boden, ohne die kein einziges Flugzeug je abheben könnte und von denen auf tausend unvorhergesehene Arten unsere Sicherheit abhängt, für ihren Enthusiasmus und ihre Professionalität und dafür, dass sie mir so viel über Flugzeuge und die Welt beigebracht haben. Ich habe keinen Grund zu bezweifeln, was mir mehrere Piloten im Ruhestand berichtet haben – dass nicht nur das Fliegen selbst, sondern auch die Menschen, die diese Leidenschaft teilen, diesen Beruf zu dem besten der Welt machen. Ich bin außerdem dankbar für das Nachwuchsförderprogramm, für das ich mich 2001 eingeschrieben habe. Solche Programme öffnen den Beruf für diejenigen, die sich die Ausbildung ansonsten nicht leisten könnten, und sind notwendiger denn je.

Ich möchte auch denjenigen danken, die mir als Erste das Fliegen beigebracht haben – meinen Ausbildern und den Mitarbeitern an der heutigen CAE Oxford Aviation Academy. Meinen Kollegen des Trainingskurses AP211 – Jez, Bomber, Seb, Cat, Neil, DAVE!, Adrian, Adam, Kirsten, Chris, Balbir, Lindsay Boy, Lindsay Girl, Mo, Hailey, Carwyn und James – bin ich überaus dankbar für all ihre Unterstützung (»Das wird schon, Kumpel!«) und Freundschaft während des Kurses und seither. Immer wenn ich jemanden von euch auf meiner Frequenz höre, wenn ihr mit Gander Radio oder Iran Air Defence oder dem Heathrow Director sprecht, werde ich daran erinnert, wie sehr ich mir wünsche, wir könnten öfter zusammen fliegen. Danke auch an Simon Braithwaite für seine Gesellschaft in Kapstadt und an Nigel Butterworth für die Einladung ins Cockpit auf dem Weg von Narita nach Heathrow, damals, als so etwas noch möglich war.

Mehrere Einzelpersonen haben das komplette Manuskript gelesen und mir ihre Gedanken dazu mitgeteilt. Dankbar bin ich Mark R. Jones und Kirun Kapur (für ihre gestalterischen Gedanken, nicht nur zum Kapitel »Nacht«, dem ersten, das ich geschrieben habe, sondern auch zu allen anderen danach), Steven Hillion (der als Erster einen vollständigen frühen Entwurf las und mich bei vielen meiner nachfolgenden Überarbeitungen geführt hat), Desirae Scooler, Harriet Powney (deren Blick fürs Detail eine besondere Inspiration war), Cole Stangler, Don MacGillis, Sebastien Stouffs, Douglas Wood, John Pettit, Ian Slight, Tony Cane, Mary Chamberlain und Alex Fisher (ich bin noch niemandem begegnet, der über ein größeres Wissen verfügt, sowohl was die Technologie als auch die Geschichte des Fliegens angeht).

Diverse Experten und Kollegen halfen mir mit ihrem Rat bei bestimmten Kapiteln. Ich danke Emma Bossom von der Royal Aeronautical Society, Richard Toomer und David Smith von der British Airline Pilots Association, Paul Tacon von der Honourable Company of Air Pilots, Marc Birtel und Shaniqua Manning Muhammad von Boeing, Mike Steer von CAE Oxford Aviation Academy, Peter Chapman-Andrews vom Royal Institute of Navigation und Paul Danehy vom NASA Langley Research Center für die Herstellung des Kontakts zu den nachfolgenden Experten.

Als ich das Kapitel »Ort« schrieb, wurde mein Kollege »am Boden«, Mark Blaxland-Kay, niemals meiner Fragen zu Navigation und Routenplanung überdrüssig. David Broughton, Charles Volk, Larry Vallot, Andrew Lovett und Brian Thrussell beantworteten gut gelaunt meine Fragen über Trägheitsnavigation und Magnetismus. Nanda Geelvink, Brendan Kelly, Mireille Roman und Robin Hickson boten mir willkommene Unterstützung, was Namen von Wegpunkten und Luftraumstrukturen angeht.

Das Kapitel »Luft« profitierte immens von der geduldigen technischen Assistenz von Jennifer Inman, Matthew Inman, Andrew Lovett,

Brian Thrussell, Stephen Francis (der mich und meine Kurskameraden erstmals in dieses Thema eingeführt hat), Stuart Dawson, Eugene Morelli und R. John Hansman. Dave Jesse und James H. Doty halfen mir bei dem Abschnitt über Funkhöhenmessung.

Douglas Seagar versorgte mich mit massenhaft unbezahlbaren Bemerkungen und Vorschlägen für das Kapitel »Wasser«. Jeff Kanipe, Stephen Schneider und George Greenstein schenkten mir ihre freundliche Unterstützung beim Kapitel »Nacht«. Ihre Kommentare und offenkundige Begeisterung für den Nachthimmel haben mir eine Vorstellung von dem Bedauern meines Vaters vermittelt, kein Astronom geworden zu sein.

Helen Yanacopulos, Jamie Cash, Eleanor O'Keeffe, Ulrike Dadachanji, Mark Feuerstein, Martin Fendt, Terry Kraus, Amanda Palmer, Vinod Patel, Dick Hughes, Pamela Tvrdy-Cleary, Julia Sands, Karen Marais, Chris Goater, Haldane Dodd, Anthony Concil, Mitch Preston, Drew Tagliabue, Mark P. Jones, Hilda Woolf, Mei Shibata, John Edward Huth, Tony Cane, Al Bridger, Kannan Jagannathan und Wako Tawa unterstützten mich freundlicherweise bei den übrigen Teilen des Buchs.

Für die Unterstützung durch Freunde, Kollegen und Experten bin ich dankbar. Eventuell noch vorhandene Fehler sind natürlich auf meinem Mist gewachsen.

Zusätzlich zum Rat von Pilotenkollegen und -ausbildern und den Handbüchern, Ausbildungsmaterialien und Karten, zu denen ich dankenswerterweise Zugang erhielt, bediente ich mich zahlreicher weiterer schriftlicher Quellen. *The Airplane in American Culture* (herausgegeben von Dominick A. Pisano) und Joseph Sutters *747: Creating the World's First Jumbo Jet and Other Adventures from a Life in Aviation* waren sowohl faszinierend als auch nützlich. Zwei Lehrbücher der American Meteorological Society, *Ocean Studies: Introduction to Oceanography* (3rd edition) und *Weather Studies: Introduction to Atmospheric Science* (5th edition), waren hilfreich beim Verfassen der Kapitel »Wasser« und »Luft«. Das Buch mit dem treffenden Namen *An Ocean of Air* von Gabrielle Walker war nicht nur fesselnd, sondern auch aufschlussreich. *Introduction to Avionics Systems* (3rd edition) von R. P. G. Collinson diente als Quelle für mehrere Abschnitte. John Huths *The Lost Art of Finding Our Way* stellte einen herausragenden und hilfreichen Überblick über die Geschichte und Zukunft der Navigation dar.

Während der letzten achtzehn Monate war es eine große Freude, mit Büchern gefüllte Büros zu betreten und Leuten zu begegnen, die sie lieben. Meiner Agentin Caroline Michel bin ich dankbar, dass sie mir ihre helfende Hand gereicht hat, und für all ihre weitere Unterstützung und Ermutigung und die ihrer netten Kollegen. Meine Lektoren, Clara Farmer und Susannah Otter bei Chatto & Windus sowie Dan Frank und Betsy Sallee bei Knopf und deren Kollegen auf beiden Seiten des Ozeans, insbesondere Maggie Southard, Lisa Gooding und Vicki Watson, lieferten scharfsichtige, geduldige und warmherzige Führung und Unterstützung während des ganzen Projekts.

Schließlich möchte ich meiner Familie und meinen Freunden meinen Dank für ihre Liebe und Unterstützung das ganze Projekt hindurch ausdrücken und dafür, dass sie mich von Zeit zu Zeit davon weggeholt haben. Danke, Kirun für dein Verständnis für Musik und die Fensterplätze aller möglichen Fahrzeuge; Nancy für deine langjährige Liebe und Unterstützung und die Bestärkung meines Interesses am Fliegen, und Mark für alles. Silas, Anjali (die mich an den *einen* Ozean erinnert hat) und Lola – ich hoffe, dass du eines Tages während eines Flugs das Cockpit besichtigen kannst, wie Kinder es früher konnten.

BIBLIOGRAPHIE

Derek Walcott: Mittsommer/Midsummer. Zweisprachige Ausgabe. Deutsch von Raoul Schrott. München, Wien: Carl Hanser Verlag 2001, S. 9.

Tania Blixen: Jenseits von Afrika. Aus dem Dänischen übersetzt von Gisela Perlet. Zürich: Manesse Verlag 2010/2012, S. 392f.

Mark Twain: Tom Sawyers abenteuerliche Ballonfahrt. Deutsch von Andreas Nohl. München: Carl Hanser Verlag 2012, S. 22.

Walt Whitman: Grasblätter. München: Carl Hanser Verlag 2009, S. 63 (Gesang meiner Selbst) und 577f. (An eine Lokomotive im Winter).

Hart Crane: Die Brücke. Ein Gedicht. Aus dem amerikanischen Englisch und kommentiert von Ute Eisinger. Salzburg, Wien: Jung und Jung Verlag 2004, S. 78–81.

Philip Levine: New Selected Poems. The Poem of Flight. New York: Alfred A. Knopf 1991, S. 207.

T. S. Eliot: Marina. Deutsche Übersetzung von Franz Baermann Steiner. Auf: http://www.planetlyrik.de/t-s-eliot-gesammelte-gedichte/2010/06/; aufgerufen am 27.08.15.

Herman Melville: Moby-Dick. München: Carl Hanser Verlag 2001, S. 313, 317, 319f., 323.

William Shakespeare: Ein Sommernachtstraum. Neuübersetzung von Frank Günther. Cadolzburg: ars vivendi Verlag 2000, Zweiter Akt, 1. Szene, Zeile 156f.

Emily Brontë: Sturmhöhe. Aus dem Englischen übersetzt von Ingrid Rein. Nachwort von Susanne Ostwald. Zürich: Manesse 2011, S. 356.

Gretel Ehrlich: This Cold Heaven. Seven Seasons in Greenland. In: Publishers Weekly, erschienen am 22/10/2001, Nr. 248 (Bd. 43), S. 62.

Marylinne Robinson: Gilead. New York: Farras, Straus and Giroux 2004, S. 209f.

Joan Didion: Das Jahr des magischen Denkens. Aus dem Amerikanischen von Antje Ravic Strubel. Berlin: claassen 2006.

Richard Bach: Die Möwe Jonathan. München/Kreuzlingen: Hugendubel
    Verlag 2007, S. 9 und 15.
Robert Frost: Kitty Hawk. In: The Poetry of Robert Frost. New York:
    Hafner 1962, S. 428–442.
David Van Reybrouck: Kongo. Eine Geschichte. Aus dem Niederlän-
    dischen von Waltraud Hüsmert. Berlin: Suhrkamp 2012, S. 651.
Samuel Taylor Coleridge: Einen alten Seemann gibt's. In: Der alte
    Matrose. London: Ed. Alecto 1976.
Elwyn B. White: Klein Stuart. Die Geschichte einer außergewöhnlichen
    Familie. Mit Zeichnungen von Garth Williams. Zürich:
    Diogenes 2002.
J. G. Ballard: Super-Cannes. New York: Picador 2000.

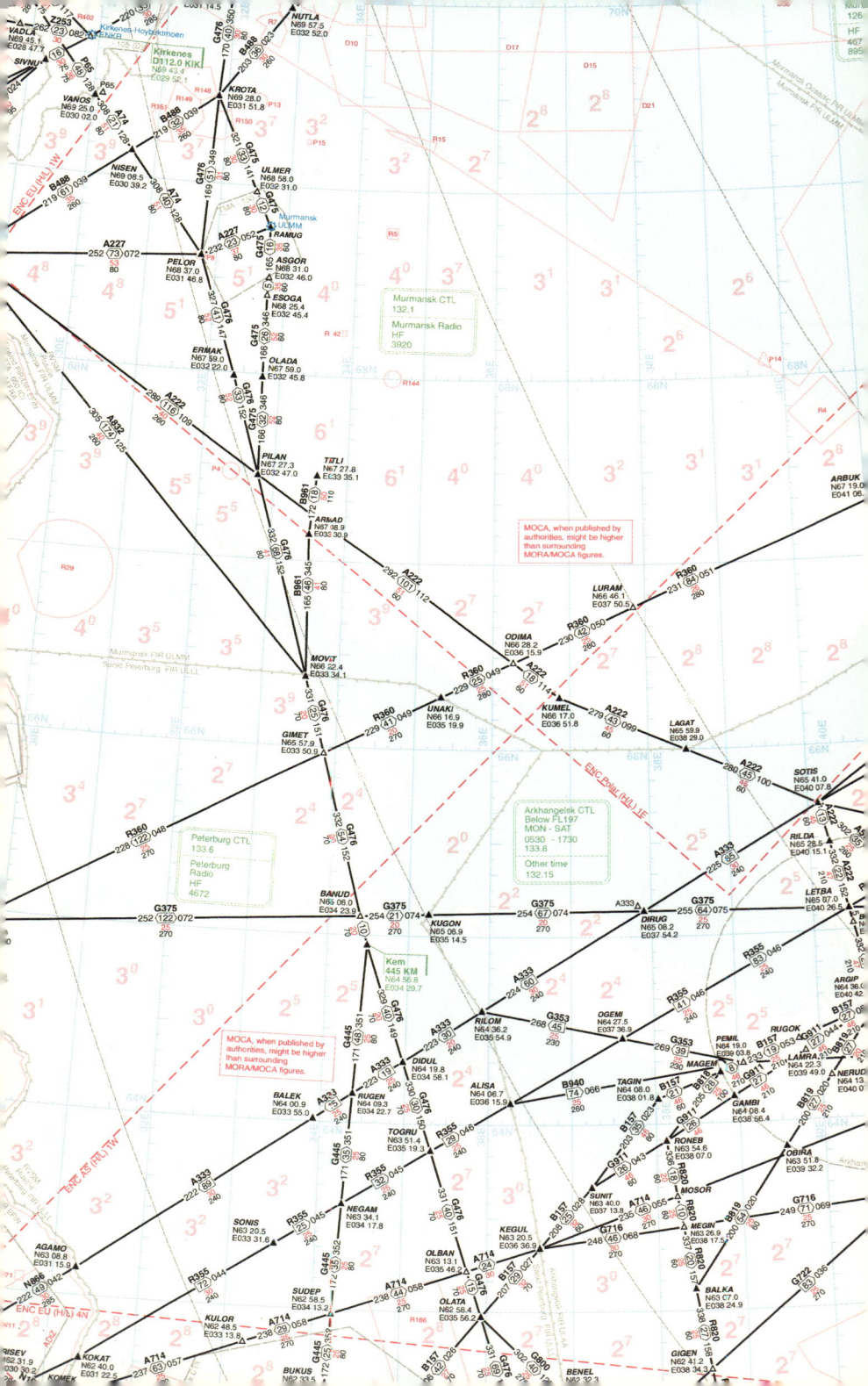